本专著获得国家自然科学基金项目"社交网站使用及其对领导—成员交换关系的双刃剑效应研究：基于边界管理与身份建构视角"（71862004）和教育部人文社会科学研究项目"组织中被妒忌员工的矛盾性体验及其二元对立性选择反应机制研究"（20YJA630050）资助

工作情境中的员工行为及其管理研究

RESEARCH ON EMPLOYEE BEHAVIOR AND
ITS MANAGEMENT WITHIN WORKPLACE

韦慧民　潘清泉 ◎ 著

经济管理出版社

图书在版编目（CIP）数据

工作情境中的员工行为及其管理研究/韦慧民，潘清泉著.—北京：经济管理出版社，2021.1
ISBN 978-7-5096-7724-7

Ⅰ.①工… Ⅱ.①韦… ②潘… Ⅲ.①企业管理—人力资源管理—研究 Ⅳ.①F272.92

中国版本图书馆 CIP 数据核字（2021）第 018771 号

组稿编辑：胡　茜
责任编辑：胡　茜　詹　静
责任印制：黄章平
责任校对：陈晓霞

出版发行：经济管理出版社
（北京市海淀区北蜂窝 8 号中雅大厦 A 座 11 层　100038）
网　　址：www.E-mp.com.cn
电　　话：(010) 51915602
印　　刷：北京玺诚印务有限公司
经　　销：新华书店
开　　本：720mm×1000mm/16
印　　张：21.5
字　　数：406 千字
版　　次：2021 年 1 月第 1 版　2021 年 1 月第 1 次印刷
书　　号：ISBN 978-7-5096-7724-7
定　　价：88.00 元

·版权所有　翻印必究·
凡购本社图书，如有印装错误，由本社读者服务部负责调换。
联系地址：北京阜外月坛北小街 2 号
电话：(010) 68022974　邮编：100836

前　言

　　面对快速变革和激烈竞争的外部环境，组织对于员工提出了更高的要求。组织需要那些能迅速应对环境挑战，积极捍卫团队和组织利益的员工，而这些均可通过员工的工作相关行为得以反映。可以说，工作情境中的员工行为表现对于组织及其成员均具有重要的意义，如员工创新行为是组织创新的基石（Janssen et al.，2004），是促使组织在动态外部竞争环境中获得成功的重要因素（West and Farr，1990）。在快速变化的市场环境中，如果没有员工自下而上的创新贡献，企业的可持续发展战略将无法转化为实践（Dixon，2017）。又如员工主动采取建设性的行为来变革工作流程、程序和政策，从而实现组织功能的有益转变。解决工作中的问题并增强组织效率的员工主动变革行为，已经成为组织保持敏捷性和竞争优势的关键因素。员工主动变革行为是组织应对内外部不确定性、实现可持续发展的重要资源。但是，有一些行为如员工的亲组织非伦理行为被认为是对组织短期有益的，但违反了某些固有的社会准则，对组织的长久立足和发展有着很大的危害。然而员工越轨行为作为一种对组织有害的行为，自开始实施就具有巨大的破坏力，其不仅会对组织财产造成毁坏，降低组织绩效，还会导致员工之间的相互报复等。综上，在工作情境中员工的积极行为，如创新行为、反馈寻求行为、知识共享行为等，对于组织成长与发展具有重要的促进意义；员工的消极行为，如亲组织伦理行为、职场排斥、越轨行为等，则可能对组织产生极强的伤害。基于此，本书将聚焦于工作情境中员工的积极和消极行为的内涵、影响效应机制及其驱动机理的探讨，旨在促进工作情境中员工的积极行为和避免消极行为的相关理论研究的进一步发展，同时对组织中员工积极行为的激发与消极行为的抑制管理实践有所启迪。

　　本书共包括十五章。第一章绪论，概括性地介绍工作情境中的员工积极行为与消极行为的常见类型及其影响，明确关注工作情境中的员工行为及其管理研究的价值所在。第二章和第三章关注员工创新行为。其中，第二章员工创新行为及其驱动机制研究评介，介绍了员工创新行为的内涵、测量、驱动因素并构建了员工创新行为的综合驱动模型。第三章谦卑型领导对员工创新行为的影响机制研究，实证检验了谦卑型领导对于员工创新行为的主效应影响，员工核心自我评价的中介作用以及领导行为一致性的调节影响。第四章员工主动变革行为的内涵、驱动因素和影响效应研究聚焦于员工的主动变革行为，探讨了员工主动变革行为的内涵、驱动因素和影响效应。第五章和第六章主要关注的是员工的反馈寻求行为。其中，第五章组织情境中的反馈寻求行为研究评介，介绍了组织情境中反馈寻求行为的概念、测量、影响因素以及影响效应，并构建了组织情境下反馈寻求行为的驱动与效应机制模型。第六章家长式领导对员工反馈寻求行为的影响机制研究，实证检验了家长式领导对于员工反馈寻求行为的内在作用机制，包括上下级关系的中介影响和个体传统性的调节作用。第七章管理者可信行为与下属的管理者信任：关系与垂直集体主义的边界效应，分析了管理者可信行为对于提升下属对于管理者信任的作用，包括其中可能存在的边界条件。第八章员工知识共享行为及其管理研究，探析了员工知识共享行为的内涵与维度、影响因素和影响效应。第九章员工沉默行为：内涵、测量、影响因素和影响效应，探讨了员工沉默行为的内涵、为何发生员工沉默行为以及员工沉默行为可能产生的结果。第十章和第十一章聚焦于员工的亲组织非伦理行为。其中，第十章员工的亲组织非伦理行为研究评介，介绍了最新广受关注的员工亲组织非伦理行为这一构念的内涵、驱动因素以及作用机制。第十一章高绩效要求与亲组织非伦理行为：道德推脱与道德认同的影响，则是采用实证设计检验组织的高绩效要求对于员工的亲组织非伦理行为的作用及道德推脱的中介作用和道德认同的调节影响效应。第十二章和第十三章均关注职场排斥这一现象。其中，第十二章职场排斥研究述评与展望，阐释了职场排斥的内涵、驱动机制以及影响效应。第十三章职场排斥对员工组织公民行为的影响机制研究，实证检验了职场排斥对于员工组织公民行为的影响机制，包括工作场所焦虑的中介作用和依赖型自我构念的调节作用。第十四章和第十五章关注的是员工越轨行为。其中，第十四章员工越轨行为研究进展及未来研究展望，介绍了员工越轨行为的内涵、影响因素和影响效应，并构建了员工越轨行为的综合模型。第十五章真实型领导对员工越轨行为的影响机制研究，实证检验了真实型领导风格对于员工越轨行为的影响内在机制，包括领导认同的中介作用以及权力距离的调节作用。

总之，工作情境中的员工行为对于组织及其成员有着直接而显著的影响作用。探讨工作情境中员工的不同类型行为表现、具体内涵与维度构成、驱动因素以及影响效应机理，将有助于组织管理实践者更有针对性的理解员工行为表现，并采取针对性的措施促进员工积极行为的发生和消极行为的抑制。

目 录

第一章　绪论 ··· 1

第二章　员工创新行为及其驱动机制研究评介 ·· 7

 第一节　引言 ··· 7
 第二节　员工创新行为的内涵、维度和测量 ·· 8
 第三节　员工创新行为的驱动因素 ·· 16
 第四节　员工创新行为驱动机制的综合模型构建 ·· 29
 第五节　结语、管理启示及未来研究展望 ··· 31

第三章　谦卑型领导对员工创新行为的影响机制研究 ······································· 35

 第一节　引言 ··· 35
 第二节　理论基础与研究假设 ··· 37
 第三节　研究方法 ··· 42
 第四节　数据结果与分析 ··· 44
 第五节　讨论与分析 ··· 50

第四章　员工主动变革行为的内涵、驱动因素和影响效应研究 ························ 54

 第一节　引言 ··· 54
 第二节　员工主动变革行为的内涵与测量 ··· 55
 第三节　员工主动变革行为的影响因素研究 ··· 58
 第四节　员工主动变革行为的影响效应 ·· 67
 第五节　员工主动变革行为研究的管理启示 ··· 70

第六节 研究结论与未来研究展望 …………………………………… 71

第五章 组织情境中的反馈寻求行为研究评介 …………………………… 76

第一节 引言 …………………………………………………………… 76
第二节 组织情境中反馈寻求行为的概念、维度和测量 ……………… 77
第三节 反馈寻求行为的影响因素 ……………………………………… 81
第四节 反馈寻求的影响效应 …………………………………………… 93
第五节 组织情境中反馈寻求行为的驱动与效应机制模型 …………… 95
第六节 结论、管理启示与未来研究展望 ……………………………… 97

第六章 家长式领导对员工反馈寻求行为的影响机制研究 ……………… 100

第一节 引言 …………………………………………………………… 100
第二节 理论分析与假设提出 …………………………………………… 102
第三节 研究设计 ………………………………………………………… 108
第四节 数据分析和结果 ………………………………………………… 110
第五节 研究结论与讨论 ………………………………………………… 117

第七章 管理者可信行为与下属的管理者信任：关系与垂直集体主义的边界效应 …………………………………………………………… 121

第一节 引言 …………………………………………………………… 121
第二节 理论基础与研究假设 …………………………………………… 123
第三节 讨论与分析 ……………………………………………………… 132

第八章 员工知识共享行为及其管理研究 ………………………………… 139

第一节 引言 …………………………………………………………… 139
第二节 知识共享行为的内涵及维度划分 ……………………………… 140
第三节 员工知识共享行为的影响因素 ………………………………… 142
第四节 员工知识共享行为的影响效应 ………………………………… 150
第五节 管理启示 ………………………………………………………… 152
第六节 结论与未来研究展望 …………………………………………… 153

第九章 员工沉默行为：内涵、测量、影响因素和影响效应 …………… 156

第一节 引言 …………………………………………………………… 156

    第二节　员工沉默行为的内涵与测量 ………………………………………… 157
    第三节　员工沉默行为的影响因素 …………………………………………… 165
    第四节　员工沉默行为的影响效应 …………………………………………… 174
    第五节　员工沉默行为研究的管理启示 ……………………………………… 178
    第六节　结论及未来研究展望 ………………………………………………… 179

第十章　员工的亲组织非伦理行为研究评介 …………………………………… 182
    第一节　引言 …………………………………………………………………… 182
    第二节　员工亲组织非伦理行为的内涵和维度 ……………………………… 183
    第三节　员工亲组织非伦理行为的影响因素 ………………………………… 187
    第四节　员工亲组织非伦理行为的影响效应 ………………………………… 194
    第五节　结语、管理启示及未来研究展望 …………………………………… 196

**第十一章　高绩效要求与亲组织非伦理行为：道德推脱与道德认同的
　　　　　　影响** ……………………………………………………………………… 201
    第一节　引言 …………………………………………………………………… 201
    第二节　理论基础与研究假设 ………………………………………………… 203
    第三节　研究方法 ……………………………………………………………… 207
    第四节　研究结果 ……………………………………………………………… 210
    第五节　讨论与分析 …………………………………………………………… 215
    第六节　研究局限和未来研究展望 …………………………………………… 217

第十二章　职场排斥研究述评与展望 …………………………………………… 218
    第一节　引言 …………………………………………………………………… 218
    第二节　职场排斥的内涵、维度和测量 ……………………………………… 220
    第三节　职场排斥的影响因素 ………………………………………………… 225
    第四节　职场排斥的影响效应 ………………………………………………… 229
    第五节　结语、管理启示及未来研究展望 …………………………………… 235

第十三章　职场排斥对员工组织公民行为的影响机制研究 …………………… 239
    第一节　引言 …………………………………………………………………… 239
    第二节　理论基础与研究假设 ………………………………………………… 241

第三节　研究方法 …… 245
第四节　研究结果 …… 247
第五节　讨论、启示与未来研究展望 …… 250

第十四章　员工越轨行为研究进展及未来研究展望 …… 254

第一节　引言 …… 254
第二节　员工越轨行为的内涵、维度划分以及测量 …… 255
第三节　员工越轨行为的影响因素 …… 262
第四节　员工越轨行为的影响效应 …… 273
第五节　组织中员工越轨行为综合模型构建 …… 275
第六节　结论、管理启示及未来研究展望 …… 276

第十五章　真实型领导对员工越轨行为的影响机制研究 …… 279

第一节　引言 …… 279
第二节　理论基础与假设提出 …… 281
第三节　研究工具及数据分析方法 …… 286
第四节　数据分析结果 …… 288
第五节　讨论与分析 …… 293

结　语 …… 296

参考文献 …… 302

后　记 …… 333

第一章 绪论

在工作情境中员工的行为不仅会影响自己和周围人,而且还可能对组织整体产生重要影响。为此,关注工作情境中的员工行为及其影响机制有着重要意义。在工作情境中,员工每天都表现出各种各样的行为,如主动变革行为、知识共享行为、沉默行为、反馈寻求行为等。在工作情境下员工所产生的这些行为可能有别于普通社会生活环境中的个体行为,表现出其工作场所中的相对独特性,并且这些形色各异的员工行为对于员工个人、团队以及组织都具有一定的影响和价值。正因为如此,在当前组织行为领域的研究和实际的组织管理过程中,研究者和实践者针对各种不同且具体类型的员工行为进行深入的探索,如探讨这些不同的员工行为对其自身和组织的影响机制究竟是什么,这些员工行为为何及如何产生等,以期能够对员工在工作环境中的行为有更加深刻的了解。

在组织中,员工的行为大致可以划分为积极的员工行为和消极的员工行为,这两类员工行为往往同时存在于组织环境当中,且影响着组织和员工工作的方方面面。通常来看,相对于消极的员工行为,积极员工行为可以形成正面的影响作用,对于组织而言是一种宝贵的资源。在当前外部社会环境竞争激励和快速变化的背景下,类似于创新行为、主动变革行为等这类积极的员工行为对于组织在激烈多变环境下获得竞争优势和成功尤其重要。

首先,员工创新行为(Employee Innovative Behavior)是当前备受组织关注的一种员工行为。具体而言,创新行为是一种包含了新思想产生到将其落地实施的复杂行为(Scott and Bruce, 1994)。在创新行为这一过程中可能包含了:问题识别、新构想的产生、寻求关于该构想的支持、将创意产品化到最终实现创新构想等多个环节(Kim and Koo, 2017)。在当前外界环境迅速变化的背景下,创新俨然已经成为了组织发展和绩效提升的关键点(Campo et al., 2014; Rodgers, 2007)。然而员工的创新行为作为组织创新的重要基础(Janssen et al., 2004),

是推动组织获得成功的重要因素（West and Farr，1990；Messmann and Mulder，2014）。可见，员工创新行为在组织和工作场所中的重要性日益凸显（Anderson et al.，2014）。为此，激发员工产生更多的创新行为对于组织来说具有宝贵的价值，员工个人、领导者、组织以及员工的关系网络均有可能对员工创新行为产生积极或消极的影响。鉴于此，加深对员工创新行为的内在驱动机制的探索和理解，有利于我们更好地了解员工的创新行为，促使员工形成更多的创新行为，帮助组织创造更高的价值。

其次，员工主动变革行为是员工主动地对工作政策、程序、流程和结构等方面进行变革，并帮助组织功能朝着有利方向进行转变而产生的建设性行为（Morrison and Phelps，1999）。员工的主动变革行为作为员工角色外行为，经常被定义为一种组织公民行为，是由员工自主驱动而发起的积极主动行为，具有变革性、挑战性和利组织性等重要特征。其与建言行为、议题营销等员工行为具有相似性，但存在本质上的差异，十分容易混淆。但从社会交换理论、动机理论和社会认知理论等不同的理论视角出发，可以帮助我们更好地了解员工主动变革行为及其产生机制。同时，员工的主动变革行为也会给员工个人和组织带来有利的影响作用。不过，员工主动变革行为所产生的影响作用可能还会受到员工任职期（Kim et al.，2015）、直接主管的主动性人格（Fuller et al.，2012）等方面的约束，并且员工主动变革行为可能存在"双刃剑"效应，也就是说，员工主动变革行为可能同时存在积极影响和消极影响（Ou，2016；Ouyang et al.，2016）。基于此，组织和管理者需要采取辩证性的眼光看待员工的主动变革行为，使员工的主动变革行为对员工个人、团队以及组织尽可能地产生正向的影响作用。

再次，员工反馈寻求行为是个体的一种主动行为，其最主要的目的是通过获得相关信息的方式，以期能够更好地达成自己的目标。反馈往往是员工在组织中获取重要信息的途径之一（胡晓龙等，2018），主动地在组织中向周围群体需求反馈可以更大程度地满足员工的现实需求。高水平的反馈寻求行为能够促使员工更快地融入组织文化中，能获得高质量的上下级关系和同事关系，还能够实现高绩效的工作任务绩效，但也可能会产生较少的离职倾向等（Ashforth et al.，2007）。尤其是当员工寻求负面反馈时，这些反馈更有可能会帮助员工产生诊断性信息，也倾向于向寻求反馈的目标发出信号，即员工是出于自我完善的动机而产生此类行为，这能够帮助员工产生更好的工作结果。同时，员工个人因素以及工作情景中的一些因素影响着员工是否产生反馈寻求行为。其中，领导作为员工在组织中重要的反馈源，领导本身所具备的某些特征因素可能会极大程度地促进或者阻碍员工反馈寻求行为的发展。不过，尽管关于员工反馈寻求这一员工行为的前因后效已经得到了广泛的关注，但是在中国本土的研究中反馈寻求行为的研究还并不多见。未来国内的研究可以朝着这个方向进一步推进。

最后，在以知识经济时代，知识被当作是现代组织的基本资产和资源（Swanson et al.，2020），能够促进组织创新、创造，提升组织的价值（Wang and Noe，2010）。然而这些富有价值的知识载体是组织中的各个员工，要实现"知识创造价值"，就需要员工在组织中进行知识共享（Knowledge Sharing）。将这些分散在员工身上的知识资源进行共享、融合并升华成为组织资源时才能发挥其真正的作用（唐于红、毛江华，2020）。员工的知识共享行为不仅能给员工个人的工作态度、个人绩效产生积极的影响，会促进员工自身的工作绩效（王仙雅等，2014），也可以促进知识接收者的绩效提高（Swanson et al.，2020），最重要的是还能够给组织带来更直接的利益。不过，鉴于员工的知识共享行为通常涉及知识的价值、分享知识的意愿、传播渠道的媒体丰富性、知识接收方获取知识的意愿以及接收方的知识吸收能力等多方面的因素（Dash Wu，2012），在进行分享时往往具有非常大的难度。各类组织已经花费了大量的财力和精力以促进员工在工作中主动与工作伙伴分享其所拥有的知识、经验以及技能等，但收效甚微。所以，从个人层面、关系层面、领导层面、组织层面以及工作层面等各个层面出发，综合讨论如何更好地促进员工知识共享行为的产生显得尤为重要。

上述员工行为所体现的更多的是偏向积极化的员工行为，然而由于工作压力、组织成员竞争等种种缘由，工作环境中员工难免也有可能会产生消极的员工行为，例如，员工沉默行为、亲组织非伦理行为、职场排斥以及越轨行为等。这些消极行为的产生往往会给组织成员和组织利益带来威胁。

就员工沉默行为而言，在外界竞争激励和组织内部不断变革的背景下，组织希望能够通过员工的"发声"，来帮助组织应对外界环境所带来的挑战。然而事与愿违，当前组织中存在着员工了解组织的真实情况，明白问题解决的关键点和途径，但是却不愿意将其表露出来的普遍现象（Khalid and Ahmed，2016）。员工的这一沉默行为从某些角度来看，也许会有利于员工维护在组织中的工作关系（Nyberg，1993），也可能帮助组织决策变得更加高效快速（Knoll and van Dick，2013）。但是，员工沉默行为带来的更多的是消极的影响，不仅会影响有效的组织决策（Morrison and Milliken，2000）以及组织的变革过程（Nemeth，1985；Morrison and Milliken，2000），沉默行为还可能会给员工个人带来压力，造成不满、脱离接触和愤世嫉俗等不良影响（Beer and Eisenstat，2000），并且员工的沉默行为通常具有一定的内隐性，难以被发现，同时其所带来的负面作用在组织的人际交往、互动中可能还会进一步放大。因此，员工的沉默行为在组织中应该被给予高度的关注，避免因广泛存在的员工沉默行为而给组织造成损失。

就员工亲组织非伦理行为而言，员工的亲组织行为（Pro - Organizational Behavior）是一直为组织实践者、管理者所倡导和渴望在组织中实现的员工行为。希望通过员工的亲组织行为为组织带来实现组织目标、扩大组织声誉等益处。目前，"过度"的亲组织行为有逐渐发展成为亲组织非伦理行为（Unethical Pro - Organizational Behavior）的趋势，而亲组织非伦理行为既是一种亲组织行为（Harrison，2004），也是一种不道德的行为（Jones，1991）。在表面上，亲组织非伦理行为可以帮助组织实现短期的利益，但是员工这一行为的最终结果可能会偏离他们的意图，其本质上已经超出了道德约束的界限，甚至可能触及法律，进一步导致一系列消极效应的产生。高水平的员工亲组织非伦理行为可能会给组织成员、组织自身以及外部的利益相关者都带来不利甚至是破坏性的影响（Effelsberg et al.，2014）。基于此，员工的亲组织非伦理行为已经引起了理论界和实务界的广泛关注，并且以此为主题展开了一系列的研究。最主要的目的仍然是为了更好地把握和追求组织的高绩效目标和实现员工的亲组织非伦理行为之间的平衡关系，避免员工"好心办坏事"的现象发生。

除了上述这些更多指向团队或组织层面的员工行为，员工的职场排斥行为直接的指向对象则是职场中二元工作关系的个体。由于工作场所中存在诸多复杂多元的因素，因此工作场所是发生排斥的最重要的社会环境之一（Fox and Stallworth，2005）。职场排斥（Workplace Ostracism）通常是指员工在工作场所中，对于其他员工对自身的忽视、拒绝以及排挤等主观体验（Ferris et al.，2008），这不仅包括了同事排斥，也可能是主管排斥、工作排斥等，并且职场排斥行为的具体形式多样，包括语言、肢体、冷漠态度等各种类型。职场排斥现象在目前的职场生活中十分普遍，许多员工也反映出他们曾经遭受过不同程度的职场排斥（吴隆增等，2010）。低水平的职场排斥行为有利于工作伙伴之间良好关系的构建以及组织和团队中和谐人际氛围的形成，而高水平的职场排斥行为则会对员工产生两方面的主要影响：一是工作态度；二是工作行为，并且受到负面影响效应的往往是被排斥的一方。鉴于此，深入理解职场排斥的内涵、维度、影响因素以及影响机制将有助于加深对职场排斥理论的了解，对组织管理者在减少和避免职场排斥方面也具有一定的指导价值。

员工越轨行为（Employee Deviant Behavior）作为一种典型的消极员工行为，

所针对的行为对象范围更加广泛。员工越轨行为指员工违反组织重要规范，可能会对组织、组织成员造成利益危害的行为（Robinson and Bennett，1995），如破坏组织财物、偷盗、消极怠工以及辱骂他人等（李红、刘洪，2014）。可见，员工的越轨行为的指向性对象既有可能是组织本身，也可能是组织中的成员、也可能同时包含两者（Bennett and Robinson，2000），并且这一行为所涵盖的具体形式也非常的多样化。导致员工产生越轨行为的因素包含了个体因素、组织因素和领导因素等多个层面。另外，员工的越轨行为往往又会造成一系列的破坏性影响，可能会对组织绩效、同事行为、上级的辱虐管理等产生一定的影响，甚至还有可能会影响到组织外部的其他利益相关者。不过，并非所有的员工越轨行为都是不可接受的，Douglas 和 Waksler（1982）认为，尽管某些越轨行为可能确实违背了社会规范，但行为仍然是积极的、可接受的。Appelbaum 等（2007）指出，当个体在产生越轨行为时的意图是积极的、正面的，也有可能会因此产生积极的影响效果。未来的研究还需要对员工越轨行为进行更加深入的探讨，并且有可能会因此挖掘出更多关于员工越轨行为不为人知的"积极面"。

总之，个体的行为是多种多样的，在工作环境下每种员工的行为具有其独有的特点，尤其是在快速变化和竞争激烈的外部环境中，员工的一举一动对于组织而言具有十分重要的意义，特别是一些积极主动的员工行为。在现代组织中，备受研究者和管理者关注的积极员工行为主要包括：员工创新行为、主动变革行为、反馈寻求行为以及知识共享行为等。对于这些积极员工行为，许多学者都进行了许多相关的探究，尤其是对于积极员工行为是如何产生和如何有效驱动方面，得到了学者们的广泛探讨，目前也已经取得了一定的成果，为后续研究奠定了理论基础的同时，也为组织管理的实践者提供了有现实价值的管理启示和建议。不过，出于工作环境、个人层面等因素的影响，员工还可能会在组织或工作中产生一些消极化的情绪，这些消极的员工行为也是广泛的员工行为中重要的一部分。不同于积极的员工行为，消极员工行为可能会对个人、团队以及组织产生不利的影响，甚至还可能会对组织及其相关利益者造成破坏性和不可逆转的长期负面影响。因此，在充分了解了如员工沉默行为、亲组织非伦理行为、职场排斥和越轨行为等员工行为所导致的影响作用之后，学者们也加强了对其驱动机制或发生过程的了解。关于员工行为，无论是理论研究的学者还是组织实践的管理者最终的目的都是一致的，即渴望通过研究和实践来达到使员工"扬长避短"的目标。根据不同性质的各种员工行为的特点及发展机制，采取针对性的措施进行管理与引导，可以更有效地促进积极员工行为的产生，同时减少和避免消极员工行为的发生。正是基于此,本书将对工作情境中的各种主要员工行为进行研究,探讨这些员工行为的内涵、驱动机制以及效应机理,促进相关理论研究推进的同时,也有助于加强对组织中员工行为的指导和管理实践,帮助组织更好地引导员工行为,以便为组织和组织成员创造更高的价值。

第二章 员工创新行为及其驱动机制研究评介

第一节 引言

在我国，习近平总书记在其系列讲话中多次提及"创新"，并且将创新放在了国家发展全局的核心位置。创新是一个复杂的价值创造过程，是促进我国经济发展的决定性力量（冯之浚，2015）。自创新概念引入组织行为学以来，已被学者们接受且应用于各种组织或团队中（Axtell et al.，2000；Quintane et al.，2011），其对于组织和团队的重要性被广泛认可（Janssen et al.，2004；Woodman et al.，1993）。由于外部环境的快速变化，如今创新已成为影响企业绩效和发展的关键因素（Campo et al.，2014；Rodgers，2007）。然而在不同层面的创新中，员工创新行为（Employee Innovative Behavior，EIB）是组织创新的基石（Janssen et al.，2004），是促使组织在动态外部竞争环境中获得成功的重要因素（West and Farr，1990）。组织将员工的新想法和新建议加以实施、推广，从而成为企业的竞争优势（Anderson et al.，2004；West，2002；Zhou and Shalley，2003）。可见，员工创新行为已成为组织绩效、企业成功，甚至长期生存与发展的决定因素（Anderson et al.，2014；王雁飞等，2019）。

无论是在国内还是国外，员工创新行为在工作场所和组织中的重要性日益增加（Anderson et al.，2014）。与创造力类似，员工创新行为也涉及新颖和有用的想法的产生。但它不同于创造力，创新行为意味着成功地实现这些想法（Shalley et al.，2004）。一般来说，创新行为可能是一种有组织价值的行为，因为它旨在改进（Janssen et al., 2004）。鉴于创新行为可以为组织所带来的积极变化（Kafouros and Forsans, 2012），组织应该设法鼓励员工主动从事这些行为。学者们也基于不同的理论，从不同的视角去研究如何促使员工进行创新行为。因此，本书首先对以往学者的相关研究成果进行归纳梳理，厘清了员工创新行为的内涵；其次，梳理了员工创新行为的维度和测量量表，为未来这方面的研究提供了基础；最后，从员工、领导者和组织三个层面总结了员工创新行为的驱动机制，并构建了综合模型，为未来对员工创新行为的前因变量的理论研究提供参考，同时也对组织创新管理实践提供借鉴。

第二节　员工创新行为的内涵、维度和测量

一、员工创新行为的内涵

员工创新行为作为企业成功不可或缺的决定因素，一直以来都是国内外学者们的重点关注对象。国内外学者基于自身的研究，对员工创新行为提出了不同的概念界定。

国外学者 Scott 和 Bruce（1994）的研究认为，员工创新行为是一种复杂的行为，包括新思想和新过程的产生和实施的有关活动。这与学者 Kanter（1988）的观点相一致，即员工创新行为是由三个不同任务组成的复杂行为：创意生成、创意推广和创意实现。Zhou 和 George（2001）认为，员工创新行为是员工内在创造力的外在表现，是开发创新产品的一种方法，是员工产生和实施新想法以提高绩效或解决与工作有关问题的过程。West（2002）认为，员工创新行为包括所有有益于新颖性想法的产生、引入和应用的个人行为。Janssen 和 van（2004）将员工创新行为定义为员工在工作、团队或组织中有意产生、推广和实现新思想的行为。Janssen 等（2010）研究发现，员工创新行为是员工基于现有事物或现象，发现新的思考路径或者解决问题的突破口，并通过内部自我认同和外部团队支持将其付诸实践的一种行为。Zhang 和 Bartol（2010）认为，员工创新行为不同于常规行为，因为它与标准化任务无关，而是用以针对复杂的、定义不清的问题，实施新的、有用的解决方案的行为。Krizaj 等（2014）认为，员工创新行为指的是员工在创意产生和实施过程中有意引入新产品/服务或采取新方式做事的行为。

Wu 等（2014）研究认为，员工创新行为与团队或组织层面的创新不同，它是个人在工作场所产生和应用新想法和方法的行为。Martin 和 Ute（2017）将员工创新行为定义为员工产生或采纳新想法并随后努力实施的行为。他们认为创新在本质上是社会性的，也就是说创新提出者需要影响其他人，使其确信新想法的价值，并动员他们来帮忙实现新的想法。Kim 和 Koo（2017）认为，员工创新行为是指员工有意将新想法、产品和流程引入或应用到其工作角色、团队或组织中的行为。

  在国内学者的最新研究中，学者们也阐述了各自对员工创新行为的理解。例如，石冠峰和杨高峰（2015）将员工创新行为定义为：在组织运作的过程中，员工产生创新构想，并推动创新构想实施的行为。张振刚等（2016）基于两个角度对员工创新行为进行了定义：从个人特质的角度，员工创新行为是一种愿意改变个体现状的意愿。从创新过程的角度来看，员工创新行为包括了想法的产生、推动和实践等一系列非连续活动的组合。阎亮和白少君（2016）研究发现，员工创新行为是指组织内员工产生新想法，并不断推广和实践的行为。王雁飞等（2017）认为，员工创新行为是一种积极行为，指由员工实施的包含新思想的提出、推广与应用等行为的总和。李新建和李懿（2017）指出，员工创新行为是个体层面的由多种活动和行为构成的复杂过程。李晓红等（2017）认为，员工创新行为是指员工在工作角色和组织群体内有目的地产生、推广和实施，能够为个人及组织带来价值效益的新颖想法与行为。王宏蕾和孙健敏（2018）将员工创新行为定义为员工在工作过程中产生创造性的想法，并努力寻求新方法、新技术和新流程，以实施创造性想法的过程。祝思敏和王碧英（2019）研究指出，员工创新行为是指员工产生新颖的和有用的想法、过程、产品或程序并加以应用的行为。王雁飞等（2019）研究认为，员工创新行为是一种具有变革导向性的积极行为，指的是在工作过程中，员工能够形成新颖的、创造性的想法或解决对策，并努力将这些想法付诸实现的行为。

  综上，员工创新行为是一种员工产生新想法并将之进行推广和实践的行为和过程。这一过程包含了问题识别与构想产生、寻求创新构想的支持以及将创意产品化、实现创新构想（Kim and Koo，2017）。员工的这种创新行为不仅可以解决企业面临的复杂问题，也会给组织带来价值效益，促进组织的长远发展。综合已有学者对员工创新行为的界定，本书认为，员工创新行为是指员工产生创新想法、寻求支持以及将新想法实践化的过程。

二、员工创新行为的分类

在员工创新行为的维度划分中,学者们主要从创新程度以及创新阶段两个角度对员工创新行为进行了维度划分。

(一)基于创新程度分类的双元创新

Duncan(1976)首次提出双元的概念,认为双元是企业面对探索和利用张力(Tension)的管理能力,即企业必须具有两者兼顾的能力。在广义上,双元通常指的是追求一组相互矛盾的需求或目标的能力。例如,效率与创新(Sarkees and Hulland,2009)、一致性与适应性(Gibson and Birkinsh,2004)以及探索与利用(March,1991;Levinthal and March,1993)等。之后,Benner等(2003)将"双元"应用于创新领域,并按照创新程度和知识基础不同,将双元创新分为探索式创新和利用式创新。

近年来,国内学者也陆续将双元创新应用于自身的实证研究中,如顾建平和王相云(2014)在探讨绩效薪酬与创新行为之间的关系中,根据企业是否应用全新的知识及能力将员工创新行为分为探索式创新和利用式创新两种行为。其中,探索式创新行为是一种变革式的创新行为,而利用式创新行为是一种渐进的创新行为(Rowley et al.,2000)。探索式创新行为的创新幅度比利用式创新行为要大得多,前者需要创造全新的知识、技术和能力以开发全新的产品、服务及市场,而后者是建立在已有的知识或技术基础上,对现状的改进。但就创新风险来讲,相比探索式创新,利用式创新的创新风险要低一些(March,1991;Benner and Tushman,2002)。

宋锟泰等(2019)也基于国外Jansen等(2006)对创新活动划分以及Scott和Bruce(1994)对创新行为的定义,按照新颖程度将员工创新行为分为探索式创新行为和利用式创新行为。其中探索式创新行为是指个体从事与新产品、新技术、新流程开发等活动的行为;利用式创新行为则是指为个体从事与改良当前产品、技术、流程等活动有关的行为。

(二)依据创新阶段的分类

1. 两阶段划分

两阶段划分法就是分为创新想法的产生和创新想法的执行(Krarse,2004;Dorenboseh et al.,2005),目前此划分法被国内学者广泛认可和运用。例如,张红琪和鲁若愚(2013)就将员工创新行为分为创新构想产生和创新构想执行两个维度,探讨顾客参与、顾客满意度对这两个维度的影响。与后述的三阶段和五阶段划分方法相比，两阶段划分方法忽略了创新想法的推广环节，且对应的二维量表常用于对高新技术企业中研发人员创新的研究。这是由于对于高新技术企业里的研发人员来说，创新就是他们的本职任务，因此不考虑创新想法的推广问题，他们的创新行为更侧重创新想法的产生和执行。

2. 三阶段划分

三阶段划分法以学者 Kanter（1988）的研究为代表，认为员工创新行为分为以下三个阶段：第一阶段是确定发生何种问题，并对此问题提出新的解决方案和思路；第二阶段是提出创意的员工要负责将自己的创意推广出去，使其得到更多人的支持；第三阶段是创意提出者将创新想法转化为可操作的、有用的创新模型，从而使创新想法落到实处。该观点后来得到了许多学者的认可（Scott and Bmce, 1994；Janssen, 2000；George and Zhou, 2001）。例如，Janssen（2000）就在 Kanter 的研究基础上，将员工创新行为的三个阶段归纳为了想法的产生（Idea Generation）、想法的推广（Idea Promotion）和想法的实现（Idea Realization）。Janssen 和 Van（2004）研究也认为，员工创新行为应该包括三个维度：创新思维产生、创新思维促进以及创新思维实现。Zhou 和 George（2001）研究认为，员工创新行为不仅指创新构想产生，而且也包括创新内容推广与发展执行方案三个维度。Yuan 和 Woodman（2010）研究发现，员工创新行为包括发现新方法、推广新方法、调查资源以启动新的想法三个阶段。

3. 五阶段划分

五阶段划分法以 Kleysen 和 Street（2001）为代表，他们进一步细化了员工创新行为的阶段，将其划分为五个阶段，分别为机会探寻（Opportunity Exploration）、想法产生（Generativity）、形成调查（Formative Investigation）、维护（Championing）和应用（Application）。第一阶段是机会探寻阶段，此阶段的个体往往关注创新机会等各种机会来源，他们擅长收集机会的信息并且能够识别机会；识别到机会后进入第二阶段——想法产生阶段，即根据创新的机会产生创新的思路或方案；第三阶段则是针对产生的创新方案进行初步的调查、测验，从而对创新方案进行筛选过滤；选定好方案后进入第四阶段，即动用各种资源去劝说和影响他人支持创新方案；第五阶段就是实践该创新方案，实践的同时不断调整修改方案，最终目标是让创新方案变得常规化。

三、员工创新行为的测量量表

鉴于目前对员工创新行为的测量工具已经比较丰富和成熟，本书回顾整理了前人常用的员工创新行为的测量工具。目前，从测量维度的角度考虑，关于员工创新行为的测量工具主要可以分为四大类，分别是单维度量表、双维度量表、三维度量表和四维度量表。

(一) 单维度量表

单维度量表中最早出现也是最为广泛使用的是 Scott 和 Bruce 在 1994 年开发的六个题目的量表。该量表最初是为了测量美国一家工业企业研发中心的工程师、科学家和技术人员的个人创新行为。学者首先采访了研发中心的董事和副总裁以了解其如何看待组织中的创新，并确定哪些具体行为被视为对创新至关重要。其次，学者对工程师、科学家和技术人员进行了分层抽样（n = 22）的半结构化访谈，以了解员工如何看待创新，并确定哪些组织因素可能在创新过程中发挥作用。调查问卷是在正常工作时间通过公司邮件发给受访者。在随后的调查数据分析中，学者忽略了在项目第一阶段接受采访的 22 名员工的回答。让所有员工都自愿参与进来，并保证答复的保密性。从而获得了 189 份问卷，回复率为 85%。最后发放了由研究中心的 26 名经理填写的第二份问卷。这些管理者根据每个下属角色的期望值对每个下属进行评级。最终研发的量表包括五个单维度题目和一个总结性题目，即"总体而言我是一个具有创新精神的人"。该量表在国内外研究中均显示出了良好的信度，尤其是针对制造型企业员工和高校行政人员的创新行为研究（钱佳蓉、蒋春燕，2018）。

基于 Scott 和 Bruce（1994）的六题量表，George 和 Zhou 在 2001 年以一家生产石油钻井设备公司的 149 名办公室员工为研究对象，开发了一个含有 13 个题目的单一维度量表。题项如："工作中他能以新的角度找出工作中的问题。"调查问卷通过公司的内部邮件系统分发给受访者，要求他们将填写好的调查问卷放在一个信封中，并被告知，他们的名字印在问卷上。这是需要将问卷答复与公司提供的其他数据相匹配。学者从两个来源收集数据：员工和他们的主管。员工填写了一份问卷，问卷中包含了测量本书中使用的自变量和人口统计学的项目。在单独的评分表上，每位员工的主管对员工的创造性行为进行评分。在设计调查问卷和评分表之前，为确保所测量的态度、看法和行为与组织相关，并普遍存在于组织中，学者与管理层会面，研究了组织提供的相关书面文件（如工作描述）。学者将问卷和评分表发给了 200 名办公室员工及其主管，最终收到了 149 份完整的、可用的问卷和评分表。由此，George 和 Zhou 开发的量表主要采取由主管对员工的创新行为进行评分的测量形式，该量表信度系数达 0.96。具体题项如表 2 - 1 所示。

表 2-1 单维度创新行为测量量表

作者	题项
Scott 和 Bruce（1994）	1. 我总是寻求应用新的流程、技术与方法
	2. 我经常与别人沟通并推销自己的新想法
	3. 为了实现新想法，制订合适的计划和规划
	4. 我经常提出有创意的点子和想法
	5. 为了实现新想法，我会想办法争取所需资源
	6. 总体而言我是一个具有创新精神的人
Zhou 和 George（2001）	1. 我会提出新方法来达成目标
	2. 我会提出新颖又实用的方法来改善工作绩效
	3. 我会寻求新的工艺、流程、技术或产品（服务）创意
	4. 我会建议用新的方法来提升质量
	5. 我有很多创新的想法
	6. 我会向别人推广我的想法并寻求支持
	7. 我不怕承担创新的风险
	8. 我把握机会将创意运用到工作上
	9. 我会对创意的实施提出适当的计划和进度安排
	10. 我经常有新点子和创新性的想法
	11. 我能够针对问题提出有创意的解决方法
	12. 我经常能以新的角度找出问题
	13. 我会提出新的方法来执行任务

（二）双维度量表

测量员工创新行为的双维度量表主要包括 Krause（2004）的八题目量表、Dorenbosch 等（2005）学者开发的 16 题量表以及台湾学者黄致凯（2004）修订的 12 题量表。其中，黄致凯版量表在我国运用得比较广泛。黄致凯版量表是在 Kleysen 和 Street（2001）编制的五维度、14 题量表的基础上修订得来的。因为国内学者们发现 Kleysen 和 Street 的五维度在中国情境下的量表效度不是很理想（王忠诚、王耀德，2018），反而将五维度降为两维度后更符合中国情境（顾远东、彭纪生，2010），两维度即是把员工创新行为分成"创新构想的产生"和"创新构想的执行"两个维度。黄致凯翻译修订后的两维度 12 题量表被证明具有较高的信度（原量表 Cronbach's α 系数为 0.945），该量表后来经常被国内学者用于测量高新技术企业员工的创新行为（顾远东、彭纪生，2010；逄键涛、温珂，2016）。具体题项如表2-2所示。

表2-2 黄致凯12题目量表

作者	维度	题项
黄致凯等（2004）学者基于Kleysen和Street（2001）五维度量表进行降维和修订	创新想法的产生	1. 我愿意主动寻找机会，以改善工作中的流程、服务等相关内容
		2. 我对于来自工作中的非常规的议题给予关注
		3. 面对问题我喜欢提出构想或解决方法
		4. 为了获得更深刻见解，我会从不同角度看待问题
		5. 我会通过对解决问题的新方法进行测试来完善方法
		6. 我会对工作中的新点子进行评估，以了解它的优点与缺点
		7. 我会努力使同事了解一些工作中的新构念或解决问题的办法
		8. 我会寻找新的工艺、流程、技术或产品服务的创意
	创新想法的执行	9. 我会主动去推动新构想的实施
		10. 我愿意承担风险以支持新构想
		11. 我愿意从事可能产生益处的改变
		12. 我会努力修正新方法在工作中的不足，从而使其更完美

（三）三维度量表

在Scott和Bruce（1994）编制的六题目量表的基础上，基于Kanter（1988）提出的创新三阶段论，Janssen（2000）开发出了一个九题目量表，测量内容涵盖了"创新想法的产生""创新想法的推动"和"创新想法的实施"三个阶段，每个阶段对应三道题目。Janssen以荷兰食品行业的一家工业企业的非管理人员为研究对象，为了保证一定程度的通用性，从采购、物流、订单处理、生产、维修、质量控制、研究、营销、工程、管理等各个部门随机抽取员工。通过发放普通邮件的方式给392名受访者发送问卷，最终获得170份完整问卷。此外，直接主管还要对被调查者的创新行为进行评级。在170名员工受访者中，有110人获得了主管评级。Janssen开发的量表适合采取员工自陈式评价。Janssen设计的量表深受国内外尤其是研究服务行业员工创新行为或者创造力的学者的推崇（Li and Hsu，2016）。该量表已得到大量使用和反复验证，Cronbach's α系数或组合信度普遍大于0.9（Li and Hsu，2017；刘良灿、刘时曾，2018），在中国服务型企业员工样本中也呈现出了很高的信度和效度。具体题项如表2-3所示。

表 2-3 Janssen 的九题目量表

作者	维度	题项
Janssen（2000）	创新想法的产生	1. 该员工经常在工作环境中引入新想法
		2. 该员工经常为改善工作绩效提出新点子
		3. 该员工经常主动搜寻新的工作方法、技术或工具
	创新想法的推动	4. 该员工经常向他人推广新点子并寻求支持
		5. 该员工总是想方设法使组织成员提供新点子
		6. 该员工常常动员他人支持创新
	创新想法的实施	7. 该员工经常将新点子转化为有用的实践
		8. 该员工能够针对问题提出有创意的解决办法
		9. 该员工经常跟踪评价新点子的应用效果

（四）四维度量表

De 和 Hartog 在 2010 年开发了一个四维度的九题目量表，将员工创新行为分成创新想法的探索、创新想法的产生、创新想法的维护和创新想法的实施四个维度。典型题项如："我为解决困难的问题提出新的想法""我积极寻找新的工作方法、技术和工具""我能将创新的理念转化为有用的应用"等。该原始量表总体的 Cronbach's α 系数为 0.93，量表信度良好。具体题项如表 2-4 所示。

表 2-4 De 和 Hartog 的九题目量表

作者	维度	题项
De 和 Hartog（2010）	创新想法的探索	1. 我积极寻找新的工作方法、技术和工具
	创新想法的产生	2. 我为解决困难的问题提出新的想法
		3. 我为难题找出独特的解决方案
	创新想法的维护	4. 我动员别人支持创新思想
		5. 我为创新的想法寻求支持
		6. 我使团队的重要成员对创新的想法有热情
	创新想法的实施	7. 我能将创新的理念转化为有用的应用
		8. 我能将创新的理念系统地引入工作环境中
		9. 我为创新的想法评估效用

工作情境中的员工行为及其管理研究

第三节 员工创新行为的驱动因素

由于员工的创新行为——有关产品、服务和流程的新想法的开发和实施是组织竞争优势的重要来源（Anderson et al., 2014; West and Farr, 1990; Wolfe, 1994），因此必须加强对员工创新行为的影响因素研究（Anderso et al., 2004），以更好地理解员工创新行为如何产生。已有研究探讨了员工创新行为的多种重要前因，如组织文化和氛围（Scott and Bruce, 1994）、与上级的关系（Janssen and van, 2004）、工作特征（Oldham and Cummings, 1996）、社会/群体背景（Munton and West, 1995）以及个体差异（Bones and West, 1995）等。

一、领导风格与员工创新行为

已有研究表明，领导风格与员工创新行为之间密切相关，其是影响员工创新行为的关键因素（李晓红等，2017）。众多研究指出，积极的领导风格可以激发员工的创新行为，如变革型领导、谦卑型领导、包容型领导以及授权型领导等；而消极的领导风格则可能抑制员工的创新行为。

（一）变革型领导风格与员工创新行为

就变革型领导而言，大量研究表明，变革型领导与员工创新行为等结果变量显著相关，如梁阜和李树文（2016）以山东省两家高新技术企业251名员工为样本进行研究。根据计划行为理论，变革型领导通过关心员工发展需求去影响员工信念与行为，进而激发员工创新意识。同时，变革型领导不仅善于创造一种具有创新氛围的组织环境，还善于鼓励员工以创新性思维思考工作问题。最终结果也证实了变革型领导与员工创新行为呈正相关关系。另外，他们还指出，当领导者或员工个体需要规范行为意向时，行为信念（变革型领导）会直接影响知觉行为控制力和自我效能感（心理资本），而知觉行为控制中的自我效能感与控制力又能够很好地连接行为信念与行为间的关系。由此，运用结构方程模型和多层线性模型，验证了心理资本在变革型领导与员工创新行为间关系的中介作用。

但也有部分学者得出了相反结论，如Basu（1997）研究发现，在特定情境下，变革型领导对员工创新行为具有显著的负向影响；而Jaussi（2003）则支持了变革型领导与员工创新行为不具有相关关系的结论。

(二) 谦卑型领导风格与员工创新行为

祝思敏和王碧英（2019）基于社会信息处理理论，探究谦卑型领导对员工创新行为的跨层影响及其作用机制。利用 Mplus7.0 等软件对154名领导者和462名下属的有效配对问卷数据进行统计分析，结果显示：谦卑型领导正向影响员工创新行为。谦卑型领导具备乐于倾听、欣赏下属的优势、可教性以及开放性的特质，这种特质鼓励了员工不断尝试新想法并付诸实践。另外，积极团队氛围（心理安全氛围和创新氛围）在谦卑型领导与创新行为的关系中具有中介作用。创新意味着风险，会遇到很多障碍，因此员工在进行创新行为之前会评估团队的心理安全氛围和创新氛围，而谦卑型领导不仅能够在团队中形成积极的氛围，还可以正向影响员工态度和行为。也就是说，谦卑型领导通过自身的行为和态度给团队创造了积极的团队氛围，促使员工进行积极的创新行为。

(三) 包容性领导风格与员工创新行为

Lei 等（2019）基于组织支持理论和社会交换理论，探讨了包容性领导对员工创新行为的影响。学者们认为，包容性领导者不仅能够提供创新行为所需的信息、时间和支持等资源，还有助于提高组织员工的责任感和自主性，从而促进了员工参与创新工作。同时，包容性强的领导者还可以通过营造一种激励下属创新的氛围，来鼓舞员工在工作中探索创新。对中国六个城市的银行、法律事务所、中石化、零售店等15个组织的226名员工以及75名主管的有效配对问卷数据进行统计分析，结果显示：包容性领导与员工创新行为呈正相关。此外，他们还发现，组织支持感中介了包容性领导与员工创新行为的关系。也就是说，当领导者对员工的新想法、新技术和新流程表现得更为包容时，员工就会意识到组织更重视和关心他们，从而增加了他们的创新行为。

(四) 责任型领导风格与员工创新行为

苏伟琳和林新奇（2019）基于社会学习和个体—情景交换作用理论，通过对两阶段342份企业员工样本数据统计分析，探索了责任型领导对员工创新行为的影响机制。结果显示：责任型领导对员工创新行为具有积极影响。根据社会学习理论，责任型领导鼓励分享自身知识、经验和信息，善于抓住组织内外部创新机会，促进组织不断取得成功，这会成为激发员工效仿学习的信念和动机，主动承担更多责任和表现出更多的创新行为。研究还发现，由于责任型领导具有包容特征，这一特征在潜移默化中促进了下属责任感的提升，从而导致员工主动表现出有益于组织的角色外行为，如创新行为。

(五) 授权型领导与员工创新行为

王宏蕾和孙健敏（2018）基于自我概念的理论，通过跨层次分析的方法，探索授权型领导是否影响、如何影响以及何时影响员工创新行为。利用问卷调查方法，对收集的 60 个团队 366 对领导与下属匹配数据进行验证分析，研究结果表明：首先，授权型领导通过向员工分享权力以及增进了群体内部知识和信息的交流，来激发员工的创新行为。由此，授权型领导与员工创新行为之间存在显著的正相关关系。其次，授权型领导可以增强员工感知的工作意义感和价值感，从而增进他们基于组织的自尊，而组织的自尊较高的员工，倾向于表现出更多的创新行为。可见，基于组织的自尊在授权型领导与员工创新行为之间起中介作用。最后，结构正式化正向调节授权型领导与员工创新行为之间的关系以及授权型领导通过基于组织的自尊影响员工创新行为的间接效应。结构正式化是指团队运用清晰的规则和政策澄清组织运作的规范、流程和决策的程度，它有助于员工减少对环境的不确定性。

另外，李伟和梅继霞（2018）运用多元回归统计分析方法，对中国国有企业 768 份样本数据分析显示，领导授权赋能能够预测员工创新行为。其中，差错处理能力在领导授权赋能与员工创新行为的关系中起部分中介作用。根据自我决定理论，领导的授权风格作为环境信息，会影响个体的工作选择，并进而影响员工的创新动机及创新行为。差错处理能力指的是个体善于与他人针对差错进行分析和讨论，并依据差错反馈信息来学习的能力。当组织中的领导崇尚授权，易激发和提高员工差错处理能力，从而促进个体的创新实践活动。

（六）多种领导风格对员工创新行为的综合影响

还有学者基于多种领导风格对员工创新行为的影响进行了研究，如 Franziska 等（2017）关注不同领导风格之间的交互作用，探讨了变革型领导和交易型领导对员工创新行为的影响中受到授权型领导的可能调节影响。首先，交易型领导会削弱创新行为的外在动机。其次，交易型领导者会从事现状挑战、激励（即阐明一个令人信服的未来愿景）以及关注员工的需求等行为。变革型领导者通过激励和提倡挑战现状来增强追随者的创新能力。最后，授权型领导使变革型领导与创新行为之间的积极关系更强，但也使交易型领导与创新行为之间的消极关系更强。通过对丹麦的最大一家医院的 1647 名员工问卷数据分析，结果也证实，以强调员工能力为核心的授权领导，调节了变革型领导和交易型领导与创新行为之间的联系。

王磊和邢志杰（2019）基于 233 名员工问卷调查的数据，探讨了双元威权领导（专权领导和尚严领导）对员工创新行为的影响。结果显示，专权领导会降低员工的创新行为表现，而尚严领导能够促进员工的创新行为表现，且两者均通过权力感知为中介进而影响员工创新行为。同时还发现，专权领导和尚严领导的有效性会因 LMX 的高低而受到影响，LMX 增强专权领导和尚严领导对员工创新行为的原有影响。这是由于在高质量 LMX 关系中，员工可以得到领导者提供的帮助和资源，这会使其更多地关注领导者积极的一面而忽略消极的一面。由此，即使面对专权的领导者，高质量 LMX 的员工可能较少改变自身的行为；而低质量 LMX 的员工则可能会抑制自身的创新行为表现。

李忆和吴梳梅（2019）从社会信息处理理论出发，基于员工创新双元性的视角，将员工创新行为分为利用式创新行为和探索式创新行为，并探索了差错管理气氛与两种创新行为的影响效应。通过对 284 份一线员工的调查问卷实证研究发现：正向差错管理气氛会促进利用式创新行为和探索式创新行为。值得注意的是，该研究将家长式领导分为仁慈领导、威权领导以及德行领导，并将其作为调节变量进行研究，结果显示：在正向差错管理气氛中，仁慈领导会强化其对利用式创新行为的促进作用，也会强化其对探索式创新行为的促进作用；威权领导会弱化其对利用式创新的促进作用，也会弱化其对探索式创新的促进作用；德行领导会强化其对利用式创新的促进作用，也会强化其对探索式创新的促进作用。在负向差错管理气氛中，作用效果与上述相反。

二、关系网络与员工创新行为

员工创新的成功在很大程度上取决于员工在组织内部的关系网络，因为正是这些关系提供了创新所需的灵感、信息、资源和支持，帮助创新者开发、推广和实现他们的新想法（Wang et al., 2015；Li and Hsu, 2016）。员工同时嵌入他们的团队和组织中，个人在组织中的社交网络可以分为外部社会关系网络和工作单位内部社会关系网络。

就工作单位内部社会关系而言，对员工工作相关行为具有重要影响的主要有领导与下属之间的关系以及员工与组织的关系。例如，Kim 和 Koo（2017）基于领导—成员交换理论，采用调查方法对韩国酒店员工进行了测试，结果显示，领导—成员交换关系（LMX）能够显著影响员工创新行为。学者认为高质量 LMX 的员工具有相互信任、忠诚、支持、尊重和开放沟通的特点，能够预测员工行为。在高质量的交换关系中，领导者对他的员工进行指导，促进其工作目标实现以及提升员工的创新能力。同时，与领导建立高质量关系的员工将比低质量关系的员工更具创新性，因为他们往往能够获得更多的与工作相关的信息、更大的工作自由度和更高度的领导支持。由于拥有更好的资源，与领导者建立高质量关系的员工将能够比低质量关系的员工更好地、创新性地完成分配给他们的任务。

此外，Yu等（2018）基于社会交换和诱导贡献理论（Social Exchange and Inducement–Contribution Theory），以创新氛围为边界条件，以组织信任感为中介机制，探讨了员工—组织关系（EOR）何时以及如何与工作场所员工创新行为相关。根据互惠准则和社会交换理论，员工—组织关系是雇主与其员工之间的正式或非正式的联系。EOR是一种长期的、开放的交换关系，其特点是相互承诺和情感投资。EOR可以为组织带来许多有益的结果，如高的组织承诺和个人绩效。高质量的EOR意味着雇主通过一系列的管理实践为激励员工，从而使员工更倾向于积极的行为，如创新行为。因此，当员工受到组织的公平待遇或高情感投资时，他们会更愿意努力产生和实施新想法。由于员工与组织之间的高质量关系意味着组织为员工提供了良好的福利、就业保护和职业发展，从而使员工认为自己受到了良好的对待，并认为自己的组织是值得信赖的，进而导致员工在工作场所投入更多的精力，增加创新行为。其中，组织信任感在EOR和员工创新行为之间起到中介作用。但组织信任感与员工创新行为之间关系还受到创新氛围的调节：创新氛围越强，组织信任感与员工创新行为的关系越强；反之，创新氛围越弱，组织信任感与员工创新行为的关系越弱。这是由于具有强烈创新氛围的组织更有可能强调产生和实施新的有用想法。如果员工信任他们的组织，他们倾向于根据他们对组织期望的看法来思考和行动。学者们通过对收集的63家公司的935个有效匹配数据进行分析，结果证实了上述结论。

再者，也有学者将外部社会关系和工作单位内部社会关系综合考虑进行研究，如Wang等（2015）结合社会网络理论和领导—成员交换理论，探讨了三种社会关系（领导—成员交换关系、集团外弱关系、集团内强关系）对员工创新行为的影响。首先，根据弱联系理论，外部社会关系被定义为具有相对较少的互动和相对较低的情感亲密程度的社会关系。员工与外部的弱关系提供了更多与不同社会圈和思想世界的人接触的途径，使员工可以将个人与组织外广泛的社会圈和思想世界联系起来，从而引发更多的新想法。学者研究强调了弱关系的信息效益，认为与自己群体之外的人的弱关系对创新至关重要。也就是说，外部弱关系可以通过引入非多余的信息和多样化视角来增强新想法的产生。其次，通过整合弱联系理论和领导—成员交换（Leader–Member Exchange，LMX）理论发现，LMX是弱联系之外影响创新行为的重要因素。也就是说，一个关系良好的员工可以利用从外部弱关系中获得的宝贵信息和建议来开发高质量的LMX，从而促进员工的创新行为。参与创新行为的下属可以与领导交换自己的资源，以获得高质量的 LMX。拥有高质量 LMX 的成员被认为在团队中更具影响力，因为与低 LMX 的同事相比，他们能更好地从领导者那里获得有价值的信息和资源。此外，与领导建立高质量 LMX 的员工在团队中享有更好的声誉和更高的地位，使其能够说服其他的团队成员接受新的想法，并建立实现这些想法所需的支持和协作。因此，在领导者的支持下，高 LMX 成员将更加有信心在团队内推广和实现新想法。通过一家高科技企业的样本数据，研究结果证实，LMX 中介了外部弱关系和创新行为之间的积极关系。通俗来讲，员工很少能从组织外部弱关系中获得的信息和想法直接转换为自己的实际创新，而是必须从领导者那里获得资源（如激励、批准和支持），以便进一步发展、推广和实施他们从外部弱关系中获得的最初想法（Wang et al., 2015）。

三、员工个人层面因素与创新行为

（一）主动性人格与创新行为

员工的主动性人格特质对其自身的创新行为有一定的促进作用。Kong 和 Li（2018）通过对中国七所中小学的 374 名教师填写的 352 份有效问卷进行分析，探索了主动性人格对员工创新行为的影响，并探讨情感状态与创新自我效能感在这一关系中的潜在中介效应。由于人格特征被认为是与员工创新行为相关的主要个体层面因素，而主动性人格代表了一个人积极主动投入到影响其环境的行为倾向，可以有效预测员工创新行为。同时，积极情感状态可以增加教师的认知灵活性和动机，创造性的自我效能感有助于他们调动足够的心理资源来实施创新过程。他们的实证研究结果也显示，主动性人格是促进教师创新行为的重要人格特质，积极情感状态和创造性自我效能感在主动性人格与员工创新行为之间起中介作用。

逢键涛和温珂（2016）基于认知—动机理论，探讨了主动性人格影响员工创新行为的作用机制。以中国医药生物技术企业员工为被试样本，采用滚雪球抽样和问卷调查的方法获得数据，通过对最终获得的 247 份有效问卷进行分析。结果显示，主动性人格与员工创新行为呈正相关。这是因为具有高主动性人格的个体往往有采取主动行为以改变外部环境的倾向性，因此高主动性人格的员工更容易表现出创新行为。此外，基于社会认知理论的观点，自我效能感和结果预期这两个变量往往共同对个体行为模式的选择起作用。因此，学者引入自我效能感和创新结果预期去探讨主动性人格与员工创新行为的中介效应。实际上，企业员工的创新自我效能感并不是员工创新行为的充分条件，员工个体应同时具备对创新结果积极预期的信念,创新行为才会启动。由此,学者研究认为,主动性人格通过创新自我效能感和创新结果预期的中介效应影响员工创新行为。

(二)大五人格与创新行为

以往的研究发现,员工的大五人格特质也可能会影响员工的创新行为,如Wu等(2011)指出,大五人格中的开放性也对员工创新行为有显著正向影响。于子涵和褚福磊(2012)通过选取北京和河南地区10家企业的员工为调查样本,深入分析了员工大五人格与创新行为的关系。结果表明:员工的大五人格特质中的开放性和外向性对创新行为均具有显著影响。由此可见,具有开放性特质的员工更可能接受新鲜事物,因而更易产生创新想法也更愿意投入创新行为之中。

(三)员工性别与创新行为

Aleksandra等(2017)基于角色一致性理论(Role Congruity Theory),通过对MTurk网站招募的407名参与者进行实验。结果显示:员工的性别也会影响到员工创新意愿,从而最终影响创新持续行为。女性工作场所贡献的价值前景是较高的。如果公司要充分发挥组织成员的创新潜力,还必须充分调动女性员工创新行为来产生更多有利于组织的新颖想法、产品和服务。但不幸的是,人们对女性同事贡献(包括创新行为)的看法可能与对男性同事的不同。Aleksandra等学者指出,男人和女人表现出的创新行为被不同看待的一个原因就是源于角色一致性理论(Eagly and Karau,2002)。该理论提出:成功领导者的许多属性(如自信和果断)与传统观点对于女性特征(如同情)的认知不一致,并且领导者角色性别之间差异的这种认识往往导致女性被认为是无用的领导者。学者们的研究结果认为,角色一致性理论很好地解释了为什么女性在工作中或者参与某种工作行为时表现得更差,背后其实是性别刻板印象(对男女的普遍看法)的消极作用。刻板印象导致人们认为,女性的一般属性与成功从事男性工作和工作行为所需的特征之间缺乏匹配。规定性刻板印象(那些描述男性和女性应该如何行为的刻板印象)确立了对男性和女性的规范性行为期望,导致对于刻板印象不一致行为的负面评价。然而创新行为往往被视为典型的男性化活动,因为从定义上讲,这是一项冒险的努力,需要采取主动行为,接受并支持变革等一些与男性角色期望有关的行为。由于对男性创新行为的期望高于女性,因此女性在创新时易被认为违反了这种性别刻板印象。因此,女性的创新工作行为不会得到与男性相同的奖励,缺乏对女性创新行为的认可,该理论解释了为什么女性员工往往不愿创新。

(四)员工年龄与创新行为

Ng和Feldman(2013)采用了个性—情境互动视角,探索年龄对员工创新相关行为（Innovation-Related Behavior，IRB，即产生、传播和实施新思想）的影响。同时，为厘清年龄和 IRB 之间的关系，他们还考虑了主管的工作场所破坏行为的影响。此外，具有积极主动个性的人更有可能不断寻求新的方法来提高他们的工作绩效，因此更有可能主动生成、传播和实施新思想。由此，研究还考虑了具体积极主动个性的个体差异影响。他们通过收集 196 名员工一年内 3 个时间点的数据，分析结果显示，年龄与 IRB 呈正相关。年龄、主管破坏行为和主动人格对 IRB 产生三项交互影响，即积极主动的老年工人对主管破坏的反应是更多的 IRB，而消极主动的老年工人对主管破坏的反应是更少的 IRB。然而，当监管者的破坏程度较低时，积极主动的个性并不能缓和年龄与 IRB 之间的关系。

（五）工作激情与员工创新行为

Garg 和 Dhar（2017）根据 Vallerand 等（2003）的研究，将工作激情分为两种不同的形式——和谐激情和强迫激情，探讨了其对员工创新行为的影响。其中，和谐激情是员工自主地将工作任务内化为自身责任，自愿地选择从事某项活动，而强迫激情则反映了一种内部压力（受控的内化），迫使员工完成某项任务（Vallerand et al.，2003）。和谐热情的员工对参与某项活动会带有强烈的个人认可，并有信心控制他们的参与程度。和谐激情可能导致积极的员工认知、情感和行为反应，这种积极的反应与创新行为呈正相关，这是由于和谐激情的积极认知和情感反应会提高员工的思想行动能力。相比之下，个人认同感低、参与控制力低，具有强迫激情的员工往往没有高水平的积极反应。因此，强迫性激情的员工更倾向于履行其工作的职责，而不太倾向于从事挑战现状的任务，如创新行为，因为这些任务会增加他们的工作压力，反过来又会产生负面影响。由此，和谐热情与员工创新行为呈正相关。

国内学者孙甫丽和蒋春燕（2019）基于国外学者 Deci 和 Ryan（2000）提出的自我决定理论，对 154 名领导者和 462 名下属的有效配对问卷数据进行分析，结果发现：和谐型激情作为高度自我的内在动机，是员工参与创新行为的内在驱动力（Llud et al.，2011）。和谐的激情可能导致积极的认知、情感和行为反应（Philippe et al.，2010；Vallerand，2015），这会拓宽员工的思想领域和行动技能，这也是他们在工作活动中进行自主行动的基础（Fredrickson，2001）。和谐激情的员工参与某项活动的乐趣来自自身，而不是其他外部来源（Philippe et al.，2010）。有了这样强烈的个人认可感，员工往往会投入精力，参与更多的创新行为活动。相比之下，个人认同感低、参与控制力低，具有强迫性激情的员工往往不会产生高水平的积极影响以及任务满意度（Gong et al.，2018）。高强迫性激情的员工不太倾向于主动从事挑战现状和增加工作压力的任务，如创新行为。总之，和谐激情的员工会积极地参与创新行为活动，而强迫性激情的员工则一般不会主动从事创新行为。

（六）工作幸福感与员工创新行为

Shaker等（2018）通过对阿联酋四星级和五星级酒店不同部门328名员工的调查数据分析，探讨了工作幸福感对员工创新行为的影响。研究显示，工作幸福感被认为是员工创新行为的关键驱动力。因为当员工处于和平或幸福的状态时，他们将更具创造性和创新性，从而产生积极的组织影响。快乐的员工往往能够提出创新的想法以试图省时间，并通过创新的工作方式提高效率。在工作幸福感与员工创新行为的关系中同事支持起到中介作用。当组织能够给予员工更大的工作幸福感时，员工会产生积极的情绪，这将导致更高水平的同事支持（即更多的支持、更多的关心、更多的同理心、更多的爱和更多的员工之间的知识共享），从而激发员工的创新行为。值得注意的是，时间压力在工作幸福感与员工创新行为的关系中的调节作用未得到证实。学者认为，可能是由于时间压力的水平过低，或者时间压力本身就不会对员工创新行为产生直接影响。就是说，经历过高时间压力的个人可能参与创新，也可能不参与创新。这在很大程度上取决于组织环境和工作环境，时间压力可能会与其他因素一起影响创新。

（七）印象管理动机与员工创新行为

除了内外部的动机之外，印象管理动机也是促使个体从事某种行为的重要驱动力（赵斌、赵艳梅，2019）。对员工创新行为研究，多数学者认为印象管理动机能够促进员工创新行为的产生。印象是指主体对客体的形象认知（魏江茹等，2014）。由于个体对他人会产生不同的印象，这造成个体产生不同的感观，同时还会影响个体在任务完成过程中所获得资源和支持。在人际交往过程中，个体会对他人印象的产生过程加以控制，从而进行印象管理（阎波、吴建南，2013）。印象管理动机是指个体在组织中给他人留下好印象并获得奖励的动机（Grant and Mayer，2009）。

国内学者赵斌等（2019）就基于印象管理动机视角，将主观规范划分为指令性规范（组织规范或领导要求员工去做）与示范性规范（其身边重要的参照个体积极行动的示范效应），将创新行为划分为创新构想产生与创新构想执行进行研究。结果显示，相比指令性规范，示范性规范对创新行为的影响更有效。同时，示范性规范可以通过印象管理动机影响创新构想产生与创新构想执行，而印象管理动机在指令性规范与创新构想产生与创新构想执行之间不起中介作用，这可能与员工内部人身份感知有关。此外，他们还将印象管理动机划分为获得型印象管理动机（改善个体社会形象，被积极的情感引发，由知觉到可造成被赞许印象的机会激发）和防御型印象管理动机（保护已建立的社会形象，它被消极情感状态引动，被知觉到对自己社会形象的威胁激活）两种类型（Tetlock and Manstead, 1985），去探讨其对员工创新行为的影响。结果显示，获得型印象管理动机对员工创新行为具有促进作用，而防御型印象管理动机对员工创新行为具有阻碍作用。

（八）自我效能感与员工创新行为

Ng 和 Lucianetti（2016）基于社会认知理论，解释为什么以及如何激励员工创新行为的产生。首先，社会认知理论表明，自我效能感决定行为强度，特别是当这些信念和相关行为一致时。尽管创意自我效能感与创意产生有关，但创新行为可能需要的不仅仅是创意自我效能感，因为除了创意产生之外，创新行为还涉及创意的传播和实施。因此，学者认为，创造性自我效能感的增长（Creative Self – Efficacy）是创意生成能力提高的前提；说服自我效能感（Persuasion Self – Efficacy）是创意传播的前提；改变自我效能感（Change Self – Efficacy）是创意实施的前提。其次，当员工对他们的组织越来越信任时，他们会对促进创新感到越来越自信，因为他们相信组织会重视而不是拒绝这种尝试。同样地，当员工感到同事越来越尊重他们时，他们对拒绝或批评的预期会减少，因此也就不太可能经历会扼杀他们对从事创新工作信心的焦虑和恐惧。最后，社会认知理论考虑了集体主义取向如何影响自我效能感和动机行为之间的关系。为了研究这个关系，学者引入心理集体主义作为调节变量，研究其在自我效能感与员工创新行为之间起到何种作用。通过对意大利 267 名员工在 8 个月内的 3 个时间点收集的数据进行分析，结果显示，基于个体层面，创造性自我效能感的增加与创意产生的增加呈正相关；说服自我效能感的增加与创意传播的增加呈正相关；改变自我效能感的增加与创意实施的增加呈正相关。组织信任的增加和感知自身被尊重的增加与创造性、说服和改变自我效能感的增加呈正相关。心理集体主义调节了创造性自我效能感、说服自我效能感和改变自我效能感与员工创新行为之间的关系，即心理集体主义水平高时，这两者之间的关系会减弱。

（九）中庸思维与员工创新行为

魏江茹（2019）以文化资本理论为基础，通过 210 份主管和员工配对样本数据进行分析，中庸思维对员工创新行为产生倒 U 型影响。这是因为中庸思维不仅有助于员工看到一个事物的整体性，还能不拘泥于单一而看到框架之外的差异性，即同时从内部整体性和外部差异性角度多方整合资源，为创新产品或活动创造条件。但是过度中庸思维往往会导致创新意愿下降和创新行为减少，其也会引发背离组织和团队最初目标的情况。

四、组织层面因素与创新行为

(一) 工作特征

第一，创新工作要求。Shin 等（2016）基于感知视角，探索了创新工作要求对员工创新行为的作用机制。利用中国两家公司 311 对员工—主管配对数据，研究发现，对创新兴趣较低的员工而言，感知到的创新工作要求与创新行为的关系更为密切。首先，尽管许多文献都强调员工创新行为是"随机、自发或偏差的"，但工作要求可能是员工从事创新行为的关键推动力。但基本前提是，当员工认为他们的工作需要创新时，他们将从事创新行为。从感知的角度来看，将创新作为工作要求加以实施是一个"感知"的过程，而员工对管理者试图塑造其对创新行为的看法这一行为的理解也需要一个"感知"过程，这随后会影响他们对创新行为的参与。总之，感知视角表明，当员工将参与创新工作认为是可取时，他们将选择从事创新行为。因此，从这个角度来看，感知到的创新工作要求可以通过促进这种有利的认知来提高员工对创新行为的参与度。其次，感知到的创新工作要求可能提供一个外部原因、目标或激励因素，以提高员工对创新行为的参与度。总之，工作要求是组织通过提供创新工作参与的外部原因来提高员工创新行为的一种有用方式。对于员工来说，感知到的创新工作要求是一个外部线索，它会影响他们的感知过程，使他们将创新行为理解为一个潜在的可取的事情。对于创新内在兴趣较低的员工，感知创新工作要求对创新行为具有较强的积极影响。创新的内在兴趣是指个人在享受和偏好上的差异，即参与新思想的产生和实施的兴趣水平。具有较高创新内在兴趣特质的员工可以自愿从事创新行为，因为他们更喜欢参与此类活动。相比之下，对创新内在兴趣低的员工可能需要一个令人信服的外部原因来推动他们从事创新行为。因为对创新兴趣低的员工没有创新活动的习惯性倾向，从事创新行为并不是他们认为的理想行为选择。对创新具有高内在兴趣的员工可能会发现，由于他们对创新相关活动的偏好，其对创新行为的参与具有内在的偏爱与动力。最后，现有的关于员工创新的研究大多遵循个人行动的经济模式，认为员工主要是在工作中追求个人回报的自利个人。可以通过考察员工对个人利益的感知，以及对组织价值的感知，结合一个自利观和一个规范的基于价值观的视角来理解员工在工作场所的创新行为。基于功利主义的个人成果计算对员工创新行为具有外部激励意义。当创新行为是一种预期行为（如当它是一个人工作要求的一部分时），提供个人激励可以有助于鼓励这种行为的表现。可见，促进员工创新行为可以通过明确创新工作要求并使员工感知和接受这一要求而得以实现。

第二，工作自主性。Wu 等（2014）发现，员工对创新行为的认知需求与工作自主性之间存在负相关关系，并且认知需求与个人的创新行为有关。从互动主义（Interactionist Perspective）的角度出发，当个体在工作中面临较低的工作自主性时，对认知的需求变得更为重要。这是因为，当工作自主性这一工作特征较低时，个人创新没有情境驱动力，因此此时个体特征具有较强的影响力。在荷兰对179名咨询机构工作的雇员进行多渠道研究发现，认知需求与同行评价的创新行为呈正相关，工作自主性也是如此，即使在控制对经验的开放性和积极主动的个性时也是如此。此外，当工作自主性低时，认知需求与创新行为之间的关系最为强烈。可见，个体认知需求正向影响员工的创新行为。不过在这一过程中，工作自主性也可能产生重要影响，并且对于员工创新行为可以发挥情境驱动的作用。不过，工作自主性究竟对于员工创新行为影响如何依然不明确，这其中还要考虑到个体创新相关认知因素的影响。

第三，时间压力。宋锟泰等（2019）在借鉴组织"二元性"的观点基础上，按照新颖程度将员工创新行为分为探索式创新、利用式创新，探索了时间压力对这两种创新行为的因素。研究以258名研究部门、设计部门以及营销部门从事创新活动的员工为样本的三阶段调研数据进行实证分析，结果发现：时间压力作为一种外在的工作要求和限制，对工不同的创新行为可能存在不同影响。基于注意力焦点理论和资源保存理论，时间压力对员工利用式创新行为存在显著的正向影响，时间压力对员工探索式创新行为存在显著的负向影响。

综上，从感知的角度（Drazin et al., 1999；Ford, 1996）发现，感知创新工作要求会增加员工参与创新行为的意向。但有学者对这一结论提出质疑，认为感知到的创新工作要求与员工创新行为的关系是负向的（Tierney and Farmer, 2011；Unsworth and Clegg, 2010），有的学者则认为这两者的关系更为复杂，会受到一些因素的影响（Seligman, 2006）。这一结果使学者们深入探索了感知创新工作要求与员工创新行为之间的关系，发现感知创新工作要求可以作为一个外部目标，去激励员工参与创新行为（Shalley, 2008；Yuan and Woodman, 2010）。同时，对个人利益和组织利益的感知也可以作为外部激励因素激发员工创新行为（Yuan and Woodman, 2010）。总之，Holman 等（2012）研究认为，员工创新行为被视为员工在工作场所展现的行为，不可避免地与工作特征相关。工作特征通过心理状态直接或间接影响员工创新行为。有的工作本身对创新能力就有很高的要求，因此可能会促进员工的创新行为；有的工作为了追求效率，其工作流程则被设计得比较简单和标准化，这样缺乏挑战的工作不利于员工创新能力的发挥。另外，工作技能的多样性、工作反馈等也能正向影响员工创新行为。

（二）组织创新氛围

Kang 等（2016）通过对创新的组织氛围的感知，研究了情境变量如何影响员工创新行为。利用 105 位管理者和 39 位首席执行官的多渠道数据分析发现，通过员工对发明的热情，创新氛围与员工的创新行为间接相关。此外，创新氛围与创新热情之间的关系随着积极主动氛围的增强而增强，创新热情与员工创新行为之间的关系随着冒险氛围的增强而增强。由此可知，某些情境因素可以作为个体创新行为的情境决定因素。例如，员工通过观察领导者和同事的行为模式，并遵守组织的无形行为准则来增强或规范他们自身的行为模式。因此，当存在支持创新行为的企业氛围时，员工通常会尝试遵守隐含的社会规范并采取相应的行动（即产生更多创新想法）。组织氛围还可以对个人热情（如发明热情）来影响个人行为（如创新行为）。同时，由于创新氛围表示预期和潜在的行为结果，能够对员工创新行为产生影响。

王辉等（2017）基于自我决定理论和个人—组织匹配理论，构建了创新氛围影响创新行为整合模型。将组织创新氛围分为三个维度（自主工作性、团队协作和组织激励），同时引入工作动机的两个维度（内在动机和外在动机）为中介变量，探究了创新氛围对员工创新行为的影响以及工作动机在其中的中介作用。利用问卷调查方式，收集来自 50 家企业 323 名在职员工的数据，研究结果表明：组织创新氛围的三个维度（自主工作性、团队协作和组织激励）对员工创新行为均有显著正向影响；内在动机在自主工作性与员工创新行为之间起部分中介作用，在团队协作与员工创新行为之间起部分中介作用；内在动机和外在动机在组织激励与员工创新行为之间同时起部分中介作用。

Hsu 和 Chen（2017）以台湾地区的 16 个组织的 781 名员工为研究对象，采用跨层次分析法，以员工心理资本为中介，考察了组织创新氛围与员工创新行为的关系。结果表明，组织创新氛围和员工心理资本对员工创新行为均有显著影响，更重要的是，员工心理资本在组织创新氛围和员工创新行为之间起到了中介作用。可见，组织氛围作为有影响力的、能被感官感知到的氛围，在改变和强化员工创新行为方面发挥着重要作用。

李伟和梅继霞（2018）研究发现，组织创新氛围在员工差错处理能力对其创新行为的影响关系中起调节作用。对于高创新氛围的企业，其对员工出现差错的容忍度和接受程度也明显高于低创新氛围的企业。因此，相对于低组织创新氛围，高组织创新氛围条件下的差错处理能力对员工创新行为的影响作用更强。

（三）团队凝聚力

就团队凝聚力方面，袁朋伟等（2018）以87个团队的408名知识员工为研究对象，针对团队成员个体层面的创新行为，讨论共享型领导对员工创新行为的影响，并探讨知识分享的中介作用与团队凝聚力的调节作用。研究发现，知识分享在共享型领导与创新行为之间起中介作用。作为能够显著影响员工工作行为的团队凝聚力，在共享型领导与知识分享之间具有跨层次的正向调节作用，同时由于共享型领导→知识分享→创新行为之间的间接关系会因为团队凝聚力的不同而产生差异。由此，团队凝聚力对知识分享在共享型领导与创新行为之间的中介效应中具有跨层次的调节作用。

（四）团队心理安全氛围

国内学者祝思敏和王碧英（2019）基于社会信息处理理论，研究发现：员工感知到心理安全是进行创新行为的重要前提。具有较高心理安全氛围的工作环境意味着对不同意见采取包容的态度，容错性高，团队成员间会相互支持和帮助。当团队中的心理安全氛围较高时，员工不用担心提出的新想法会被所在组织成员嘲笑，亦不用担心新想法经实践后若失败而被责罚，从而可以主动大胆地投入到创新实践中。因此，感知到的心理安全氛围可能有助于员工进行创新行为。

（五）团队情绪氛围

梁阜和李树文（2016）根据情感事件理论认为，员工所处工作环境中的各种情感事件都不会直接影响其个体行为，而是通过情感事件刺激情绪反应从而进一步影响个体行为。当团队情绪较积极时，这种积极情绪会使善于创新的领导者与下属进行拓展性及建构性互动，进而激发下属的创新意识。具体来说，团队情绪氛围对变革型领导与心理资本关系具有显著的调节效应。

第四节　员工创新行为驱动机制的综合模型构建

在快速变化的市场环境中，如果没有员工自下而上的创新贡献，企业的可持续发展战略将无法转化为实践（Dixon，2017）。已有学者研究表明，员工的创新行为有助于组织的绩效和创新（Hon and Lui，2016）。对于组织而言，创新是个体和群体创造力的一个重要支持（Woodman et al.，1993）。此外，员工创新行为还是衡量员工绩效的一个常用指标（Wang et al.，2015）。综合已有研究，本书构建了一个员工创新行为驱动机制的综合模型，如图2-1所示。

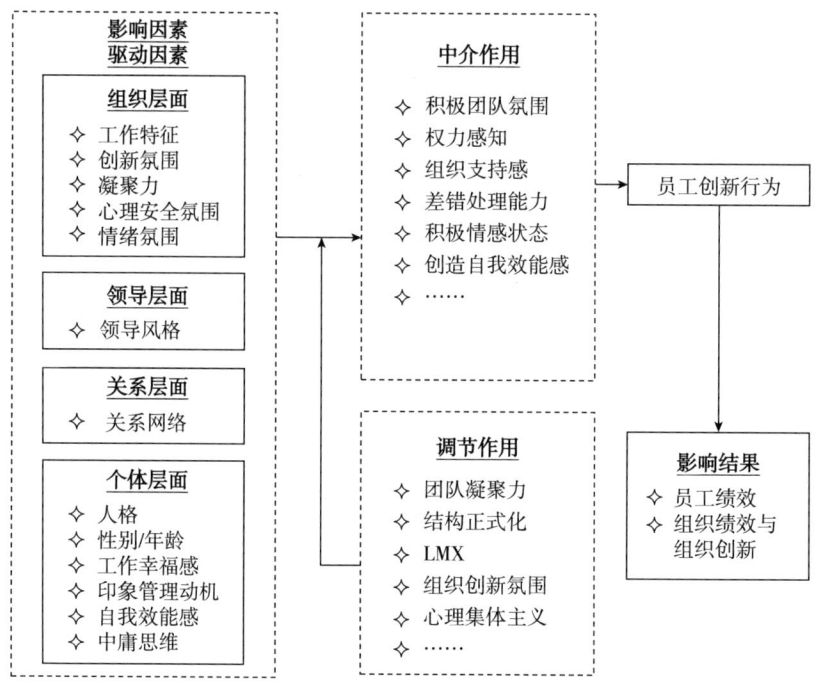

图2-1 员工创新行为的驱动机制综合模型

第一，学者们基于自身研究对员工创新行为给予了不同定义，目前还未达成一致。就员工创新行为的维度方面，根据创新的新颖程度，员工创新行为可分为探索式创新和利用式创新两种行为。根据创新的阶段划分也有不同的观点，如可分为创新想法的产生和创新想法的执行两个阶段，或者创新思维产生、创新思维促进及创新思维实现三个阶段，以及机会探寻、想法产生、形成调查、维护和应用这五个阶段。

第二，员工创新行为的产生可能存在多层面的驱动机制。就员工层面而言，员工创新行为会受到员工自身个性特质、性别、年龄、动机及自我认知等因素的影响。就领导层面而言，员工创新行为还会受到不同领导风格的影响，并且不同领导风格还可能产生联合影响。已有研究对于领导风格在员工创新行为中的驱动作用给予了较多的关注。具体来说，有较多研究探讨了包容型、双元威权型、授权型、交易型、共享型等领导风格分别对于员工创新行为可能产生的促进或者阻碍作用。就关系层面而言，组织外部关系网络以及组织内部关系网络都可能对员工创新行为产生不可忽视的影响作用。就组织内部关系网络来看，上下级关系以及员工—组织关系都是需要重视的关系层面因素。就组织层面因素来看，工作特征、组织创新氛围、团队凝聚力、团队心理安全氛围以及团队情绪氛围等因素对员工创新行为起到了很大的外部驱动作用。

第三，在不同层面因素影响员工创新行为的过程中，个体的感知以及情感状态等可能发挥中介传递作用。外界因素对于员工创新行为的影响实际上主要还是通过影响员工自我知觉与情感体验来发挥作用，如组织创新氛围可能通过员工感知后发挥作用。因此，组织要激发员工创新行为，除了关注外界因素之外，还需要注意引导员工的认知与情感体验，从而更有效地驱动员工创新行为。

第四，外界因素除了通过影响员工的认知与情感体验从而促进或者抑制员工创新行为之外，还可能作为边界条件发挥影响作用，如员工的工作幸福感、人格特征对于创新行为的影响作用大小还受到 LMX 或者团队凝聚力的调节影响。可见，员工创新行为的产生可能受到多层面因素联合作用，并且不同层面因素的关系影响途径也会存在不同。

第五，员工创新行为最终会影响到员工绩效整体水平以及组织整体绩效与创新水平。所以组织及其管理者需要关注员工创新行为如何激发以更有效地提升组织创新绩效水平，从而适应当前快速多变的市场竞争环境需求，实现组织更好地可持续发展。

第五节　结语、管理启示及未来研究展望

一、结语

员工、领导者、组织以及关系网络均可能对员工创新行为产生影响。综合上述对员工创新行为的驱动机制研究得知，在员工层面上，具有主动性人格的员工

往往会接受新鲜事物，易于表现出创新行为；由于规定性刻板印象所形成的对男性员工高的创新行为期望，导致了女性员工往往不愿创新；具备和谐工作激情的员工或者具有获得型印象管理动机的员工对其自身创新行为具有促进作用。基于组织层面上，组织营造有利于创新的氛围会对员工创新行为产生积极影响，但组织设置的创新工作需要的工作要求对员工创新行为的作用还未形成一致结论，如 Shin 等（2016）研究发现，创新工作需求对员工创新行为有促进作用，而 Tierney 和 Farmer（2011）以及 Unsworth 和 Clegg（2010）则认为感知到的创新工作要求会抑制员工创新行为。此外，员工创新行为还会受到领导者因素的影响。积极的领导风格（如包容型领导、共享型领导等）与员工创新行为的关系是正向的，消极的领导风格（如专权型领导、威权型领导等）会阻碍员工的创新行为。同时，就关系网络层面而言，外部社会关系网络和工作单位内部社会关系网络也会影响员工创新行为。员工与外部的弱关系网络产生的信息效益，可以引发员工新想法的产生，而建立高质量领导—成员交换关系同样能够促进员工的创新行为。相应地，员工与组织建立高质量的关系可以激励员工，使其更倾向于积极的创新行为，从而为组织带来更多有益的结果。

二、管理启示

首先，员工自身的特质、性别、年龄等因素较为固定，其中个性特质短期难以改变，领导者应该根据不同人格特质的员工制定不同的激励机制，以激发他们对创新的热情。同时，领导者应该致力于促进组织中所有员工的创新行为，而不考虑性别、年龄等因素。领导者应该意识到传统刻板印象偏见的危害，会对女性造成不公平的待遇。同时，在进行绩效评估时，也要批评具有歧视性的评估者（Roberson et al., 2007）。在评估下属和同事的创新行为时，经理和同事应认识到自己可能存在的偏见。领导者可以通过正式培训，让评估人员接受关于性别以及相关的刻板印象可能影响对不同性别员工创新行为绩效评定的教育。组织应该鼓励员工创新行为，并实现男女平等，公平对待，以实现全体员工投入创新行动的目标。此外，员工自身的心理状态如动机、情感和自我认知评价等，相对易受外界影响的，容易被激发出来。组织可以采取有效措施促进员工创新动机提升，或者让员工保持和提高和谐的工作激情，从而促进员工更主动地投入到创新行为之中。

其次，领导风格对员工创新行为有影响。积极的领导风格如责任型领导、仁慈型领导以及共享型领导等对创新行为有积极的促进作用，而专权型领导、威权型领导等消极的领导风格会抑制员工的创新行为。员工在投入创新行为的过程中，需要一定量的信息积累以及其他有关创新所需资源的获取，以更好地实现创新行为。在这个过程中，领导者应该共享自己的知识，为员工提供相关的资源和帮助。同时，在日常人际互动中，员工会与领导进行交流。久而久之，员工与直接领导会形成一定的关系，而高质量的领导—成员交换关系对员工创新行为也有着一定的促进作用。因此，组织可以搭建平台，向员工提供相关的资源，促进组织成员与领导的交流，提高领导—成员交换关系质量，从而促使员工更多更好地投入创新行为之中。

最后，在组织层面上，员工易受组织情境因素的影响。组织是否能够对从事创新行为的员工给予支持、帮助和奖励，营造一个创新氛围，对员工创新行为有着重要影响。同时，工作任务特征如工作的挑战性、工作的技能多样性等与员工创新行为都存在显著的关系。因此，为了实现组织的可持续发展，组织应该营造一种支持创新的氛围，提出创新工作要求来不断激发员工的创新潜力。

三、未来研究展望

第一，进一步拓展员工创新行为的驱动机制研究。根据现有文献，创新行为概念化并被衡量为一种复杂的行为，包括与新思想的产生、引入和实施相关的活动（Krizaj et al.，2014）。然而，在创新过程的不同阶段（例如，创意产生、推广和实施阶段）（Yuan and Zhou，2008）以及不同类型的创新行为（宋锟泰等，2019）中，可能驱动的关键因素也会有所不同。未来的研究可以检验不同层面因素对每个创新行为阶段所产生作用的效果与内在机制。就具体的驱动因素而言，除了印象管理动机，亲社会动机也会对员工的行为产生影响（Choi et al.，2015）。亲社会动机是指成为有用的人（价值表现），被他人接受，以及与他人良性互动的动机（社会适应）（Forde，2000；Rloux and Penner，2001）。未来可以尝试基于亲社会动机的视角去研究员工创新行为。此外，除了与直接领导的关系，员工还与团队内的一系列同事发展和维护关系。尽管 LMX（Tierney et al.，1999）和同伴关系（Baer，2012；Krackhardt，1992）均与创新相关，但这两种类型内部关系如何相互作用影响创新行为尚不清楚，还需要未来进一步的检验。

第二，未来可以聚焦于不同行业，研究不同行业特征下员工创新行为的关键影响要素。例如，基于旅游服务行业，Li 和 Hsu（2016）研究发现，工作激情与旅游业员工的服务创新行为有关。工作热情的两种形式、和谐热情和强迫热情反映了工作内部化的不同方式（Vallerand et al.，2003），其可能对服务创新行为产生不同的影响。和谐激情的员工对参与某项活动有强烈的个人认可,有了这种强烈的个人认可,员工往往会投入更多的精力,使他们的服务工作更有意义,如通过改善客户服务体验,进一步提高自己对于工作的个人认可。Mageau 和 Vallerand(2007)研究发现,强迫激情不太可能产生正向的结果。因此,高强迫激情的员工更倾向于履行其分配的职责,而不太倾向于从事挑战现状的任务,如服务创新,因为这些任务会增加他们的工作压力,反过来又会产生负面影响。不过,有学者强调有必要对导致创新行为的过程进行跨文化研究(Anderson et al.,2014)。因此,未来我们应该基于本国的情境下对不同行业的员工创新行为发生机制进行研究。

第三章　谦卑型领导对员工创新行为的影响机制研究

第一节　引言

面对日益复杂多变的外部环境，如今的企业不仅要追求高水平的生产力和卓越的服务，还要追求创新以实现持续经营（Ng and Lucianetti, 2016）。然而在不同层面的创新中，员工创新行为（Employee Innovative Behavior）是组织创新的基石（Janssen et al., 2004）。作为组织的一项重要资产，员工创新行为已被证明是促进组织成功的主要因素之一（Messmann and Mulder, 2014）。同时，创新行为也已成为员工绩效评估的核心组成部分（Gong et al., 2009）。尽管创新行为很重要，但由于其带来的风险和不确定性，使在工作场所中培育和推广员工创新行为也并不是一件容易的事。究竟如何才能更有效地促进员工创新行为是一个重要而迫切的现实问题。为此，学者们越来越多地关注驱动组织中员工创新行为的前因变量研究（Chen et al., 2013; Hammond et al., 2011; Ng, Feldman and Lam, 2010; Yuan and Woodman, 2010）。在所有员工创新行为的驱动因素中，领导力被认为是影响员工创造力和创新的最重要因素（Jung et al., 2008）。在这一方面，学者们主要研究了责任型领导（苏伟琳、林新奇，2019）、双元威权领导（王磊、邢志杰，2019）、仁慈型领导以及德行领导（李忆、吴梳梅，2019）等领导风格对员工创新行为的作用机制，如苏伟琳和林新奇（2019）基于社会学习和个体—情景交换作用理论，探索了责任型领导对员工创新行为的影响机制。结果显示：责任型领导对员工创新行为具有积极影响。谦卑型领导作为一种新兴的领导风格，其对于员工创新行为的影响效应及内在机制还缺乏以中国组织为样本的进一步实证检验（祝思敏、王碧英，2019）。因此，探讨谦卑型领导是否会影响员工创新行为具有一定的理论意义和现实价值。

目前，谦卑型领导已被公认为一种积极的领导风格，能对员工的行为和态度产生积极影响（罗瑾琏等，2015；Liu，2016）。但值得注意的是，谦卑型领导行为是一种外显行为，可能存在作伪或印象管理的可能。也就是说，当领导表现出谦卑行为时，可能并非出自真诚，而是为了适应当时情境采取的印象管理行为。因此，在现实生活中，虽然很多领导表现出谦虚谨慎，礼贤下士，但是如果领导的"言"与"行"背道而驰，便会让下属认为领导是一个"伪君子"。不可否认，真诚谦卑（"真君子"）与虚假谦卑（"伪君子"）对下属的影响存在显著差异，但以往研究仅注意到领导是否采取谦卑行为，并未对谦卑型领导行为的真伪性进行研究。因此，本书从"真君子"还有"伪君子"的角度，引入领导行为一致性作为调节变量，去探讨谦卑型领导的有效性及其边界作用条件。

此外，已有少数研究谦卑型领导对员工态度和行为影响机制的中介效应，主要是基于心理感知视角，探索心理资本、心理授权等因素的中介作用。例如，雷星晖等（2015）基于领导理论和创造力理论，研究发现员工心理安全感在谦卑型领导与员工创造力的关系中发挥完全中介作用。本书从自我概念的视角出发，引入员工核心自我评价这一变量。员工核心自我评价是指员工对自身潜在价值以及能力等方面的基本评价。谦卑型领导可以通过激发追随者的自我扩张来增强他们的核心自我效能，从而有利于他们的创新绩效以及创新能力的提高。因此，本书引入员工核心自我评价去探讨其在谦卑型领导与员工创新行为关系之间可能的中介作用。综上，本书将基于社会交换理论（The Social Exchange Theory）和信号传递理论（The Signal Transmission Theory），探讨谦卑型领导对员工创新行为的作用机制。引入领导行为一致性，从"真君子"还有"伪君子"的角度，探讨谦卑型领导者对员工创新行为影响的边界条件。同时，基于自我扩张理论，探讨员工核心自我评价在谦卑型领导对员工创新行为影响中的中介机制。总之，本书将加深对员工创新行为驱动机制的理解并发展相关理论，揭示真假谦卑对员工创新行为的影响，从而提倡领导者注意自身行为的一致性。

第二节 理论基础与研究假设

一、员工创新行为

国外学者 Scott 和 Bruce（1994）的研究认为，员工创新行为是一种复杂的行为，其包括与新思想和新过程的产生和实施有关的活动。Ramamoorthy 等（2005）研究认为，员工创新行为被视为员工在工作场所展现的行为。Janssen 等（2010）研究发现，员工创新行为是员工基于现有事物或现象，发现新的思考路径或者解决问题的突破口，并通过内部自我认同和外部团队支持将其付诸实践的一种行为。Krizaj 等（2014）认为，员工创新行为指的是员工在创意产生和实施过程中有意引入新产品/服务或采取新方式做事的行为。Kim 和 Koo（2017）认为，员工创新行为是指员工有意将新想法、产品和流程引入或应用到其工作角色、团队或组织中的行为。国内学者王雁飞等（2019）研究认为，员工创新行为是一种具有变革导向性的积极行为，其指的是在工作过程中，员工能够形成新颖的、创造性的想法或解决对策，并努力将这些想法付诸实践的行为。从本质上看，员工创新行为的概念侧重于创新过程（即参与创新活动），而不是结果（如创新的实际产品）（王雁飞等，2019；Kim and Koo，2017）。这一过程包含了问题识别与创意产生、寻求创新支持以及形成创意产品或服务（Scott and Bruce，1994；Kim and Koo，2017）。

二、谦卑型领导对员工创新行为的影响

谦卑型领导（Humble Leadership）是一种自下而上的领导方式，包括通过承认自身不足向追随者寻求帮助，欣赏和认可追随者的贡献以及具有开放性（Owens et al.，2013）。根据基于社会交换理论（Blau，1964）和信号传递理论（Bergh et al.，2014；Connelly et al.，2011），组织的管理者表示哪些行为是值得重视和奖励时，员工就会针对这些信号做出相应的行为。

首先，当谦卑的领导者承认自己的局限性时，他们会向员工发出人无完人的信号。谦卑型领导承认自身不足，乐于倾听员工意见，这使员工敢于承担风险贡献创意，去进行创新行为，并敢于质疑领导者的建议和决策（Burke et al.，

2006)。同时,学者们还发现,谦卑型领导允许员工的自我发展,这增加了员工的心理自由和参与度(Owens and Hekman,2012),而员工对心理自由的感知与其自身创造力和创新有着高度的相关(Hennessey and Amabile,2010)。这些因素可能会刺激更多的员工产生创新行为。

其次,通过关注和欣赏追随者的优势,谦卑型领导在组织内营造了一种允许变化和创新的氛围。谦卑的领导者承认并欣赏员工的能力和专业知识,更会去欣赏员工为了改进工作而进行的创新性行为。同时,谦卑型领导者有助于建立公平和支持创新的环境(Ou et al.,2014)。当工作环境能够承受与创新相关的风险时,员工会更加努力地创造性解决问题(Baer and Frese,2003)。基于社会交换理论,在这种支持创新的环境下,员工感到领导重视他们的贡献并关心他们的福祉,这将促使他们试图以相应的回报作为交换(Settoon et al.,1996)。员工为了回报,会更加积极主动地投入时间和精力收集信息,去解决具有挑战性的问题或任务,从而更多地投入创新活动之中(MacInnis et al.,1991)。

最后,谦卑型领导表现出对学习、反馈和他人新想法的开放性,鼓励和支持他们的追随者获得新技能、吸收新信息并相互学习(Owens et al.,2013)。领导者的这种行为向员工证明,不断学习新知识、获得新技能受到领导者的重视,并表明员工可以参与决策。领导将下属的想法和建议纳入决策中,有利于产生新想法,形成创新成果。简而言之,谦卑型领导以开放的心态接受新事物,承认自己的缺陷和不足,并渴望向他人学习。基于信号传递理论,谦卑型领导的这种特点实际上向下属传递出了一种积极的信号,反映了领导和所在组织对于开放和向他人学习持一种肯定和鼓励的态度。正是出于此,谦卑的领导对员工学习的过程和结果有着重大影响。Owens等(2013)研究发现,谦卑型领导与员工学习取向呈正相关,员工学习取向被认为是员工创新的重要预测因素(Hirst et al.,2009)。同时,谦卑的领导还可以导致员工带着更加开放的心态去接受批评,营造包容的组织氛围(Delbecq,2006),并可能因此认为接受他人的观点、改善自身的不足是一种非常值得投入的选择,对于自我和组织均可能产生积极的作用。由此,谦卑型领导更容易表现出支持员工创新的行为。

此外,谦卑型领导还可以通过指导和评估员工的工作以及控制员工获取资源和信息来对其产生直接影响(Gupta and Singh,2013)。一般来说,领导力的本质在于其能够通过营造创新的工作环境来影响员工参与创造性工作的意愿(Anderson et al.,2004),而谦卑型领导承认自己的不足并向他人学习的示范行为,以及通过肯定和认同他人贡献的开放氛围营造均有利于员工更多地投入到创新行为之中。由此，谦卑的领导者可以被视为一种刺激员工创新的外部环境方式，能够更好地激励员工从事创新行为（Walters and Diab，2016）。因此，本书提出以下假设：

H1：谦卑型领导与员工创新行为存在显著的正相关关系。

三、员工核心自我评价的中介作用

员工核心自我评价（Core Self - Evaluation，CSE）的概念与评价理论（Appraisal Theory）有着密切的联系。评价理论认为，评价是个体根据自身的价值观、需求或承诺而做出的对事物、自我或事件的一种主观性评介，而员工核心自我评价是员工对自身潜在价值、效率和能力的基本评价，也是一个涵盖自尊（Self - Esteem）、自我效能（Self - Efficacy）、神经质（Neuroticism）和控制点（the Locus of Control）四个维度的核心特征（Judge et al.，2003），而这四个核心特征会受到领导者的影响。例如，给予积极反馈和指导（口头说服）的领导者会影响员工的自我效能；自尊会受到诸如领导者反馈等外部潜在自我相关事件（如认可或侮辱）的影响。Liden 等（2012）研究发现，谦卑的领导行为对自尊和自我效能均有积极的影响。

此外，借鉴社会互依理论（Social Interdependence Theory），人们对彼此之间的目标究竟是如何相关或者如何联系的看法决定了他们的互动方式。Tarricone 和 Luca（2002）发现，谦卑的领导者和追随者之间的积极相互依赖性会激励人们努力实现目标。下属认为谦卑型领导会影响其与员工和管理层的关系、沟通和信任程度（Jeung and Yoon，2016）。这些因素反过来会影响员工的承诺、敬业度和绩效。正如 Tischler 等（2016）以谦卑为仆人型领导的核心内容，验证了仆人型领导与员工核心自我评价之间的积极关系。基于此逻辑，谦卑型领导也可能对员工的核心自我评价产生正向影响。因此，本书提出以下假设：

H2：谦卑型领导与员工核心自我评价之间有显著的正相关关系。

员工核心自我评价是员工自我概念的核心组成部分，是一种旨在整合以往有关人格倾向因素的先进人格概念。尽管目前的研究尚未系统地阐明员工核心自我评价与员工创新行为之间的关系，但接近/回避理论框架（Approach/Avoidance Theoretical Frameworks）表明，两者之间可能存在直接联系。以往的研究也表明，员工核心自我评价能更好地预测人格特质与工作行为之间的关系，如员工核心自我评估与员工角色外行为有关（Chang et al.，2012；Joo et al.，2010；Kacmar et al.，2009）。同时，员工核心自我评价对员工工作满意度（Bono and Judge，

2003；Chang et al., 2012；Judge et al., 1997；Judge et al., 2004)、员工敬业度和工作参与度（Shorbaji et al., 2011；Yan and Su, 2013）以及降低工作压力产生影响（Brunborg, 2008；Harris et al., 2009）。

员工核心自我评价高的个体除了更积极的情绪、态度和反应行为外，还具有很强的内在动机、积极的认知和应对方式以及良好的能力（Chang et al., 2012）。第一，员工核心自我评价可以通过情感评价的过程直接影响创新行为（Joo and Jo, 2017）。高水平的员工核心自我评价被认为是推动人格特质与创新行为之间关系的因素。例如，高水平的员工核心自我评价采用旨在接近非常规的目标，并实施创新行为的方法，去影响人们对信息的关注程度（Judge et al., 2005）。第二，员工核心自我评价可以通过影响人们对不同属性事物的认知和评价来影响创新行为。员工核心自我评价高的员工会产生更积极的自我概念和心理资源，他们愿意不断学习和挑战自己，这一特征与员工创新行为密切相关。基于此，具有较高水平核心自我评价的员工将为自己设定更高的目标，并为实现这些目标付出更大的努力（Mueller et al., 2009）。第三，员工核心自我评价可以通过影响员工参与行为（如坚持任务）直接影响创新行为。具有较高水平员工核心自我评价的个人具有更为积极的情绪，并且这一高水平的员工核心自我评价也会影响个人在其他事务中的兴趣，使他们更愿意接受挑战性任务，并选择更具创造性的解决方案（Chiang et al., 2014）。因此，本书提出以下假设：

H3：员工核心自我评价与员工创新行为有显著的正相关关系。

综上，谦卑型领导通过影响员工的自尊、自我效能感以及互动方式来提高员工核心自我评价水平（Jeung and Yoon, 2016），而高水平的员工核心自我评价，使员工对解决挑战性的任务和问题更感兴趣。为了解决这些问题，员工会不断学习新知识，获得新技能，从而提出新颖的解决方案，提高自身的创新行为。由此，谦卑型领导可以通过促进高水平的员工核心自我评价来激发员工创新行为。因此，本书提出如下假设：

H4：员工核心自我评价在谦卑型领导与员工创新行为之间起中介作用。

四、领导行为一致性的调节效应

领导的行为一致性是指员工感知到的领导者言行匹配程度，是员工的一种主观感知（Hinkin and Schriesheim, 2015），这与俗语"言必行，行必果"所体现出的内涵相一致。在工作过程中，员工对领导言行的感知会影响其工作态度与行为。当领导言行一致时，可以使员工更加信任领导、信任组织，增强员工对组织的认同感（高日光等，2018）。然而谦卑型领导在下属面前表现出谦谦君子的形象，是否在任何场合都能如此，与下属接触时，能否做到言行一致，是影响下属对直接领导感知是"真君子"还是"伪君子"的关键要素。

一项类似的实证研究发现，领导行为一致性正向调节领导对下属的指导与员工组织公民行为的关系，当领导行为一致性较高时，领导的指导与员工组织公民行为的关系越强，反之则越弱（Dineen et al.，2006）。这是因为当领导行为一致性较高时，领导经常表现出对下属的指导，说明领导的品行是真心指导；而当领导行为一致性较低时，领导只是偶尔对下属进行指导，这种偶尔是受外界因素诱发，这就会让下属觉得领导并非真心指导。由此推测，"真君子"与"伪君子"对下属创新行为的影响也会存在差异。基于社会交换理论（Blau，1964）和信号传递理论（Bergh et al.，2014；Connelly et al.，2011），"真君子"能够发自内心地真正承认自己的局限性，欣赏跟随者的长处，并具有开放性，从而激发下属的创新行为。相反，"伪君子"会让下属感觉到领导者的欺骗，缺少领导者应有的道德品质，下属同样以减少创新行为作为回应。因此，领导行为一致性在谦卑型领导与员工创新行为之间的关系中起调节作用。由此，本书提出以下假设：

H5：领导行为一致性在谦卑型领导与员工创新行为之间起着调节作用：当领导行为一致性较高时，谦卑型领导对员工创新行为的影响较大；当领导行为一致性较低时，谦卑型领导对员工创新行为的影响较小。

综上所述，本书的理论模型框架（见图3-1）是有调节的中介模型：谦卑型领导正向促进高质量的员工核心自我评价，而员工核心自我评价的提升能够提高员工创新行为。另外，领导行为一致性在谦卑型领导与员工创新行为之间起正向调节作用。

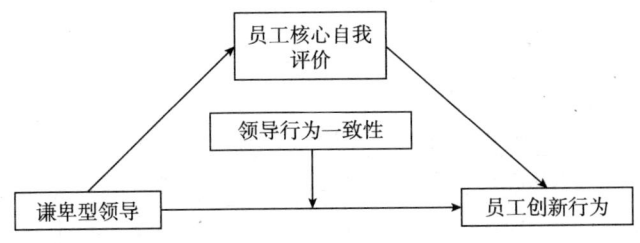

图3-1 谦卑型领导与员工创新行为的影响效应模型

第三节 研究方法

一、研究对象与程序

本书采取问卷调查的方式来进行样本数据收集,主要通过网络问卷调查的方式。调查对象主要是来自江苏、上海、安徽等省份的企业在职员工,涉及互联网、物流等行业。正式问卷调查在2019年7~8月完成。为保证个人信息的保密性以及提高答题真实性,问卷将采用完全匿名形式,并在指导语中强调参与调查者秉承自愿原则。同时,为感谢调查对象为本书提供的客观信息,在答完电子问卷后提供了抽奖环节。

本书最终共发放问卷341份,回收问卷325份,剔除填写不完整和一致性过高的问卷,得到有效问卷316份,问卷有效回收率92.67%。其中,男性占52.9%,女性占47.1%;年龄主要在25~55岁占82.9%。受教育程度方面,硕士及以上学历占5.9%,本科学历占50.9%,大专学历及以下学历占43.2%;单位性质方面,国有企业占20.9%,民营企业占34.5%,合资/外资占10.1%,事业单位占27.5%,其他性质单位占7%。具体样本的人口统计学信息如表3-1所示。

表3-1 样本的人口统计学变量

人口变量	具体类别	样本数量	占比（%）	累计占比（%）
性别	男性	167	52.9	52.9
	女性	149	47.1	100
年龄	25岁以下	18	5.7	5.7
	25~35岁	106	33.5	39.2
	36~45岁	89	28.2	67.4
	46~55岁	67	21.2	88.6
	55岁以上	36	11.4	100

续表

人口变量	具体类别	样本数量	占比（%）	累计占比（%）
受教育程度	高中以下	48	15.1	15.1
	高中/中专	33	10.4	25.5
	大专	56	17.7	43.2
	大学本科	161	50.9	94.1
	硕士及以上	18	5.9	100
单位性质	国有企业	66	20.9	20.9
	民营企业	109	34.5	55.4
	合资/外资	32	10.1	65.5
	事业单位	87	27.5	93
	其他	22	7	100

二、变量测量

本书涉及的变量包括谦卑型领导、员工创新行为、员工核心自我评价、领导行为一致性和其他控制变量。为保证量表的实用性和可靠性，本书采用的量表均是发表在国内外核心期刊中所使用的成熟量表。为保证中国情境下这些量表的有效性，采用"翻译—回译"程序以确保量表的准确性和易懂性（Brislin，1980）。在以上四个研究变量（谦卑型领导、员工核心自我评价、领导行为一致性以及员工创新行为）的具体测量中，均基于 Likert 5 点评分方法进行评价（1 = "非常不符合"；2 = "比较不符合"；3 = "一般"；4 = "比较符合"；5 = "非常符合"）。

（一）谦卑型领导

采用 Owens 等（2013）开发的三维度共计九个题项的谦卑型领导测量量表。参照前人的处理方法（曲庆等，2013；唐汉瑛等，2015；雷星晖等，2015），本书也将此量表视为单维度量表。该量表的典型题项如"当别人的知识更多或技能更强时，我的直接领导会承认这一点"等。该量表在本书中的 Cronbach's α 内部一致性系数为 0.913（大于 0.700 的标准），表明量表具有良好的信度。

（二）领导行为一致性

采用 Simons 等（2007）开发的领导行为一致性量表，共八个题项，典型题项有"我的领导践行他所宣扬的东西""我的领导信守承诺"等。在本书中，该量表的 Cronbach's α 内部一致性系数为 0.809。

（三）员工核心自我评价

采用 Judge 等（2003）编制的核心自我评价问卷，共 12 个题项，典型题项如"我自信我能获得生活中的成功""如果我尝试，我通常会取得成功"等。在本书中，该量表的 Cronbach's α 内部一致性系数为 0.895。

（四）员工创新行为

采用 Scott 和 Bruce（1994）开发的六个题目的员工创新行为量表，包括五个单维度题目和一个总结性题目，即"总体而言我是一个具有创新精神的人"。其在国内外研究中均显示出了良好的信度。该量表的典型题型如"该下属经常能产生创造性的想法""该下属有创新精神"等。在本书中，该量表的 Cronbach's α 内部一致性系数为 0.905。

（五）控制变量

本书借鉴前人研究，选取了可能影响员工创新行为的个体特征变量作为控制变量，主要包括员工的性别、年龄、受教育程度和所在单位职工人数（刘灿辉、安立仁，2016；顾远东、彭纪生，2010）。

第四节　数据结果与分析

一、同源偏差检验

由于本书的变量均为员工报告，可能会产生同源偏差。为控制这一方式可能带来的共同方法偏差问题，本书先采取程序控制的方式加以控制，主要包括以下方式：①问卷采取不记名方式；②问卷的问项不表明研究目的和变量名称；③题目顺序随机，以免存在暗示影响。

另外，本书还通过 Harman 单因素检测方法，将所有研究变量题项进行探索性因素分析，采取主成分分析提取方法，共提取六个特征根大于 1 的因子，总体方差解释量为 63.388%。其中未旋转的第一个主成分仅解释了 24.504% 的方差变异，未超过 40% 的标准，说明本书不存在严重的同源偏差（见表 3-2）。

表3－2 **Harman单因子检验**

解释的总方差

成分	初始特征值			提取平方和载入		
	合计	方差百分比（%）	累计百分比（%）	合计	方差百分比（%）	累计百分比（%）
1	13.784	24.504	24.504	13.784	24.504	24.504
2	9.105	12.079	36.586	9.105	12.079	36.586
3	6.438	11.904	48.487	6.438	11.904	48.487
4	3.179	7.286	55.773	3.179	7.286	55.773
5	2.584	3.201	60.137	2.584	4.364	60.137
6	1.354	1.967	63.388	1.354	3.967	63.388
7	0.987	1.876	65.214			
8	0.894	1.858	67.090			
9	0.785	1.803	68.893			
10	0.776	1.792	70.696			
11	0.740	1.769	72.488			
12	0.721	1.738	74.226			
13	0.704	1.602	75.964			
14	0.673	1.594	77.566			
15	0.644	1.497	79.160			
16	0.626	1.453	80.613			
17	0.583	1.423	82.066			
18	0.548	1.347	83.489			
19	0.525	1.283	84.836			
20	0.493	1.124	86.119			
21	0.453	1.019	87.243			
22	0.412	0.968	88.333			
23	0.398	0.917	89.301			
24	0.362	0.879	90.218			
25	0.349	0.847	91.097			
26	0.317	0.824	91.944			
27	0.301	0.785	92.729			
28	0.297	0.744	93.473			
29	0.275	0.633	94.267			

续表

解释的总方差						
成分	初始特征值			提取平方和载入		
	合计	方差百分比(%)	累计百分比(%)	合计	方差百分比(%)	累计百分比(%)
30	0.259	0.573	94.900			
31	0.238	0.543	95.473			
32	0.226	0.501	96.016			
33	0.214	0.687	96.517			
34	0.207	0.644	97.201			
35	0.194	0.628	97.849			
36	0.189	0.604	98.453			
37	0.175	0.593	99.046			
38	0.168	0.504	99.550			
39	0.157	0.450	100.00			

注：提取方法为主成分分析法。

二、验证性因子分析

为了检验本书中的四个关键研究变量（谦卑型领导、员工创新行为、领导行为一致性以及员工核心自我评价）之间的区分效度，本书采用 Amos 24.0 对关键变量进行验证性因子分析。通过建立由谦卑型领导、员工创新行为、领导行为一致性以及员工核心自我评价组合的不同因子模型，得到四种因子组合模型数据，结果如表3-3所示。由表3-3可知：四因子模型相比于其他模型的拟合指数最好（$\chi^2/df = 2.165 < 3$；$RMSEA = 0.035 < 0.08$；$GFI = 0.903 > 0.90$；$CFI = 0.926 > 0.90$；$TLI = 0.914 > 0.90$；$SRMR = 0.028 < 0.08$），表明本书的谦卑型领导、员工创新行为、领导行为一致性以及员工核心自我评价这四个变量具有良好的区分效度。

三、描述性统计分析

本书运用了SPSS23.0来统计分析谦卑型领导、员工创新行为、领导行为一致性以及员工核心自我评价这四个变量的均值、标准差以及各变量之间的相关系数，如表3-4所示。从表3-4中可以看出，谦卑型领导与员工核心自我评价呈显著正相关（r = 0.43，p < 0.01），与员工创新行为呈显著正相关（r = 0.51，p < 0.01）；员工核心自我评价与员工创新行为呈显著正相关（r = 0.38，p <

0.01)。由此，本书变量间的关系符合预期，可以进一步进行相关假设检验。

表3-3 验证性因子分析

测量模型	χ^2	df	χ^2/df	GFI	CFI	TLI	RMSEA	SRMR
四因子模型 (X、Y、M、Z)	1158.16	299	2.165	0.903	0.926	0.914	0.035	0.028
三因子模型 (X+M、Y、Z)	1038.23	297	2.861	0.624	0.752	0.780	0.147	0.039
二因子模型 (X+Y+M、Z)	843.56	289	4.01	0.761	0.718	0.598	0.126	0.178
单因子模型 (X+Y+M+Z)	558.94	284	4.27	0.774	0.736	0.543	0.113	0.293

注：谦卑型领导（X）、员工创新行为（Y）、员工核心自我评价（M）、领导行为一致性（Z），+表示将因子合并为一个因子。

表3-4 各变量的均值、标准差和相关系数

变量名称	M	SD	1	2	3	4	5	6	7	8
1. 性别	2.78	1.52	1							
2. 年龄	3.14	1.43	-0.033*	1						
3. 受教育程度	4.66	1.09	0.028	-0.038	1					
4. 单位人数	4.20	1.23	0.030	0.203	0.143	1				
5. 谦卑型领导	5.45	0.69	0.072	0.307*	0.039	0.274	1			
6. 员工创新行为	3.75	1.38	0.015	0.053**	0.220	0.32*	0.51**	1		
7. 员工核心自我评价	5.41	0.71	0.008	0.327	0.195	0.43*	0.43**	0.38**	1	
8. 领导行为一致性	4.37	1.15	0.027	0.470	0.06	0.09**	0.14**	0.29**	0.47**	1

注：N=210；*表示p<0.05，**表示p<0.01，***表示p<0.001（双尾检验）。

四、研究假设的检验

本书将运用SPSS23.0进行假设检验，各回归模型均将性别、年龄、受教育程度、单位人数这四个变量作为控制变量。首先进行主效应检验，验证谦卑型领

导对员工创新行为的影响。其次,参照温忠麟等(2005)以及 Baron 等(1986)提出的方法分别检验中介效应(即员工核心自我评价在谦卑型领导与员工创新行为关系中的中介作用)和调节效应(即领导行为一致性在谦卑型领导与员工创新行为关系中的调节作用)。

(一)主效应分析

运用 SPSS23.0 进行主效应的假设检验,验证了假设 1 提出的谦卑型领导与员工的创新行为的显著正相关关系。结果由表 3-5 中模型 4 可知,谦卑型领导对员工创新行为($\beta = 0.275$,$p < 0.001$)有显著影响,主效应的 H1 得到验证。

表 3-5 员工核心自我评价在谦卑型领导与员工创新行为之间的中介作用

变量名称		员工核心自我评价			员工创新行为	
		模型 1	模型 2	模型 3	模型 4	模型 5
控制变量	性别	0.016	-0.201	-0.045	-0.019	-0.048
	年龄	0.055	0.071*	0.030*	0.042*	-0.009*
	受教育程度	0.102	0.037	-0.028	-0.030	-0.045
	单位人数	0.018	0.021	-0.004	-0.053	-0.069
自变量	谦卑型领导		0.183***		0.275**	0.131**
中介变量	员工核心自我评价关系					0.203**
	R^2	0.016	0.303	0.027	0.380	0.512
	ΔR^2	0.016	0.287	0.027	0.353	0.159

注:N=316;* 表示 $p<0.05$,** 表示 $p<0.01$,*** 表示 $p<0.001$。

(二)中介效应分析

本书采用 Baron 和 Kenny(1986)推荐的步骤,检验员工核心自我评价在谦卑型领导与员工创新行为关系中的中介作用。首先,由表 3-5 的模型 2 可知,谦卑型领导对员工核心自我评价有显著正向影响($\beta = 0.183$,$p < 0.001$)。其次,模型 5 中,员工核心自我评价对员工创新行为有显著正向影响($\beta = 0.203$,$p < 0.01$)。最后,由模型 4 和模型 5 可知,当引入员工核心自我评价后,谦卑型领导对员工创新行为的作用从 0.275 下降为 0.131($p < 0.01$),表明员工核心自我评价能够部分中介谦卑型领导对员工创新行为的影响。由此,H2、H3 得到支持,H4 得到了部分支持。

(三)调节效应分析

采用层级回归方法检验 H5 领导行为一致性在谦卑型领导与员工创新行为之

间起的调节作用,结果如表3-6所示。为了验证调节效应,将员工创新行为作为因变量,控制变量(如性别、年龄、受教育程度和单位人数)、自变量(谦卑型领导)、调节变量(领导行为一致性)以及自变量(谦卑型领导)和调节变量(领导行为一致性)的交互项加入回归方程,以检验领导行为一致性对谦卑型领导与员工创新行为之间关系的调节效应。为了避免加入交互项后带来的多重共线性问题,首先对自变量和调节变量做了标准化处理,其次再计算其交互项并代入回归方程之中。由表3-6的模型8可知,谦卑型领导与领导行为一致性之间的交互作用正向影响员工创新行为($\beta = 0.175$,$p < 0.01$)。这也说明领导行为一致性越高,谦卑型领导与员工创新行为之间的正向关系越强。

表3-6 领导行为一致性在谦卑型领导与员工创新行为之间的调节作用

变量名称		员工创新行为		
		模型6	模型7	模型8
控制变量	性别	0.016	-0.013	-0.055
	年龄	0.055	-0.005	-0.009
	受教育程度	0.102	0.066	-0.036
	单位人数	0.018	0.004	-0.018
自变量	谦卑型领导		0.184***	0.315***
调节变量	领导行为一致性		0.152***	0.223***
交互项	谦卑型领导×领导行为一致性			0.175**
	R^2	0.016	0.256	0.386
	ΔR^2	0.016	0.240	0.146

注:N=316;*表示$p<0.05$,**表示$p<0.01$,***表示$p<0.001$。

为了进一步检验领导行为一致性在谦卑型领导与员工创新行为关系间的调节作用,本书依照Aiken和West(1991)的建议,绘制了调节作用图,如图3-2所示。其分别检验了在领导行为一致性高和低的情况下,谦卑型领导对员工创新行为的作用。检验结果显示:当领导行为一致性较高时,谦卑型领导对员工创新行为的影响较大;当领导行为一致性较低时,谦卑型领导对员工创新行为的影响较小。据此,H5也得到了验证。

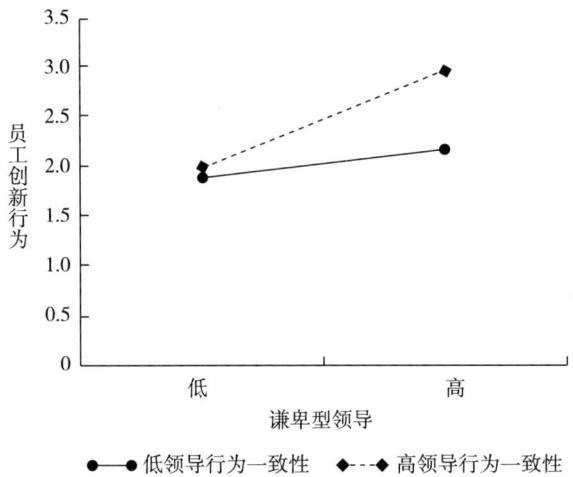

图 3-2　领导行为一致性对谦卑型领导与员工创新行为的调节作用

第五节　讨论与分析

与其他领导风格相比,谦卑型领导是一种独具魅力的领导风格,具有承认自身不足、欣赏他人优点、保持开放心态的特点(Ou et al.,2018)。这使谦卑型领导者在应对动态的市场环境时,可以通过充分利用下属的智慧和创新能力来解决问题(Vera and Rodriguez,2004)。同时研究者们一直也都很关注如何促进员工创新行为,然而就谦卑型领导对员工创新行为的研究上很少关注领导者是否真的谦卑。因此,本书基于社会交换理论和信号传递理论,从"真君子"还有"伪君子"的角度来探讨谦卑型领导对员工创新行为影响的有效性。结果表明:①谦卑型领导对员工创新行为具有显著的正向影响,即领导越谦卑,越能激发员工的创新行为。②员工核心自我评价在谦卑型领导与员工创新行为的关系中起部分中介作用,一方面谦卑型领导可以直接影响员工创新行为,另一方面谦卑型领导可以通过提高员工的核心自我评价进而促进员工创新行为的增加。③领导行为一致性在谦卑型领导与员工创新行为的关系中起正向调节作用,即当领导行为一致性较高时,谦卑型领导对员工创新行为的正向影响作用较强;反之,当领导行为一致性较低时,上述关系则较弱。

一、理论贡献

首先,本书基于社会交换理论和信号传递理论,检验了谦卑型领导与员工创新行为的正相关关系。谦卑领导者的支持性领导行为(如以开放的心态学习、包容和充分授权)在组织内创造了一种包容的组织学习氛围。以开放的态度对待新知识和新建议,鼓励员工创新行为;容忍风险,为员工提供了巨大的心理自由和工作自主性,培养了员工创新行为。这不仅拓宽了员工创新行为研究视角,还有利于丰富谦卑型领导理论。

其次,本书验证了员工核心自我评价在谦卑型领导与员工创新行为之间的中介作用。基于评价理论,员工核心自我评价是对员工潜在价值、效率和能力的基本评价。谦卑型领导可以通过提升员工核心自我评价来激励员工不断学习和创新,致力于更多的创新行为。同时,已有文献表明,员工核心自我评价比员工性格特征能更好地预测工作绩效(Chang et al., 2012)。根据 Chiang 等(2014)的研究,员工核心自我评价不仅可以激励员工学习更多的与工作相关的知识,还可以提高员工的内在工作动机,间接地帮助他们思考创造性的工作方法。本书的发现不仅对员工核心自我评价和员工创新行为的研究具有重要意义,还有助于在谦卑型领导和员工创新行为关系研究之间架起桥梁。

最后,本书引入并证实了领导行为一致性在谦卑型领导与员工创新行为关系中起正向调节作用,即当领导行为一致性较高时,谦卑型领导对员工创新行为的影响较强;反之,当领导行为一致性较低时,谦卑型领导对员工创新行为的正向影响作用则较弱。领导行为一致性是下属感知到上司的言语和行为的相符程度,也就是领导者在面对任何诱惑和挑战时坚持言行一致的程度。"真君子"能够承认自身不足,会夸奖下属的优点,对一切新事物具有开放性,并且能够保持言行一致。这一特性使员工更认同领导,并把领导谦卑看作是领导的一种值得赞赏的内在个人品质,为了回报领导的谦卑,员工更愿意主动奉献,并更敢于积极探索新的工作方式和解决方案。反之,如果领导的言行不一致,则下属更可能认为领导谦卑是一种表面伪装,甚至认为这是一种"伪君子"所为,所以领导表现出来的谦卑正向影响作用并不是很强,可以说领导一致性较低时领导谦卑对于员工创新行为的正向影响作用会减弱。因此,当员工感受到领导言行一致时,谦卑型领导能够更有力地激发员工的创新行为。这一研究揭示了"真君子"与"伪君子"对员工创新行为的不同影响,突出强调了领导者不仅要表现出谦卑,而且更要注意保证自己的言行一致,即尽力提高领导行为一致性。

二、实践意义

一直以来,创新是学者们研究和政策制定者的关注点,它在促进社会经济繁荣方面发挥着主要作用(Campo et al.,2014;Bayraktar et al.,2017;Jaiswal and Dhar,2017),特别是在工作场所的员工创新行为,被认为是组织生存的必要前提(Hon et al.,2016;Lee and Hyun,2016;Hakimian et al.,2016)。由于不断变化的经济环境、全球化和不断增长的竞争需求,创新和创新行为变得越来越重要。因此,学者们对这一主题的研究兴趣也越来越高(Chen,2011;Kim and Lee,2013;Akram et al.,2016)。但是在组织管理实践中究竟如何才能更有效地促进员工创新行为呢?对于这一管理实践问题,相信本书的发现会对管理者提供有力借鉴。

首先,在知识经济时代,谦卑的领导对激励员工存在内在动机,对下属的追随力和自我扩张有着显著的影响,同时也增强了个体的自我意识。谦卑型领导的积极作用在管理实践中得到了广泛体现。作为一种新型的独立领导方式,谦卑型领导对员工创新行为有积极影响。由此,在领导活动中,领导者应该更多地采用谦卑的领导方式。

其次,员工核心自我评价是推动组织内创新思想和创新行为的形成、发展和持续的重要因素。例如,中国家电企业海尔集团充分肯定了员工在组织创新中的主导作用,在组织变革中实现了自主管理,提升了全体员工的创新能力。通过在公司内部共享人权、权力分配和参与决策实现员工自我激励和发展(Meyer et al.,2017)。这些管理措施均有力地提升了员工的核心自我评价。本书发现谦卑型领导是促进员工核心自我评价,进而提升员工创新行为的重要桥梁。基于此,在领导实践中,领导者可以通过自身谦卑行为的展现,采取开放的心态,同时勇于承认自身不足,对于员工的积极表现及时给予肯定,这将有利于提升员工的核心自我评价,为员工创新行为的激发奠定良好的员工自我概念基础。

最后,谦卑型领导虽然很受员工青睐,但要注意区分谦卑的真诚性。这是因为,当员工知觉到领导行为一致性较低时,可能会将领导谦卑看作是虚伪的谦卑,进而会造成员工减少自身的创新行为。由此,在提拔管理人员时,不能仅仅注意到谦卑行为的外表,还应考察其行为的内在一致性,从而做出更为恰当的选人决定。同时,领导者自身也要时刻注意自身言行一致性,以强化自身外在的积极行为表现得到员工内在认同的程度。具体来说,只有当员工知觉领导是一个言行高度一致的人时,领导谦卑对于员工创新行为的正向影响作用才会更为显著。

三、未来研究展望

本书也存在一定的局限性。首先,本书采用横截面研究设计,这可能导致变量间因果关系的解释力不足,未来研究可采用纵向研究或实验法去检验。其次,本书未考虑在某些情况下谦卑型领导可能产生负面影响,如谦卑型领导如果被员工知觉为自卑和软弱,这会抑制领导的有效性。在未来,研究人员可以考虑组织中谦卑型领导可能存在负面影响及其边界条件。最后,本书的样本仅限于来自江苏、上海、安徽等省份的企业在职员工。未来的研究可以扩大样本规模,以验证本书的研究模型在更广范围内的适宜性。

第四章 员工主动变革行为的内涵、驱动因素和影响效应研究

第一节 引言

随着外部环境越来越动态化和不可预测，组织越来越依赖于通过变革保持敏捷性、竞争优势和可持续发展（Liu et al., 2019）。组织变革取得成功既需要宏观的战略变革，也需要微观层面员工发起的自下而上的内部变革，因此员工是否积极主动参与变革是影响组织变革成败的关键因素（Oreg et al., 2018）。由于资源和精力的有限性，组织管理者希望员工按工作要求完成常规工作，并进一步期望员工主动采取建设性的行为来变革工作流程、程序等以促进组织的有益转变，解决工作中的问题并增强组织效率（Morrison and Phelps, 1999）。Morrison 和 Phelps（1999）将上述行为称之为员工主动变革行为（Taking Charge Behavior）。

员工主动变革行为实质上是一种以变革为导向的角色外行为（Morrison and Phelps, 1999），强调充分利用员工的才能和资源，使其从组织变革的被动接受者转变为主动参与者，通过员工主动参与实现自下而上的持续变革。已有研究发现，员工主动变革行为有助于促进组织变革，提升组织效率，并增强员工绩效和组织绩效，有利于组织的可持续性发展（McAllister et al., 2007; Fuller and Marler, 2009）。然而对于员工个人而言，表现出高水平主动变革行为的员工通常能在工作中取得更高的成就，并且会获得更好的职业发展（Sekiguchi, 2010）。由此可见，员工的主动变革行为不仅能够促进组织发展，还能更好地实现员工个人价值。然而，尽管员工主动变革行为能够为个人和组织带来的好处已经得到广泛

的理论和实证研究的支持,但由于员工从事主动变革行为挑战了现状,并常常伴随着一定风险和压力,可能对个人和组织产生消极影响。近期的研究也证实了员工主动变革行为可能会造成员工的个人损耗,导致负面情绪和工作压力的产生,进而削弱其组织认同感和工作绩效(Ou,2016;Ouyang,Lam et al.,2016)。

由此可以看出,员工主动变革行为越来越受到管理实践者和学者的重视,学者们希望通过探究员工主动变革行为的发生机制和作用机制,了解如何促进员工主动变革行为并发挥其积极作用,同时减少其消极作用的产生。鉴于此,本书通过对国内外员工主动变革行为相关文献的梳理,厘清员工主动变革行为的内涵及测量方式,归纳员工主动变革行为的影响因素和影响效应,并提出员工主动变革行为的管理启示以及未来的研究展望,以期促进员工主动变革行为的研究,对组织有效促进和管理员工主动变革行为有所启发。

第二节 员工主动变革行为的内涵与测量

一、员工主动变革行为的内涵界定

Morrison 和 Phelps(1999)最先提出员工主动变革行为的概念,并将其定义为员工主动地采取建设性的行为来变革工作流程、结构、程序和政策等,实现组织功能的有益转变,是一种变革导向行为。因此,员工主动变革行为通常具有主动性、变革导向性、挑战性、促进性、利组织性等特征(Morrison and Phelps,1999;Kim and Liu,2017)。文献研究发现,已有的研究中学者普遍采纳 Morrison 和 Phelps(1999)对员工主动变革行为的定义,在现有的研究中这一定义使用已十分广泛。但是,关于员工主动变革行为的归属类别问题,学者们仍存在不同看法,梳理已有文献可以发现其主要有三种观点。

第一,将员工主动变革行为归属于角色外行为,关注其变革性、挑战性和促进性特征。Morrison 和 Phelps(1999)认为,员工主动变革行为是一种挑战—促进的角色外行为,它与其他形式的角色外行为类似,由员工自由决定而非组织正式要求。Lee(2016)也认为,员工主动变革行为是聚焦于变革导向的角色外行为,通过变革能促进组织发展。不仅如此,员工主动变革行为还涉及更多的风险承担,是高挑战性的角色外行为(李绍龙等,2015;Kim and Liu,2017;Liu et al.，2019）。

第二，将员工主动变革行为归属于主动性行为，关注其主动性和变革性特征。Crant（2000）认为，员工主动变革行为是一种积极主动性行为，会促使员工产生积极的工作态度和工作结果。员工主动变革行为是主动性行为的重要组成部分，员工通过主动变革来改进工作方法和程序，进而提高任务绩效（Grant and Ashford，2008；Parker and Wang，2015；Zheng et al.，2017）。但与其他形式的主动性行为不同，员工主动变革行为强调行动，并且采取变革行动能为工作场所带来积极变化（Li et al.，2016；Klimchak et al.，2016；林志扬、赵靖宇，2016）。

第三，将员工主动变革行为归属于组织公民行为，关注其变革性、挑战性和利组织性。例如，McAllister 等（2007）提出，员工主动变革行为是一种具有挑战性和变革性的组织公民行为，与维持稳定现状的其他形式组织公民行为不同，员工主动变革行为强调改进组织现有程序和规则并且行动过程中需要承担一定风险。Seppälä 等（2012）认为，员工主动变革行为是组织公民行为的重要形式，具有变革导向的特征，通过变革改善组织运作，促进组织长远发展。员工主动变革行为作为组织公民行为的理想形式，其变革性有利于组织灵活应对各种变化和挑战（Kim et al.，2015；Li et al.，2017）。

虽然学者们关于员工主动变革行为类别界定问题各有看法，但是通过以上梳理不难发现，这些分类是基于 Morrison 和 Phelps（1999）员工主动变革行为的定义和特征，因理论视角和研究侧重点的不同，关注的员工主动变革行为特征存在差异性，因而其归属类别问题没有形成一致观点，但是这些分类是不冲突的，它们展示了员工变革行为的部分特性。未来研究也可以借鉴已有研究，根据研究侧重点和具体的组织情境对员工主动变革行为进行类别界定，或者在已有研究的基础上从员工主动变革行为的总体特征出发探究员工主动变革行为的影响因素及影响效果。

二、员工主动变革行为与其他员工行为的区别

员工主动变革行为与其他的一些员工行为容易产生混淆，如建言行为、议题营销等，它们之间既具有一定的相似性，但实质上仍然存在着差异。本书通过梳理员工主动变革行为与其他意义相近的员工行为的联系与差异，有助于进一步厘清和了解员工主动变革行为的内涵。

第一，员工主动变革行为与建言行为。员工主动变革行为与建言行为均具有

变革导向特征，但员工主动变革行为是由对组织改进的渴望所驱动的，不一定出于当前的实践是错误或糟糕的认知，并且强调行为聚焦，即不仅包含建议、想法的表达，而且涉及员工对这些想法的实施（Morrison and Phelps，1999；Fuller et al.，2012）；而建言行为是基于改进组织当前的错误实践或不足而进行的建设性交流，具有消除个人不满的特点，并强调交流过程和内容（Withey and Cooper，1989；Morrison，2014）。

第二，员工主动变革行为与议题营销。员工主动变革行为与议题营销目的具有一定的相似性，即实现组织功能的有益转变进而提升组织效率。员工主动变革行为聚焦于实现组织目标的内部手段，而议题营销聚焦于战略议题（比如需要关注的问题、趋势、机遇等），但不提供解决问题的建议和方法（Morrison and Phelps，1999；Dutton and Ashford，1993；Dutton et al.，2001）。

第三，员工主动变革行为与创新行为。员工主动变革行为和创新行为都能为组织带来新的变化。前者强调在原有基础上对工作程序、政策等进行改进，而后者更强调提出全新的概念和观点，创造全新的产品、技术和流程等（Morrison and Phelps，1999；Love and Dustin，2014）。

第四，员工主动变革行为与个体主动性行为。员工主动变革行为与个体主动性行为均具有主动性特征。员工主动变革行为除了受自身特质的影响外，还容易受到情境因素影响而变化（Crant，2000；Moon et al.，2008）；相对而言个体主动性行为主要受个体内驱力的影响，因而具有更好的稳定性（Frese and Fay，2001）。

第五，员工主动变革行为与任务修正。员工主动变革行为与任务修正均强调行为聚焦，但员工主动变革行为的变革对象更广泛，包括工作流程、程序和政策等，而任务修正强调采取行动修正错误的任务或工作角色（Staw and Boettger，1990；Grant and Ashford，2008）。

三、员工主动变革行为的测量

当前的员工主动变革行为的测量，普遍采用 Morrison 和 Phelps（1999）编制的单维度10题项的量表（Kim et al.，2015；Klimchak et al.，2016；Lee，2016；Li et al.，2017）。该量表包含了变革和改进工作流程、结构、程序和政策等测量内容，典型题项如"该员工经常尝试为工作单位或部门带来改进的程序""该员工经常尝试消除多余或不必要的程序""该员工尝试制定对公司更有效的新工作方法"等，在实际操作中可采用自评或他评的方式测量员工主动变革行为。

在实际的员工主动变革行为研究中，一些学者根据研究需要选取了 Morrison 和 Phelps（1999）原始量表中因子荷载系数较高的题项形成了 3~9 题项的新量表。例如，Zheng 等（2017）从原始量表中选择因子荷载较高的九个题项，形成了新的简版员工主动变革行为量表，采取由直接上司评价的方式测量下属的主动变革行为。Harrison 等（2011）从 Morrison 和 Phelps（1999）原始量表中选择因子荷载较高的七个题项，采取员工自评的方式，测量员工主动变革行为。Fuller 等（2012）和 Li 等（2016）从原始量表中选择了六个因子荷载较高的题项，由直接主管评价下属的主动变革行为，对员工主动变革行为进行测量。Liu 等（2019）从原始量表中选择了四个因子荷载较高的题项，由人力资源部门评价，测量员工的主动变革行为。Xu 等（2018）在研究中从原始量表中选择了三个因子荷载较高的题项，采取领导评价的方式，测量下属的主动变革行为。

第三节　员工主动变革行为的影响因素研究

文献研究发现，关于员工主动变革行为的驱动因素研究成果丰富，主要可将其归纳为个体相关因素、领导相关因素和组织相关因素三方面。下面会分别阐释这三类相关因素对员工主动变革行为的影响。

一、员工主动变革行为的个体相关影响因素

员工个人特质是影响其主动变革行为的关键因素之一（Morrison and Phelps，1999；刘明伟等，2020），因此在探索员工主动变革行为的驱动因素研究中，员工个体因素受到众多学者的关注。文献梳理和研究发现，影响员工主动变革行为的个体因素主要包括员工自我效能感、责任感、心理授权、工作投入等。

（一）员工自我效能感的影响

最早在 Morrison 和 Phelps（1999）的研究中发现，员工的自我效能感正向影响员工主动变革行为，其中高自我效能感的员工认为自己有能力和责任为改进工作现状进行建设性努力，继而倾向于表现出更多的主动变革行为。McAllister 等（2007）的研究也发现，自我效能感显著正向影响员工的主动变革行为。

除了探讨一般自我效能感的影响之外，有不少学者探讨具体维度的自我效能感的影响作用，如 Li 等（2015）证实，员工角色宽度自我效能感能够促进员工

主动变革行为的产生。张若勇等（2018）则从计划行为理论出发，关注员工的创造自我效能感对主动变革行为的影响及其边界条件，研究结果表明：创造自我效能感显著正向影响员工的主动变革行为，创新奖赏感知和心理所有权均正向调节创造自我效能感与主动变革行为之间的关系，另创新奖赏感知和心理所有权的二项交互作用负向调节了创造自我效能感与主动变革行为之间的关系，从"能做""想做""应该做"三个因素解释了员工主动变革行为的产生机制。

由上文分析可以发现，员工的自我效能感是影响员工主动变革行为产生的一个主要因素，并且不同方面的具体自我效能感对员工主动变革行为均有可能产生影响，如角色宽度自我效能感和创造自我效能感等。

（二）员工责任感的影响

员工责任感也会正向影响员工的主动变革行为，具有较高责任感的员工认为自己具有更多的责任来改变现状，从而倾向于投入更多的主动变革行为之中（Morrison and Phelps，1999）。

（三）员工心理授权的影响

员工在工作过程中所感受到的心理权利是支撑其开展主动变革行为的重要心理因素。Kim 等（2015）发现心理授权与员工主动变革行为呈显著正相关，当员工在工作中经历高度的心理授权时，会对自己的工作能力充满信心，从而对自己的努力有很高的期望，因此会表现出积极的主动变革行为来改进工作场所现状。但是也有学者持相反的观点，Klimchak 等（2016）指出，心理权利对员工主动变革行为的直接影响并不显著，两者的关系受到自恋与组织认同的调节，其中自恋负向调节心理权利与员工主动变革行为的关系，即当员工享有较高心理权利且有高水平自恋时，他们可能减少主动变革行为；组织认同正向调节心理权利与员工主动变革行为的关系，即当员工享有较高心理权利且有高水平组织认同感时，员工会积极进行变革。

（四）员工的工作投入的影响

Sonnentag（2003）发现员工的工作投入显著正向影响主动变革行为，因为员工高水平的工作投入意味着有足够的资源主动地改变当前的工作环境，不过角色宽度自我效能感负向调节工作投入与变革之间的关系，使工作投入与变革之间的正向关系在低角色宽度自我效能感的追随者中更为强烈（Xu et al.，2018）。

（五）员工的学习目标导向的影响

Lance 和 Bettencourt（2004）认为，学习目标导向是一种重要心理特征，能激励个人不断改进任务活动和工作环境，因此在其研究中探索了影响零售行业员工主动变革行为的直接前因变量,研究发现学习目标导向对员工主动变革行为具有显著的正向预测作用。

（六）员工的变革价值观的影响

Seppälä等（2012）以芬兰184份主管—下属配对数据为样本,探讨员工变革价值观的开放性与主动变革行为的关系。结果发现员工变革价值观的开放性与变革导向的主动变革行为的直接影响不显著,变革价值观开放性、工作单位认同感和权力感的三项交互正向预测了员工主动变革行为,并且变革价值观开放性和工作单位认同感对员工主动变革行为的二项交互作用在权力感高的员工身上更为明显,但是在权力感低的员工身上则没有那么明显。因此,高度认同自己工作单位的员工,只有当他们感知到在工作单位拥有权力时,才会通过主动变革的想法和行为来表现其变革价值观开放程度。

（七）员工不同对象信任的影响

国内学者黄勇和彭纪生（2015）从信任角度出发,探讨了组织中员工对于不同层面对象的信任对其主动变革行为的影响,具体包括组织信任、主管信任、同事信任对员工主动变革行为的影响。研究结果显示,主管信任和同事信任均显著正向影响员工主动变革行为,员工感知的角色宽度自我效能感部分中介了同事信任、主管信任与员工主动变革行为的关系,而组织信任对员工主动变革行为的作用不显著,其原因是组织信任属于一种制度型信任,按照差序格局的影响模式,其产生的效力小于人际信任。

（八）员工人格的影响

第一,主动性人格的影响。主动性是驱动员工进行主动变革行为的典型个人特征,在现有的员工主动变革行为影响因素研究中,主动性人格对员工主动变革行为的影响受到许多学者的关注与探索。主动性人格反映了个人主动创造有利环境的普遍趋势（Bateman and Crant，1993）,在一定程度上可以预测员工主动变革行为。已有研究发现员工主动性人格间接正向影响主动变革行为,并且主动性人格对员工主动变革行为的间接影响通常是由员工角色相关的认知—动机状态发挥中介作用,比如角色宽度自我效能感、灵活的角色导向、心理授权和感知自主性等（Parker et al.，2006；Fuller and Marler，2009）。此外,还有大量的学者从不同的理论视角对主动性人格和主动变革行为之间的关系进行了探讨。例如,Zhang等（2015）从社会交换关系的视角出发,通过分析281份中国的主管—下属配对数据,发现主动性人格会通过关系的中介作用间接正向影响员工主动变革行为。Wu等（2017）则从行为一致性的视角指出,高水平主动性人格的个体会表现出积极的主动性行为,并且享受参与挑战现状和改变环境过程中的乐趣(Wu et al.,2017)。近期,国内学者黄勇和余江龙(2019)依据角色理论,通过实证分析发现主动变革角色定义在主动性人格与主动变革行为之间起部分中介作用,主管—下属关系正向调节了主动性人格与主动变革角色定义的关系,并进一步调节了主动性人格通过主动变革角色定义影响主动变革行为的间接效应。

第二,志向特质的影响。除主动性人格这一积极特征外,还有学者认为,员工的志向特质也会正向促进员工的主动变革行为产生,并且薪酬正向调节两者之间的关系。具体而言,员工的薪酬越高,志向对员工主动变革行为的影响越强(Baroudi et al.,2017)。

第三,自恋特质的影响。刘明伟等(2020)基于权力的促进—抑制理论,探讨了自恋特质对员工主动变革行为的影响,研究发现具有自恋特质的员工会为了自身利益而更多地参与主动变革,权力感知在两者之间起部分中介作用,性别调节了员工自恋对权力感知的影响,与女性相比,自恋的男性员工权力感知更强,并且通过权力感知影响员工主动变革行为的效应也更强。

第四,其他人格特质的影响。除此之外,Moon等(2008)还结合了以他人为中心和以自我为中心的员工人格特质视角,探究了组织环境中员工人格特质对员工主动变革行为的影响作用。研究发现,以他人为中心的特质(职责)正向影响员工主动变革行为,而以自我为中心的特质(成就奋斗)负向影响员工主动变革行为。此外,由于相互抑制效应的存在,职责与员工主动变革行为的正相关关系会受到成就奋斗与员工主动变革行为的负相关关系抑制。

综上所述,主动性人格特质可能对员工的主动变革行为产生正向的影响作用。不过,其他的一些人格特质对员工的主动变革行为的影响效应并不确定,其中的权变条件值得进一步探索。因此,关于员工人格特质对其主动变革行为的影响还可以进行更加广泛的探讨。

(九)员工动机的影响

Moon等(2008)研究发现员工可能通过主动变革来满足其工作成就需求,因此工作成就需求动机将是促使员工进行主动变革的重要前因。林志扬和赵靖宇(2016)也持相似的观点,认为具有内化动机的员工通常会主动变革以满足个体对工作成就感的心理需要,内化动机对员工主动变革行为具有积极的预测作用。Strauss等(2017)在研究中也发现,控制性工作动机和自主性工作动机均能正向预测员工主动变革行为。这反映出了员工可能会出于满足自身某种需求而产生主动变革行为,从而实现自我满足。

还有不少学者的研究发现，出于有利他人的目的，员工也有可能会表现出更多的主动变革行为，从而给他人带去福利。例如，Cai 等（2019）以特质激活理论为基础，探讨一线酒店员工亲社会动机对其主动变革行为与工作绩效的影响，研究结果表明员工的亲社会动机与主动变革行为之间存在正相关关系。这是因为亲社会动机水平高的员工更可能通过改进工作流程和规则、引进方法或新技术等建设性努力以提高组织效益，并且工作自主性正向调节了亲社会动机与员工主动变革行为之间的关系，即当一线酒店员工认为他们的工作自主性水平足够高，能够激活他们的亲社会动机表达时，他们更有可能表现出员工主动变革行为。此外，Homberg 等（2017）研究发现公共服务动机是公共组织员工进行主动变革行为的最有力的预测因子，公共服务动机和需求会促进员工主动变革以提高工作效率和服务质量。由此可见，如亲社会动机和公共服务动机等利他导向的动机对于员工在组织中实施主动变革行为同样具有重要的意义。

从总体来看，其从员工个人层面角度出发探讨个人因素对其自身的主动变革行为的影响研究已经十分普遍，且涵盖了认知因素、动机因素等。但是，除此之外，根据既有研究，员工的性别、年龄、职位、学历、工作任期等人口统计特征变量也与员工主动变革行为存在相关性，但大多数学者只是将这些变量作为控制变量（Zhang et al.，2015；Yang and Fu，2016；Kim and Liu，2017；Xu et al.，2018），并未深入探究其具体影响效果。比如 Kim 和 Liu（2017）认为当面临主动变革的不确定性和风险时，女性、年长员工比男性、年轻员工更容易消极应对或采取退出措施，因此将性别和年龄作为控制变量；少数研究将性别、工作任期分别作为调节变量（Kim et al.，2015；骆元静等，2019；刘明伟等，2020）。未来研究可以更为细致地探讨人口学特征变量对员工主动变革行为的影响，从而为管理者识别和培养主动变革的员工提供参考依据。

二、员工主动变革行为的领导相关影响因素

领导因素也是影响员工主动变革行为的重要因素。从以往的研究来看，关于领导因素的研究成果颇为丰富，目前学者们的研究主要聚焦于不同的领导风格和领导—成员二元关系两个方面，探索影响员工主动变革行为的领导因素及其发生机制。

（一）领导风格

在既有的研究中，大量的研究将目光和关注点投放在领导风格对员工主动变革行为的影响研究上，主要涉及了授权型领导、精神型领导、共享型领导、真实

型领导、仁爱型领导等多种不同的领导风格。

第一，授权型领导风格的影响。Li 等（2015）基于文化表征模型，研究中国情境下授权型领导怎样、何时跨层次促进员工主动变革行为，发现授权型领导可以通过员工角色宽度自我效能感正向影响主动变革行为，并且高差异化授权领导和低权力距离导向增强了角色宽度自我效能感的中介作用。与此类似，Li 等（2017）采用跨层次设计，探究团队导向的授权型领导对员工主动变革行为的影响，研究发现团队导向授权型领导通过个人心理授权间接影响员工主动变革行为，组织支持氛围负向调节了团队领导授权和个人心理授权之间的跨层次关系，并且组织支持氛围负向调节了个人心理授权在团队导向授权型领导与员工主动变革行为的跨层次关系的中介效应。然而，Qian 等（2018）却发现，授权型领导对员工主动变革行为的直接影响不显著，员工反馈寻求行为正向影响主动变革行为，并且在授权型领导与员工主动变革行为的关系中起中介作用。经常性反馈寻求可以让员工获取更多信息识别与工作相关的问题，增强员工对成功概率和风险的评估，进而表现出积极变革行为。

第二，精神型领导的影响。国内学者张光磊等（2018）基于社会认知理论探索了中国情境下精神型领导对主动变革行为的影响及边界条件，提出精神型领导注重从精神层面对员工实施激励并且能考虑员工需求和利益，理论上为员工从事主动变革行为提供了有利条件。实证研究发现团队精神型领导通过内部人身份感知间接影响员工主动变革行为，并且内部人身份感知在两者关系中的中介作用受到组织内关系人力资源管理实践和员工角色宽度自我效能的跨层次双阶段调节，并且当关系人力资源管理实践程度低、角色宽度自我效能水平较高时，内部人身份认知的中介效应才显著。

第三，共享型领导的影响。蒿坡和龙立荣（2020）最新的研究从自我决定理论视角出发，探讨共享型领导这一由团队个体成员所表现出的非正式领导力对员工主动变革行为的影响及作用机制，并且从"能做""应该做"和"有热情去做"三种主动性动机出发，分别检验了角色宽度自我效能、角色定义与和谐工作激情在共享型领导与员工主动变革行为之间的中介作用。研究结果表明，共享型领导对员工主动变革行为有积极影响，角色定义与和谐工作激情在共享型领导与员工主动变革行为的关系中起中介作用，但研究结果仅部分验证了角色宽度自我效能的中介作用，并且领导—成员交换质量分别正向调节共享型领导与员工角色宽度自我效能与和谐工作激情之间的积极效应，进一步领导—成员交换质量也正向调节共享型领导通过角色宽度自我效能对员工主动变革行为的间接作用（蒿坡、龙立荣，2020）。

第四，道德型领导的影响。Lee（2016）基于社会交换理论与社会认同理论，探讨了道德型领导与员工主动变革行为之间的关系，研究发现道德型领导间接影响员工主动变革行为，员工对领导的信任中介了道德型领导与主动变革行为的关系，员工对领导的认同也中介了道德型领导与主动变革行为的关系。

第五，自我牺牲型领导的影响。Li 等（2016）从自我决定理论的视角，发现自我牺牲型领导对员工主动变革行为具有显著正向影响，并且风险规避对两者的关系起负向调节作用。

第六，真实型领导的影响。林志扬和赵靖宇（2016）从自我决定理论出发，探讨真实型领导与员工主动变革行为的关系，通过实证检验发现真实型领导正向影响员工主动变革行为，员工的内化动机在真实型领导与员工主动变革行为之间起完全中介作用。

第七，谦逊领导的影响。谢清伦和郗涛（2018）研究指出，谦逊领导"自下而上"的领导姿态会使员工产生主人翁意识，并激发员工参与主动变革，而员工角色宽度自我效能在谦逊领导与员工主动变革行为之间起完全中介作用，员工目标导向调节谦逊型领导与员工主动担责之间的间接关系，当员工具有较高绩效导向或较低回避导向时，谦逊型领导能刺激员工产生较高的角色宽度自我效能，进而更加促进主动变革行为。

第八，仁爱型领导的影响。在关于领导风格与员工主动变革行为的关系研究中不乏有学者针对中国情境下特有的领导风格展开研究，使其结论在中国企业中的实践更具有可行性和说服力。中国特色的仁爱型领导会正向促进员工的主动变革行为，发现仁爱型领导与员工主动变革行为显著正相关，仁爱型领导会促进员工在工作中更加投入，进而更加容易产生主动的变革行为，同时角色宽度自我效能感负向调节了工作投入在仁爱型领导与员工主动变革行为之间的中介效应（Xu et al.，2018）。

（二）领导—成员的二元关系

第一，LMX 的影响。领导和员工之间的二元关系也会影响员工是否实施主动变革行为。国外学者 Kim 等（2015）研究发现，领导—成员交换（LMX）质量与员工主动变革行为存在间接正向影响，即领导—成员交换质量通过员工的心理授权进而正向影响员工主动变革行为。

第二，SSG 的影响。在中国情境下，上下级关系（Supervisory – Subordinate Guanxi，SSG）相比于 LMX 而言，更能体现出中国的领导和员工之间的人际关系因素。在此背景下，Zhang 等（2015）研究发现在中国情境下，上下级关系与员工主动变革行为呈显著正相关，这是因为关系是一种相对长期的交流结构，良好的主管—下属关系会增强下属的心理安全感，进而导致下属将主动变革行为视为一种创造价值的回报机制，而不是一种风险性的冒犯行为，因而积极表现出主动变革行为。

第三，主管—下属深层特征相似性的影响。不仅如此，员工感知自己和主管之间的深层特征相似性与员工的主动变革行为也存在密切的联系，主管—下属深层特征相似显著正向影响员工主动变革行为，并且员工面子意识正向调节两者的关系，而主管的包容管理能力负向调节两者之间的关系（Zheng et al.，2017）。

由此可见，领导作为员工在组织中沟通和交流最密切的成员之一，对于员工主动变革行为具有重要的影响作用。但是从目前的研究来看，学者们所讨论的大都是积极的领导风格对员工主动变革行为的正向促进作用，但是对于负面的领导风格对员工主动变革行为影响作用的探讨还较为少见。与此同时，也有研究逐渐开始关注领导—下属之间的二元关系水平或领导—成员之间的相似性对主动变革行为的影响。因此，未来的研究可以考虑从负面领导风格的角度和领导—下属二元关系或匹配的视角出发进行深入探究，从而丰富领导层面因素对主动变革行为的影响效应研究。

三、员工主动变革行为的组织相关影响因素

当员工提出建设性意见并努力落实在工作中，其目的是改进当前的工作环境和工作条件，因此当前的组织环境是员工决定是否进行主动变革的重要参考因素。既有文献从组织支持、组织人力资源管理实践、组织公平、组织氛围以及组织结构等多方面探究了影响员工主动变革行为的组织因素。

第一，组织支持的影响。在组织支持方面，组织是否支持员工开展主动变革行为对其具有重要的影响。在组织变革过程中，组织管理者通过讲道理使组织政策合理化、声明惩罚等方式来促进员工参与变革是普遍的组织管理策略（Higgins et al.，2003）。合理化策略和处罚策略为员工提供了大量关于变革的规范性和事实性信息，员工能够根据相关信息客观了解组织的变革情境，进而做出相应的行为选择。员工感知到的合理化策略会促使其产生更多的主动变革行为，而处罚策略显著负向影响主动变革行为（骆元静等，2019）。从中不难发现，员工如果感知到组织是支持自身的主动变革行为，就会倾向于表现出更多的主动变革行为，反之则会减少相应行为以避免组织的惩罚。同样地，Escribano 和 Espejo（2010）

从社会支持理论角度出发,研究发现组织支持感显著正向影响员工主动变革行为,这是由于员工回报来自组织、领导或同事的支持和帮助进而表现出积极的主动变革行为。随后,Homberg 等(2017)基于德国一个州警察局的调查数据分析,证实了组织支持感和资源获取正向影响员工主动变革行为。然而 Ohly 等(2006)的研究却得到了相反的结果,他们发现组织支持感与员工主动变革行为的消极关系,即高水平组织支持感反而减少了员工主动变革行为。由于组织支持感对员工主动变革行为产生不一致的影响,Burnett 等(2015)总结前人经验整合了社会交换理论和自尊威胁模型,尝试解释组织支持感对员工主动变革行为影响不一致的现象,研究结果表明组织支持感和员工主动变革行为存在倒 U 型关系,而员工对主动变革行为的预期成本正向调节了两者之间的关系,这意味着组织支持水平过高时可能会出现适得其反的结果。

第二,组织人力资源管理实践的影响。杨陈等(2019)认为,包括员工招聘、培训、薪酬、晋升以及考核等多方面的组织人力资源管理实践具有变动性和可塑性特点,系统分析其对主动变革行为的影响对全面理解主动变革行为的发生机制具有重要意义。Liu 等(2019)就从资源保存理论出发,探讨了组织中的交互记忆系统对员工主动变革行为的影响。其研究发现交互记忆系统(TMS)作为一种重要的组织资源,为员工主动变革行为提供了资源保障并降低了变革带来的风险,因此正向影响员工主动变革行为,而自我提升正向调节了 TMS 与员工主动变革行为的关系,因此自我提升动机高的个体更倾向于将 TMS 提供的资源投入到角色外行为中,进而表现主动变革行为。杨陈等(2019)则基于相对剥夺理论,探讨关系型人力资源管理实践对员工主动变革行为的影响机制。研究结果表明,关系型人力资源管理实践部分通过员工心理安全感对主动变革行为产生负向影响,员工心理安全感具有部分中介作用,而员工心理权利正向调节了关系型人力资源管理实践对员工心理安全感的消极影响,员工的内部人身份认知负向调节关系型人力资源管理实践对员工心理安全感的消极影响。此外,员工的心理权利和内部人身份认知还调节了员工心理安全感对关系型人力资源管理实践与员工主动变革行为间关系的中介作用。具体来说,员工的心理权利水平越高,员工心理安全感对关系型人力资源管理实践与员工主动变革行为间关系的中介作用越强;员工的内部人身份认知水平越高,员工心理安全感对关系型人力资源管理实践与员工主动变革行为间关系的中介作用越弱(杨陈等,2019)。

第三,组织公平的影响。McAllister 等(2007)研究发现程序公平显著正向影响员工主动变革行为,并且角色宽度效能感正向调节两者之间的积极效应。

Moon 等（2008）的研究也得到了相似的结果，证实了组织层面的程序公平与同事评价的员工主动变革行为、主管评价的员工主动变革行为都呈现显著的正相关关系。他们的研究还进一步探讨了组织的分配公平对于员工主动变革行为的影响，结果表明分配公平仅与主管评价的员工主动变革行为呈显著正相关，这在很大程度上可能是受到权力距离文化的影响，在高权力距离文化中的员工（比如印度）通常不希望组织公平，他们更期望主管直接控制奖励，这意味着导致组织分配公平更多地指向主管，而不是同事。

第四，组织氛围和结构的影响。Choi（2007）探究工作环境特征对员工主动变革行为的影响，研究发现组织创新氛围和组织愿景增强了员工的变革责任感和心理授权，进而正向影响变革导向的员工产生主动变革行为。Yang 和 Fu（2016）借鉴不确定性理论，研究发现组织政治知觉和有机式组织结构均显著负向影响员工产生主动变革行为，并且有机式组织结构正向调节了组织政治知觉对员工主动变革行为的负向影响，这是由于在政治知觉水平高的组织环境中，员工会经历更多的不公平待遇和心理压力，从而导致低水平的员工产生主动变革行为，而有机式组织结构的灵活性和不确定性也导致了低水平的员工产生主动变革行为。

第四节 员工主动变革行为的影响效应

一、员工主动变革行为与工作态度

已有文献中表明，员工主动变革行为影响其工作投入、离职倾向、组织自尊、工作满意度和组织承诺等。

首先，员工主动变革行为提高员工工作投入。Müceldili 和 Erdil（2016）研究证明，员工主动变革行为正向影响工作投入，这是因为积极进行主动变革的员工将投入更多的现有资源和能量到工作中，并且工作流程、规则和程序的变革需求会进一步激发员工的能量进而投入到工作当中。由此，员工的主动变革行为和工作投入之间会形成一个良性的循环，从而提高员工在工作中的投入程度。

其次，员工主动变革行为提高员工工作满意度和组织承诺。Kim 和 Liu（2017）基于自我知觉理论，研究发现员工主动变革行为正向影响工作满意度和情感性组织承诺。

再次,员工主动变革行为影响员工的组织自尊。Ouyang 等(2016)从资源保存理论的视角出发,探究员工主动变革行为何时为员工带来利益或成本。其研究结果发现,员工主动变革行为正向影响组织自尊,当员工的角色宽度自我效能感水平较高时,主动变革行为会导致较高的活力和较低的损耗,进而提升员工的组织自尊;当员工的角色宽度自我效能感水平较低时,主动变革行为会导致较低的活力和较高的损耗,进而削弱组织自尊。因此,从资源保存视角来看,员工主动变革行为可能为其带来利益,也可能产生消极影响。

最后,员工主动变革行为降低员工离职倾向。Ou(2016)基于资源保存理论,认为员工主动变革行为可能会分别通过活力和损耗,再通过心理状态(愉快、悲伤、心理意义感、组织自尊)对离职倾向产生影响,其中角色宽度自我效能感、控制动机与主管互动频繁性可能调节主动变革行为与活力、损耗之间的关系。

二、员工主动变革行为与工作绩效

员工主动变革行为与工作绩效存在积极正向关系。元分析研究结果表明,员工主动变革行为能提升个体、团队和组织的绩效(Tornau and Frese,2013)。目前已经有大量的学者通过实证研究证实了员工主动变革行为和工作绩效两者之间的积极关系。Wu 等(2017)认为,员工主动变革行为正向影响工作绩效,并且员工主动变革行为还可以通过提高胜任力间接促进工作绩效。Grant 等(2009)探究了主管支持与员工主动变革行为的关系,发现员工主动变革行为正向影响工作绩效,并且员工的亲社会价值观正向调节两者的关系,而员工的负面情绪负向调节两者的关系,这意味着员工亲社会价值观水平较高和负面情绪较低时,员工主动变革行为正向影响工作绩效的效果增强。Kim 等(2015)通过分析中国212份主管—员工配对问卷,发现员工主动变革行为与工作绩效呈显著正相关,而员工在职任期负向调节了员工主动变革行为对工作绩效的影响,因此员工主动变革行为对工作绩效的正向影响随着在职任期的增加而减弱。

在此基础上,学者们还将员工的工作绩效进行进一步的细致划分,探讨员工主动变革行为对不同方面工作绩效的影响作用。例如,Fuller 等(2012)研究证明员工主动变革行为显著正向影响角色内绩效,直接主管的主动性人格正向调节员工主动变革行为与角色内绩效的关系,主管的主动性人格越高,员工主动变革行为正向影响角色内绩效的效果越强。同时,因为员工主动变革行为具有挑战性和促进性特点,通过改变现状来实现组织功能有益转变,因而主动变革行为有助于提升其在团队内部网络中心性的地位,较高的网络中心性意味着拥有更多资源,进而提升其任务绩效(刘松博、李育辉,2014)。

尽管员工的主动变革行为对员工工作绩效的积极作用已经被广泛熟知,然而也有学者对此提出了不同的看法。Strauss 等(2017)认为,当一个人的工作动机以压力和强迫为特征(高控制性动机),并且对工作没有补偿性的内在兴趣或认同(低自主性动机)时,主动变革行为可能会消耗员工的精力、能量和资源,产生工作压力。因此,在高控制性动机下,员工主动变革行为对工作绩效的影响并不显著(Strauss et al.,2017)。综上可以发现,在某些个人因素或者是环境因素的作用条件下,员工的主动变革行为并不一定对其工作绩效产生积极影响,甚至不存在相关关系,未来的研究可以将这些潜在的个人或环境影响因素考虑在内,深入探讨员工主动变革行为对工作绩效的具体影响机制。

三、员工主动变革行为与职业产出

在工作场所积极进取的员工,不仅可能主动在工作中取得进步,而且也有可能在自己的职业生涯中取得进步,通过建设性努力改进工作现状往往会获得更好的职业轨迹和产出(Jr and Marler,2009)。具体来看,员工主动变革行为是一种具有挑战性的工作探索和学习行为,这些挑战为个人提供了创造和冒险机会,员工在工作场所主动做出建设性努力的工作经验可以转化为个人职业生涯韧性,因此员工主动变革行为有助于个人职业生涯韧性的提高(Liu et al.,2019)。

员工的主动变革行为会促进积极的变革工作流程和规则,这既能解决员工目前工作的不满,又能增强员工的成就感,进而提升其职业满意度(Baroudi et al.,2017)。不仅如此,Sekiguchi(2010)以日本大学生为样本,研究发现兼职工作中主动变革行为正向影响其职业发展,即在兼职工作中表现出较多主动变革行为的学生具有更高的就业承诺、更高的职业探索焦点、更高的就业后自我效能感和更积极的职业行为。同时,工作特征在两者的关系中还发挥着调节作用。具体而言,当工作自主性水平较高时,主动变革行为对其职业发展产生的促进作用更强;当技能多样性水平较低时,主动变革行为才对其职业发展起到较强的正向作用。

总体看来,员工的主动变革行为对员工的工作态度和绩效都具有一定的影响。不仅如此,这一行为还可能会进一步影响员工整体的职业产出。

第五节　员工主动变革行为研究的管理启示

员工主动采取建设性的行为来变革工作流程、程序和政策，从而实现组织功能的有益转变，解决工作中的问题并增强组织效率的员工主动变革行为，已经成为组织保持敏捷性和竞争优势的关键因素。员工主动变革行为是组织应对内外部不确定性、实现可持续发展的重要资源，管理者应重视员工主动变革行为的价值，并通过科学策略促进员工主动变革。

第一，员工主动变革行为的驱动因素研究表明，认知因素、人格特质和动机因素均是影响员工主动变革行为的重要前因。因此，管理者应该重视对影响员工主动变革行为个体因素的干预与培养。例如，通过培训增强员工技能和素质，让员工相信"我能做"，提高员工的自我效能感，进而激发员工的主动变革行为。再者，心理授权被证实是支撑其开展主动变革行为的重要因素（Kim et al.，2015）。在日常工作中管理者可以有意识地扩展员工对工作职责的界定，强调主动变革行为是员工工作角色的重要组成部分，并丰富工作设计，为员工提供更多的工作自主性，提升员工心理授权。领导者相关因素，如领导风格中的授权型领导、精神型领导、共享型领导、真实型领导、仁爱型领导等，以及高质量领导—成员二元关系是驱动员工主动变革行为的重要动力。这意味着，管理者应该重视积极领导风格的培养，鼓励授权型领导、精神型领导等，开展有针对性的领导培训，提高管理者在工作中的个人修养，推行人性化管理。同时关注和维护良好的主管—下属关系，增强下属的心理安全感，为员工积极表现出主动变革行为提供关系基础。良好的组织环境是推动员工变革的重要手段。管理者应开放对待员工主动变革行为，让员工感知到来自组织的鼓励、支持和帮助，让员工相信"我应该做"，并通过奖励的方式让员工"积极去做"。总而言之，促进员工主动变革行为应同时考虑个人和组织情境因素，并关注能做、应该做和积极去做三个阶段员工的需求，此外要谨慎使用惩罚策略给员工施压，惩罚策略或者以压力和强迫为特征的高控制性动机均负向影响主动变革行为（Higgins et al.，2003；Strauss et al.，2017）。

第二，传统动机理论认为个体往往是被动应对工作的。但是，被动地等待和适应环境变化显然已经不符合当今组织对员工的要求。因此，在某些情境下个体也会表现出积极主动的一面。员工的主动变革行为对其工作态度、工作绩效和职业产出均有重要的影响。Crant（2000）认为，员工主动变革行为是一种积极主动行为，会促使员工产生积极的工作态度。目前已经有大量的学者通过实证研究证实了员工主动变革行为和工作绩效两者之间的积极关系。同时，在工作场所积极进取的员工，不仅有可能主动在工作中取得进步，而且也有可能在自己的职业生涯中取得进步，通过建设性努力改进工作现状往往会获得更好的职业轨迹和产出（Jr and Marler，2009）。因此，管理者要激发员工的主动变革行为，鼓励员工"化被动为主动"，敢于对现状提出挑战而非被动地适应已有环境。管理者也可在招聘、晋升等环节，选取更具主动性的员工，并丰富工作设计，为高主动性员工发挥优势创造机会。需要注意的是，员工主动变革行为也可能带来消极的后果，包括对变革者自身、同事、领导和组织的消极影响。员工主动变革行为具有挑战性和风险性，变革行为可能会冒犯一些人的权威和利益，导致人际冲突和能量损耗，进而可能影响离职倾向和工作绩效（Ou，2016；Ouyang et al.，2016）。因此，管理者也要重视员工主动变革行为可能产生的消极效应，必要时进行调解，减轻损失。

第六节　研究结论与未来研究展望

一、研究结论

首先，由于研究关注点和实际操作情况的不同，学者们对员工主动变革行为的类别界定存在差异性。一方面，这有利于丰富员工主动变革行为的内涵并加深我们对其理解；另一方面，仅关注员工主动变革行为的部分特征容易混淆员工主动变革行为与其他员工行为，可能会造成研究偏差并影响其独特性和研究价值。因此，全面考虑员工主动变革行为的特征并与其他相似的员工行为进行本质区分具有重要意义。

其次，在现有的研究中，学者们对员工主动变革行为影响因素的研究已经取得了较为丰富的研究成果。总的来说，从现有的研究成果来看，已有研究对员工主动变革行为驱动因素的探讨主要基于社会交换理论、动机理论和社会认知理论三个理论视角。已有研究从社会交换理论出发，解释员工认为有义务回报来自组织、领导或同事的帮助，进而表现出积极的主动变革行为（Burnettet al., 2015；Zhang et al., 2015；Lee, 2016；Homberg, 2017）；从动机理论（包含自我决定理论）出发，分析员工认为有能力做、应该做、积极去做的心理活动到采取实际行动的过程（Li et al., 2016；林志扬、赵靖宇, 2016；蒿坡、龙立荣, 2020）；从社会认知理论出发，认为员工主动变革行为是员工通过角色认知、自我认知和组织情境认知等，决定是否行动的过程（Parker et al., 2006；Fuller and Marler, 2009；张光磊等, 2018）。综合三者，发现员工主动变革行为的影响因素可划分为个体相关因素（如认知因素、人格特质和动机因素）、领导相关因素（如领导风格、领导—成员二元关系）和组织相关因素（如组织支持、组织人力资源管理实践、组织公平等）三大类。

最后，员工主动变革行为的影响效应主要包括对员工态度、工作绩效和职业产出三方面的影响。员工主动变革行为对工作态度的影响主要体现在工作投入、离职倾向、组织自尊、工作满意度和组织承诺上。员工主动变革行为对工作绩效的影响尚未形成统一结论。已有研究既证实了员工主动变革行为对工作绩效的正向影响，也有研究得出了矛盾的研究结论，发现主动变革行为会消耗员工的精力、能量和资源，造成工作压力，最终削弱员工主动变革行为对工作绩效的正向影响效应；还有研究表明员工主动变革行为与工作绩效之间没有显著的相关性。员工主动变革行为对其职业发展的正向作用已经得到广泛认同，但是从现有研究成果中也不难发现，已有文献中员工主动变革行为的结果变量多是个体层次的变量，但对团队或组织层次的结果变量的考察较少。然而员工主动变革行为的利组织性意味着变革后组织功能的有益转变会对团队或组织产生积极的后果，Tornau 和 Frese（2013）就证实了员工主动变革行为可以提高组织效率和绩效。此外，对员工主动变革行为作用机制的研究主要集中在积极的工作结果上，并为其益处提供了强有力的理论基础和证据支持。员工主动变革行为的变革性和挑战性意味着员工变革工作流程、程序和政策的建设性努力将伴随着一定的风险和压力，并且主动性变革需要更高层次的心理功能，比如计划、执行控制和协调等，可能会消耗一个人的资源和精力，因此可能对变革者本人、同事或组织产生消极影响（Ou, 2016；Ouyang et al., 2016），而目前研究中对于员工主动变革行为的消极效应或"双刃剑"效应的探究仍然较少。

二、未来研究展望

第一，未来研究应不断强化对员工主动变革行为的内涵、类别和测量的研究，准确把握其本质。迄今为止，对员工主动变革行为的内涵和类别的探讨已经取得了一定研究成果，但仍然存在可以进一步完善的空间，尤其是员工主动变革行为测量工具的开发还有待进一步丰富。现有研究普遍采用 Morrison 和 Phelps（1999）编制的单维度 10 题项的量表对员工主动变革行为进行测量，或在 Morrison 和 Phelps（1999）开发的量表的基础上改编，形成新的测量工具。但总的来说，员工主动变革行为测量工具仍然比较单一，亟待进一步丰富和突破。未来的研究应对员工主动变革行为的结构划分和测量工具做进一步优化和发展，为后续的实证研究奠定基础。

第二，在已有研究中，主动变革行为的前因变量及其边界条件大多比较分散且相互独立，将这些因素纳入统一的理论框架中将有助于对主动变革行为的发生机制形成全面深入的理解（林叶、李燕萍，2016）。此外，员工主动变革行为很有可能是不同前因交互作用的结果（Seppälä et al.，2012；张若勇等，2018），因此需要考察多个变量之间是否产生交互效应进而影响员工主动变革行为。梳理现有的研究成果不难发现，越来越多的学者由简单地探索影响员工主动变革行为的前因变量及两者正向、负向关系，逐渐转变为深入研究主动变革行为的发生机制和边界条件。其中，边界条件的研究日益丰富并且贴合研究侧重点，比如角色宽度自我效能感（Sonnentag，2003）、亲社会价值观（Grant et al.，2009）、主动性人格（Fuller et al.，2012）、情绪胜任力（Kim and Liu，2017）、工作单位结构（Yang and Fu，2016）、风险规避、自恋和组织认同等，但是调节变量的选择多以个体层面变量为主，对团队层面调节变量的研究极少。未来研究可以更多探究团队层面调节变量以丰富员工主动变革行为发生的边界条件的研究。此外，未来的研究应探索整合已有前因变量的框架，并关注变量之间的组合作用，因为前因对结果变量的单向线性影响往往跟现实情况有所脱离（杜运周、贾良定，2017）。比如个体层面和组织层面的变量组合、个体因素和情境因素的变量组合，基于综合视角考察变量组合影响员工主动变革行为的具体效果。组织人力资源管理实践具有较强的变动性和可塑性（林叶、李燕萍，2016），应该更多关注和探索其对员工主动变革行为的影响。

第三，结合已有文献可以发现员工主动变革行为对个体和组织的影响大多数是积极的，然而在不同情境下员工主动变革行为的影响效果仍然存在差异性，因此关注员工主动变革行为影响效应的边界条件将更好地理解影响效果的差异性。比如，Grant 等（2009）研究发现员工的亲社会价值观正向调节员工主动变革行为与工作绩效的关系，而员工的负面情绪负向调节两者的关系，这意味着员工亲社会价值观水平较高和负面情绪较低时，员工主动变革行为正向影响工作绩效的效果增强。Ou（2016）研究发现角色宽度自我效能感正向调节主动变革行为和活力的关系，而对主动变革行为和损耗的关系调节不显著；但是 Ouyang 等（2016）的研究却发现员工的角色宽度自我效能感对主动变革行为和损耗的关系调节显著。具体而言，员工的角色宽度自我效能感水平较高时，主动变革行为会导致较高的活力和较低的损耗，而当员工的角色宽度自我效能感水平较低时，主动变革行为会导致较低的活力和较高的损耗。综合来看，已有文献的调节变量有直接主管的主动性人格（Fuller et al.，2012）、员工在职任期（Kim et al.，2015）、工作动机（Strauss et al.，2017）、情绪胜任力（Kim and Liu，2017）、工作特征（Sekiguchi，2010）等，未来研究可以挖掘更多调节变量，丰富对员工主动变革行为影响效应的边界条件的理解。

第四，进一步探讨员工主动变革行为对团队或组织层次变量的影响和作用机制，同时关注员工主动变革行为对变革者、同事、领导以及组织的消极影响和"双刃剑"效应。已有研究证明可以从资源保存理论解释员工主动变革行为同时存在积极效应和消极效应的现象，以及对员工感知的组织自尊、工作绩效影响的不一致性（Ou，2016；Ouyang et al.，2016）。然而工作要求—资源模型提供了资源耗损、能量补充两条路径解释消极效应与积极效应共存的现象，未来是否可以从工作要求—资源模型探索员工主动变革行为的"双刃剑"效应值得思考。

第五，从现有的研究来看，将员工主动变革行为作为中介变量的研究还比较少。但是，员工主动变革行为作为重要中介变量的作用在一些研究中也已经得到验证。例如，Kim 等（2015）将心理授权和员工主动变革行为作为中介变量，探究领导—成员交换（LMX）质量与员工工作绩效的关系，发现 LMX 质量依次通过心理授权和主动变革行为进而正向影响工作绩效，并且员工在职任期调节 LMX 质量通过心理授权和主动变革行为对间接影响工作绩效。随着在职任期的增加，LMX 质量对工作绩效的间接影响变弱。Yang 和 Fu（2016）从不确定性理论出发，研究了工作单位结构跨层次性调节组织政治知觉对工作绩效的影响以及在这一过程中员工主动变革行为的中介作用，研究发现组织政治知觉和有机式组织结构均显著负向影响员工主动变革行为，并且有机式组织结构正向调节了组织政治知觉对员工主动变革行为的负向影响，进而调节了员工主动变革行为在组织政治知觉与工作绩效之间的关系。具体而言，与机械式结构相比，在有机式的工作单位结构运行时员工主动变革行为的中介作用更加显著。Baroudi 等（2017）将员工主动变革行为作为中介变量，探讨员工志向与职业满意度之间的关系，研究结果表明员工主动变革行为在员工志向正向影响其职业满意度的关系中具有中介作用，并且薪酬正向调节这一中介作用，当有志向的员工获得加薪时，员工的志向对主动变革行为的积极影响更强，进而提高员工职业满意度，但是薪酬的降低并不能削弱志向对主动变革行为的影响。Cai 等（2019）研究发现员工亲社会动机通过主动变革行为对工作绩效产生正向影响，员工主动变革行为起部分中介作用，而工作自主性正向调节了亲社会动机对员工主动变革行为的影响，同时工作自主性也正向调节员工主动变革行为在亲社会动机与工作绩效关系中的中介作用，即工作自主性水平越高，员工主动变革行为的中介效应越强。未来研究可以在上述相关研究的基础之上对员工主动变革行为的中介作用进行探索，丰富相关文献，从而有助于全面、系统地了解员工主动变革行为的作用。

第五章 组织情境中的反馈寻求行为研究评介

第一节 引言

随着当今企业面临环境不确定性的增加以及科学技术的快速变化，及时获得充足有效的信息是员工适应组织和提高绩效的关键（Jen-Wei et al., 2014；刘冰等，2017）。反馈作为组织中员工获取信息的重要途径之一，往往以自上而下的形式进行，即下属被动地接受其领导的反馈（胡晓龙等，2018）。然而在现实组织中，经常出现这样的现象，即来自组织或领导的反馈信息对下属的绩效提升或其他工作相关目标的实现并无实际的价值，甚至还可能产生相反的作用（张燕红等，2014）。例如，Kluger等（1996）对反馈与绩效关系的元分析就发现，超过38%的上级反馈对下属绩效的提高产生阻碍作用。由此可见，员工不能仅仅被动地等待来自上级的反馈，而应该主动地向其领导以及组织寻求反馈，以使反馈更能符合自己的现实需要，产生积极的结果。

组织中个体为了从周围群体获取有价值的信息而发生的主动性行为即为反馈寻求行为（Ashford et al., 1983）。研究已经证实，组织中的反馈寻求行为能够给个体和组织发展带来积极的影响。例如，Ashforth等（2007）发现，反馈寻求频率高的员工总是能很快地融入组织文化中，在工作中不仅能获得较高的任务绩效，而且他们跟领导以及同事之间的关系还比较和谐，较少可能产生离职的想法。还有很多研究也发现，反馈寻求行为对员工的工作绩效（Chen et al., 2007；Dahling and Whitaker, 2016）、组织公民行为（Krasman, 2012）等工作相关结果变量都有积极的影响作用。

尽管国外有很多的研究证据表明,员工的反馈寻求行为对个体及组织有重要影响,但国内学术界较少有研究涉及这一主题。为此,本书首先对反馈寻求行为的概念做进一步剖析,总结及概括反馈寻求行为的维度和主要测量方法。其次,从反馈寻求行为的影响因素、影响效果等方面对现有的反馈寻求行为研究文献作系统的回顾和分析。在前述研究的基础上,本书接着构建了反馈寻求行为的综合研究模型,并提出相应的管理启示和未来研究展望,希望为反馈寻求行为的未来研究做出一定的贡献,同时对中国组织情境下反馈寻求的管理实践提供一定的借鉴和参考。

第二节 组织情境中反馈寻求行为的概念、维度和测量

一、反馈寻求行为的概念界定

学者们对反馈寻求行为(Feedback Seeking Behavior)内涵的理解有不同的视角,其中与组织情境研究密切相关的主要可以从资源保存理论、社会化和主动行为等视角加以认识。

Ashford 和 Cummings(1983)基于资源保存理论指出,反馈寻求行为是个体通过积极询问或间接观察组织中他人的表现并从中获取有关实现个人目标信息的行为。

Ashford 等(2003)基于社会化的视角认为,反馈寻求行为是个体为了适应自身和组织发展的要求而从外部资源中寻求反馈的社会化策略。在这种策略下,员工不仅可以从周围群体那里获取有价值的信息,还可以从文件手册、制度规范等渠道获取信息。这意味着员工可以从多个反馈源里寻求所需要的信息。

Krashman 等(2010)基于主动行为视角,认为反馈寻求行为是个体对日常工作中非正式信息的主动寻求行为。这个定义有两个重要方面需要强调。第一,与被动接收反馈信息不同,员工寻求反馈一般是他们有意识地为了达到某一目的而采取的积极主动策略。第二,与正式的反馈(如绩效评估)不同,反馈寻求行为与非正式信息相关,并且可能是每天都会出现的反馈信息(如周围人对自己

工作表现的行为反应）。

另外，Anseel 等（2015）基于自我调节理论认为，反馈寻求行为是个体通过积极获取自身绩效评价来调整目标以完成角色期望的行为。Sparr 等（2017）从不确定性理论视角出发，指出反馈寻求行为是个体为了降低不确定性而主动寻求信息以明晰角色要求的一种自我规范行为。Moss 等（2019）则从工作动机的角度指出，员工在强烈动机的驱动下会主动地向他人尤其是领导寻求有关绩效方面信息的行为，即反馈寻求行为。

此外，国内学者张婕等（2014）从反馈内容方面强调，反馈寻求行为是个体寻求有关其绩效评估信息的行为。Gong 等（2017）基于目标导向理论指出，中国组织情境下的员工在寻求绩效信息方面上，更多的是寻求有关他人绩效的积极反馈信息和有关自我绩效的消极反馈信息，这是由个体目标导向的差异所决定的。霍伟伟等（2018）指出，反馈寻求行为是指个体在不确定情境下有意识地付出努力从组织环境中获取有价值信息继而减少焦虑并适应环境的一种工具性行为。厉杰等（2019）将工作中的人际互动与寻求他人的看法看作是社会信息，并基于社会信息加工理论对反馈寻求行为进行界定，指出反馈寻求行为是员工在工作中或工作后向周围群体寻求建议和评价的个体行为。

概括而言，学者们的概念界定体现了反馈寻求行为的不同内涵。比如，Ashford 等（1983）的定义突出了反馈寻求的方式或策略这一特点。其中，积极询问即询问式反馈寻求是指个体通过直接询问组织内外的人员来获得他所在乎的信息，从而了解自身所处的环境；间接观察即监控式反馈寻求则是个体以观察他人行为和组织情境的方式从而掌握对自身有用的线索（Parker et al., 2010）。Ashford 等（2003）强调个体在反馈寻求过程中会面向不同的反馈源来获取所想的信息。国内学者如张婕等（2014）从反馈信息的内容方面来理解中国组织情境中的反馈寻求行为，他们所强调的反馈信息既可能是有关绩效方面的，也可能是关于专业知识信息方面的。在此基础之上，Gong 等（2017）从反馈效价方面再一次加深了对反馈信息的理解。总之，反馈寻求行为作为个体的一种主动行为，其目的是为了获取相关信息以更好地实现自己的目标。

二、反馈寻求行为的维度及测量

最早的反馈寻求行为测量工具是由 Ashford（1986）基于反馈过程视角所开发的。该量表由两个维度组成，分别是询问式反馈寻求和监控式反馈寻求。其中，三个询问式反馈寻求题项是"我询问领导有关我的工作表现""我询问同事有关我的工作表现"以及"我询问领导有关我的未来发展空间";四个监控式反馈寻求题项如"我与那些跟我处于同一组织地位的同事进行比较""通过观察领导对我的行为来理解他对我工作表现的看法"等。

Callister 等（1999）认为 Ashford（1986）的量表虽然区分了反馈寻求方式，但是它最大的一个不足是没有体现不同的反馈源。因此，他们采用主成分分析中最大的方差旋转法得到了包含同事和领导两个反馈源的反馈寻求维度，从而编制了新量表。其中，来自同事反馈寻求量表由四个询问式反馈寻求行为条目和三个监控式反馈寻求行为条目组成，同事反馈寻求量表题项如"我通过询问同事了解他人是否喜欢与我共事""我通过询问同事了解他人对我表现的看法""我可以从同事的行为反应中知道我与他们相处的如何"等；而来自领导反馈寻求量表里的询问式与监控式反馈寻求均包含两个题目，题项分别是"我会询问我的上司我该怎么做""我会询问我的上司我是否达到了工作要求""通过观察我的上司，我可以知道我的工作表现如何"以及"通过观察我的上司对我行为的反应，我可以知道他对我表现看法的好坏"。

继 Callister 等（1999）之后，有很多学者开始在反馈源不同的情况下对反馈寻求量表进行编制，如 Vande Walle 等（2000）在只考虑向上级领导寻求反馈的情况下，编制了五题项量表测量直接询问式反馈寻求。题项包括"我经常向领导询问我在工作上的整体表现""我经常向领导询问我在工作中技术方面的反馈"等。Chandler 等（2011）的研究证实，在向上级寻求反馈时，直接询问方式要优于间接监控方式，因而国内许多学者都采用了该量表进行施测（张正堂等，2018；谢俊等，2012；张燕红等，2017）。

与 Callister 等（1999）编制的量表类似，Krasman（2010）不仅考虑到领导这一反馈源的情况，也将同事反馈源纳入量表的编制中，此外他们还结合反馈寻求方式（直接询问式和间接监控式）从而开发了两维度四题项的新量表。面向领导的题项如"向上级寻求有关工作的具体信息以保证我工作结果的准确性""通过暗示、开玩笑以及其他间接方式向领导寻求有关工作的信息以确保我工作结果的准确性"；面向同事的题项如"向同事寻求有关工作的具体信息以保证我工作结果的准确性""通过暗示、开玩笑以及其他间接方式向同事寻求有关工作的信息以确保我工作结果的准确性"。随后，Krasman（2012）分别在面向领导和面向同事的题项中补充了含有新的反馈源（如手册和备忘录）的题项，"咨询组织文件（如手册等）来确保我工作结果的准确性"，从而形成了两维度六题项的新量表。

Gong 等（2017）首先通过理论分析依据反馈寻求效价和反馈源将反馈寻求分为四种类型，即自我积极类、自我消极类、他人积极类和他人消极类。其次由两位研究人员陈述了他们认为属于反馈寻求的事例，一共包括 28 个题目描述，随后归类到不同类型的反馈寻求中。最后，研究者在不同的样本下分别进行探索性因子分析（$N_1 = 129$）和验证性因子分析（$N_2 = 357$），得到包含 24 个题项的新量表。题项如"我经常关注我的领导对我同事的积极评价""我经常向同事询问消极/负面信息，以了解我工作表现中的不足"等。

总的来说，学者们对反馈寻求行为量表的编制（见表 5-1）是从单一反馈源（直接上级）且不涉及太多的反馈内容开始的（Ashford，1986）。针对这一量表，有学者如 Miller 等（1991）认为在反馈源不同的情况下，有必要将量表区分为面向上级和面向员工两个不同反馈源的反馈寻求维度，因为反馈寻求内容的侧重点不一样，所以，后续的学者有的在开发量表时均考虑了领导和同事这两种不同的反馈源（Callister et al.，1999；Krasman，2010），少数学者如 Krasman（2012）考虑了三种反馈源，即领导、同事和文件。当然，依然还有一些研究者遵循了 Ashford 的量表编制思路，只考虑了单一上级反馈源（Vande Walle et al.，2000）。可以看出，学者们往往会根据不同维度和自己的研究兴趣而开发出不同的反馈寻求行为量表。值得一提的是，虽然量表编制过程中涉及反馈寻求的不同方面，如反馈源和反馈效价（Gong et al.，2017），但是尚未涉及反馈寻求时间等其他方面的内容。此外，国内学者在实证研究中还是以沿用现有的量表为主，由于反馈寻求存在文化差异性（买热巴·买买提等，2017），未来还需要开发出适合本土情境的量表。

表 5-1 反馈寻求行为测量量表

研究者	理论视角	维度构成及项目数	测量内容
Ashford（1986）	反馈寻求过程	两维度、7 题项	询问式、监控式
Callister 等（1999）	反馈源	两维度、11 题项	领导、同事
Vande Walle 等（2000）	反馈源	单维度、5 题项	领导
Krasman（2010）	反馈源及反馈方式	两维度、6 题项	面向领导的询问式和监控式；面向同事的询问式和监控式
Krasman（2012）	反馈源	两维度、6 题项	领导、同事
Gong 等（2017）	反馈效价	四维度、24 题项	自我积极类、自我消极类、他人积极类和他人消极类

资料来源：根据相关文献整理。

第三节 反馈寻求行为的影响因素

一、个体因素

（一）人口统计学变量的影响

Finkelstein 等（2003）基于不确定减少理论（Uncertainty Reduction Theory）探讨了新员工的年龄对其反馈寻求行为的影响。他们认为，新员工往往会为了减少刚加入组织的不确定性（如不精通业务和不了解组织文化等）而去寻求更多的反馈，但是年龄不同的新员工在选择寻求反馈时的策略是不同的。与年龄较小的新员工相比，年龄较大的新员工倾向于选择较为隐蔽的反馈寻求策略，即监控式反馈寻求行为。为了证实这一看法，Finkelstein 等以美国中西部大学里的 267 名新教师（入职不满一年）作为研究对象，采用分层回归的方法对自评数据进行分析发现，随着新员工年龄的增大，他们越容易使用隐蔽的反馈寻求策略。这主要是因为，年龄较大的新员工虽然工作速度、灵活性相对较差，但他们拥有丰富的经验，这种经验使其他人可能觉得他不需要任何帮助，而为了维持自己在他人眼中"有经验"的印象，年长的新员工可能想要避免采取直接询问式的反馈寻求策略。

Miller 等（2005）借鉴预期状态理论（Expectation States）和社会角色理论（Social Role Theory）发现，个体的性别、团队的性别组成以及性别角色都会不同程度地影响个体的反馈寻求行为。具体来说，研究人员对 286 名管理学本科生进行实验操控，他们观察到，相比于有较多女性的团队，如果某男性位于男性较多的团队中，那么他会做出比女性更多的反馈寻求行为。另外，在男性占主导地位的团队中，如果手头任务是需要男性而不是女性去完成的时候，女性接到任务后更有可能表现出反馈寻求行为。性别之所以会对反馈寻求行为产生影响，是因为团队成员会依据这一外部特征对从事小组任务的个人相对能力形成初步预期，从而造成"性别偏见"的情形，并通过反馈寻求行为表现出来。

Roberson 等（2003）基于印象管理理论（Impression Management Theory）发现非裔美国人的刻板印象威胁（Stereotype Threat）会影响个体的反馈寻求行为。刻板印象威胁实则是由于美国人具有一种优越观念（认为自己的智力高于非裔美国人）而形成的社会偏见。在该研究中，在工作中经历刻板印象威胁的非裔美国人（被试为非洲人）更喜欢低成本和隐蔽的反馈寻求策略，比如监控式反馈寻求行为而不是询问式反馈寻求行为。因为这样可以避免向他人验证自己所属群体的消极刻板印象，即白人智力优于黑人。

（二）认知风格的影响

De Stobbeleir 等（2011）基于自我调节理论（Self-Regulation Theory）探讨了个体的两种认知风格（创新型认知/适应型认知）对于其反馈寻求行为的可能影响。他们通过收集某咨询公司456对领导—成员的配对数据进行实证研究，结果发现创新型认知风格（Innovation Cognitive）与适应型认知风格（Adaptive Cognitive）都正向影响个体的反馈寻求行为。不过，不同类型认知风格对个体反馈寻求行为的影响有所差异。具体来说，拥有创新型认知风格的员工会从各种资源里频繁地进行直接式反馈寻求，与之相对，适应型认知风格的个体则更多地表现出间接式反馈寻求。造成这一现象的原因是，创新型认知风格的个体偏好人际传播的信息而且还具有发散性思维，这些特点使他们更加重视周围人的看法而非事实，因为这些看法给了他们进行发散性思考的空间，从而得出属于自己的结论。与之相反，适应型认知则是指个体偏好精确信息并注重传统理论和流程，这种类型的个体更喜欢从他们对任务或客观绩效的监测中得到反馈，而不是别人的意见。可见，不同的认知风格会影响个体的反馈寻求方式，使具体表现出的反馈寻求行为存在差异。

（三）反馈导向的影响

Dahling 等（2012）在研究中特别关注反馈导向（Feedback Orientation），即个体对反馈的接受程度，将会对询问式反馈寻求行为产生显著的影响。因为相比于监控式反馈寻求行为而言，询问式反馈寻求行为会让他人对自己的信息有着更为全面的掌握和判断。研究人员以147名心理学专业本科生作为被试，采用自评的方式和结构方程模型的方法发现，反馈导向对询问式反馈寻求行为有显著的正向影响。该结论表明，高反馈导向的个体虽然认为反馈寻求行为会给他们带来风险（如让他人讨厌），但与此同时，他们觉得询问式反馈寻求行为也会带来更多而且更为具体的反馈信息（如绩效评估），从而更容易向其领导询问关于自己在工作中的表现情况。

国内学者王宁等（2015）在探讨反馈导向与询问式反馈寻求行为关系时不仅区分了反馈源（领导和同事），还进一步讨论了反馈导向与监控式反馈寻求行为的关系。具体而言，他们对中国情境下的企业和高校进行问卷发放，共收集174

份自评数据,研究发现高反馈导向的员工更倾向于向同事而不是向上级进行直接询问。同时,间接监测无论是面向领导还是面向同事都是高反馈导向个体易于接受和采用的策略。此外,研究还发现反馈导向与间接监测之间的正相关关系会受到能力信任(对对方拥有知识、专业和可靠性等方面的信任)的负向调节,即在低能力信任情境下,高反馈导向的个体由于更信赖自己的判断,因而更愿意选择间接监测策略而非直接询问。

可以看出,中国组织情境下关于反馈导向与询问式反馈寻求行为关系的研究与国外相关学者的研究结论并不一致。比如西方学者发现,员工倾向于向其直系领导寻求反馈,因为领导提供的信息相比于他人而言更多;国内学者的研究则指出,中国企业里的员工不太可能向领导主动询问反馈信息,而是以"暗中观察"的方式从领导那里获取自己需要的反馈内容。另外,中国员工似乎更倾向于从同事那里主动获取反馈信息,可能是等级观念或者"面子"文化所致。未来学者需要对其中原因作进一步的探索。

(四)情绪胜任力的影响

为了检验情绪胜任力(Emotional Competence)对反馈寻求这一主动行为的影响,Kim 等(2009)在研究中把情绪胜任力看作是一种用来感知自己和他人的情感,并对其进行调节以及利用这些情感信息来指导自己思维和行为的技能。他们采用层级回归分析法发现,情绪胜任力高的下属会向上级寻求更多的反馈。对此,Kim 等做出的解释是,情绪胜任力低的员工无法很好地应对相关工作所引起的焦虑等情感体验,他们可能会采取消极的应对策略(如退缩和自责等)。相反,高情绪胜任力的人则更有可能积极地应对工作压力,比如寻求对自我目标的反馈,以及与上司建立良好关系等。这也是为何情绪胜任力强的人更容易接受反馈,尤其是批判性的反馈,从而使他们更愿意主动地表现出反馈寻求行为。

(五)依恋风格的影响

Allen 等(2010)在依恋理论(Attachment Theory)的框架下将成年人的依恋风格(指个体与目前同伴的持续和长久的情感联系,反映了个体的关系倾向)分为焦虑型依恋和逃避型依恋两种,并主要关注焦虑型依恋风格与反馈寻求行为之间的关系。通过对企业中的 96 对师徒关系进行调查发现,具有焦虑型依恋风格的徒弟由于担心自己受到外来威胁而不太可能向他们的师傅寻求反馈。因为焦虑型个体特别在乎他人对自己的看法,担心别人不喜欢自己,而反馈寻求的过程容易将不好的信号传达给他人,如能力弱和安全感低等,所以在与自己有情感联系的师傅面前,徒弟出于印象管理的动机而不太可能向其师傅寻求反馈。Wu 等

(2013) 以某咨询公司271名员工为被试进行实证,发现焦虑型依恋型风格的个体更倾向于向同事寻求反馈。因为与领导相比,同事没有正式的责任和义务向自己提供如绩效方面的反馈,所以如果焦虑型依恋型风格的个体想要从同事那里得到反馈,那么他们只能主动寻求,而不管反馈寻求行为是否会给同事留下负面的印象。总之,依恋型风格对反馈寻求行为的影响逐渐引起了国外学者的关注,因为反馈寻求行为本质上也是一个关系过程,从关系观探讨反馈寻求行为的发生机制将是未来研究的一个很好的切入点。

(六) 目标导向的影响

Van der Rijt 等 (2012) 基于计划行为理论 (Theory of Planned Behavior) 研究了两种绩效目标导向 (绩效规避和绩效趋近) 对反馈寻求频率的影响。他们发现,相比于绩效规避导向 (Performance - Avoid Orientation) 的个体来说,具有绩效趋近导向 (Performance - Approach Orientation) 的个体会更频繁地寻求反馈。因为绩效规避导向的员工害怕自己失败或者怕被人认为能力不够,所以在实际情境中会避免从事超越其能力范围的工作,也就不太可能去寻求反馈了。然而,绩效趋近导向的个体渴望通过将现有工作做得更好以向他人证明自己的能力,相比之下更愿意寻求有关工作方面的信息以实现自己的目标。在随后的研究中,Anseel 等 (2013) 通过元分析也检验了绩效目标导向与反馈寻求行为之间的关系。不过,他们指出,虽然两者的关系大部分学者认为是积极的,但也有学者发现这两者间的关系是消极甚至还有研究发现这两者间是没有显著关系的,这表明未来研究需要继续探索绩效目标导向与反馈寻求两者之间关系的边界条件。

除了绩效目标导向外,Vande Walle (2003) 提出学习目标导向也是影响反馈寻求的一个重要前因。在 Vande Walle 的理论性文章中,他借助认知评价理论 (Cognitive Evaluation Theory) 将个体的反馈寻求过程看作是个人对寻求反馈所获收益和所付成本的认知过程。对于具有学习目标导向的人来说,由于他们相信自身的能力是可以通过努力和坚持学习来提高的,所以他们感知到反馈寻求行为所付出的代价小而收益大,从而更愿意主动寻求反馈。

值得一提的是,少数学者还考察了目标导向与反馈寻求类型之间的关系。例如,Park 等 (2007) 把反馈寻求分为四种不同的类型,即规范性反馈 (Normative)、诊断性反馈 (Diagnostic)、肯定性反馈 (Assurance) 和无反馈 (No Feedback)。其中,规范性反馈主要是指与他人进行直接比较的信息 (如期末考试成绩),尤其是在没有客观标准的时候,它可以提供信息帮助人们评估自己的能力;诊断性反馈是指获取信息来解释错误的行为,并提出正确行为的原因;肯定性反馈是那些个体强化自身行为中积极方面而最小化其消极方面的反馈；除了这三类反馈之外，个人通常也可以选择不接受任何反馈，即无反馈。研究结果发现，绩效目标导向得分较高的以及那些具有绩效趋近导向的个体都注重寻求诊断性和规范性反馈，而那些表现绩效规避导向的人则更愿意寻求肯定性的反馈，或者根本不去寻求反馈。绩效规避导向的个体倾向于把能力看作是一种与生俱来的属性，往往自我效能感较弱，这使他们不太愿意去寻求反馈来提升自己的能力，也不愿意寻求肯定性反馈以避免给他人留下能力不行的看法。与之相反，绩效趋近导向的个体正是把能力看作是后天发展的产物，所以他们会不断地寻求诊断性和规范性反馈来提升自己的工作能力进而实现个人的绩效目标。

Janssen 和 Prins（2007）采用类似但更为简单的反馈寻求分类方式，他们在研究中主要探讨了目标导向与自我改善（属于诊断性反馈）以及自我验证信息（属于肯定性反馈）两种反馈寻求类型之间的关系。在一项针对住院医生的实地研究中，他们发现，学习目标导向的个体更喜欢自我改善而不是自我验证信息，绩效规避导向的个体则倾向于寻求自我验证信息以及自我完善信息反馈。这一发现与以往的研究结论的不同，出乎了学者的意料之外，他们对此认为是绩效规避导向的个体因为惧怕失败，所以也会在反馈寻求过程中更正自身的错误行为。

Gong 等（2017）采用的分类方式与上述学者有很大不同，他们将反馈寻求分为自我积极类、自我消极类、他人积极类和他人消极类，并进一步指出学习目标导向与自我积极、自我消极和他人积极三类反馈寻求行为正相关，而绩效目标导向会促进自我积极类和他人消极类反馈寻求行为。在 Gong 等看来，与持有绩效目标导向的个体相比，拥有学习目标导向的人似乎更愿意冒险去获得反馈，并专注于发现自己行为中错误的信息，这可能是因为他们不太在意形象，而更感兴趣的是自我成长和改进。

（七）内在动机的影响

Hays 和 Williams（2011）以某大学 126 名心理学专业的本科生为被试进行实证研究，探讨了工具性动机与反馈寻求行为之间的关系。研究发现，个体感知到的工具性动机正向影响其反馈寻求行为，但这一正向关系会受到信息寻求行为成本/收益的调节。也就是说，当个体认为反馈信息非常有价值时，他们会不计代价地去寻求反馈，而当反馈信息被认为不那么有价值时，他们会根据感知到的寻求成本而减少自己的反馈寻求行为。这表明，个体十分重视反馈寻求过程中有关反馈需要付出的成本和带来的收益，并且在寻求反馈的同时会不断地比较成本和收益之间的关系。

Anseel 等（2007）在归纳以往研究后发现，促使反馈寻求行为产生的个体内在动机包括工具性动机（实现有价值目标）、自我保护动机（保护自己免受负面反馈带来的伤害）和印象管理动机（加强或保护自我形象）三种。在该理论性文章中，Anseel 等指出应该将这三种动机与社会心理学的自我动机研究相结合进行实证研究。具体而言，自我动机共分为四类，个体的行为是由自我评价以及自我提高这两类动机所决定，它们可以归为工具性动机，而自我增强动机和印象管理以及自我保护动机一致。至于最后一类动机，即自我检查动机，是指进行反馈寻求的个体并不关心别人如何看待他（她），而是寻找能够验证他（她）自己观点的反馈信息。虽然 Anseel 等提出的自我动机分类拓展了人们对于反馈寻求行为动机的理论认识，但在实证研究中还并未引起学者们的关注。

二、领导反馈源特征

尽管个体可以从许多目标对象中寻求反馈，包括同事、主管和直接下属，但是大多数的研究都集中在领导是如何影响他们直接下属的反馈寻求行为。故本书在此主要介绍了三个领导反馈源特征：①领导风格；②领导可信赖性；③领导可靠性（Credibility）。

（一）领导风格

Levy 等（2002）的一项实验研究发现，变革型领导相比于其他类型的领导风格（如交易型领导）更能促进员工的反馈寻求行为，而且员工感知的领导特质如领导的关怀性与员工的积极反馈寻求行为呈正相关。变革型领导之所以会增加下属的反馈寻求行为，在于这种风格的领导会关注每个追随者的需求并且提供资源以支持他们。此外，他们还强调，变革型领导的一个关键特征就是挑战传统。具有这一特征的领导会激励下属去寻求更好的问题解决方法及思考方式，从而营造出一种畅所欲言的工作氛围，最终使下属感知到寻求反馈所需付出的成本较低，也就更愿意表现出反馈寻求行为了。

Nifadkar 等（2012）从不同企业的新员工那里收集数据，结果发现支持型领导会正向影响新入职人员的情感，进而促使他们表现出反馈寻求行为，而那些不提供任何支持甚至在言语上表现出攻击性的领导则负向影响新入职人员的情感，从而减少了反馈寻求行为。支持型领导与反馈寻求之间存在着正相关关系的原因是支持型领导降低了下属对寻求反馈的感知成本，增加了寻求反馈的感知收益。个体正是基于收益—成本分析的结果而决定是否做出寻求反馈信息的行为。

国内学者刘冰等（2017）从合理行动理论和社会认知理论视角出发，探讨了包容型领导对下属反馈寻求行为的影响。研究发现，包容型领导对下属反馈寻求行为的积极影响主要是通过团队心智模型进行传递。其中，团队心智模型是团队成员共有的一种知识体系，用以帮助成员沟通交流来完成团队任务。实际上，团队中的合作性目标能够增强成员间的互动性，也就是说，它可以帮助成员形成信息互通有无的氛围，从而使他们更愿意向周围的成员甚至团队领导寻求反馈。对于团队心智模型高的团队，其成员越乐意分享和交流经验，可以说是反馈寻求行为的原动力。当然，高水平团队心智模型的团队构建离不开领导的作用，而包容型领导在其中正是因为扮演了情感纽带的角色，才促使团队共同认知的建立和发展。这也是为何包容型领导会通过团队心智模型影响下属反馈寻求行为的原因。

(二) 领导可信赖性

领导可信赖性（Trustworthiness）主要是从领导和下属之间的信任程度来探讨其对反馈寻求行为的影响，如 Huang（2012）则以台湾 13 所大学的全职教师作为研究对象，结果发现这些员工倾向于向其信任的上级寻求反馈，包括消极和积极的反馈信息。向上级寻求反馈的员工把寻求反馈当作是一种具有风险的行为，因为该行为可能会让人认为自己工作效率低下或者获知其他敏感的信息，而信任增加了领导对个人风险行为的容忍度，所以对于一个可信赖的上级来说，其下属往往会寻求更多的反馈信息。

Lu 等（2011）在社会信息加工理论的框架下讨论了一个与基于认知信任密切相关的变量，即专家权力与消极反馈寻求行为之间的关系。该研究以台湾某企业的上下级作为被试，结果发现如果下属认为他们的领导具有较高程度的专家权力，那么他们更重视反馈寻求行为，也更经常地寻求上级的负面反馈。社会信息加工理论认为，当主管对员工的某些行为表现出不愉快的态度或负面印象时，员工很可能会推断这些类型的行为是引人不快的，从而阻止员工积极寻求消极反馈。但是在面对拥有高程度专家权力的领导时，这些领导的专业技能由于可以提供下属改善当前绩效的信息，因而下属更愿意向其寻求消极反馈。其中，对于领导专家权力程度高低的评价反映了员工对于领导的认知信任水平。由此来看，高程度专家权力的领导会让员工更为信任该领导，从而可能表现出更多的反馈寻求行为。

Choi 等（2014）基于情感和认知视角发现信任的程度以及信任的类型也会影响反馈寻求行为。具体而言，他们对 194 个韩国企业领导及其下属进行配对研究，结果表明下属对上级的认知信任（即基于领导能力而产生的信任）通过增加反馈寻求的感知收益而表现出更多的反馈寻求行为，而下属对上级的情感信任

（即基于领导对下属情感而产生的信任）则通过降低反馈寻求的感知成本而表现出更多的反馈寻求行为。可以看出，这两种视角下的影响效果虽然相同，但其中的影响路径却大相径庭。

上述研究都证实了这样一种关系，即当员工与其领导建立起信任关系时，他们会寻求更多的反馈。寻求反馈可能存在一定的风险，因而信任水平的高低反映了个体愿意承担脆弱性的程度。就反馈寻求对象而言，个体对其产生的信任水平越高，将越可能向其寻找反馈。其中，一方面，对反馈对象能力的认知信任会使个体认为寻找有效反馈的可能性越大，另一方面，对反馈对象的情感信任使个体更多地依恋于该对象，当有需要获取相应信息时，其更可能向该对象寻求。

（三）领导可靠性

领导可靠性（Credibility）用来描述主管在多大程度上体现了与正在执行任务所需的专业知识以及能够在多大程度上向下属提供准确和有用的信息（Steelman et al.，2004）。Levy 等（2002）认为，从反馈寻求者的角度来说，可靠来源的反馈应该更有可能包含有助于提高个人工作绩效的有用信息，即这种反馈提高了信息寻求者的工具性价值感知，从而使个体更愿意从这样的反馈源中寻求反馈。Levy 等以 132 名来自美国中西部一所大学心理学专业的学生为被试，证实了领导可靠性与反馈寻求行为之间的正向关系。值得注意的是，在 Anseel 等（2013）的元分析中，结果并未发现领导可靠性与整体反馈寻求行为之间的显著关系。然而当 Ashford 等（2016）分别将询问式和监控式反馈寻求作为结果变量进行检验时，却发现领导可靠性与询问式反馈寻求有显著正相关关系，而与监控式反馈寻求没有显著关系。这一结论表明，虽然个体在使用间接监控策略时并没有显著差别，但在使用询问式策略时会把反馈源可靠性作为一个标准，然后依据该标准来决定是否进行寻求反馈。

可以看出，虽然早年的学者尽管普遍认为领导可靠性会激发下属进行反馈寻求，但最近的研究表明，两者之间的关系可能没有之前设想的那么直接（Straight）。未来学者们可以进一步探讨领导可靠性与员工反馈寻求行为之间可能存在的边界条件，以调和原有研究存在的这种矛盾发现，促进领导特征与员工反馈寻求行为之间关系的理论认识。

三、情境因素

除了反馈寻求者和反馈源的特征外，反馈寻求所发生的环境对反馈寻求行为的发生也有重要的影响。尽管以往研究大多集中在员工的关系情境上（如领导—

成员交换关系和组织支持),但在过去的十年里,研究人员也开始探索结构情境(如工作特征)和文化对于反馈寻求行为的影响。另外,最近的研究也有学者关注不确定性情境的问题,这是当前反馈寻求研究的一个主要焦点。

(一) 关系情境

樊耘等(2015)从分配公平和权力感知的视角探讨中国情境下领导—成员交换关系对反馈寻求行为的影响机制。他们指出,较高的领导—成员交换关系能够给下属提供有价值的资源和有用的信息从而促进下属做出更多的积极行为,在对5个行业222份样本的实证分析后,证实了两者之间存在正相关关系。另外,他们还发现,权力感知中介了领导—成员交换关系和反馈寻求行为之间的积极关系,因为领导—成员交换关系是建立在不同程度权力所有者之间的桥梁,能够激发下属的权力感知。然而当下属的权力感知较高时,其越看重收益信息从而寻求反馈信息以提升自我绩效。

Chen等(2007)研究也发现,与上级保持高质量关系的下属会从领导那里寻求更多的反馈,尤其是消极反馈。不过,这种影响作用是会受到心理授权的调节,即对于心理授权较低的员工而言,领导—成员交换关系与反馈寻求行为的正向关系最为明显。可能是因为这样的员工的工具性反馈需求较高。上述研究均表明,领导—成员交换关系是关系情境中对反馈寻求影响较大的一个因素,虽然已有研究都一致地证实了领导—成员交换关系与反馈寻求行为之间的正向关系,但其中的传导机制和适用情境有很大不同。

还有研究发现,组织支持对反馈寻求也有显著影响。比如,De Stobbeleir等(2011)在印象管理理论的框架下,以领导—员工为配对样本进行实证,研究中发现员工感知到的组织对创造力的支持显著正向影响询问式和监控式反馈寻求的频率以及寻求的内容。在他们看来,这是因为当组织是支持创造的时候,员工进行反馈寻求所需要的印象管理成本就会降低。实际上,组织支持会让员工产生更高水平的心理安全感,会知觉到反馈寻求的可能成本会低于可能收益,从而更敢于进行反馈寻求;另外,组织支持也可能使员工对于组织的情感依恋水平更高,更愿意表现出反馈寻求行为。

值得我们关注的关系情境因素还有反馈环境。为了更好地把握反馈环境特点,Steelman等(2004)开发了一种反馈环境量表用来评估来自同事和主管反馈的质量。在检验量表的效度时,他们发现同事和主管的反馈环境与员工反馈寻求行为之间存在很强的正相关关系。Whitaker等(2007)在实地研究中再一次验证了这一关系。具体而言,同事反馈环境与向同事进行反馈寻求的关系会受到感知到的反馈寻求成本的调节，也就是说，当个体感知到的反馈寻求成本较低时，同事反馈环境才会增强个体的反馈寻求行为。这些结果表明，反馈寻求成本可能会阻碍员工从同事那里寻求反馈，而不是从主管那里，这大概是因为主管的反馈具有更大的工具性价值，比如主管可以控制绩效评估、晋升和奖励。进一步地，Whitaker 等（2012）的后续研究发现，反馈环境的某个特定特征（如反馈质量）也会正向影响个体的反馈寻求行为。由于高反馈质量往往是比较具体的，而且总是和一段时间内的行为结果高度相关，因而它能较准确地提供实现某一目标所需的相关信息。此外，该研究还基于动机理论发现反馈效能（即反馈导向中的一个维度）在反馈质量和反馈寻求行为之间起到了传递作用。

（二）结构化情境

在早期的研究中，有学者如 Bennett 等（1990）主要关注的是角色模糊（Role Ambiguity）这一工作特征对反馈寻求行为的影响。以美国中西部一家公共事业公司的 172 名员工为研究对象，通过实证研究发现，角色模糊能够给下属创造一种工具性动机从而表现出询问式反馈寻求行为而非监控式反馈寻求行为。因为个人通过监测环境收集到的反馈信息可能比询问得到的反馈更难理解，因此在减少模糊性方面没有多大价值。

Van der Rijt 等（2012）研究表明，工作压力与反馈寻求之间呈倒 U 型关系，即在工作压力处于平均水平时，个体的反馈寻求行为最多。这是因为当员工感受到较低的工作压力时，往往没有较高的工作需求，当然也就觉得没有学习的必要了，这意味着员工不太可能主动寻求反馈；当员工感受到高工作压力时，可用的工作时间会成为寻求反馈的障碍，这表明员工将没有足够的时间获得与工作相关的信息。

Parker 等（2010）曾建议，研究者不应该只关注工作特征，也应该考虑工作与个人能力的匹配程度。为了呼应这一建议，Devloo 等（2011）检验了个人能力与工作需求的匹配度对反馈寻求的影响。他们认为，管理人员的反馈寻求行为将受到自身内隐人格理论（Implicit Theory）的影响。持有渐变内隐理论（Incremental Theory）的管理者（即他们认为能力是可以塑造的）应该在个人能力和工作要求不匹配的时候做出反应，也就是增加反馈寻求而不是其他内在需求（如动机需求）。然而他们却发现，即使在能力与工作要求匹配的情况下，渐变内隐理论（Incremental Theory）的管理者要比持有固定内隐理论（Fixed Theory）的管理者（即他们认为人的行为特性是固定而不随时间推移变化）做出更多的反馈寻求行为。De Stobbeleir 等（2016）在其理论性文章中基于个体—环境匹配（Person - Environment - Fit) 视角对上述发现做出了解释，即以匹配为特征的情境之所以会增加个体的反馈寻求行为，很可能是因为寻求反馈能够让个体维持能力与工作的匹配，或者也可能是因为反馈寻求的印象管理动机促使个体向他人传达出匹配的信号。不过，这一理论解释仍然需要未来进一步的实证检验。

（三）不确定性情境

Ashford（1986）在提出反馈寻求概念时就通过一项纵向研究发现不确定性感知与反馈的感知收益呈正向关，而较高水平的感知收益会促使个体做出更多的询问式反馈寻求行为及监控式反馈寻求行为。这说明在不确定性情境下，反馈寻求者往往会先评估未来用以实现某目标所需信息的价值，继而根据感知到的信息价值再决定做出多大程度的反馈寻求行为。实际上，不确定性环境一般意味着信息的不对称，因而在员工做出反馈寻求之前会先对未来反馈信息的收益做一个评估。

Anseel 和 Lievens（2007）在研究中基于自我验证理论（Self - Verification Theory）证实了不确定性与询问式反馈寻求行为之间的 U 型曲线关系。也就是说，个体处于较高或较低的不确定性情境时，其越容易做出反馈寻求行为。因为个体在反馈寻求过程中会激发其自我验证动机，即人们会努力地确认即将获得的信息与自我知觉之间的一致性，所以在较低的不确定性情境下，员工会为了满足自我验证的需求而表现出较多的反馈寻求行为。另外，在较高的不确定性情境下，除了满足自我验证需求外，个体更多的是为了减少不确定性而频繁地寻求反馈信息。但是，Anseel 等（2013）在后续的研究中基于不确定减少理论（Uncertainty Reduction Theory）却发现不确定性对反馈寻求行为有负向影响。Anseel 等指出，这种负向影响的关系会受到反馈寻求者确定性导向（Certainty Orientation）的调节，确定性导向即一种避免不确定性和模糊性的导向。这就意味着，与确定性导向较低的人相比，具有高度确定性导向的个体感知到不确定时，其反馈寻求行为会更少。从上面的两个研究可以看出，不确定性情境与反馈寻求行为之间的关系要比学者预期的更为复杂。

在最近的一项研究中，De Stobbeleir 等（2016）在其著作中提出了一个新的视角即个体—环境匹配视角解释了不确定性情境对反馈寻求行为的可能影响。他们在理论上认为，当个体认为自身的工作需求超过了他们的能力时，不确定性可能会降低反馈寻求行为的倾向，因为这涉及印象成本。另外，不确定性不会让某些个体做出反馈寻求行为，因为他们不愿意让人发现自己所做的事是力不能及的（即一种自我保护动机）。不过，在特殊情况下如当员工是新来的且刚刚熟悉一份工作时，这意味着员工的工作要求高于其个人能力，也就是说印象成本较低，此时的新员工即使有较强的自我保护动机，他也会表现出较多的询问式反馈寻求行为。未来学者还需要通过实证来检验该理论视角的正确性。

（四）文化差异

Morrison 等（2004）在美国和中国香港地区的文化背景下探索了权力距离和自我肯定这两种文化对新员工反馈寻求行为的影响。研究人员认为，在美国，人们倾向于把自己看作是独立的个体，可以自由地表达和追求他们的需求、权利、目标以及能力。也就是说，人们的自我肯定倾向在这样的国家中尤为强烈。然而对于中国香港地区的员工来说，他们的需求和权利往往会受到他人（一般为领导）的控制和约束，所以员工的自我倾向性较弱。与此同时，研究者还强调，自我肯定较强的员工往往特别自信，而且觉得他们的领导平易近人，容易相处。换而言之，美国的新员工具有较强的自我肯定倾向和较低的权力距离，中国香港的新员工则与之相反。结果也证实，与美国人相比，中国香港员工不太可能寻求绩效反馈，因为他们不太可能会主动地向其领导寻求所需要的信息。

Barner-Rasmussen（2003）以法国一家跨国企业里的 89 名高层管理者为研究对象，涉及斯堪的纳维亚人、美国人和欧洲人。在这样的混合文化背景中，他们发现不同国籍的反馈寻求者和反馈源会对反馈寻求行为产生交互影响。具体来说，当反馈寻求者来自某个国家而反馈源来自另一个国家时，该个体就不太可能寻求更多的反馈。这可能是因为在跨国企业里工作的员工会对不同国家的文化产生不同程度的偏见，而造成这种文化偏见的潜在原因是什么我们并不清楚。

MacDonald 等（2013）考察了华裔加拿大和加拿大欧裔居民在反馈寻求行为不同方面的文化差异，包括反馈寻求效价（即积极/消极）以及反馈寻求策略（即直接和间接寻求反馈）。在两项针对本科生的研究中，他们发现华裔加拿大和欧裔加拿大人都更倾向于寻求积极反馈而非消极反馈、间接反馈而非直接反馈、群体反馈而非个人反馈。然而，他们还发现，随着自我防御意识的增强，欧裔加拿大人寻求积极反馈的比例也在增加。这表明，与欧洲裔加拿大人相比，华裔加拿大人自我保护的反馈寻求动机较小。同样，他们指出，随着对印象管理的关心度增加，华裔加拿大人寻求直接反馈的频率减少，这凸显出个人形象对东亚人更为突出。总之，这些研究结果强调了反馈寻求的动机可能因文化的不同而不同。

就文化差异这一影响因素来说，到目前为止，大多数研究还都集中在民族文化对反馈寻求行为的影响上。

第四节 反馈寻求的影响效应

一、工作绩效

Gong 等（2017）在研究反馈寻求行为的影响效应时，认为反馈寻求既是一种主动学习的行为，也是向他人传递关于反馈寻求者性格或动机的积极信号。在设计的第一项研究中，这些研究者基于社会学习理论提出人们不仅可以在自己的反馈寻求行为中学习，还可以通过他人眼中的好或坏来学习，即寻求他人的积极反馈可以获得有效行为的信息，从而帮助反馈寻求者提高自己的表现。这也表明，人们对正面榜样有着潜在的信心和兴趣。另外，他们还指出，寻求对他人的负面反馈不仅会给反馈寻求者带来错误的信息，还可能导致个人错误估计自己的绩效，从而阻碍他们调整自身的不当行为。基于以上分析，Gong 等对一家机械公司的 227 名员工进行调查发现，当下属向他人寻求反馈时，消极反馈寻求与绩效无关，而积极反馈寻求与绩效呈正相关。在第二项研究中，Gong 等（2017）又基于长期反馈理论（Long - Standing Feedback Theory）指出以自我为中心的消极反馈能提高绩效，因为它不仅能产生支持学习的线索，还能向主管发出员工正在努力提高的信号。他们的研究结果也证实了这类反馈寻求行为和绩效之间的积极关系。

实际上，绝大多数的研究都发现反馈寻求行为与工作绩效之间的积极关系。比如在前面所提及的研究中，De Stobbeleirf 等（2011）就证实了直接询问或间接监控式反馈寻求行为正向影响个体的创造性绩效。Kim 等（2009）也指出，向上级寻求反馈会得到上级对其较高的任务有效性评价。

然而，也有研究发现只有在满足一定条件下反馈寻求行为才会导致员工的高绩效。比如，Lam 等（2007）以中国电信公司的上下级为配对样本进行实证发现，上级对于下属寻求反馈行为的归因在下属寻求反馈行为与客观工作绩效之间起到调节作用。当上级将下属的反馈寻求行为归因于提升绩效动机时，下属反馈寻求行为与客观工作绩效的关系就越强，当上级将下属的反馈寻求行为归因于印象管理动机时，下级反馈行为与客观工作绩效的关系就越弱。这是因为对于希望提升自我绩效的下属而言，领导是乐于为其提供一些特别支持和机会的，从而帮助下属更好地完成工作任务。

二、新员工社会化

在新员工适应新工作和新环境这一背景下,一些学者从实证上探讨了反馈寻求行为的影响结果。例如,Saks等(2011)以适应实习环境的学生作为样本进行了一项关于积极主动行为(包括反馈寻求行为)对员工社会化影响的研究。该研究共选取了六个社会化结果变量,即工作熟练度、工作满意度、角色清晰度、社会融入度、组织承诺和离职倾向。结果发现,个体的反馈寻求行为与自陈的社会化结果变量均显著正相关。此外,研究还指出,反馈寻求行为与上述社会化结果变量的关系会受到个体所获得反馈数量的调节。也就是说,当个体得到的反馈较多,反馈寻求行为越能正向影响其社会化,而当个体所得反馈较少,那反馈寻求行为和社会化结果并没有显著的相关关系。这一发现表明,即使新员工经常表现出积极主动的反馈寻求行为,但如果他们获得的反馈数量较少,那该行为也不会产生顺利的社会化过程。

国内学者张燕红等(2015)以53个团队中304个入职9个月内的新员工为调查对象,探讨了员工反馈寻求行为与其社会化结果之间的关系,并选取角色清晰度、社会融入度和工作满意度作为衡量社会化结果的变量。研究发现,新员工反馈寻求行为与其角色清晰度之间有着正相关关系。这是因为新员工为了全面了解企业价值观和熟悉业务技能,所以他们总是会主动与领导互动并寻求反馈,从而获取工作所需要的有用信息,明确自己的任务角色。另外,基于印象管理理论,他们还发现个体的反馈寻求行为容易给其领导留下较好的印象,有利于形成高质量的上下级关系,从而增加下属的工作满意度和社会融入度。

与上述研究不同,王成军等(2013)从动态视角考察了反馈寻求频率对组织社会化程度的影响。该研究以我国西部34家企业工作时间少于1年的新员工为被试,并将员工的社会化分为三个阶段进行长达一年的纵向调查,即入职前期、适应期(入职后的4~6月)和蜕变期(10~12月)。结果发现,在新员工入职的一年内,寻求反馈的频率对员工社会化程度的积极影响较为稳定,不会因为时间的推移而减弱。此外,他们还指出,这种积极关系会受到新员工工作经验调节。如果新员工入职前的工作经验较少,那么寻求反馈的频率对组织社会化程度的影响较弱,反之则较强。这意味着新员工在执行任务时若可以灵活运用先前工作经验,那其通过反馈寻求行为获得的相关任务信息越多,社会化程度提升的也就越高。

三、印象管理

印象管理理论认为,个体会为了实现某一目标而采取各种行为策略(如自我提升、恭维领导等)来保持或改善该目标对象对自己的印象和看法(张燕红等,2014)。Ashford 等(1992)曾以 MBA 的学生作为研究对象考察了个体反馈寻求行为与他人对其印象之间的关系。研究发现,相比于低绩效员工,绩效高于平均水平的员工,其负面反馈寻求行为可以提升他人对自己的正面印象,包括有较强的个人能力和较高的自信。所以如果一个员工觉得自己在工作期间表现良好,那么就应该大胆地向其领导求更多的反馈,无论是消极型反馈还是积极型反馈,它们都有助于提升领导对自我的看法。

DeRue 等(2010)指出当他人认为反馈寻求者在过去表现良好,或当领导者认为个体做出反馈寻求行为的动机是为了提高绩效时,个体的反馈寻求行为往往会被他人评估为是有自信或具备胜任力的。但是,如果当反馈寻求者的过往表现一般,或者领导者不将反馈寻求行为的动机归因为提高绩效时,那么无论反馈寻求者表现出何种反馈寻求策略,都不会使其有较高的自信和胜任力评估。需要说明的是,这种归因只有在领导者认为能力是先天决定不随时间推移而变化的情况下和在反馈寻求者频繁地表现出反馈寻求时才会发生,因为如果一个人认为能力是固定的,那么即使他人把频繁的反馈寻求作为一种提高绩效的策略也没有任何意义。

第五节 组织情境中反馈寻求行为的驱动与效应机制模型

通过回顾以往研究,本书发现,组织情境下员工反馈寻求行为研究领域已经取得了不少成果,并以综合模型框架图的形式将其进行归纳和说明(见图 5-1)。

第一,从内涵上看,现有文献主要存在两种研究思路。一种关注的是一般的反馈寻求,另一种关注的是特定类型下的反馈寻求行为,包括反馈寻求策略、反馈寻求频率和反馈寻求效价。过去的研究以一般的反馈寻求为主,随着测量问卷的发展,近些年的学者开始关注某一方面的反馈寻求行为,即对反馈寻求行为的具体类型分别进行探讨。

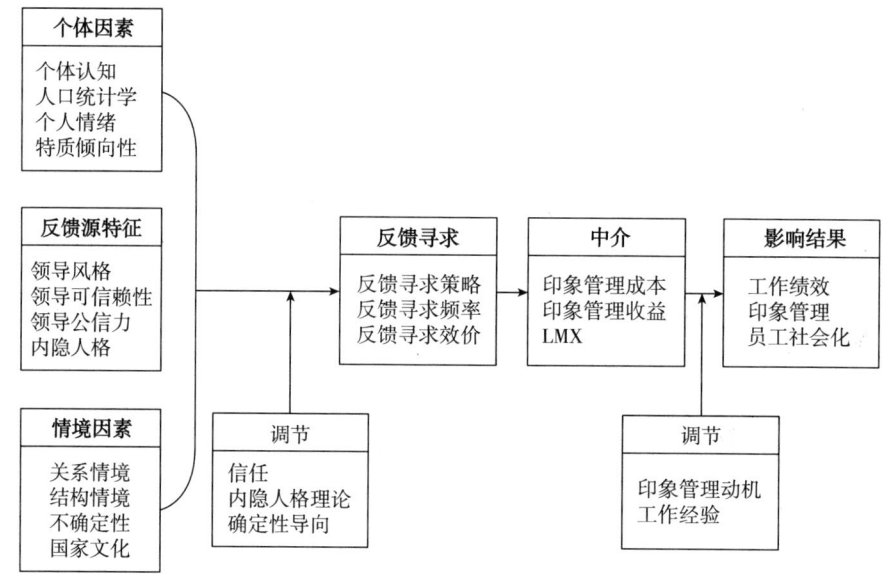

图 5-1 反馈寻求的综合研究模型驱动

第二,现有的实证研究关注的大都还是该行为的预测因素而非影响结果。这种关注是有道理的,反馈寻求是一种个体行为,人们可以报告自身的平均倾向,而且这种倾向是可以预测的。但从实证上研究反馈寻求的影响结果要比理论上困难得多,因为它的影响不仅取决于个人的平均倾向,在一定程度上还取决于个人所接收到的信息(如积极与消极、一般与具体)、信息传达的方式(如以支持和贬损的方式)以及信息的传达者(如领导和同事)。所以,很难对这种行为的影响做出"平均"预测,并为其找到实证支持。考虑到这些困难,Anseel 等(2013)发现关于反馈寻求与绩效之间只有微弱或没有关系的结论也就不足为奇了。

第三,Ashford 等(2003)曾呼吁对反馈寻求与可能的影响结果(如绩效)之间的中介机制和边界条件进行更多的研究。从现有的文献来看,很多学者通过研究对此呼吁做出了回应。比如,Whitaker 和 Levy(2012)以及 Whitaker 等(2007)挖掘了反馈寻求和工作绩效之间的中介变量,Kim 等(2009)考虑了影响反馈寻求和特定结果之间的调节变量。

第六节　结论、管理启示与未来研究展望

一、结论

本书从反馈寻求的内涵、维度与测量，反馈寻求的前因后果等几个方面对相关文献进行了系统梳理，得出两个结论：第一，尽管反馈寻求行为在国外已经得到了足够的重视，但在国内的实证研究中还并不多见，而且就国内外的研究结果来看，还存在较多矛盾的地方，比如企业员工常用的反馈寻求方式及其影响等。第二，现有的用以研究反馈寻求行为的理论较为丰富，包括自我调节理论、依恋风格理论、不确定性减少理论和社会角色理论等。不过，基于这些理论的反馈寻求行为研究大都关注的是影响因素，相比较而言，对影响结果的探讨显得较少。

二、管理启示

反馈寻求行为所描述的是员工在工作场所中的积极主动行为，有助于弥补以往员工自上而下被动接受反馈所带来的问题，对于员工和组织都有重大的研究价值。鉴于此，本书指出该主题的实践管理启示，为后续研究跟踪该主题提供参考。

从反馈寻求者来说，很多研究已经表明这种主动行为能够给他们带来诸多好处。如频繁做出反馈寻求的个体能获得更多关于自己的信息，而且感觉自己的角色更加清晰，社会融入度更高。与此同时，周围的同事及其领导也会认为他们的表现较好。那些担心寻求反馈可能带来潜在风险（如让他人觉得自己工作能力不行）的个体，最好是寻求负面反馈，因为我们回顾的许多文献都报告了寻求负面反馈与工作结果之间的积极关系。与积极反馈相比，寻求消极反馈更有可能产生诊断性信息，也更有可能向寻求的目标发出信号，即有自我完善的动机。很少有研究将消极后果与反馈寻求联系起来。但仅有的这些研究表明，那些担心形象受到负面影响的个体需要在反馈寻求时对反馈源有所警觉。比如，平时表现一般甚至较差的反馈寻求者，其频繁地进行反馈寻求可能是一个危险的行为策略，因为反馈源可能归因于印象管理动机从而对该员工产生负面印象（De Stobbeleir et al. , 2010）。类似地，如果反馈寻求者的任务自主性较差，那么反馈寻求也不会给他带来好处（Kim et al. , 2009）。

对于组织和那些营造支持反馈寻求氛围的人来说，减少反馈寻求中涉及的印象管理成本是很重要的，因为反馈寻求的个体往往认为这种行为存在风险。首先，组织或管理人员可以通过创造一个支持性工作环境，特别是用心理支持性环境来减少反馈寻求者的风险感知。另外，组织还应该有意识地培养出具有支持型领导风格的上级，这样的领导可以为下属提供一个强有力的反馈环境。其次，考虑到员工之间的任务互依性越来越强，同事在员工学习中扮演着越来越重要的角色。所以，组织或管理者也可以在群体中创造一个支持性的环境，并减少从同事那里寻求反馈所涉及的印象成本。再次，拥有跨文化背景的组织也应该意识到反馈寻求过程中文化差异带来的影响。最后，对于真正想要从反馈寻求中获益的组织来说，他们还应该赋予管理人员自主权，使其能够根据收到的各种反馈采取相应的行动（Kim et al. , 2009）。

三、未来研究展望

第一，探索反馈源归因动机对反馈寻求行为影响的边界。如前所述，我们知道领导的归因动机对下属反馈行为有着重要影响，但是还不清楚在何种条件下领导会认为下属的这一积极主动行为是为了学习而非恭维。这很可能取决于反馈寻求者的语调、肢体语言以及他们寻求反馈所花费的时间，还可能取决于反馈寻求是否是在任务分配后立即发生，又或者是否在信息充足的情况下发生。

第二，探讨印象成本/收益在反馈寻求过程中的动态关系。从文献回顾中我们可以清楚地看到，个体相信反馈寻求是要付出代价的且这种代价会因反馈寻求方式（监控/询问）而不同。不过，个体的这种"信念"在很大程度上并未被证实。此外，直接询问式反馈寻求由于会把个体的敏感信息暴露给外界，因而很可能会给他人留下负面印象，所以反馈寻求者往往会在反馈寻求时比较印象成本和收益，但这一比较过程究竟何时何地才会发生还有待探索。未来研究可以在实验室环境下进行，这也是目前反馈寻求文献中较为缺乏的研究方法。通过可控的环境或许会给我们一些启发，然后再以不同的研究对象做进一步的实证检验。

第三，加强反馈寻求行为的本土化研究。反馈寻求是组织中一种重要的沟通方式，能够帮助个体更好地融入组织，从而实现组织和个人目标。但是，中国的文化使个体的反馈寻求行为具有独特性。比如，个体对不确定性情境下的信息有着强烈的需求,"听其言,观其行"的中国文化充分说明了中国人对不确定信息具有很高的敏感性。此外,面子文化使个体不愿意向他人低头,更不愿意寻求反馈,尤其是直接询问式反馈寻求,所以中国员工经常为了维护表面和谐和面子而不会主动地寻求自己不清楚或与他人有认知偏差的问题(Huang et al., 2003)。

第六章　家长式领导对员工反馈寻求行为的影响机制研究

第一节　引言

随着企业外部环境的不确定性增加、技术更迭的速度加快，现代组织内部正面临着信息不对称所带来的前所未有的挑战。对于企业员工而言，及时获取充足有效的信息是保证其适应组织内外环境变化和提升工作绩效的关键（刘冰等，2017），而员工努力主动地向周围询问关于自己工作行为和工作绩效信息的行为即为反馈寻求行为（Gong et al.，2017）。它是组织内十分重要的一种双向沟通方式，不仅能帮助个体明晰工作角色、提升工作绩效和实现个人目标（张燕红等，2015），还有助于组织及管理者与下属之间建立起更为和谐的雇佣关系（Chun et al.，2014）。鉴于此，学者和管理实践者们都在努力探索能够促进员工更多地投入到反馈寻求行为的方法。

目前关于反馈寻求行为前因变量的研究主要集中在个体因素、反馈源特征和情境因素三个方面。其中，个体因素包括反馈寻求者的认知、动机和情绪等（Dahling et al.，2012）；反馈源特征主要从领导者视角探讨了领导风格和领导信任对反馈寻求的影响（Nifadkar et al.，2012）；情境因素则涉及不确定性情境（Anseel et al.，2015）、结构化情境和国家文化（MacDonald et al.，2013）等多个内容。就反馈源特征面的领导风格而言，国内学者大都关注的是积极领导风格与反馈寻求行为之间的关系，包括谦卑型领导（倪清等，2017）和真实型领导（李燚等，2016）等，并且已经证实了它们对反馈寻求行为的正向促进作用。也

第六章 家长式领导对员工反馈寻求行为的影响机制研究

有少数学者以消极领导风格作为切入点,如胡晓龙等(2018)基于资源保存理论从辱虐管理这一领导风格视角进行实证研究,发现具有辱虐风格的上级容易让下属在寻求反馈时丢失面子、丧失自尊等,因而员工会选择"抑制表达"而减少反馈寻求行为。总之,在中国组织情境下,无论是积极的领导风格还是消极的领导风格,尚未有学者探讨本土化的领导风格对下属反馈寻求行为的影响。家长式领导作为华人组织中的典型代表,是中国儒家传统和"家"的文化观念在领导方式上的集中表现,这种植根于中国传统文化而产生的领导风格会对下属的反馈寻求行为产生什么样的影响呢?对这一问题的回答不仅能够丰富本土化的管理学研究,还有助于完善反馈寻求行为有关领导风格的前因变量研究。

另外,在重视关系文化的中国背景之下,对个人行为的探讨必须放在关系情境下来理解(曾垂凯,2011),领导行为也是如此。所以在中国情境下探讨家长式领导对下属反馈寻求行为的影响时,要想更好地理解两者间的关系,还必须放在领导和下属的关系情境中来探讨。有学者指出,遵循公平法则的领导—成员交换关系是一种等价交换关系(凌文辁等,2019),它并不适合于中国组织情境下领导和下属的关系研究。因为在"面子"文化和"关系"取向的中国,礼尚往来的人情法则遍布于我们的日常生活和工作中,所以为了更准确地将家长式领导对员工反馈寻求行为的影响看作是一种领导—下属关系的建立过程,本书引入上下级关系(Supervisor–Subordinate Guanxi,SSG)这一本土构念来讨论其在家长式领导影响下属行为过程中所起到的传递作用。另外,中国5000年的传统文化对国人有很大的影响,它不仅体现在领导行为上,也会对员工产生潜移默化的影响。为此,在中国情境下探讨本土构念的作用不应忽略传统文化的影响。然而传统性是目前最能体现中国人性格和价值取向的变量,广泛应用于领导影响下属认知的研究之中(张亚军等,2015)。所以,本书最后一个关注的问题是个体传统性在家长式领导和下属感知到的SSG间是否存在调节作用。

综上所述,本书拟探讨本土化的领导风格即家长式领导对员工反馈寻求行为的影响,并揭示SSG的中介作用以及传统性对家长式领导和SSG关系的影响,探讨两者关系的适用范围,从而构建有调节作用的反馈寻求行为前因变量的研究模型(见图6-1)。至此,本书既希望为全面理解员工反馈寻求行为的形成机制提供新的视角,也希望为企业管理人员促进员工做出更多的积极主动行为提供启示。

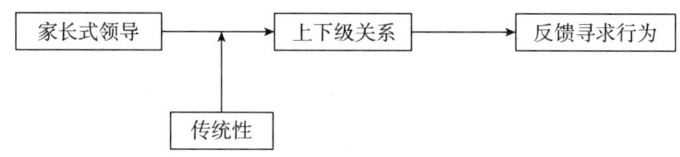

图 6-1 本书的理论模型

第二节 理论分析与假设提出

一、员工反馈寻求行为

Ashford 等（1983）在提出反馈寻求行为（Feedback Seeking Behavior）这一概念时指出，个体一般会采取两种不同的反馈寻求方式，即询问式反馈寻求和监控式反馈寻求。其中，询问式反馈寻求是指个体通过直接询问组织内外的人员来获得他所在乎的信息，从而了解自身所处的环境；监控式反馈寻求则是个体以暗中观察他人行为和组织情境的方式从而掌握对自身有用的线索。本书更多关注的是询问式反馈寻求行为而非监控式反馈寻求行为。因为相比于监控式反馈寻求行为而言，询问式反馈寻求会让个体更为主动地从他人那里获得所需要的反馈信息，以便让自己对情境有着更为全面的掌握和判断（Dahling et al., 2012）。基于此，本书采用与询问式反馈寻求行为相关的概念界定，把员工的反馈寻求行为理解为员工在工作中或工作后向周围群体主动询问建议和获取评价的积极行为（厉杰等，2019）。

二、家长式领导与员工反馈寻求行为

家长式领导（Paternalistic Leadership）是中国组织中最为常见的领导方式，指的是具有严明纪律和权威以及父亲般仁慈的领导风格，包含三种不同的维度，即威权、仁慈和德行（Farh et al., 2000）。其中，威权是指对下属的控制、权威以及绝对服从的要求；仁慈是指领导在工作和非工作期间对员工福利的整体和个性化关怀；德行是指无私行事和履行义务的为人作风，体现的是领导者正直和卓越的道德品质。这三种行为维度描述了这样一幅图景，即在道德框架内，领导者

会以父亲般的仁慈对待下属，同时对下属也会执行绝对的权力从而让下属表现得像听话的"孩子"。家长式领导的三维度结构的特征是"宽严相济，以德服人"。以往的诸多研究学者指出，由于家长式领导三个维度之间存在不同程度的负向关系，所以将其视为一个整体结构探讨影响效应并不合适（张永军等，2017）；再加上不同维度对员工反馈寻求行为的作用机制可能不同，所以本书采用和以往其他家长式领导研究的相同做法，主要探讨家长式领导的不同维度对员工反馈寻求行为的影响。

家长式领导的三维结构可能对员工反馈寻求行为产生不同的影响。首先，威权领导对员工反馈寻求行为起到抑制作用。研究发现，威权领导在日常工作中常常做出贬低下属能力、权力操控、对下属进行教诲和形象装饰四类行为（王磊等，2019）。下属在积极主动地向上司寻求反馈时，威权领导往往会为了维护"严父"的尊严和形象而漠视下属的反馈寻求行为，认为反馈信息说与不说并无什么不同。更有甚者，下属还会受到上司的故意贬损以及嘲讽（李宗波等，2018）。这些都会让下属丢失面子、丧失自尊等。资源保存理论（Conservation of Resources Theory）认为，个体拥有维持和保护有限资源的本能。所以，一旦下属感觉资源受损，他们就会立即采取措施阻止现有资源的损失扩大，而在向威权领导寻求反馈时受到上述负面对待引发个体对资源可能损失的警惕和止损反应，员工最为直接的措施就是停止与上级的进一步沟通，终止反馈寻求过程的继续来保护自己的资源。此外胡晓龙等（2018）发现，一些消极型或破坏型领导风格如辱虐管理对员工询问式反馈寻求行为有负向影响。鉴于现有研究普遍认为威权领导对员工态度和行为都有负面影响，所以本书推测，作为消极型领导风格之一的威权领导可能会为了树立自己在组织中的权威形象而对下属的主动询问行为嗤之以鼻，甚至打压其自信心，最终导致下属选择"抑制表达"的行为策略，减少积极主动的行为，包括反馈寻求行为。

其次，仁慈领导对员工反馈寻求行为具有积极的影响。在工作场所中，仁慈领导不仅会主动关心下属的职业发展，还会努力了解下属表现不佳的原因并提供相应指导，给下属提供表现自我的机会（Lin et al.，2018）。此外，在非工作场所中，仁慈领导也会给下属如同家庭成员般照顾，在他们遇到紧急情况时会尽自己最大的能力帮助下属（李珲等，2014）。根据对价理论，仁慈领导施予的这些"人情"所导致的最直接结果是，受惠下属会在工作中做出更多的角色外贡献来回报上司，从而实现领导的恩情与下属的回报在价值上的适度对价（凌文辁等，2019）。因此，在面对表现出这些行为的仁慈领导时，下属的反应往往是"滴水之恩，涌泉相报"（樊景立、郑伯埙，2000）。也就是说，下属为了回报上司的恩情，会将团队甚至组织目标内化于心，当作是自己的责任和义务，从而使他们主动地向周围以及团队领导寻求有关目标实现的信息（Nifadkar et al.，2012）。可以推测，在人情法则下，仁慈领导与下属之间能够建立情感上的联结，这有助于下属为了回报上司而主动询问出更多有关提升工作绩效方面的信息。

最后，德行领导对员工反馈寻求行为也会产生积极的促进作用。德行领导的行事风格更多体现的是"公平"原则，即对下属公平公正，不偏私（赵文平等，2018）。德行领导反映的是领导者身上的崇高道德品性，表现出较高水平的个人修养，即"有道德的人"（张永军等，2017）。作为一个有道德的人，由于他们传达了正直、公开透明、信任和尊重他人的强烈信息，德行领导可以被看作是值得信赖的反馈源（Jing et al.，2017）。实际上，反馈源是否可信赖对于下属来说是极其重要的。有研究指出，向上级寻求反馈的员工往往会有不同程度的心理压力，因为主动地向上级寻求反馈往往会暴露自己的弱点或者不足，甚至可能被上级认为是工作能力不行或者工作效率低下。根据资源保存理论，人们在有心理压力时往往面临着资源损失的威胁。但是，德行领导与下属建立起的这种可信赖反馈通道可以缓解员工因寻求反馈而带来的心理压力，进而主动抓住在工作中寻求反馈的任何机会。事实上，相关实证研究已从侧面证实了这一看法。比如 Choi 等（2014）发现能够与下属建立信任关系的领导可以降低员工寻求反馈所产生的成本感知而表现出更多的反馈寻求行为。Lu 等（2011）则证实了可靠的反馈源能够促进下属的积极主动行为而不用担心该行为可能产生的风险。

综上分析，家长式领导的三个维度对员工反馈寻求行为可能均具有影响。威权领导注重结果并对下属苛刻相待，员工出于对自身资源的保护而不太可能主动向威权领导寻求反馈；仁慈领导注重对下属的情感关怀，下属会频繁地向上司寻求反馈来完成个人或团队目标以表达对仁慈领导"知恩图报"；德行领导优秀的个人修养和素质能够让下属放心大胆地向其寻求各种反馈信息。基于此，本书提出以下假设：

H1：威权领导与员工的反馈寻求行为呈显著负相关。

H2：仁慈领导与员工的反馈寻求行为呈显著正相关。

H3：德行领导与员工的反馈寻求行为呈显著正相关。

三、SSG 的中介作用

中国传统社会一直受到儒家思想的影响，包括五种基本关系（称为"五伦"），强调父子、君臣、朋友、夫妻和兄弟之间等级关系的重要性。关系一词指的是不同个体之间的联系和涉及互惠交换的人际关系网络（Liu et al., 2013）。除了正式的网络关系外，关系更像是一个私人通道，人们在高水平的信任、义务和尊重的基础上交换各种类型的好处（Chen et al., 2004）。本书中的SSG实则是关系在二元层面即领导—成员层面上的表现，它是上级和下属基于身份、情感和利益等所形成的一种"特殊连带"。

与西方强调公平法则的领导—成员交换关系不同，SSG同时体现了公平和人情两种法则（Law et al., 2000）。也就是说，中国管理者的处事既体现了"合情"又体现了"合理"的原则。本书认为，由于家长式领导的三个维度在处事原则上的侧重点有所不同，因而它们对SSG的影响也有所差异。首先，威权领导与下属之间会形成较差的SSG。如前所述，威权领导独断专行的特点十分明显，希望集权力于自己手中，并要求下属无条件服从。从现实来看，公平法则规定上下级必须履行各自的权利和相应的义务，但威权领导往往会为了实现权力最大化而去损害他人固有的权利，最终破坏了公平法则（翟学伟，2005）。也有研究发现，这种专横霸道的威权领导会负向影响组织公平（吴敏等，2007）。根据对价理论，当公平法则遭到破坏后，双方交换的价值无论是在"量"上还是"质"上都出现极大的差异，也就是出现完全不等价的情况（凌文辁等，2019）。这意味着，在双重交换关系中，下属的交换价值远远大于威权领导的交换价值，引起来自下属一方的不满，从而可能减少未来交换价值的"量"与"质"，最终影响良好SSG的建立，即威权领导可能导致较低的SSG。

其次，仁慈领导和德行领导均能够提高SSG的质量。正如前文所述，体现"人情"法则的仁慈领导会给予下属如关怀、鼓励、宽容等精神上的利益，而拥有崇高品性的德行领导会给予下属公平公正的晋升机会、决策参与等客观物质利益。在互惠过程中，双方彼此都需要回报，并满足彼此对回报的期望，否则双方的互惠关系将难以持续。因此，在上下级互动时，下属会进行各种投入来回报上级提供的种种利益。李锐等（2015）强调，下属会依据互惠法则的不同而对上司做出不同类型的回报：一种是在公平法则下做出的工具性回报（如角色外和角色内工作贡献），另一种是在人情法则下做出的情感性回报（如给上司送礼）。根据对价理论，工具性回报追求的是双方投入价值的完全相等。为此，双方会持续不断地提供交换价值，从而逐渐逼近完全对价的理想状态，而情感性回报追求的是适度对价的情形，因而双方为了避免交换价值相差过大而礼尚往来，维持双方的关系和面子。综上分析，本书提出以下假设。

H4：威权领导与SSG呈显著负相关。
H5：仁慈领导与SSG呈显著正相关。
H6：德行领导与SSG呈显著正相关。

中国组织情境下的SSG相关研究表明，掌握着下属所需各种稀缺资源的领导会在工作中做出"偏私"行为，即领导会依据与下属关系的亲疏程度而给他们分配价值不同的资源（徐玮伶等，2002）。鉴于此，本书基于资源保存理论认为，良好的SSG对下属而言是极其重要的一种组织资源，它有助于下属做出更多的反馈寻求行为。具体而言，领导会在特殊日子如生日聚会邀请那些与自己关系亲近的下属（Law et al.，2000），这直接增加了上下级接触和双向沟通的机会。有研究指出，领导者的这种可趋近性可以降低下属对寻求反馈所产生风险的感知（Derue et al.，2010），促使下属表现出更多的反馈寻求行为从而维持甚至提高员工现有的资源存量。然而当SSG欠佳时，意味着下属对领导缺乏足够的了解，盲目地寻求反馈可能因暴露自己的缺点而引起上级的反感（梁潇杰等，2019），从而造成下属资源的损耗。因此在组织中，SSG良好的员工会积极地寻求反馈来获取更多的资源，而SSG不佳的员工则会减少向上级寻求反馈以避免资源的损耗。为此，本书提出以下假设：

H7：SSG与反馈寻求行为呈显著正相关。

综合上述分析，家长式领导的不同维度可能对SSG产生不同的影响，进而影响到员工的反馈寻求行为。具体来说，威权领导负向影响SSG进而降低员工的反馈寻求行为；仁慈领导正向影响SSG进而提高员工的反馈寻求行为；德行领导正向影响SSG进而提高员工的反馈寻求行为。基本此，本书提出以下中介作用假设：

H8：SSG在威权领导与员工反馈寻求行为之间起到中介作用。
H9：SSG在仁慈领导与员工反馈寻求行为之间起到中介作用。
H10：SSG在德行领导与员工反馈寻求行为之间起到中介作用。

四、传统性的调节作用

中国人传统性（Chinese Traditionality）是指"中国传统社会中个人所常具有的一套有组织的认知态度、思想观念、价值取向、气质特征及行为意愿"（杨国枢，2008），通常简称传统性。杨国枢等（2008）认为，传统性是中国传统社会中跟动机、评价、态度和气质特征有关的一种典型模式，而今天这种模式在中国香港、中国台湾和中国大陆都能观察到，具体表现为遵从权威、敬祖孝亲、安分

第六章 家长式领导对员工反馈寻求行为的影响机制研究

守成、宿命自保四个方面。由于本书所关注的是组织行为学领域中的个体传统性，且有学者指出遵从权威在该领域研究中是最为重要的一方面（石冠峰等，2018），故本书将遵从权威作为主要的研究维度，即员工在与领导交往过程中，下属无条件服从和忠诚于其上司的程度。

传统性被认为是最能体现传统中国人性格和价值取向的变量之一。研究发现，传统性高低不同的个体对领导行为的认知及反应也是不同的（张永军等，2017）。本书认为，家长式领导的三个维度对 SSG 的影响会因个体传统性高低而有所差别。

首先，威权领导可能对高传统性个体的 SSG 影响较弱。儒家文化强调上位者与下位者之间是一种"上尊下卑"的不平等关系，那些受中国传统文化影响较深的下属（即高传统性个体）往往有着较强的服从领导权威的意愿，并严格遵守自己在组织中"位卑"的角色设定（王艳子等，2019）。另外，儒家关系主义还倡导下位者"不争"，这些都反映了中国企业中领导与下属之间不平等交换的理念（黄国恩等，2016）。有研究指出，高传统性个体对领导的权威特别敏感并且十分重视上下级之间的层级关系，甚至会在威权领导的激发下产生高水平的顺从与感激（石冠峰等，2018）。所以，在面对威权领导时，敬畏权力的高传统性个体可能对于双方交换价值的不平等并不敏感，从而使威权领导对 SSG 的负向关系受到一定程度的缓和。

其次，仁慈领导可能对低传统性个体 SSG 的影响较弱。低传统性个体独立自信，追求个人主义，会把工作重心放在本职工作的完成上，很少去关心上级给予自己帮助的行为意图（石冠峰等，2018）。因此，相比于严格践行"人情法则"的高传统性员工而言，低传统性员工并不太重视人情或良好关系的维护（代同亮等，2019）。也就是说，此类员工对于仁慈领导给予的"人情"不太可能做出应有的回馈，这也相应地减少了领导与下属之间"礼尚往来"的私交活动，无疑不利于 SSG 的提高。已有的相关实证间接证实了该观点。如王双龙等（2013）发现，低传统性员工在与直系领导的互惠交换过程中，是基于平等而非"恩赐"表现出创新行为的。

最后，德行领导可能对低传统性个体 SSG 的影响较强。如前所述，低传统性个体追求工作中上下级之间的平等性，并奉行"他人如何待我，我就如何对待他人"的做事原则（张永军等，2017）。所以，在面对公平对待下属的德行领导时，低传统性个体必然也会以公平的方式回馈上级，即给予上级相应的回报。另外，对价理论强调，公平法则下双方对于回报"量"的变化极其敏感，即要求

· 107 ·

彼此做出完全等价的回报（凌文辁等，2019）。然而对于高传统性来说，由于受到"人情""面子"等传统文化的影响，他们对上级的利益输送并不追求等价，而是看得过去就能接受；相应地，为了维护领导的面子，也不会提供超过领导贡献的回报，有时候甚至提供少于领导贡献的回报，以照顾领导在组织中"主人翁"的面子（蔡松纯等，2009），因而他们不太会重视与领导互惠过程中的公平与否。所以可以推测，相比于高传统性个体而言，低传统性个体的行事会更容易受到德行领导的喜欢，对于双方SSG的提升有着潜在的促进作用。

H11：传统性负向调节威权领导与SSG之间的关系，即相对于低传统性个体，威权领导对高传统性个体SSG的负向影响更弱。

H12：传统性正向调节仁慈领导与SSG之间的关系，即相对于低传统性个体，仁慈领导对高传统性个体SSG的正向影响更强。

H13：传统性负向调节德行领导与SSG之间的关系，即相对于高传统性个体，德行领导对低传统性个体SSG的正向影响更强。

上述关于中介和调节变量假设所揭示的关系可以进一步表现为有调节的中介作用：家长式领导的三维结构与员工反馈寻求行为之间的关系通过SSG进行传递，同时个体传统性会对该传递机制起到一定调节作用。据此，本书提出如下有调节的中介效应假设：

H14：传统性调节了SSG在威权领导与员工反馈寻求行为关系间的中介作用，即当传统性水平较高时，SSG的中介效果会被弱化。

H15：传统性调节了SSG在仁慈领导与员工反馈寻求行为关系间的中介作用，即当传统性水平较高时，SSG的中介效果会被强化。

H16：传统性调节了SSG在德行领导与员工反馈寻求行为关系间的中介作用，即当传统性水平较高时，SSG的中介效果会被弱化。

第三节 研究设计

一、研究对象与程序

本书主要在广西、苏州、无锡、日照等城市的十多家组织展开问卷调查。由于所测变量均为心理变量，为了减少社会期许性对问卷填写真实性的影响，首先，调查团队利用各种关系与目标企业取得联系，与其沟通本次调查的目的与意义，力求得到对方的支持；其次，由企业的人力资源部工作人员负责集中被试，再让调查团队介绍本次调研的学术研究目的、不记名填写和其他相关注意事项（如不遗漏题目等），尽可能地打消被试的各种担忧；最后，现场分发问卷并按要求作答、回收。所有数据收集在一个月内完成。

通过这种方式，一共发放问卷340份，回收320份，剔除答案规律性较强、信息不完整的无效问卷后，最终保留有效问卷297份，有效回收率为93%。样本相关信息如下：从性别来看，男性占49.2%，女性占50.8%；从年龄上看，25岁以下占18.5%，26~35岁占47.1%，36~45岁占15.2%，46~55岁占3.4%，55岁以上占15.8%；从学历上看，高中/中专及以下占23.9%，大专占13.8%，本科占44.8%，硕士及以上占17.5%；从工龄上看，一年以下占23.2%，1~3年占39.4%，3~7年占19.9%，7年以上占17.5%；从职务上看，管理人员占22.2%，办公室人员占27.6%，技术人员占15.8%，工人占5.7%，会计占5.7%，营销人员占6.7%，后勤占2.1%，其他占14.2%。

二、测量工具

本书中所施测的量表均来自国内外成熟的量表。对于来自国外英文文献中的量表，为了避免因语言差异而导致的测量偏差，本书采用直译—回译的方式，即首先由英语专业的硕士研究生及经济管理类硕士研究生对英文量表进行直接翻译，再邀请英语专业的一名硕士生导师对直接翻译的结果进行回译并修正，最终请一位组织行为学领域的资深专家对得到的问卷进行评价，从而确保翻译的准确性和符合企业的实际情况。测量变量均采用自评方式并采用五点式李克特量表，1表示"完全不同意"，5表示"完全同意"。

（一）家长式领导

家长式领导的测量题项来自华人学者郑伯勋等（2000）开发的三元模式结构量表，即包含威权领导、仁慈领导和德行领导共26个题项的家长式领导风格量表。其中，威权领导的九个题项如"和领导一起工作时，我感到很有压力"等、仁慈领导的11个题项如"我的领导会尽心尽力地照顾我"等、德行领导的六个题项如"我的领导不会利用职权为他谋取特权"等。上述威权领导、仁慈领导和德行领导各维度量表在本书中的内部一致性系数分别为0.908、0.828、0.901。

（二）反馈寻求行为

由于本书关注的是直接询问式反馈寻求行为，故采用了Vande Walle等

(2000) 所编制的五题项量表。该量表从五个不同方面（绩效、技术、价值观、期望和角色外行为）分别调查员工向周围群体（领导/同事）寻求反馈，题项如"我会向我的领导/同事主动询问他们对我工作期望方面的看法"等。本书中此量表的内部一致性系数为 0.851。

（三）传统性

个体传统性采用 Farh 等（1997）编制的量表。该量表在以往以中国台湾、中国香港和中国大陆员工为对象的研究中都得到了成功的应用（Farh et al., 1997；Wu et al., 2018）。它的五个题项如"孩子应该尊重那些父母所尊重的人"等。在本书中传统性量表的内部一致性系数为 0.799。

（四）上下级关系

上下级关系采用 Law 等（2000）开发的 SSG 量表。该量表共包括六个题项，如"在节假日或工作之余，我会电话联系或登门拜访我的领导"等。本书中 SSG 量表的内部一致性系数为 0.870。

（五）控制变量

在反馈寻求行为的研究文献中，员工的性别、年龄、职位、学历以及工作年限可能会产生重要影响（王宁等，2014），故本书将上述因素作为控制变量。其中，性别为二分类的虚拟变量，分别以 0 和 1 代表女性和男性。学历和职位均为多分类变量，参照统计学的相关建议将其采用从 1 开始的连续整数表示。

第四节　数据分析和结果

一、同源偏差检验

由于本书的数据均由员工一次性填写，有可能会受到同源偏差的影响，故本书从测量程序和统计方法两个方面对其进行控制。在测量程序上，调查问卷采用不记名方式填写，并将测量题目随机打乱排列，以降低被试对所填题目的猜测。统计方法上，本书采用了 Harman 单因子检验对同源偏差进行检验。参考前人的做法，通过该方法观察因子在未旋转情况下得到的第一个主成分是否过大，若该主成分的因子载荷量低于 50% 建议值，且不超过总解释率的一半，即可初步认为本书不存在严重的同源偏差问题。结果显示，单因子的最大解释率为

27.777%,低于50%且未到63.702%的一半,说明该因子未解释大部分的方差,即表明同源偏差在可接受范围内。

二、验证性因子分析

本书采用AMOS17.0通过验证性因子分析考察威权领导、仁慈领导、德行领导、SSG、反馈寻求行为和传统性共六个变量之间的区分效度。结果如表6-1所示,六因子模型对于数据的拟合最佳,$\chi^2/df = 2.50 < 3$,$CFI = 0.91 > 0.90$,$TLI = 0.98 > 0.90$,$RMSEA = 0.07 < 0.08$,说明本书中的六个构念具有良好的区分效度,上述变量为六个不同的构念。

表6-1 验证性因子分析结果

模型	χ^2	df	χ^2/df	CFI	TLI	RMSEA
单因素:X1+X2+X3+U+SSG+Y	10251.33	830	12.35	0.45	0.37	0.17
两因素:X1+X2+X3+U+SSG/Y	6949.13	826	8.41	0.55	0.48	0.12
三因素:X1+X2+X3/U+SSG/Y	3598.15	823	4.37	0.67	0.68	0.11
四因素:X1/X2+X3/U+SSG/Y	2694.52	820	3.28	0.79	0.78	0.09
五因素:X1/X2/X3/U+SSG/Y	2610.88	820	3.18	0.89	0.88	0.08
六因素:X1/X2/X3/U/SSG/Y	2036.56	813	2.50	0.91	0.98	0.07

注:N=297;X1表示威权领导,X2表示仁慈领导,X3表示德行领导,Y表示反馈寻求行为,U表示传统性。

三、描述性统计与相关系数

本书所涉及各变量的均值、标准差和相关系数如表6-2所示。由表6-2可知,威权领导与反馈寻求行为呈显著负相关($r = -0.35$,$p < 0.01$),仁慈领导与反馈寻求行为呈显著正相关($r = 0.49$,$p < 0.01$),德行领导与反馈寻求行为呈显著正相关($r = 0.47$,$p < 0.01$);威权领导与SSG呈显著负相关($r = -0.24$,$p < 0.01$),仁慈领导与SSG呈显著正相关($r = 0.25$,$p < 0.01$),德行领导与SSG显著正相关($r = 0.28$,$p < 0.01$),SSG与反馈寻求行为呈正相关($r = 0.33$,$p < 0.01$)。假设中的相关关系得到初步支持,为后面的假设检验奠定了基础。

表6-2 各变量的均值、标准差和相关系数

	M	SD	1	2	3	4	5	6
1. 威权领导	3.25	0.91	1					
2. 仁慈领导	3.54	0.72	-0.05	1				
3. 德行领导	3.42	0.81	-0.03	0.63**	1			
4. SSG	3.21	0.79	-0.24**	0.25**	0.28**	1		
5. 传统性	3.26	0.74	0.04	0.02	0.05	0.05	1	
6. 反馈寻求行为	2.63	0.92	-0.35**	0.49**	0.47**	0.33**	0.27	1

注：N=297；* 表示 $p<0.05$，** 表示 $p<0.01$。

四、假设检验

（一）直接效应检验

本书采用 SPSS 24.0 中的 Process 宏程序（Hayes, 2013）对家长式领导的三维度与反馈寻求行为的直接效应进行 Bootstrap（设为5000，下同）分析，置信区间为95%。如表6-3所示，威权领导与反馈寻求行为的路径系数为-0.27，置信区间为（LLCI=0.13, ULCI=0.42），不包含0，假设1得证；仁慈领导与反馈寻求行为的路径系数为0.361，置信区间为（LLCI=0.27, ULCI=0.44），不包含0，假设2得证；德行领导与反馈寻求行为的路径系数为0.26，，置信区间为（LLCI=0.15, ULCI=0.38），不包含0，假设3得证。此外，如不考虑SSG，威权领导对反馈寻求行为的直接效应（即控制中介效应后）为-0.21，置信区间为（LLCI=0.07, ULCI=0.35），不包含0，即直接效应显著；仁慈领导对反馈寻求行为的直接效应（即控制中介效应后）为0.28，置信区间为（LLCI=0.19, ULCI=0.36），不包含0，即直接效应显著；德行领导对反馈寻求行为的直接效应（即控制中介效应后）为0.26，置信区间为（LLCI=0.14, ULCI=0.38），不包含0，即直接效应显著。

表6-3 直接效应检验

	Effect	SE	t	p	LLCI	ULCI
X1→Y 总效应	-0.27	0.07	3.79	0.00	0.13	0.42
X1→Y 直接效应	-0.21	0.07	3.10	0.00	0.07	0.35
X2→Y 总效应	0.36	0.04	8.11	0.00	0.27	0.44

第六章　家长式领导对员工反馈寻求行为的影响机制研究

续表

	Effect	SE	t	p	LLCI	ULCI
X2→Y 直接效应	0.28	0.04	6.65	0.00	0.19	0.36
X3→Y 总效应	0.26	0.06	4.49	0.00	0.15	0.38
X3→Y 直接效应	0.26	0.06	4.45	0.00	0.14	0.38

注：X1 表示威权领导，X2 表示仁慈领导，X3 表示德行领导，Y 表示反馈寻求行为。

（二）中介效应检验

本书采用 SPSS 24.0 中的 Process 宏程序（Hayes，2013）对 SSG 的中介效应进行 Bootstrap 分析，置信区间为 95%。首先，考察 SSG 在威权领导与反馈寻求行为间的中介作用。结果如表 6-4 所示，SSG 的中介效应为 -0.06，置信区间为（LLCI=0.01，ULCI=0.12），不包含 0，达到了显著水平，说明 SSG 在威权领导与反馈寻求行为间起中介作用，假设 8 得到支持。其次，考察 SSG 在仁慈领导与反馈寻求行为间的中介作用。结果如表 6-5 所示，SSG 的中介效应为 0.08，置信区间为（LLCI=0.02，ULCI=0.15），不包含 0，达到了显著水平，说明 SSG 在仁慈领导与反馈寻求行为间起中介作用，H9 得到支持。最后，考察 SSG 在德行领导与反馈寻求行为间的中介作用。结果如表 6-6 所示，SSG 的中介效应为 0.01，置信区间为（LLCI=0.01，ULCI=0.03），不包含 0，达到了显著水平，说明 SSG 在仁慈领导与反馈寻求行为间起中介作用，假设 10 得到支持。

表 6-4　威权领导与反馈寻求行为的中介效应检验

	Effect	Boot SE	Boot LLCI	Boot ULCI
SSG 的中介效应	-0.06	0.02	0.01	0.12
	Effect	SE	Z	P
Sobel Test	-0.06	0.02	2.28	0.02

表 6-5　仁慈领导与反馈寻求行为的中介效应检验

	Effect	Boot SE	Boot LLCI	Boot ULCI
SSG 的中介效应	0.08	0.03	0.02	0.15
	Effect	SE	Z	P
Sobel Test	0.08	0.02	3.82	0.00

表6-6 德行领导与反馈寻求行为的中介效应检验

	Effect	Boot SE	Boot LLCI	Boot ULCI
SSG 的中介效应	0.01	0.01	0.01	0.03
	Effect	SE	Z	P
Sobel Test	0.01	0.01	0.52	0.00

综合上述检验结果，可以得出：SSG 在家长式领导与反馈寻求行为之间起到部分中介作用，即家长式领导的三维度既直接促进反馈寻求行为，又通过 SSG 作用于反馈寻求行为。

（三）调节效应检验

根据 Muller 等（2005）提出的"有调节的中介效应"检验步骤（见表6-7）。以威权领导为例，将威权领导与传统性做中心化处理，计算两者的乘积项放入回归方程（见模型6）。首先做因变量（反馈寻求行为）对自变量（威权领导）和调节变量（传统性）的回归分析，自变量的效应显著（β = -0.21，p < 0.05；见模型2），H1 再次得到验证。其次做中介变量（SSG）对自变量和调节变量的回归分析，自变量的回归系数显著（β = -0.18，p < 0.05；见模型5），H4 得到验证。再次做因变量对自变量、中介变量和调节变量的回归，中介变量的效应显著（β = 0.23，p < 0.01；见模型3），H7 得到支持。最后做因变量对自变量、中介变量、调节变量以及中心化后中介变量与调节变量的乘积项的回归分析，乘积项的效应显著（β = 0.13，p < 0.05；见模型6），H11 得到支持。

表6-7 调节效应检验

变量名称	反馈寻求行为			SSG		
	模型1	模型2	模型3	模型4	模型5	模型6
性别	0.19	0.06	-0.03	-0.22*	0.19	-0.01
年龄	0.06**	0.01	0.18	0.10	0.06**	0.02
学历	0.48	0.13**	0.01**	0.20*	0.48	0.01**
职位	0.16**	0.06*	-0.31	0.13	0.16**	0.17
工作年限	0.08	0.00	0.29	0.12**	0.08	0.16**
威权领导 X1		-0.21*	-0.30*		-0.18*	-0.19*
仁慈领导 X2		0.20**	0.22**		0.20**	0.20*

续表

变量名称	反馈寻求行为			SSG		
	模型1	模型2	模型3	模型4	模型5	模型6
德行领导 X3		0.42**	0.42**		0.44**	0.43**
传统性 U		0.31**	0.34**		0.49**	0.38**
SSG			0.23**			
X1×U						0.13**
X2×U						0.12**
X3×U						-0.19*
ΔR²	0.02*	0.17**	0.07**	0.05**	0.02**	0.03*
F	4.75	14.70	16.82	15.43	16.32	17.16

注：* 表示 $p<0.05$，** 表示 $p<0.01$（双尾检验）；表中系数均为标准化回归系数。

仁慈领导与德行领导的检验步骤同上，结果表明，两者自变量效应均显著（分别为 $\beta=0.20$，$p<0.01$；$\beta=0.42$，$p<0.01$；见模型2），H2 和 H3 再次得到支持。模型5中，两个自变量的回归系数显著（分别为 $\beta=0.20$，$p<0.01$；$\beta=0.44$，$p<0.01$），H5 和 H6 得证。模型6中，两个乘积项的效应显著（分别为 $\beta=0.12$，$p<0.01$；$\beta=-0.19$，$p<0.05$），H12 和 H13 得到支持。为了进一步说明传统性的调节作用，绘制的调节效应图如图 6-2 至图 6-4 所示。

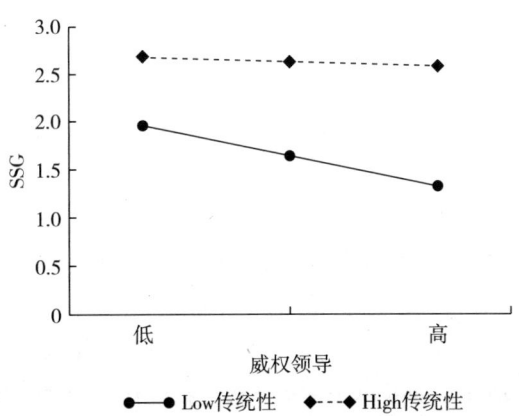

图 6-2 传统性对威权领导和 SSG 的调节作用

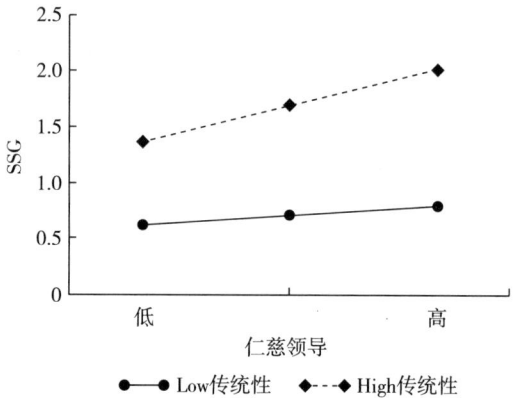

图6-3 传统性对仁慈领导和 SSG 的调节作用

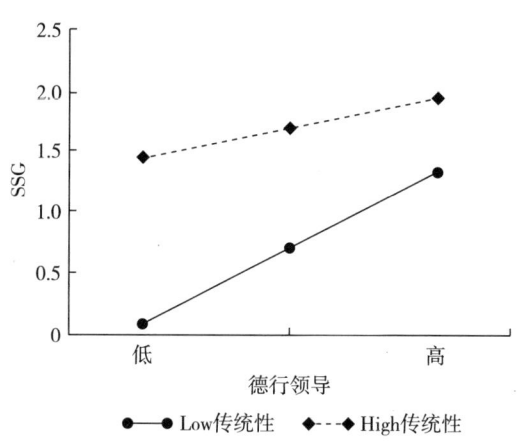

图6-4 传统性对德行领导和 SSG 的调节作用

(四)有调节的中介检验

上文分别从局部检验了 SSG 在家长式领导三元结构与反馈寻求行为之间的中介效应以及传统性对家长式领导三元结构与 SSG 间关系的调节效应,接下来本书将继续采用 SPSS 宏程序 Process 对家长式领导到反馈寻求行为完整路径进行检验,结果如表6-8所示。根据表6-8可知,在传统性高时,置信区间(LLCI = -0.03, ULCI = 0.06)包含0,表明威权领导通过 SSG 影响反馈寻求行为的间接作用不显著;当传统性低时,置信区间(LLCI = 0.01, ULCI = 0.16)不包含0,

表明威权领导通过 SSG 影响反馈寻求行为的间接作用显著。这一结果支持了假设 14。在传统性高时,置信区间(LLCI=0.01,ULCI=0.15)不包含 0,表明仁慈领导通过 SSG 影响反馈寻求行为的间接作用显著;当传统性低时,置信区间(LLCI=-0.01,ULCI=0.08)包含 0,表明仁慈领导通过 SSG 影响反馈寻求行为的间接作用不显著。这一结果支持了假设 15。在传统性高时,置信区间(LLCI=-0.02,ULCI=0.07)包含 0,表明德行领导通过 SSG 影响反馈寻求行为的间接作用不显著;当传统性低时,置信区间(LLCI=0.01,ULCI=0.14)不包含 0,表明德行领导通过 SSG 影响反馈寻求行为的间接作用显著。这一结果支持了假设 16。

表 6-8 调节的中介作用效果

	调节变量	因变量			
	传统性	反馈寻求行为			
		Effect	SE	LLCI	ULCI
威权领导通过 SSG 影响反馈寻求行为的间接作用	高传统性	0.01	0.02	-0.03	0.06
	低传统性	0.06	0.03	0.01	0.16
仁慈领导通过 SSG 影响反馈寻求行为的间接作用	高传统性	0.04	0.02	0.01	0.15
	低传统性	0.03	0.02	-0.01	0.08
德行领导通过 SSG 影响反馈寻求行为的间接作用	高传统性	0.02	0.02	-0.02	0.07
	低传统性	0.03	0.03	0.01	0.14

第五节 研究结论与讨论

本书以对价理论和资源保存理论为视角,通过 297 份调查数据检验了家长式领导、传统性、SSG 和反馈寻求行为之间的关系。研究结果表明:①家长式领导的三元结构对员工反馈寻求行为有不同的影响,即威权领导对员工反馈寻求行为有显著的负向预测作用,仁慈领导和德行领导对员工反馈寻求行为均有显著的正向预测作用；②SSG 在家长式领导与员工反馈寻求行为之间起到中介作用；③传统性调节了家长式领导的三元结构与 SSG 之间的关系。具体来讲，当传统性水平较高时，仁慈领导与 SSG 的关系更强；当传统性水平低时，威权领导、德行领导与 SSG 的关系更强。进一步看，传统性调节了家长式领导通过 SSG 对员工反馈寻求行为的间接影响，即对于拥有高传统性个体而言，这种间接影响在仁慈领导与反馈寻求行为之间更强，而在威权领导、德行领导与反馈寻求行为之间则更弱。

一、理论意义

本书的理论贡献主要有三个方面：首先，从本土化的领导风格视角对反馈寻求行为的前因变量研究进行了拓展。作为一种个体行为，人们不但可以报告自身的反馈寻求倾向，而且这种倾向是相对容易预测的。因此近年来，国内学者特别关注反馈寻求行为的潜在诱因而非影响效应，尤其是对领导风格这一诱因的探讨。在中国组织情境中，虽然有研究发现谦卑型领导、真诚型领导会影响员工反馈寻求行为（倪清等，2017），但这些研究主要采用的还是西方的领导理论，缺乏对本土领导风格的考量。作为华人组织中较为常见的家长式领导，本书发现它亦是下属反馈寻求行为的重要诱发因素之一，而且还揭示了不同家长式领导维度对员工反馈寻求行为的复杂影响关系，从而在深受传统文化影响的中国组织背景下丰富并拓展了反馈寻求行为的有关领导风格这一前因变量的研究。

其次，丰富了家长式领导对反馈寻求行为的中介机制，同时加深了对资源保存理论和对价理论的理解。在现有的国内外研究中，基于关系情境探讨不同领导风格对反馈寻求行为的影响时多是基于社会交换理论而引入领导—成员交换关系予以解释。然而，正如前文所述，领导—成员交换关系所体现的是上下级之间的公平行事准则，并不适合人情遍布的中国企业。为此，本书基于对价理论引入 SSG，也就是说领导与下属之间的人际关系交换追寻的是公平和人情两大法则的平衡，即对价。但是，由于家长式领导的三元结构即威权领导、仁慈领导和德行领导所追寻的法则不同，才使下属在交换价值的"量"和"质"上有所差异，这也是 SSG 不同的原因所在。另外，基于资源保存理论，本书发现 SSG 对反馈寻求行为有积极影响。相比于关系一般或关系不好的下属，与领导关系亲近的下属拥有更多的与领导接触和沟通的机会，这为他们寻求反馈创造了资源充足的环境。总之，本书通过整合资源保存理论和对价理论，揭开了家长式领导与员工反馈寻求行为之间的"黑箱"。

最后，传统性这一个体文化价值观差异扩展了目前对下属表现出反馈寻求行为的边界条件的理解。在反馈寻求行为的形成机制研究中，文化价值观一直以来都备受国外学者关注。然而，学者们主要从权力距离、自我肯定等民族文化的角度进行考察（Morrison et al., 2004; MacDonald et al., 2013），现有反馈寻求研究中关于文化价值观变量的选择显得较为单一。为此，在华人组织情境的研究中，本书选取了最常见的边界条件之一即传统性，并借助对价理论的逻辑解释了为何传统性不同的个体在面对家长式领导时会表现不同程度的反馈寻求行为。本书发现，受传统文化影响程度不同的个体由于对"人情""面子"和"平等"的理解和接受度不同，所以在面对家长式领导的严威、仁慈和道德下会有不同的反应，与领导之间的关系也会有所不同，而在强调关系的社会中，下属和领导的关系好坏无疑会对后期的行为产生影响。这一发现不仅表明传统性在中国员工表现反馈寻求行为的过程中起到至关重要的作用，也为未来学者继续探索其余本土化的文化情境变量奠定了良好的基础。

二、管理启示

基于上述关于员工反馈寻求行为的前因研究发现，本书对管理实践的启示主要包括以下四点：其一，提防威权领导带来的风险。威权领导与员工反馈寻求行为之间存在着显著的负向关系，这提示组织要慎让具有威权领导风格的人担任管理职位。当然，这并没有完全否定威权领导对组织的积极作用（因为威权领导也能为组织带来执行力强和政令统一等优势），而是希望企业管理人员在实际团队管理中能够做到适当地转变专权的领导方式，从而有助于上下级在信息沟通上的畅通有无，减少打压下属主动性的行为。

其二，重视下属个性化关怀，加强领导道德作风建设。一方面，仁慈领导与下属之间建立的情感纽带会激发下属的"回报"意识，继而促使下属寻求有关目标实现的信息。这表明，领导者在实践中要关心下属的福祉，不仅在工作中提供其需要的工作资源，在私下里也可提供恩惠，如给予其家属适当的帮助。另一方面，德行领导的内在品质和修养是促进下属表现反馈寻求行为的驱动源。因为较高的道德标准可以让上下级沟通透明化，从而形成值得下属信赖的沟通通道，有助于激发其积极主动的行为。因此从某种程度上可以说，高德行领导是在为下属的行为"保驾护航"，让员工放心大胆地朝着自我目标前行。

其三，构建良好的SSG。家长式领导的三个维度是通过SSG影响下属的反馈寻求行为的。这一结论表明，企业领导者应该时刻关注自己与下属之间的人际互动。除了日常工作中的上下级沟通外,也可利用私下的接触来促进 SSG 的提高,使下属反馈寻求行为能够在信任的、宽松的人际互动中自然产生。

其四,领导要采用不同的管理方式。传统性水平不同的个体,其对领导的感知和反应也有所差别。对于高传统性个体而言,他们不仅能够接受"严父"的管理形象,还会顾及他人"面子"和"人情"。领导者应该充分利用该类型下属的文化特点来构建和谐的 SSG。然而对于低传统性个体来说,他们受中国传统文化的影响较小,秉持的是"人人为我,我为人人"的公平理念,因而领导者需要以公平公正的行为对待下属。总之,为了方便企业管理者实行差异化的关系管理,招聘人员应该通过相关的测量手段在不同时间内明确员工的传统性倾向,并记录在人力资源数据库中。

三、研究不足与未来方向

本书的不足有:①由于横截面数据无法确定变量之间的因果关系,因此未来研究可采用纵向研究设计验证家长式领导与员工反馈寻求行为之间的因果关系。②本书仅从员工个体特征上考察了边界条件的作用,而外部情境变量也可能对家长式领导的影响效果产生影响。未来研究可继续挖掘其他边界调节变量并进行深入探讨。③缺乏跨层次视角讨论家长式领导与员工反馈寻求行为之间的关系。未来研究在优化测量方法的同时,采用跨层分析继续探讨其中的中介机制,如基于团队背景,将家长式领导作为团队层面变量,探讨其对团队成员反馈寻求行为的个体层面变量的影响。

第七章　管理者可信行为与下属的管理者信任：关系与垂直集体主义的边界效应

基于个体行为动力特征的主动信任发展正受到越来越多的关注。有研究表明，管理者可信行为正向影响下属的管理者信任，但是"好心办坏事"现象的存在提示了管理者可信行为与下属的管理者信任发展未必总是如预期的积极效果，两者关系中可能存在一定的边界条件影响。基于此，本书采用行为观与特征观综合视角，细化探讨了在管理者可信行为与下属的管理者信任关系中，互动双方关系特征与垂直集体主义的下属个体特征的边界效应。

第一节　引言

在组织变革与创新要求日益凸显的环境背景下，严格的制度化管理常常难以最有效地激发员工的工作积极投入与创新意愿，从而难以实现组织的创新发展目标。在此背景下，激发员工超越职责规定的工作积极态度与行为的激励机制受到了越来越多的管理学者与实践者的关注（Aryee et al., 2002；Burke et al., 2007）。由于下属对管理者的信任对于管理效能的提高有着重要的影响作用，如有助于激发上下级间高质量的社会交换关系，鼓励下属将更多的个人资源用于工作相关的行为中（Colquitt et al., 2007；Li and Tan, 2013）。同时，与主管的关系会成为个体定位其与组织关系的一个重要因素，并且对个体为组织贡献的意愿产生重要影响（Hui et al., 2004；Fulmer et al., 2017）。为此，下属的管理者信任受到了极大的关注。正是出于管理者信任的上述积极效能，理解管理者信任的驱动因素有着极为重要的意义。

已有研究更多地把发展信任看成是一个相对被动的过程，把信任看作是个人心理特质作用的结果（Schoorman et al.，2007）。被信任方似乎只能被动等待信任方对自己作出信任评价，即所谓"日久见人心"的信任建立方式。然而，在快速多变的复杂组织环境中，缓慢信任发展显然已不适应需要。组织变革的增加以及快速多变的组织经营环境均要求信任关系的快速建立与发展。在这一背景下，主动信任发展的重要性得以凸显并得到了越来越多组织行为研究者的关注（Williams，2007；Whitener et al.，1998）。研究表明，信任的主动启动与发展是强化信任的有效策略（Child and Mollering，2003）。个体主动启动信任，即在他人可信度仍不确定甚至很低的时候，慷慨地信任他人，可以主动促进信任发展，加快信任的建立和发展速度（杨中芳、彭泗清，1999）。在转型期的中国社会中，组织面临快速多变的生存环境，而同时信任水平较低，更加需要信任关系的快速建立和发展（韦慧民、龙立荣，2010）。因此，在组织内信任发展过程中，个体不应再将信任看作"日久见人心"的被动发展过程，而是要更为积极地促进信任的发展。具体来说，组织内的个体在互动过程中慷慨地施以可信行为，展现出在双方过程中率先承担风险的信心，一来可以加快信任发展，二来从新工作关系奠定良好的信任基础，有利于发展互动双方的嵌入关系。

主动信任发展对于管理者提高管理效能具有极强的启示意义。管理者在与下属的互动过程中，可以通过可信行为主动推动下属的管理者信任发展。不过，尽管已有研究指出，可信行为影响信任的发展，强调了个体在互动过程中展现的行为对于信任的促进作用。但是，可信行为与信任之间关系的相关研究还比较零散，主要是分别探讨某种可信行为对于信任发展的影响，如正直行为（Simon，2002）或帮助行为（De Jong et al.，2007）的影响作用。有关可信行为与信任的内在关系机制仍然需要进一步细化探讨。基于此，韦慧民和龙立荣（2012）系统检验了不同维度的管理者可信行为对管理者认知信任和情感信任的差异性影响效应，从而较为全面地把握和对比了不同维度可信行为对不同类型管理者信任的独特影响。

不过，"好心未必办好事"，管理者可信行为对管理者信任的影响可能存在一定的边界条件。首先，互动双方的关系水平可能影响管理者可信行为与管理者信任之间的关系。有管理学者明确指出，人际关系水平是在研究人际信任发展中需要重点考虑的一个因素（Lewicki et al.，2006；Chen and Peng，2008）。不过，组织内的人际信任发展研究却常常忽视这一因素。考虑到人际关系在解释信任现象中的重要性，对关系边界效应的忽视是需要引起特别重视的（Huang and Murnighan，2010）。并非所有管理者可信行为都是同等重要的。因为不同关系联系着不同的义务和责任，从而使关系水平可能决定了什么行为才是促进不同关系互动方的信任主动发展的恰当行为。管理者可信行为多大程度上联系着下属的管理者信任还依靠于双方的关系水平。为此，本书将基于二元关系特征视角，探讨上下级关系水平在管理者可信行为与下属的管理者信任间的调节作用。

其次，个体的文化价值观特征也可能是一个重要的边界条件。信任是一种文化现象（Branzei et al.，2007），文化价值观可能对管理者可信行为的影响效应有着显著影响，如有研究指出集体主义—个体主义文化价值观对于个体是否认为合作等行为是恰当的选择具有重要影响（Kopelman et al.，2016）。文化价值观可以在不同层面体现，如国家、群体、个体（Kirkman and Shapiro，2001；Branzei et al.，2007；Fulmer et al.，2017）。由于集体主义—个体主义文化价值观中的垂直集体主义维度特别强调权力差异以及群体一致，而权力差异更反映了管理者—下属信任关系发展情境。因此，本书关注于个体层面的价值观差异，并聚焦于垂直集体主义价值观特征在管理者可信行为与下属的领导信任发展关系中的边界影响。概括而言，本书的主要贡献在于基于特征观视角进一步细化澄清不同维度管理者可信行为与下属的管理者认知信任和情感信任差异性关系的边界效应，包括二元关系特征视角下的互动方关系水平以及下属中心特征视角下的垂直集体主义价值观的调节影响作用。这一研究积极呼应了组织内主动信任发展研究理论研究的发展趋势（Child et al.，2003；Colquitt and Zipay，2015），同时本书系统检验不同维度管理者可信行为的差异性影响效应中二元关系和个体文化价值观特征的边界影响作用，有助于进一步深入理解和把握管理者可信行为与管理者不同类型信任之间细微关系机制的理论认识。

第二节 理论基础与研究假设

一、中国背景下的管理者可信行为

随着信任影响因素研究的发展，有学者开始关注影响信任发展的行为特征，即所谓的可信行为（Whitener et al.，1998）。研究表明，个体的某些行为对发展信任有着更为直接的重要影响（Williams，2007；Serva et al.，2005）。个体可以通过行为来表达自己对于双方关系的积极态度。虽然相关研究文献均支持了影响信任发展的某些个体行为，但是相关的研究较为分散，如只关注某一具体的行为对于信任的影响。Simons 等（2007）检验了正直行为对于信任发展的影响作用。De Jong 等（2007）发现帮助行为正向影响信任发展。

实际上，可信行为是一个多维度的构念。并且，信任具有对象特定性（Fulmer et al.，2017）。组织内的垂直信任可以区分为垂直向上的领导信任以及垂直向下的下属信任。对于不同对象的信任，起着关键影响作用的个体行为特征可能存在一定的差异，即影响不同对象信任发展的可信行为有着不同的体现，管理者可信行为可能不同于下属可信行为。为此，有研究进一步细分了不同对象的可信行为。其中，管理者可信行为指在上下级互动过程中，管理者主动并且自愿表现出的一组行为，这类行为对于发展下属的管理者信任虽然是不充分的，但却是必须的（Williams，2007）。

Whitener 等（1998）基于理论分析认为，可以促进信任更快发展的管理者可信行为包括一致性行为、正直行为、控制的分享与授权、帮助行为、沟通行为、关心行为、信息分享等。De Cremer 和 Tyler（2007）发现，管理者可信行为包括公正行为、一致行为、正直行为、沟通行为、信息分享以及关心下属的行为等，有利于快速启动与发展下属的信任，从而激励下属更多地回报组织，如表现出更高的绩效、更多的组织公民行为。以上基于西方背景提出的管理者可信行为的跨文化适应性还需要实证的检验。在不同文化背景下影响信任发展的因素可能有所不同。中国文化背景下的个体可信行为的具体内容可能不同于西方文化背景研究中所发现的。为此，有研究探讨了中国背景下组织内管理者可信行为的内容。郑伯壎（1999）研究发现，上级的仁慈与正直对于下级对上级的信任影响很大，具体体现为仁慈领导与德行领导。韦慧民和龙立荣（2010）研究表明，在中国背景下管理者可信行为是一个五因子的结构，包括指导行为、正直行为、控制权分享、管理胜任行为和公正行为。其中，指导行为指管理者对于下属的职业生存与发展关注的行为；正直行为是管理者做到言行一致、兑现诺言的行为；控制权分享指管理者接受下属监督以及考虑下属建议与意见的相关行为；管理胜任行为指管理者的工作角色实际表现能够胜任所承担的管理者角色要求的行为；公正行为则是管理者在组织管理实践过程中表现出来的坚持原则、一视同仁的行为。

综上，虽然不同学者所提出的可信行为构成有所差异，但是从上述研究可发现，个体的可信行为是一个多维度的构念已经得到了普遍的认可。在中国背景下的管理者可信行为也包括多个维度。本书在此聚焦于中国背景下管理者可信行为的五维度构念,即包括指导行为、正直行为、控制权分享、管理胜任行为以及公正行为。

二、管理者可信行为与下属的管理者认知信任和情感信任

个体不能要求他人信任自己,只能给予他人信任。信任可以产生更多的信任(Robinson, 1996)。当我们信任他人时,他人更可能采取值得信任的行为方式,并且回报以信任(Lewicki et al., 2006)。反之,一个人不被信任,就可能报以不信任。Child 等(2003)强调信任的发展不仅是个体获得各种信息的被动结果,而且是可以通过采取适当的行动主动促进信任发展的结果。因此,个体在主动启动与发展信任方面可以也应该具有主动性,采取主动信任行为,激发对方以可信方式行为的意愿,从而启动他人的信任。基于行为视角,个体在互动过程中发挥主动性,采取可信行为,可以启动并推进他人对自己的信任,促进双方信任关系的快速发展(Greenberg, 1990)。Williams(2007)就曾强调,个体可以主动采取行动来获得信任,而不只是被动地等待他人在重复的互动过程中观察自己的可信度再形成对自己的信任。信任方评价被信任方可信度的时候,被信任方常常并不是被动地等待评价,而会采取能影响评价过程的主动行为。被信任方可以通过把握信任产生的社会心理机制,采用一定的行为策略来影响信任方对自己可信度的认知和情感体验,从而使信任的建立变得更加主动(韦慧民、龙立荣,2010)。根据 Williams(2007)所提出的信任的人际威胁控制模型(Interpersonal Threat Regulation Model),个体在互动过程中主动地理解与管理对方的威胁相关体验,可以更快地促进信任发展。然而人际威胁控制强调个体通过视角转换(Perspective Taking)以从对方角度思考其可能存在的风险知觉,然后采取威胁减弱行为(Threat – Reducing Behavior),通过有意识的人际行为,尽力减少他人可能的风险知觉,最后还需要通过反思,对所采取的威胁减弱行为进行自我评价及自我校正,以便在下一步采取更恰当的威胁减弱行为。个体的可信行为往往会被知觉为风险承担行为,从而影响他人对其可信度的知觉,进而又会影响信任(De Jong et al., 2007)。

信任双方均可以采取主动措施来促进信任的启动与发展。从行为角度而言,主动启动信任就是在对方可信度还没有得到证实之前,就首先展现出可信行为。个体的可信行为可以激发信任的产生与快速发展(韦慧民、龙立荣,2010)。Greenberg(1990)指出,可信行为可以启动和发展他人对于自己的信任。杨中

芳等（1999）也指出，正直行为影响信任。个体的正直行为提供了其人品的证明，有助于启动人际信任的良性循环（杨中芳、彭泗清，1999）。Simon（2002）指出，正直行为（Behavioral Integrity）包括言行一致、信守承诺等是信任发展的一个重要而且可以管理的前因变量。De Jong 等（2007）发现，个体自愿表现出的帮助行为或者助人行为（Helping Behavior），包括工作相关的帮助（如承担额外的责任以帮助他人完成任务）以及私人生活相关的帮助（如倾向他人的烦心事或难题），均能影响信任发展。因为这些工作和私人相关的行为，如表达自己对于对方工作和生活的关心、承担额外的责任帮助对方完成任务、花时间认真聆听对方倾诉他所遇到的烦心事和困难，这被看作是可信度的重要指标，可以有力地证明自己的正直、仁慈和可靠性（Ferrin and Dirks，2003）。关心的利他行为、情感分享、信息分享、职业指导、忠诚行为、兑现诺言等均影响信任的发展（McAllister，1995；Chut et al.，2008；Butler，1991）。开放性沟通，即主动向他人沟通自己的意图和行为，以减少他人可能感知到的来自于自己的威胁，也会推动信任发展（Whitener et al.，1998；Williams，2007）。这些可信行为可以提供自己意图的信息及能力和人品的证明，同时增强双方的情感和义务联系，进而直接或者间接促进信任的主动发展。

Whitener 等（1998）指出，管理者可信行为会直接影响他人对其可信度的知觉，从而促进信任的启动与发展。在与下属的互动过程中，领导可以通过主动展现可信行为，表现出对双方关系的积极定位，有力地证明自己的能力、仁慈和正直等可信度，从而推动信任发展。管理者可信行为可以作为一种威胁减弱行为，降低下属来自于管理者的威胁感。Williams（2001）也提出，管理者可以通过恰当的可信行为，让下属体验到管理者对于自己身份和目标的理解与认同，进而产生对于管理者的积极情感反应，甚至可能产生对于管理者的情感依恋，从而提高对于管理者的信任。基于社会交换理论，管理者主动展现出可信行为，即是对下属表示的一种友善，下属出于一种互惠心理做出回报。回报对于理解人际信任发展具有重要的意义。基于行为视角，管理者通过主动的可信行为表现，可以激发下属做出更快的信任回报，推动下属更快地形成对于自己的信任。

领导信任作为一种人际信任，指基于对对方的意图与行为的积极预期，个体愿意向对方暴露自己的弱点，并接受对方对自己影响的一种心理状态（Rousseau et al.，1998；Fulmer and Ostroff，2017）。McAllister（1995）认为，组织内的人际信任可以分为认知信任和情感信任两个不同的类型。作为一种心理状态，人际信任是基于认知的理性思考与基于情感的感性付出两者共同作用的结果。为此，人际信任包括非理性的情感与理性的认知两个基本的维度（宝贡敏、徐碧祥，2006）。有关人际信任类型的观点得到了较多研究者的支持（Lewicki et al.，2006；Kaltiainen et al.，2017）。韦慧民和龙立荣（2009）的实证研究结果表明，在中国背景下组织内管理者信任也可以分为认知信任和情感信任。认知信任与情感信任有不同的来源和基础。其中，前者源于个体对他人可信性和可靠性信念，是在经验基础上进行理性判断的结果；后者则源于双方之间的关心与照顾，体现了信任双方之间特定的情感联系（韦慧民、龙立荣，2010）。

有关信任的研究表明，不同维度的信任可能受到不同因素的影响，如互动方的能力、正直对于不同维度信任的影响作用有所不同（Connelly et al.，2018）。随着组织内人际信任影响因素研究的深入推进，管理学者们开始探讨可能促进不同类型信任发展的具体可信行为。Chua 等（2008）的研究结果表明，不同维度的可信行为可以提供不同的信任基础，因此可能对不同类型的信任影响体现出一定的差异性。

例如，一些西方学者的实证研究表明，关心的利他行为正向影响情感信任（McAllister，1995），任务建议则促进认知信任，提供职业指导信息则对认知信任和情感信任均有显著正向影响（Chua et al.，2008）。社会交换理论是最常用于解释信任是如何影响信任相关的认知的（Colquitt and Rodell，2011）。社会交换理论基于互惠的观念，当受到互动对方有利的对待时，个体就可能产生以相似的积极方式回报的义务。成功的互惠交换展现了个体的可信性，会随着时间的推移逐渐建立起信任（Cook，2005；Molm et al.，2000）。公平对于培养积极的交换关系是非常重要的（Colquitt and Zipay，2015）。因此，当领导公平地对待员工时，员工往往会回报以积极的态度，并相信其领导是可信的（Kaltiainen Lipponen and Holtz，2017）。

概括而言，管理者信任有情感和认知的基础（Lewicki et al.，2006）。信任主动启动与发展就可以通过两种途径来实现：一是从人情入手，强化情感关联；二是从理性入手，增强可靠性。强调人际威胁控制的主动可信行为投入，不仅能展现个体正直等可信度这个信任的认知基础，还会影响情感这一信任的前因变量，从而从两个方面促进信任的构建与强化，对信任的主动启动与发展产生直接或间接的影响作用（Williams，2007；韦慧民、龙立荣，2008）。具体来说，管理者的可信行为，包括正直行为、管理胜任行为、控制权分享、公正行为以及指导行为正向影响下属对管理者的认知信任与情感信任。另外，可以基于理性观和关系观两个视角探讨管理者可信行为与不同类型下属的管理者信任之间的关系。基于理性观，正直行为、管理胜任行为、控制权分享以及公正行为，更多地影响管理者的正直和能力等理性基础，从而对于认知信任的影响更大；基于关系观，指导行为更多展现出关心与熟悉，从而带来对于情感信任更大的影响。

H1a：管理者可信行为（正直行为、管理胜任行为、控制权分享、公正行为以及指导行为）正向影响下属的管理者认知信任。

H1b：管理者可信行为（正直行为、管理胜任行为、控制权分享、公正行为以及指导行为）正向影响下属的管理者情感信任。

H2：不同维度的管理者可信行为对下属的管理者认知信任和情感信任具有差异性影响，表现为正直行为、管理胜任行为、控制权分享、公正行为对下属的管理者认知信任有更强的影响作用；指导行为对下属的管理者情感信任有更强的影响作用。

三、互动双方关系的调节作用

管理者可信行为反映了管理者在上下级互动过程中启动信任的主动姿态。但是，管理者可信行为对于下属管理者信任的影响可能存在一定的边界条件。下属对于管理者信任的发展还可能取决于具体情境下各相关方对于可信行为的理解。信任从根本上来说，会涉及人际关系（Fulmer and Ostroff，2017）。实证研究表明，关系影响信任，在信任中，关系联系是非常重要的（Huang and Murnighan，2010）。杨中芳和澎泗清（1999）指出，中国人的信任呈现出在关系基础上的差序格局。中国人的人际信任更多依赖于情感因素，因此更需要考虑关系的作用。

信任中的两个最基本的成分就是相互依赖和风险。对于组织中的各方来说，风险是普遍存在的，只是因关系的不同而有所不同。在不同的关系中存在的相互依赖和风险不同，又可能导致信任的产生与发展机制也有所不同（Sheppardd et al.，1998）。与信任有关的风险及减轻风险的机制都可以看作是关系中存在互依性的结果。如果能够识别关系的形式和深度，就能够预测相应的风险和威胁，采取相应的策略来减小与互依性相关的风险，从而促进信任的启动与发展。在关系中承担风险的性质不同，可信度的含义也会不同，即不同关系关注的可信度内容是不一样的，如在浅依靠关系中，只需要选择对方是有可靠的以及行为谨慎的历史就可以了。从这个意义上说，可信度应该包括能力（Competnce）、判断力（Discretion）、许诺的兑现（Promise Fulfillment）。在深依靠关系中的可信度要求对方的人品，包括反对欺骗、滥用权力、忽视他人利益，具体特征包括诚实（Honest）、正直（Integrity）、利他（Altruism）、仁慈（Benevolence）、关心他人

(Caring)。因此,如果能够恰当地识别出关系的形式,就能够预期相联系的风险。然而通过恰当的理解和管理,与互依性相联系的风险也是可以减小的。

Lewicki 等(2006)指出,信任是一种动态的现象,它在人际关系产生的初期、发展期及成熟期内表现出不同的特性。Weber 等(2005)表明,情感依恋会使信任方采取突然的冒险行为,即使这些行为没有得到可用的证据支持。Schoorman 等(2007)认为,情感(Emotion)确实影响对信任前因变量的知觉,因而影响信任。不同关系深度水平下,双方的情感依恋会有所不同,从而可能影响信任的发展。Mayer 等(1995)基于理论分析指出,关系的发展可能改变可信度各个因素的相对重要性,如关系初期,正直很重要,但随着关系的深入发展,仁慈的重要性会增加。依此逻辑,不同维度的可信行为可能成为不同可信度的线索,从而体现出在不同关系阶段中的不同程度的重要性。Williams(2007)认为,通过人际风险知觉管理,选择更适合具体相关方的可信行为,可以更有效地促进信任发展。这种适合特定互动对象的可信行为与关系水平有一定的联系,即不同的关系水平下,恰当的可信行为是有所不同的。人际关系的质量可能影响威胁控制。情感依恋促进对方对于个体行为的积极归因,只是不同关系水平下,归因也可能有所不同。

在中国背景下,关系是信任的基础。Hwang(1987)提出,Guanxi 包括工具性成分和情感性成分,并由此分成了三类关系,即工具性、情感性(Socio-Affective)以及混合性(Mixed)。Chen 和 Peng(2008)指出,中国人的同事关系包括有情感和工具成分(Affective and Instrumental)。郑伯壎(1999)提出,关系影响下级对上级的信任。关系意味着相互的义务,而关系规范规定了恰当的义务。依据规范行事可以更好地建立和维持与同事的亲密关系(Chen and Peng,2008)。杨中芳和澎泗清(1999)研究中国人的关系时指出,在互动双方交往过程中的不同关系阶段,能遵循其内隐交往法则并履行其义务及责任的人就可以获得信任。他们将人际关系区分为三类,即既定关系、工具性关系和情感性关系来探讨人际信任的发展。在不同关系阶段下,个体的行为特征随之发生相应的演变。因此,在不同关系阶段下,领导信任和下属信任的发展模式也体现出不同的特点。这也就是说,互动双方的关系可能影响着行为特征与信任之间的具体联系。Chen 等(2004)采用程序公正的观点,检验了中国组织人力资源管理中关系行为对雇员对管理信任的效果(如基于私人关系做人力资源管理决策)。其进行了两个研究:第一,调查方法,发现关系行为对管理信任的负面效果,这个效果被程序公正知觉中介;第二,实验方法,发现关系行为的负面效果随着关系基础的不同而变化，如帮助侄子或者老乡降低信任，但是帮助一个大学同学或者亲密朋友就不会。Chen 和 Peng（2008）研究中国人同事间的"关系"（Guanxi）的动态发展机制时，探讨了人际事件对于中国同事关系亲密度变化的影响。结果表明，当先前的关系较疏远时，积极事件对关系亲密度的提升作用更大。可见，关系水平对于积极事件的影响效应具有一定的边界影响作用，而可信行为作为一种旨在提升互动方信任的积极事件对信任的影响也可能受到互动双方关系的调节作用。

总之，管理者可信行为有助于主动启动与发展下属对管理者的信任，但是具体恰当的可信行为还应视关系的不同而定，从而区分互动双方关系的不同发展阶段。在中国背景下"关系"是一个非常重要的概念，是从一种本位视角（An Emic Perspective）来描述中国社会私人关系（Personal Relationship）的传统中国概念（Chen and Peng, 2008；Yang, 2001）。杨宜音（2008）指出，中国社会背景下的"关系"对信任和责任做出相应的规定，如在关系发展的初期阶段，遵循自己承担的角色义务及责任，表现出正直行为、一致行为更为恰当。随着互动双方关系的进一步发展，在"工具"阶段，遵循"互惠互报"法则，在公平法则之上再加上一些人情义务，帮助行为可能更会被接受和理解。在互动双方关系成熟期，即在情感阶段，应该以相互情感付出为交往依据，忠心、真诚、无条件地关心对方，甚至不惜牺牲自己的利益，此时开放沟通、信息与情感分享可能会取得更佳的效果。常言道"好心办坏事"，有时候本来是善意的帮助但也可能会伤害他人的自我形象或者自尊，可能会让人感觉到自己很差或者能力不足。运用人际风险知觉管理策略可以有效避免这些问题的出现，促进信任良性发展。在不同关系水平下，个体可能接受而不是认为是面子伤害的可信行为可能会有所差异。基于关系观视角，选择适合关系水平的恰当可信行为将是实现信任主动发展的重要考虑因素。为此，我们提出管理者可信行为对于下属的管理者信任的影响效应还受到关系水平的调节影响。

H3a：管理者可信行为对于下属的管理者认知信任的影响受到关系水平的调节。

H3b：管理者可信行为对于下属的管理者情感信任的影响受到关系水平的调节。

四、个体垂直集体主义特征的调节作用

Branzei 等（2007）研究发现，集体主义—个体主义价值观会影响个体对于

第七章　管理者可信行为与下属的管理者信任：关系与垂直集体主义的边界效应

不同信任线索的重视程度。信任研究者主要讨论两种类型的信任线索：特征（Dispositional）与背景（Contextual），前者反映了被信任方的个体特征，如专长和正直，背景线索则涉及合作方互动的性质、范围和深度。不同文化价值观的个体偏好不同类型的线索，可能会导致不同的信任产生路径。相比个人主义者，集体主义者往往更多地依赖于情境线索，而较少依赖于特征线索。这种差异导致了不同的信任发展机制。Branzei 等（2007）研究发现，个体主义者是基于被信任方知觉到的能力和正直形成的信任，集体主义者的信任选择则是更大程度地依靠与潜在行动方的可预见、仁慈的互动。这一研究发现表明，与信任方的价值观预期相一致的信任线索促进了信任的形成，而不匹配的线索则是无效的，甚至是令人讨厌的。据此，反映不同可信度特征的可信行为对于信任关系的影响可能受到集体主义—个人主义价值观的调节影响。不过，Branzei 等（2007）研究的集体主义—个人主义价值观的边界影响作用是基于国家层面的对比。然而实际上，集体主义—个人主义价值观之间的差异不仅存在国家之间，而且在个体之间也有很大的变异，即在个体层面也存在着较大的差异（Clugston et al., 2000；Kirkman and Shapiro, 2001）。这一个体差异变量（Individual Difference Variable）也会影响许多结果，如影响信任与授权行为之间的关系等（韦慧民、龙立荣，2011）。集体主义强调的是关系和谐以及集体的福祉（Wagner, 1995）。基于集体主义的自我身份定位，即集体主义身份，反映了在集体中的成员身份对自我概念的影响程度，与个体对于同事和领导的情感信任均正向相关（Schaubroeck and C. et al., 2013）。为此，有必要对个体层面的集体主义—个人主义价值观对可信行为与信任发展之间关系的调节效应进行深入探讨。

个人层面的集体主义—个人主义价值观可以进一步细分为四个不同的子构念，即垂直集体主义、垂直个人主义、水平集体主义、水平个人主义（Triandis, 1998）。其中，垂直集体主义（Vertical Collectivism）强调关系和谐以及对于权威的服从（Fulmer and Ostroff, 2017）。垂直集体主义在探讨上下级信任发展中联系是特别密切的，因为垂直集体主义描述了群体内对权威的团结、服从、职责与忠诚（Wasti and Can, 2008）。具有较高垂直集体主义的个体，特别重视积极的领导—下属关系，如有研究发现，较高垂直集体主义的个体，公平知觉与LMX的关系是较弱的，因为较高的垂直集体主义个体关注的是保护和谐的关系，而不是回敬领导的不尊重和公平违背（Erdogan and Liden, 2006），因而对于领导程序公平的象征迹象较不敏感（Fulmer and Ostroff, 2017）。依此逻辑，在管理者可信行为与下属对管理者信任的关系发展中，高垂直集体主义的个体对管理者可信行为的信任线索较不敏感,也更能容忍领导的不可信行为对待,从而可能削弱管理者可信行为与下属的管理者信任之间的关系。与之相比,低垂直集体主义的个体更关注的是个体的基本权利和自我的利益(Earley and Gibson, 1998)。因此,低垂直集体主义的个体要发展起对领导的信任,将更多地依赖于领导所展现的管理者可信行为,即强化了管理者可信行为与下属的领导信任之间的关系。

基于上述分析,个体层面的价值观,如垂直集体主义,可能也会影响对能力、仁慈和正直的知觉以及每一个可信度维度的重要性程度。高集体主义个体信任选择是去个人化和情境化的。信任可能要基于对共享群体成员身份和被信任方承担的在群体中的具体角色的意识上(Kramer, 1999; Yuki, 2003),而低垂直集体主义个体的信任选择是高度个人化和去背景化的,在信任形成过程中可能更看重最大化个人目标。依此逻辑,高垂直集体主义的下属更能预期管理者这一被信任方承担其对于特定情境恰当的那些角色、职责与义务(Oyserman et al., 1998)。可能体现能力,即反映能有效承担角色的可信行为,如管理胜任行为对于下属管理者的信任影响更大,特别是认知信任。低垂直集体主义的下属可能更重视仁慈,即对自己好,关心自己,那么体现仁慈的可信行为是否更能提高其情感信任。

H4a:垂直集体主义调节管理者可信行为与下属的管理者认知信任之间的关系。

H4b:垂直集体主义调节管理者可信行为与下属的管理者情感信任之间的关系。

第三节 讨论与分析

在组织内,对于不同对象的人际信任,如管理者信任或下属信任,促进其发展的影响因素既有共性也有差异(McAllister, 1995; Schoorman et al., 2007),而且这种差异在高权力距离的中国文化背景下可能更为凸显。因此,有必要在探讨可信行为与信任之间的关系时,明确信任的具体对象。在此,本书的第一个目标是针对下属对于管理者的信任,即垂直向上信任,探讨下属管理者信任的主动驱动机制。另外,本书的第二个目标检验了两个背景变量,即关系水平和垂直集体主义,是否影响管理者可信行为与下属的管理者信任之间的关系。概括而言,本书探讨中国文化背景下组织内管理者可信行为对下属的管理者信任的影响及其边界条件,以更深入理解下属的管理者信任的主动驱动机制。

一、理论贡献

郑伯壎(1999)认为,关系影响下级对上级的信任。他提出,从华人传统文化对上下属角色界定与权力差距出发,考察了上司与部署的角色规范与角色义务的区别,提出要了解企业中上下属之间的信任关系,就必须区分上对下的信任和下对上的信任,并基于这一认知,分析了影响两者之间信任关系的诸种重要因素,为进一步的研究奠定了基础。管理者在主动启动与发展信任方面应该承担更加重要的角色。对于一般员工而言,管理者常常就是组织的代理人。David de Cremer 和 Tyler(2007)发现,管理者的可信行为,包括公正的行为、言行一致的行为、正直的行为、沟通行为、信息分享以及关心下属的行为等,有利于快速启动与发展下属的信任,从而激励下属更多地回报组织,如取得更高的绩效、表现出更多的组织公民行为。需要注意的是,管理者的可信行为与下属的管理者信任还可能受到下属对管理者行为归因的影响,如授权可能被下属理解为管理者推卸责任,而不是一种可信行为(Serva et al.,2005)。为此,在检验管理者可信行为与下属的管理者信任之间的关系时还需要考虑可能影响下属对于管理者行为归因的重要因素在其间的可能影响,以便更准确地理解下属的管理者信任是如何发展的。

本书为组织内的主动信任发展提供了重要的理论贡献。我们发现了管理者可信行为与下属的管理者信任之间的关系还依赖于双方的关系水平和下属的垂直集体主义价值观。首先,本书发现管理者可信行为影响信任发展中包括了多维度的管理者可信行为,并且不同维度的管理者可信行为都可能对下属的管理者信任产生影响。实际上,Williams(2007)早就指出有关信任的学术研究还很少关注个体可以用于建立信任的有意识的人际行动。研究者们常常将信任发展看成是一个相对被动的过程,个体通过观察他人在不同时间、不同情境下的行为或者直接使用第三方提供的信息对对方的可信度进行判断。很少注意到我们评价对方的可信度时,对方常常并不是被动地等待评价,而是可以投入到影响评价过程的主动行为之中。结果,对于个体有意识主动建立和维持信任关系的策略认识较少。个体主动展现的可信行为常被知觉为信任的迹象,从而产生回报的信任。主动的可信行为被知觉为风险承担行为,影响他人对其能力、仁慈和正直等可信度的知觉(Kramer,1999;Korsgaard et al.,2002),进而影响信任(Serva et al.,2005)。

可见，管理者可以通过自身的主动可信行为来启动和发展信任。与个体自身待人处事有关的诚信表现是得到他人信任的基础，以诚待人有助于赢得他人的信任（王飞雪、同岸俊男，1999）。因此，管理者采取可信行为策略，主动向下属展现可信行为，可能增进下属对于自己的信任。另外，本书深入对比，进一步发现了不同维度的管理者可信行为对于下属的管理者认知信任和情感信任有着差异性的影响效应，这是先前的人际信任研究所忽略的。

其次，中国人的人际关系似乎比西方的概念复杂得多（Chang and Holt，1991），其中牵涉到关系基础的层面、人情的层面以及忠诚度等层面。这些层面可能带来的信任都不是西方研究人际信任时所论及的理性层面及感情层面，或义务层面及能力层面等所能涵盖的（杨中芳、彭泗清，1999）。Mayer等（1995）的理论分析指出不同维度可信度的重要性可能随着关系阶段的不同而有所不同。不过，这也只是理论上的推断，还需要进一步实证检验。在不同关系阶段下，管理者可信行为与下属的管理者信任之间的关系模式仍没有得到很清晰的展现。管理者可信行为与下属的管理者信任之间的关系可能受到双方关系阶段的影响。正如Fulmer和Ostroff（2017）所指出的，主动信任发展文献忽视了互动方关系水平可能会改变管理者可信行为与下属的管理者信任之间的关系强度。本书正是响应了这一呼吁，探讨了关系水平在管理者可信行为与下属对于管理者信任关系中的调节影响。李伟民等（2002）指出，关系对中国人信任有着明显的影响，并且这种影响主要来源于嵌入关系之中的感觉因素。人们对不同关系中的恰当行为有着不同的预期（Chen and Peng，2008）。互动双方先前的关系会对预期进行相应的定位，如较亲密关系的预期是帮助、关心，而较疏远关系则是没有太多的积极预期。Yang（1993）指出，陌生人关系的预期是公平和直接交换。本书发现管理者可信行为对下属的管理者信任影响效应大小会受到背景变量的调节影响，具体来说是互动方的关系水平起着重要的影响。

最后，关于下属特征与下属对领导信任的关系研究表明，个体差异扮演着一个重要的调节角色（Burke et al.，2007）。在中国文化背景下，集体主义文化价值观是一个重要的个体差异变量，影响个体对于能力、仁慈和正直等可信度重要性的判定。高垂直集体主义的个体更能接受上下级间的权力差异，所以对于管理者展现的可信行为的敏感度并不高，即对他们而言管理者可信行为与下属的管理者信任之间的关系相对较弱。与之相对，低垂直集体主义的个体更会因为管理者的可信行为而提高对管理者的信任。本书的这一发现明确指出了管理者可信行为影响下属的管理者信任过程中个体文化价值观的重要影响作用。

第七章 管理者可信行为与下属的管理者信任：关系与垂直集体主义的边界效应

总体而言，本书关注基于行为动力特征促进主动信任发展中的背景因素影响的重要性。杨中芳和澎泗清（1999）认为，中国人的信任呈现出关系基础上的差序格局，如关系水平、个体特征均有可能影响其对于他人展现出的可信行为的理解，而这导致了可信行为未必总能如预期地促进信任发展。本书揭示了主动信任发展过程中，基于背景变量考虑选择恰当行为才有可能如预期的实现促进信任发展的目标，而非"好心没好报"。基于个体行为的主动信任发展是一个动态过程，如不同关系阶段所适合的主动信任行为可能有所不同，关系初期表明自我诚实与正直特征的正直行为与一致行为更为恰当，而此时过度的帮助行为有可能产生"好心办坏事"的结果。因为新关系中的个体可能出现不恰当的归因，认为对方是觉得自己能力不足，这可能伤害到他人的自我形象或者自尊。此外，下属的垂直集体主义文化价值观也可能是一个重要的背景因素，具体表现为低垂直集体主义文化价值观的个体更易因为管理者的可信行为而提高对于管理者的认知信任和情感信任。

二、管理实践意义

第一，管理者可以主动展现可信行为来提升下属对于自己的认知信任和情感信任水平。在信任水平较低而竞争激烈的当代转型期，中国环境下关注主动信任发展具有更加重要的现实意义（韦慧民、龙立荣，2010）。一方面，快速多变的组织经营环境需要信任关系的快速形成；另一方面，在关系新开始的时候就发展基于信任的嵌入关系（Embeddedties）会比较容易，而要想把基于正式契约的非嵌入关系转变为嵌入关系则比较困难（Malhotra and Murnighan，2002）。互惠关系是构建信任的关键因素。可以说，个体通过启动信任、主动实施可信行为，就能够较快地激发对方做出信任回报，促进信任关系的良性发展。相反，如果个体不愿意先承担可能的风险，为减少不确定性而进行监控，那么就会导致对方也不愿冒险，更多地采取自我保护行为。如果管理者为保证下属采取合作行为而实施监控管理，而他们的做法又被下属认为是对自己的不信任，那么下属也不会愿意信任管理者，而将采取更多的自我保护行为。这样，管理者会进一步降低对下属的信任水平，而互不信任的恶性循环将会持续下去。因此，个体需要主动促进信任发展，而不能等待随着时间的推移缓慢累积起信任。John 和 Guido（2003）的研究强调主动信任发展的举措在现代中国环境中是非常有价值的。中国现在的信任制度基础还没有发展起来，信任与组织绩效的正相关使管理人员有动力来尝试这些举措。正如 Serva 等（2005）指出，信任可以经由行动—反应循环圈改变。

个体展现的可信行为作为一种刺激，会激发对方对于自己做出信任回报的反应。Serva 等（2005）和 Lewicki 等（2006）指出，信任具有互惠性。在双方互动过程中，当一方发现对方主动承担风险展现出了可信行为，他将回报以信任。回报信任是互动双方信任交换的一种主动过程，这一过程较为容易由个体可信行为而被启动（韦慧民、龙立荣，2009）。当一方在互动过程中观察到了对方的可信行为表现以后，可能将其看作是对自己信任的线索（信任作为一种心理状态，不能够直接观察），知觉对方的行为是信任自己的表现，便会产生报以信任的意愿。个体的行为表现会影响他人对其信任水平的评价，因为这些行为事件提供了有关个体意图的信息、能力及其人品的证据（Serva et al., 2005）。回报信任意味着信任可以产生更多的信任。这种互惠是人类行为的一个重要决定因素，也是发展人际信任的关键。所谓互惠，即个体对觉察到的友善回报以友善，而不友善则回报以不友善（万迪昉等，2009）。基于社会交换理论，关系要体现公平性。在关系中要有互惠，在接受后要有回报。管理者可信行为可以启动上下级关系的良性发展，有利于促进下属对于管理者的信任（万迪昉等，2009）。不过，不同维度的管理者可信行为对于管理者认知信任和管理者情感信任具有差异性的影响效应。因此，管理者需要考虑不同维度可信行为的这一差异性效应，针对性地展示可信行为以促进不同类型信任水平的发展，如为了促进下属对于自己的认知信任，管理者可以更多地展示公正行为，包括一视同仁，不以双重标准去管理人，在对人对事的处理上重视公平公正。然而要想提高下属对于自己的情感信任，则需要更多地投入到对于下属的指导行为之中，包括帮助下属发现职业发展机会、为下属提供指导性的职业发展建议等。在中国文化背景下，这一方面更需要重视。有研究表明，管理者情感信任对于促进员工的积极工作相关行为表现有着更强的影响力（韦慧民、龙立荣，2009）。管理者需要更重视通过相应的可信行为提高下属的情感信任来提高管理实效，如加强对员工职业发展的指导，顺应员工关注职业发展的要求，让员工体验到管理者对自己真正的关心，而不仅是工作绩效本身，这样还可以提高员工对于管理者的情感信任。Child 和 Mollering（2003）认为，在中国背景下组织更需要建立和谐的人际关系系统。因此，管理者可能需要相应的可信行为促进情感信任的发展，而不能仅限于认知信任。

第二，本书研究也表明，管理者可信行为的影响效应可能受到关系的调节作用。虽然有研究表明，管理者可信行为有助于推动下属的管理者信任发展，但是有证据表明可能并非都是如此。管理者在通过可信行为激发下属信任的过程中需要考虑双方的关系水平，选择符合当下关系水平所预期的角色规范和义务所代表的可信行为，更可能达到预期的目标。探讨不同关系阶段下采用最有效的促进信任发展的恰当可信行为有助于指导管理者更好地主动推进下属对于自己信任的发展。组织中的管理者可以采用适合互动双方关系发展阶段的可信行为，促进主动信任发展。本书指出管理者可信行为并不必然联系着高水平的管理者信任。由于展现管理者可信行为需要消耗资源，所以管理者应该关注主动信任发展中如何才能达到更好的预期效果，有选择性地展现恰当的管理者可信行为。其中的一个重要考虑就是，组织和管理者需要更清晰地理解和把握不同关系水平下，"恰当的"管理者可信行为是什么。管理者需要努力提升自己展现"恰当的"管理者可信行为的能力，从而更好驱动下属的管理者信任发展。不同关系情境下可信行为与信任的关系研究为培养和发展组织中的不同关系情境下的信任关系提供针对性的指导。不同的关系运作方式有着不同的适用范围。一方面，组织内的上下级之间需要建立和发展相对较长期的合作关系，在互动双方中展现可信行为等旨在加深情感的关系运作方式更加重要，如情感分享行为就是快速发展双方情感关系的一种有效方式。熟悉和亲密程度是影响信任的重要因素，而熟悉和亲密程度可建立在相互情感表露的基础上，了解越多，关系就密切，双方的信任度也就越高。另一方面，可信行为是一个多维度的构念。不同维度的可信行为可能适用的关系阶段不同。基于关系阶段发展理论，不同维度的管理者可信行为展现了管理者不同的内在可信度，可能会促进下属对于管理者认知信任和情感信任的发展。

第三，本书的研究表明，下属的集体主义价值观可能会影响管理者可信行为与下属管理者信任的关系。因此，管理者在想通过自身的可信行为来提出下属对自己的信任时，更需要关注下属的垂直集体主义价值观所产生的影响。对于更强调上下级平等的低垂直集体主义价值观的个体尤其需要通过可信行为证实自己的可信度，从而让下属对自己的信任水平更高。

三、未来研究展望

虽然本书基于个体行为特征探讨管理者可信行为与管理者信任之间的关系及其边界条件，对于组织内主动信任发展可以提供有益的借鉴，可以更好地理解不同维度的管理者可信行为在促进下属的主动信任发展中可能的调节影响因素，但不可否认存在着一定的不足，需要未来研究加以关注。

首先，本书仅关注了关系水平和集体主义文化价值观的影响，未来研究可以进一步考虑其他的边界条件，如组织背景因素、控制系统等的影响作用。因为组织控制系统或者组织氛围是影响信任发展的重要组织背景变量，这可能影响管理者可信行为对于管理者信任发展的具体模式,如强大的控制背景有可能降低管理者可信行为对主动信任发展的作用。因为在较强的组织控制系统下,管理者可信行为可能会被知觉为组织控制系统的要求使然而不是管理者仁慈或者正直等可信度的表现(Schoorman et al.,2007)。

其次,未来研究可以更深入地探讨管理者可信行为影响下属的管理者信任发展的内在心理机制等,以更深入地理解基于个体特征的主动信任发展机制。不恰当的可信行为投入可能负面影响信任发展,这值得进一步研究。Williams(2007)指出,身份伤害的担心阻碍信任发展,但相关研究较少。在互动中的身份威胁引起对他人可信度的负面评价,以及压力、焦虑和担心等负面情感,这是比面子更本质的威胁。有时候甚至是善意的帮助可能也会伤害到对方的自我形象或者自尊。在互动中的身份威胁使个体不愿意接受其所需要的帮助。未来可以以此为切入点开展相关实证研究。又如对于集体主义者,集体主义信任方习惯于运用关系图式(Relational Schema)(Kashima et al.,1995),因此更可能应用关系原则去解释和预测他人的行为(Cross et al.,2002)。基于此,价值观与关系阶段是否可能交互调节可信行为与信任发展之间的关系,可以在未来进一步探讨。

最后,本书关注的是管理者,但是不同对象信任的关键影响因素可能会有所不同,基于个体行为特征视角,未来通过对比驱动组织内垂直向上的管理者信任和垂直向下的下属信任发展的关键可信行为,可以更深入地理解与指导组织内垂直信任主动发展的关键动力特征的差异。因为互动双方的权力和地位差异可能也会影响信任发展(Schoorman et al.,2007;De Jong et al.,2007)。具有较大权力的一方风险知觉阈值可能相对较低,因而更愿意启动信任。在垂直信任关系中,双方的权力差异较大,可信行为和人际风险知觉管理对于主动启动与发展信任影响作用可能不同于水平关系。对此,有必要深入研究。

第八章 员工知识共享行为及其管理研究

第一节 引言

知识被视为是组织的基本资源和资产（Swanson et al., 2020）。这些资产在以知识为基础的经济增长和组织成功中变得越来越重要（Carmeli and Schaubroeck, 2005）。目前已经有许多组织为组织内的知识协调进行了巨额投资，以构建知识管理系统，充分利用员工的集体知识（Cabrera et al., 2006）。知识共享是组织进行知识管理过程中最为重要的环节（Hendriks, 1999），是提高组织工作绩效和成功的重要资产（Masa'Deh et al., 2016；Razmerita et al., 2016）。然而这些企业发展所需要的各种知识资源往往分散在不同的员工身上，只有将这些分散在员工身上的知识资源进行共享、融合并升华成为组织资源时才能对组织绩效的提升发挥真正的作用（唐于红、毛江华，2020）。因此，员工个体的知识共享行为显得尤其重要。

在现代组织中，员工的知识共享行为常常被看作是一种积极的员工行为。组织常常花费大量的财力和精力以促进员工在工作中主动与工作伙伴分享其所拥有的知识、经验以及技能等。近年来，员工的知识共享行为已经获得了学术界和实务界的普遍关注。从学者们关于知识共享行为的研究中发现，员工的知识共享行为能够给组织带来一系列的积极效应，比如提升组织的竞争力和创造力（Yang et al., 2018；Yesil et al., 2013；付晓蓉等，2016）；员工的知识共享行为还能够为组织创造更为直观的利益，提高组织的创新绩效（Kaabi et al., 2018；Lestari, 2018；戈晓燕, 2015）、财务绩效和经营绩效（Wang and Wang, 2012）等。除此之外，员工的知识共享行为还能够给员工个人带来直接的影响。员工的知识共享行为不仅有利于知识分享者提升自身的绩效（Henttonen et al., 2016；王仙雅等, 2014）、生活幸福感（Jiang and Hu, 2016），也可以帮助知识接收者实现工作绩效的增长（Swanson et al., 2020）以及提升大多数员工的工作满意度（Kianto et al., 2016）等。

鉴于员工知识共享行为对于员工个人和组织整体的重要性，学者们对员工的知识共享行为展开了一系列相关的理论及实证研究。本书对国内外关于员工知识共享行为的相关文献进行了整理和归纳，主要遵循以下思路展开：首先，本书阐述了目前研究中对知识共享行为的定义，并对这些由不同的学者所提出的知识共享行为定义进行了分析，随后以不同的知识共享行为特点为依据，进一步梳理了目前学者们对知识共享行为的维度划分。其次，分别从个人层面、关系层面、领导层面、组织层面、工作层面对员工知识共享行为的影响因素进行归纳，以全面揭示影响员工知识共享行为的主要因素。再次，在现有文献的基础上，总结了员工知识共享行为对员工个人以及组织整体所产生的影响效应。最后，根据对上述内容的理解和分析，本书为组织管理实践者提出了相应的管理建议，旨在促进管理者更好地对员工知识共享行为进行管理，同时对现有研究中的不足之处进行了较为详细的分析，并指明未来研究可以继续努力的方向，以期能够促进知识共享行为相关理论研究的发展。

第二节　知识共享行为的内涵及维度划分

一、知识共享行为的内涵

知识共享（Knowledge Sharing）从字面意义的简单理解上来看，是指组织中具有知识储备的成员向其他成员进行知识和经验分享的行为（Ipe, 2003）。但是目前仍然有许多学者根据自身的研究需求，采用了不同的知识共享行为的定义或进行了重新的定义，这些定义从不同方面对知识共享行为进行了描述，凸显了知识共享行为的不同特点。例如，Hansen 和 Avital（2008）认为，知识共享行为是个体将自己所拥有的特有的知识和经验与组织内外的其他成员进行共享的行为，是员工的一种角色外行为，由员工自身进行自由量裁，依赖于情感、互惠、主动性和忠诚才得以实现的行为。该定义凸显了知识共享行为自愿和自主性以及其产生的必要条件。Wang和Noe（2010）则认为，知识共享行为是指员工与组织中的其他成员分享关于任务的信息或方法来帮助组织内其他成员实现合作解决问题、开发新想法或执行政策。这表明了知识共享行为具有一定的目标指向性，知识共享行为是为了帮助组织成员或实现组织成员之间合作而产生的一种行为。然而国内学者曹兴等（2010）提出，知识共享包括员工、团队以及组织之间进行知识分享，通过知识消化以促进知识的转化，使得原有知识进一步再创新，最终形成组织知识财富的过程。这体现出了知识共享行为具有一定的连贯性，是一种动态发展、过程性的行为。

由此看来，目前关于知识共享行为的定义尚未能够达成一致，众多学者都对这一行为进行了定义，从不同侧面体现了知识共享行为的特点、性质等，但仍然缺乏整合性的视角来对知识共享行为进行统一的定义。Dash Wu（2012）就指出，未来关于知识共享的定义应该将知识的价值、分享知识的意愿、传播渠道的媒体丰富性、接收方获取知识的意愿和接收方的吸收能力这五个基本要素囊括在内，重新对知识共享行为进行更为清晰的界定。

二、知识共享行为的维度划分

学者们根据知识共享行为的不同性质对其进行了维度的划分，具体来看，主要分为以下几类：

（一）根据个体之间所分享的知识属性或特征进行分类

根据个体间分享的知识属性或特征可以将知识共享划分为显性知识共享和隐性的知识共享（Bock et al., 2002, 2005）。显性知识往往指代那些简单易懂，并容易被他人模仿习得的知识；隐性知识通常是指由于个人长期工作而积累的知识、经验以及技能等，是员工核心竞争力的体现。这一维度划分方式也是目前广为学者们所接受的方式，在许多研究中被采用。据此来看，员工的知识共享行为包括了显性知识共享行为和隐性知识共享行为。

（二）根据知识共享方式以及正规化程度进行分类

根据组织成员知识共享时的方式以及正规化与否，学者认为可以将知识共享划分为正式的知识共享和非正式的知识共享两种方式（原欣伟等，2009）。正式的知识共享通常以约定或固定的内容、程序为依据进行知识共享，依赖组织的正式制度规定；非正式的知识共享较少依赖于组织政策、结构等，具有一定的私人性质（原欣伟等，2009），一般是指个体间的知识交流和互动（谢荷锋、马庆国，2007）。两者最大的区别在于行为的约束方式和制度安排有所差异（原欣伟等，2009）。

（三）根据知识共享的利益驱动来源进行分类

根据利益驱动来源的不同，谢荷锋和马庆国（2007）借鉴了Farh等关于利益驱动的组织公民行为的划分框架，将知识共享行为划分为：个人利益驱动的知识共享行为、团队利益驱动的知识共享行为、企业利益驱动的知识共享行为以及社会利益驱动的知识共享行为。然而在实际研究中，将其合并为两种，即个人利益驱动的知识共享行为、集体利益驱动的知识共享行为（谢荷锋、马庆国，2007）。个人利益驱动的知识共享行为通常是出于个人的需求和目的所产生的知识共享行为，然而集体利益驱动的知识共享行为是基于对组织发展和价值考量而产生的知识共享行为（周飞等，2015）。

（四）根据知识创造的过程进行分类

根据知识创造的过程，则可以将知识共享行为分为知识贡献和知识收集两个维度（Hooff and Ridder，2004）。知识的贡献是指向他人进行知识、专业经验和技能的分享，而知识收集则是指接收他人所分享的知识（Ahmed et al.，2018）。

总体看来，多数学者在研究中都采用了Bock等（2002，2005）的对知识共享行为的维度划分方式，即包括显性知识共享行为和隐性知识共享行为，并且已经形成了较为成熟的量表可对其进行测量，而其他的维度划分方式采用较少。

第三节　员工知识共享行为的影响因素

员工知识共享行为对于组织而言具有巨大的意义，因此探究员工知识共享行为是如何产生的成为学者和管理实践者的共同关注焦点。学者们通过大量的理论及实证研究证明，促进员工产生知识共享行为的影响因素十分多样。总体来看，大致可以分为个人层面、关系层面、领导层面、组织层面以及工作层面共五种因素，探讨这五类因素对员工的知识共享行为产生的驱动作用。

一、个人层面因素

综观当前研究，学者们对于员工知识共享行为在个人层面影响因素的探讨十分丰富，主要集中在人格特点、利他主义、自我效能感等方面来展开。

(一) 员工大五人格的影响

大五人格是学者们总结出来的个体的基本人格特质，包括尽责性、外向性、神经质、开放性以及宜人性。大五人格实际上与员工在组织中的行为密切相关。学者的研究结果表明，拥有开放性、责任性以及外向性等积极人格特质的员工更倾向于进行知识和经验的分享，而神经质的员工通常拥有各种消极的倾向，在公众场合更容易表现出消极情绪，例如，焦虑、紧张和不安等，因此会影响其在组织中与其他员工之间的知识、经验的交流互动，而员工的宜人性可能在当前竞争性的环境中发挥的作用较小，尽管宜人性具有一定的好处，但是并不足以使其在竞争性环境中与他人分享知识，因此员工的宜人性与其知识共享行为之间没有显著的关系 (Maliheh et al., 2016)。

(二) 员工利他主义的影响

Masa'Deh 等 (2013) 指出，员工如果在帮助他人时会收获乐趣或享受，则其更有可能会产生知识共享行为。这实际上是一种以个人满意度为导向的利他主义的具体表现。当员工拥有高水平的个人满意度导向的利他主义时，他们愿意通过自身的知识分享给他人带来帮助而产生积极结果，他们会因此感到满足和高兴，所以更倾向于产生知识共享行为 (Chang and Chuang, 2011)。另一种则是以组织利益为导向的利他主义，拥有这一特质的员工会倾向于做出有利于组织的行为，对组织进行奉献，因而也会激发他们的知识共享行为 (Wang and Hou, 2015)。

(三) 员工中庸思维的影响

中庸思维，是根植于中国文化中一种典型的思维方式。魏江茹 (2019) 认为，具有中庸思维的员工能够通过整合多方的资源，站在中立的角度看待问题，从长远发展的角度评估利益得失，容易产生知识共享行为，但是过度的中庸思维会使员工顾及过多的问题，不能对关键信息进行聚焦，阻碍员工进行知识共享，因此员工的中庸思维和知识共享呈现倒 U 形关系。这表明只有在适度的中庸思维下，才能够更好地促进员工的知识共享行为。

(四) 员工自我效能感的影响

员工的自我效能感实际上是决定其是否产生某种行为的主要近端因素。Hsu 等 (2007) 指出，员工的自我效能感有助于员工之间的知识共享。自我效能感代表了员工在产生某种决策或行为时对自己的自信程度，高水平的自我价值感可以增强员工的知识共享行为 (Olowodunoye, 2015)。在不同的具体情境下，自我效能感也会有所不同,因此在自我效能感的基础上衍生出了建言自我效能感、创新自我效能感等,在知识分享的过程中也不例外。知识自我效能感体现了员工在进行知识分享时的自信程度。员工的知识自我效能感越高,其对自己的知识分享行为越有信心,越容易产生知识共享行为;相反,员工的知识效能感偏低,则他们会对自己分享的知识资源的有用性产生怀疑,害怕误导他人,碍于情面,可能会降低其进行知识共享的可能性(郝琦等,2019)。

(五) 员工资质过剩感的影响

国内学者袁凌等(2017)尝试着对员工资质过剩感与员工知识共享行为之间的关系进行了探讨。他们认为,资质过高的员工可能相对而言拥有更多的知识和经验,同时也可以更高效地完成工作任务,继而拥有更多的时间进行知识分享,然而具有高水平资质过剩感的员工可能也会因为自己的实际现状与理想标准存在较大差异而降低核心自我评价,缺乏一定的自我效能感使其减少了在组织中的知识共享行为(袁凌等,2017)。

(六) 员工知识心理所有权的影响

员工是否愿意与他人分享自己的知识或者经验,取决于员工如何看待其所拥有的知识。知识心理所有权是针对知识所产生的一种心理领域性的表现,而这种心理领域性会阻止个人边界外的知识流动,员工的知识心理所有权与知识共享行为呈现出负相关关系(Li et al.,2015)。具体而言,在进行知识共享时,若员工对个人知识的所有权感知程度越低,则越倾向于将知识当作公共物品,越有可能与他人进行分享;相反,当其感知的所有权越高,则越不愿意与他人进行分享(Argote et al.,2003)。同样地,如果员工感知知识的价值越高,表明这些知识可能与员工的发展和地位具有密切联系,为了保持自身的利益,所以其不乐意将这类具有高价值的知识轻易与他人进行分享,但是如果员工感知知识的价值过低,则员工倾向于认为这些知识浅显易懂,这些知识在员工中较为普及,因此其觉得不必要进行分享(金辉等,2019)。

二、关系层面因素

知识共享的主体既包含了知识提供者,也包括了知识接收者(王丽平等,2013)。因此,不少学者探究员工知识共享行为驱动因素的过程中往往将知识提供者与知识接收者之间的互动考虑在内,即基于知识提供者与知识接收者二元关系视角去探讨员工的知识共享行为。例如,两者之间的信任水平、知识提供者感知与接收者的心理距离等。

(一) 信任水平的影响

学者们普遍认为,信任是决定员工是否进行知识共享的重要影响因素(Tamjidyamcholo et al., 2013; Holste and Fields, 2010; Ogunmokun et al., 2020)。信任感越高,则员工越容易产生知识共享行为(Lu et al., 2006)。这是因为高水平的信任可以降低在知识共享过程中的不确定性感知,不用担心知识共享行为会对自己造成不利结果,容易促进员工主动与同事进行知识资源的分享(Holste and Fields, 2010; Ogunmokun et al., 2020)。不仅如此,还有学者进一步细化讨论了不同类型人际信任所发挥的作用。根据信任焦点对象的不同,可以分为对组织、上级以及同事的信任,对这三种不同类型焦点对象的信任都能够正向促进员工的知识共享行为,但是这种正向的影响作用是通过增强员工的组织自尊和组织认同才得以实现的,组织自尊和组织认同在员工的组织/上级/同事信任与知识共享行为的关系中发挥中介作用(Bao et al., 2016)。也有学者将组织中的人际信任划分为基于认知的信任以及基于情感的信任,通过研究证实了能力信任和情感信任将促进员工之间的隐性知识共享,但是相对而言,基于认知的信任对于隐性知识共享的促进作用更强一些(Holste and Fields, 2010)。

(二) 心理距离的影响

心理距离是个体之间由于文化、价值观、地位背景等差异而造成员工的亲密或疏远的主观体验(王丽平等,2013)。在知识共享的过程中,如果进行知识共享的双方之间的心理距离较大,则意味着两者之间的语言习惯或知识背景都存在较大的差异,将不利于知识共享行为的发生(王丽平等,2013)。与之类似,唐于红和毛江华(2020)在自我分类理论和社会需求理论的基础上进行分析指出,当组织中的个体感知与他人的差异越大时,则倾向于将与其差异大的个体划分为圈外人,并对其展现出职场排斥的人际交往模式,最终会减少与其之间的知识共享行为。然而对于成就需求和归属需求较高的员工而言,为了个人价值的提升、职业成功以及归属感的满足,他们会更倾向于主动与同事分享自己的知识和经验,增强与同事间的社会关系,并树立自身的良好形象(唐于红、毛江华,2020)。依此逻辑,当员工更重视归属感,即期望与他人的心理距离缩小时,更易产生知识共享行为。同理,员工通过自我分类,区分出圈内人与圈外人,更可能与心理距离较小的圈内人进行知识共享,而心理距离相对较远的圈外人则较少进行知识共享。

三、领导层面因素

领导扮演着组织代言人的角色,其有能力来帮助员工打消知识共享的顾虑,促进其知识共享行为（Carmeli et al.，2011）。因此，学者们从不同的领导风格和行为的角度，探究了领导层面的变量对于员工知识共享行为的作用。

（一）积极领导风格对员工知识共享行为的促进作用

已有研究表明，授权型领导、道德型领导、变革型领导以及真实型领导等领导风格对员工知识共享行为都具有积极作用（Wu and Lee，2017；Dejan Matic，2017；Bavik et al.，2018；Han et al.，2016；刘明霞、徐心吾，2019）。

第一，授权型领导的影响。Wu 和 Lee（2017）结合社会交换理论和积极组织行为学的视角指出，积极的领导风格如授权型领导对员工的知识共享行为具有积极作用。具体而言，授权型领导通常会在合理范围内对员工进行授权，这被视为领导给了员工一定的利益，作为一种互惠行为，员工更愿意分享自己所拥有的知识。此外，授权型领导为员工提供更多的关心和正向的情感支持，有助于员工发展积极的心理资本，当员工具有更多的心理资本时，也更容易产生知识共享行为（Wu and Lee，2017）。

第二，道德型领导的影响。道德型领导向员工展现和传递道德规范和道德标准，为员工树立为组织奉献和对工作投入的优秀榜样，通过在企业中形成一种员工参与的良好氛围，促进员工知识共享行为的产生（周飞等，2015）。道德型领导能够在道德管理方面为员工的知识共享行为创造可控动机，也就是说，道德型领导使知识共享行为在组织内是被称赞的、符合行为规范的，因此会增加员工的知识共享行为；道德型领导还会增强员工的道德认同，受到个人道德义务感的激励，员工更乐意在组织中分享自己的知识（Bavik et al.，2018）。

第三，变革型领导的影响。变革型领导会鼓励员工做出更多与组织奖励没有直接联系的自愿行为，促进了组织中员工的组织公民行为，而组织公民行为水平越高的员工越容易和乐意在组织中主动分享他们所拥有的知识（Han et al.，2016）。

第四，真实型领导的影响。真实型领导倾向于将自身的道德观传递给员工，强化员工心目中的道德认同，进一步促进员工愿意为组织付出更多额外的努力和贡献，产生更多的利他道德行为。知识共享行为作为一种典型的利他道德行为，是员工自身道德行为责任感的良好体现，也会因此受到激发（刘明霞、徐心吾，2019）。

综上来看，积极的领导风格或行为对员工的知识共享行为通常具有一定的促进或正向影响作用，如授权型领导、道德型领导、变革型领导和真实型领导通过自身的示范或者管理措施引导员工乐意为组织做出更多的贡献，强调利他的行为不仅是考虑自身的利益,而且更能促进员工的知识共享行为。

(二) 消极领导风格对员工知识共享行为的抑制作用

正如积极的领导风格可能促进员工知识共享行为,消极的领导风格则可能导致员工知识共享行为的减少,如辱虐管理作为一种典型的破坏性领导行为,不利于员工和领导之间的认知和情感方面的互动,将进一步导致员工减少知识共享行为 (Tepper, 2007; Aryee et al., 2007; 刘文兴等; 2012)。国内学者肖小虹等 (2018) 将辱虐管理这一消极的领导行为引入员工知识共享的相关研究中,他们从认同威胁理论的角度出发,指出领导的辱虐管理对员工来说可能是一种威胁。员工倾向于将领导作为组织的代言人,领导的消极态度通常代表的是组织对其的消极态度,因而容易降低员工的组织认同,从而减少对组织有利的知识共享行为产生。相似的研究结果也出现在了 Kim 等 (2016) 的研究中。随后,Lee 等 (2018) 基于资源保存理论,对领导辱虐管理对员工的知识共享行为进行研究,其认为辱虐管理会导致员工的情绪耗竭,出于资源保存的目的,员工将会减少主动分享自己的知识,而这一过程会受到组织公平 (包括了程序公平、分配公平) 的调节作用。不过,相对来看,已有研究中关于消极的领导风格或行为对员工知识共享所产生的影响效应和作用机制仍然涉及较少,未来还需要对此进行更为深入的探讨。

四、组织层面因素

从组织层面的影响因素来看,目前已有研究表明,组织中的氛围、组织文化、绩效考核方式等各个方面的因素对于员工个体的知识共享行为均具有跨层次的影响作用。这些不同组织层面的因素可以大致分为两类:一种是组织人力资源管理实践政策等较为具体的有形组织影响因素,另一种则是组织文化及氛围等抽象的无形组织影响因素。

(一) 有形的组织影响因素

第一,组织结构的影响。组织结构是较为固定的、具体的有形组织影响因素的代表之一。从组织结构方面来看,组织结构的正式化和集中化的特点会负向影响员工的知识共享行为。一方面,组织结构的正式化体现了组织中工作法制化、规则化的程度,过高水平的正式化会很大程度上限制员工的灵活性和创造性,而在低水平的正式化结构中员工可能会产生更多的知识分享行为;另一方面,高水平的集中化意味着组织在决策和评估活动过程中权力的高度集中,其将会构成一种非参与性的环境,减少员工在工作环境中的自主性以及员工之间的交流,且不能充分鼓励他们分享自己的知识和经验等（Islam et al.，2015）。因此，组织结构可能会直接影响员工之间的知识和经验的分享。

第二，组织人力资源管理政策的影响。组织结构大多是由组织本身的性质所决定的，在短时间内难以改变。然而组织的人力资源管理政策相对而言更为灵活，可以人为进行掌控，使其有利于组织中知识共享的实现。目前，许多企业都开始实施高承诺工作系统这一类的人力资源管理实践政策。高承诺的工作系统包含了培训、激励和招聘实践，它们都会对员工的知识共享行为产生积极的作用，并且培训实践对员工进行知识共享的积极作用最大，激励以及招聘对知识共享行为的正向作用次之（田立法，2015）。高承诺的工作系统还可以通过有效促进同事之间的信任关系构建，有效帮助员工提高被信任感，促进员工之间的知识共享（Lifa，2015）。高承诺的工作系统不仅有利于个体层面的友好关系建立，还能够提升组织和员工之间的关系。具体而言，高承诺的工作系统可以使员工感受到组织对他们的重视和尊重，促使员工和组织之间建立相互信任、彼此之间相互承诺的良好心理契约关系，从而进一步激发员工的知识共享行为（Nyberg et al.，2014）。

第三，组织绩效考核方式的影响。组织的绩效考核方式也会对员工的知识共享行为发挥一定的作用（常涛、廖建桥，2011）。绩效考核主要包含两种：以发展为导向的绩效考核、以评价为导向的绩效考核（Cleveland et al.，1989）。学者们的研究表明，以发展为导向的绩效考核方式主要目的是为了发现员工的不足，从而通过各种方式帮助其进行自我提升，这会增加员工与组织之间的社会交换感知，从而激发员工的知识共享行为（文鹏等，2012；赵书松等，2016）。然而以评价为导向的绩效考核方式是对员工过去的表现根据目标、职位说明书上的标准进行判断，使员工感觉自己与组织之间只是在维持短暂的经济交换关系，因此不利于员工在组织中做出主动的知识共享行为（文鹏等，2012）。

第四，组织激励政策的影响。组织为了更好地鼓励员工进行知识共享，采取了许多激励政策。这是因为组织中的员工更加倾向于保留自身的知识和经验以此维护其在组织中的权威和工作安全感，因此激励对于促进员工知识分享行为而言非常重要（刘明霞、徐心吾，2019）。对于员工来说，最直接的激励莫过于组织给予的晋升、薪酬等奖励，但是目前组织的奖励与员工的知识共享行为之间的关系如何还存在较大的争议。Wang 和 Hou（2015）认为组织给予员工奖励时，对员工的知识共享行为具有激励作用，而 Bock 等（2005）认为具有负向的影响作用，但是 Lin（2007）却认为两者关系不显著。到底怎样的激励方式对于员工的知识共享行为能够真正发挥激励作用还需要学者们进行深入的探究。但是也有学者表明，单纯的鼓励或奖励措施并不足以促进员工的知识共享行为，只有在同时存在问责制的情况下，对员工的知识共享行为进行评价时，评价和奖励相结合的方式对员工的知识共享行为具有更强的正向预测作用（Wang et al.，2014）。

（二）无形的组织影响因素

第一，组织和团队氛围的影响。组织内部的积极氛围对于员工的知识共享行为的影响作用已经被大多数研究所证实。Ullah 等（2016）的研究指出，团队的氛围对员工的知识共享行为具有直接的影响作用，团队中的创新氛围支持员工进行创新，促使员工为了彼此的创新性和新想法做出贡献，为其提供参与的安全氛围，因此员工更容易产生知识共享行为，而组织中的其他积极氛围同样对员工知识共享发挥着积极的作用。国内学者王仙雅等（2014）将信任氛围、沟通氛围、情绪氛围以及公平氛围四种积极的组织氛围纳入研究中，通过实证研究，这四种积极组织氛围对于员工的知识共享行为均具有正向的预测作用。

第二，组织文化的影响。组织文化代表着组织的文化价值观、信仰、规范等各个方面，容易对员工的知识共享行为产生影响（Ullah et al.，2016；Tong et al.，2013）。Tong 等（2013）采用了 Hofstede（1980）的组织文化的四分量模型，从权力距离、不确定性规避、个人主义和男性/女性气质四个方面对组织文化进行衡量，证明了组织文化确实对员工知识共享行为具有正向的影响作用。

五、工作层面因素

工作本身对于员工知识共享行为具有一定的影响作用（苏勇等，2011）。工作具有许多不同的特征，具体包括了技能多样性、工作完整性、工作重要性、工作自主性以及工作反馈性五个维度（Hackman and Oldham，1975）。还有学者根据不同行业的工作概括出了新的工作特征，将其添加入模型中，从各个不同维度出发，探究了工作特征究竟是如何影响员工知识共享行为的。

王国保（2016）指出，工作技能多样化、工作完整性及重要性越大则体现出了员工在企业中的重要地位，其对企业的价值和影响力也就越大，容易促进员工对组织产生更浓厚的使命感和责任感，进而倾向于表现出更多的知识共享行为。Ozlati（2015）认为，从自我决定理论的视角来看，知识是个人的，具有内在隐性，需要获得更多的自主感和内在动力，工作自主感越多则其在组织中分享的知识也就越多。这一观点也得到了 BosNehles（2012）的支持。王士红等（2013）也发现，工作自主性程度越高，员工则可以自由选择自己喜欢的工作方式甚至内容，使其可以在较为自由的氛围中进行工作、使其能有充分的空间发挥自身的才能，也可以激励员工为实现组织目标而做出更多的贡献，展现更多的知识共享行为。然而工作反馈性可以促进员工与同事、上级之间的交流和沟通，同时能够更好地减少工作中的困难、分歧等，在打破彼此隔阂的和谐环境氛围下，员工之间进行知识的共享则更为简单和顺畅（苏伟琳、林新奇，2019）。

另外，还有学者将多种工作特征同时纳入模型中，对其进行讨论。例如，苏伟琳和林新奇（2019）将工作特征的五个维度同时纳入研究中，通过对某一大型科技创新集团的知识型员工进行问卷调查，结果表明，工作特征的各个维度确实对于知识型员工的知识共享行为具有正向影响作用。不仅如此，两者关系还可以通过知识共享意愿的传导作用得以实现。Rehman 等（2014）则根据软件工程师的工作性质，重新概括了软件工程师的工作特征主要包括：工作完整性、技能多样性、工作反馈性、相互依赖性，这些工作特征均会激发员工的知识共享行为。

然而，也有学者提出了不同的意见，例如，在技能多样性方面。知识共享行为往往不在员工角色要求范围之内，这被视为是一种员工的组织公民行为。Chen 和 Chiu（2009）指出，对于员工的工作技能需求越高，越可能超出了员工的工作负荷，增加员工的工作压力，那么则会减少其做出诸如知识共享这类组织的公民行为。他们的研究还发现工作反馈性与员工的组织公民行为之间没有必然的联系。总体看来，工作本身的一些特征对于员工主动与其他成员进行知识共享具有重要的促进作用。但在某些方面，工作是否会给员工形成过大的压力或是占用了其进行知识共享的时间，从而导致员工知识共享行为的减少还有待进一步探究。

第四节 员工知识共享行为的影响效应

众所周知，知识不仅是员工个人的重要资源，同时也是企业的宝贵财富，员工的知识共享行为对员工个人乃至整个组织都具有重要的影响作用。

（一）员工知识共享行为对员工个人的影响

第一，知识共享行为促进员工创新和绩效提升。对于员工个人而言，通过知识共享，组织会营造出一种积极的创造性氛围，可以有效地提升员工的创造力（Akturan and Cekmecelioglu，2016）。员工主动的知识共享会使其在组织中获得更多尊重，增加其自身在组织中的声望和他们的工作热情，使创新想法更加容易产生。另外，知识共享使知识可以在组织中快速地流动，在知识整合的过程中容易使员工迸发更多的创新想法，提高其自身的创新绩效（王仙雅等，2014）。与此同时，员工的知识共享行为还可以使组织中的其他成员有机会获得更多的知识资源，培养工作绩效提升的必要能力，进而帮助知识接收者工作绩效的提升（Swanson et al.，2020）。如此看来，员工知识共享行为是一种能够使双方获利的积极行为，能够帮助他们在工作中展现更高的绩效水平。

第二，知识共享行为改善员工的工作相关态度。Swanson 等（2020）的研究还发现，员工的知识共享行为意味着知识共享者和接受者都参与到知识共享这一过程中来，并且当员工在组织中有所投入，他们会更加依恋组织，继而提高对组织的忠诚度。此外，员工与组织中的其他成员进行知识分享和交流，而接收知识共享的受益员工会试图进行回报，在这种相互回报的过程中可以促进员工在组织与同事之间关系质量的提高，而亲密的同事关系也是员工生活中的重要部分，良好的同事关系可以进一步提升员工的生活幸福感（Jiang and Hu，2016）。

（二）员工知识共享行为对组织的影响

员工知识共享行为促进组织创新和组织绩效提升。对于组织而言，组织员工的知识共享行为是组织进行创新的重要基础，因此员工的知识共享行为往往会对其所在的团体和组织的创新能力产生重要的影响（Yang et al.，2018；Yesil et al.，2013；付晓蓉等，2016）。员工的知识共享行为不仅有利于企业创新能力的提升，还能够提高企业的创新绩效（Wang and Wang，2012）。这一观点已经获得了大量学者的研究支持（Kaabi et al.，2018；Lestari，2018；戈晓燕，2015）。不仅是创新绩效，在类似于酒店、餐厅这种服务型组织或企业中，员工拥有许多有关于客户的有价值的知识，员工的知识共享则可以更高效地帮助组织服务绩效的提升（Nieves and Diaz Meneses，2018；Ogunmokun et al.，2020）。在此基础上，学者们还进一步将员工的知识共享行为划分为显性知识共享行为和隐性知识共享行为，进一步探究它们对于组织的不同影响。Wang 等（2012）指出，无论是显性的知识共享还是隐性的知识共享都能够促进企业的创新及其绩效水平，但是它们却对不同的创新及绩效方面产生作用，显性的知识共享行为对企业创新速度和财务绩效的正向影响作用更为显著，而隐性知识共享行为则对创新质量和经营绩效的正向影响作用更为明显。在关于复杂产品研发绩效方面的研究也发现了显性知识共享和隐性知识共享在影响效应方面的差距。具体而言，显性知识和隐性知识的共享都能够有效促进复杂产品研发的产品绩效和学习绩效，显性知识共享对学习绩效的正向影响作用要大于对产品绩效的影响，而隐性知识共享对产品绩效的正向影响作用大于学习绩效的影响作用（王娟茹、罗岭，2015）。总之，员工的知识共享行为对于企业不同方面的绩效、创新及竞争能力的提升大有裨益已经得到了大量研究的验证。

另外，近期的研究发现，员工的知识共享行为还可以促进组织结构的变化。员工在组织内部进行知识共享能够将组织中不同的部门和单位联系在一起，打破各个单位之间的边界，形成一种强大的网络。组织会朝着以相互学习为主题的灵活组织结构方向进行转变，将会逐渐取代陈旧的、机械化的组织结构（Schutte and Barkhuizen, 2015; Nieves and Diaz Meneses, 2018）。因此，员工的知识共享行为有利于有机组织结构的形成（Ogunmokun et al., 2020）。

第五节　管理启示

员工知识共享行为向来被认为是组织中员工的一种有利行为，能够帮助组织在竞争激励的经营环境中获得优势并立于不败之地。通过对知识共享行为的相关文献梳理，本书提出以下的管理建议，以期能够帮助组织和管理者更好地促进员工的知识共享行为，发挥其积极作用。

第一，组织可以采取多种手段促进员工的知识共享行为。组织结构、组织人力资源政策对于员工的知识共享行为具有跨层次影响作用已经被大量的研究所证实，因此组织可以通过多种方式激励员工在组织中进行知识和经验的分享。例如，实施高绩效的工作承诺系统，采用以发展为导向的绩效考核方式代替以评价为导向的绩效考核方式等办法来鼓励员工产生知识共享行为。此外，还可以在组织中营造出积极的创新氛围、信任氛围、沟通氛围等，并使共享的组织文化更加深入员工内心，通过一种潜移默化的形式推动员工为组织进行奉献，以达到组织所希望的员工进行知识共享的目的。

第二，管理者在工作中要努力形成积极的领导风格，减少消极行为。领导作为组织的代言人，与员工有密切的接触，容易影响员工的行为。已有的研究已经表明，积极的领导风格对于员工的知识共享行为具有正向的影响作用，例如，变革型领导（Han et al., 2016）、授权型领导（Wu and Lee, 2017; Dejan Matic, 2017）等。因此，管理者需要在工作中表现出积极的行为和态度，为员工知识共享创造良好的氛围并提供一定的心理支持，使其更倾向于在工作中与领导、同事分享自己的专业知识和工作经验。然而诸如辱虐管理等消极的领导行为表现容易破坏员工对组织和领导的认同，导致其不愿意为组织进行额外的贡献。故而，领导应该在工作中避免产生类似消极的行为和态度。

第三，对员工进行筛选和培训，以保证组织中的员工具备知识分享的意愿和能力。组织在进行员工的招聘和筛选时，应该要关注那些在开放性、外向性以及尽责性等人格特质方面表现较为突出的员工，这些个体在进入组织后，相较于其他员工更容易表现出知识共享行为。与此同时，在企业对员工进行培训时，应该尽可能培养他们在今后工作中的利他主义以及自我效能感等，如态度的转变和能力的培养可以促进他们在组织中更好地分享知识和经验。

第六节 结论与未来研究展望

一、结论

知识是组织宝贵的财富资源，能够促进组织创新、创造，提升组织的价值（Wang and Noe，2010）。员工作为知识资源的主要承载体，促进员工在组织中进行专业知识、工作经验及技巧的分享已经成为组织为之努力的方向。

目前学者们开展了许多围绕员工知识共享行为的研究，很好地为组织知识管理实践提供了理论指导，也为未来的理论研究奠定了基础。本书在这些现有研究的基础上，对知识共享行为的内涵界定及维度划分，以及知识共享行为的前因后效进行了较为系统的梳理和分析。知识共享行为的定义呈现多样化的现象，不同的学者都尝试着对其进行界定，目前关于知识共享行为的定义还存在很大的分歧。与之相似，关于知识共享行为的维度划分也存在许多不同的观点，但是根据分享的知识属性或特征将其分为显性知识共享行为和隐性知识共享行为，两个维度的观点已经被学者们普遍接受，且被广泛运用于各类研究之中。由于知识共享行为对于组织具有重要的意义，员工知识共享行为的驱动因素向来备受广大学者的关注。学者们从员工个人层面、领导层面乃至组织层面以及工作层面的影响因素都进行了细致而全面的探讨，发现这些因素都有可能会对员工的知识共享行为产生影响作用。然而从员工知识共享行为所产生的影响效应方面来看，员工的知识共享行为往往能够对员工个人以及组织产生积极的影响作用，例如，提高员工的创造力、对组织的忠诚度,以及提升组织的创新能力和绩效等。

二、未来研究展望

在当前组织竞争尤其激烈的时代,知识是组织在快速变化的外界环境中得以灵活应变和积极响应的重要资源,因此员工拥有丰富知识并乐于在组织中分享自己的知识就显得十分重要。学者们针对员工的知识共享行为开展了大量的研究,目前也已经取得了大量的研究成果,但是仍然存在一些不足,未来可以从以下方面加强关于员工知识共享行为的相关研究:

第一,厘清员工知识共享行为的定义及内涵。在知识经济时代下,知识共享行为已经得到学术界和实务界的广泛关注。许多学者围绕组织中的知识共享行为展开了大量的理论以及实证研究,但是关于知识共享行为的具体定义和内涵的界定仍然未能形成统一的看法。Dash Wu 等(2012)也曾指出,目前尚没有对知识共享进行较为全面的定义,不少学者在进行研究的过程中,从自己的角度出发,根据对知识共享行为的不同理解,采用或重新界定了知识共享行为的具体内涵。这些不同的定义都分别从不同侧面体现了知识共享行为的不同性质及特点。因此,在未来的研究中需要进一步厘清知识共享行为的内涵界定,可以考虑从整合性的视角出发,对知识共享行为的概念做出更加清晰的界定。

第二,加强员工知识共享行为的影响效应研究。从当前的研究结果来看,相对于员工知识共享行为影响因素的研究,学者们对于员工的知识共享行为所产生的影响效应的探索较少,未来的研究应该对知识共享行为在组织中所发挥的实际作用予以更多的关注。除此之外,目前大多数有关员工知识共享行为影响效应的研究都聚焦于组织层面,普遍认为员工的知识共享行为能够提升组织的创造力(Yang et al.,2018;Yesil et al.,2013;付晓蓉等,2016)、组织各方面的绩效水平(Wang and Wang,2012;Kaabi et al.,2018;Lestari,2018;戈晓燕,2015)等。然而员工知识共享行为对员工个人所产生的影响效应,尤其是对个人潜在的负面效应的研究却鲜少有人探究,例如,员工的知识共享行为可能会使其丧失对自己有利的资源,进而会对自己产生不利的影响。由此可见,在进行知识共享行为影响效应的研究时,研究者们可以将目光从组织层面更多地转移到个人层面,同时也可以尝试着考虑员工的知识共享行为是否可能存在潜在的负面效应。

第三,员工知识共享行为的消极影响因素探究。学者们普遍认为,知识资源对于组织而言十分重要,而这些资源大多隐藏在员工个体身上,想要实现知识的传播和共享并非一件简单的事情(Cummings,2004)。因此,企业和学者们花费了大量的时间和精力致力于探究如何促使员工投入知识共享行为，很少有研究关注阻碍知识共享行为的因素（Ghani et al.，2020）。尽管探究知识共享行为的驱动因素对于组织制定相应政策以鼓励员工主动进行知识共享具有重要意义，同时也有必要厘清阻碍员工产生知识共享行为的因素，使企业和管理者所实施的管理办法行之有效。例如，员工的资质过剩感（袁凌等，2018）、领导的辱虐管理行为（Lee et al.，2018；肖小虹等，2018）都可能会阻碍员工的知识共享行为产生，因此应该对这些消极因素进行充分的探讨和挖掘，以削弱和减少在员工知识共享过程中的阻力。

第四，增强对员工知识共享行为的跨文化研究。不同的文化背景会影响员工的思维方式和行为等，因此在不同的文化背景下，推动员工知识共享行为产生的因素以及知识共享行为所带来的影响效应可能会有所差异。目前已有学者尝试着在知识共享行为的主题研究中，引入中国情景中的特色变量，例如，中庸思维（魏江茹，2019）、员工的传统性（李锐等，2014）等。这些研究很好地将一些中国员工所具有的特点融入到研究中，可以进一步增加研究结论在中国组织管理实践中的实用性和有效性。由此可见，未来的研究可以充分考虑中国情景下的特点，做更好的中国本土研究。

第五，尝试采用整合性视角探讨知识共享行为的驱动因素。目前已有大量的研究对知识共享行为的驱动因素进行了探索，但是许多研究仍然是从单一层面出发进行探讨的，例如，个人层面或是组织层面，从整合性层面出发的研究较少。目前，员工与组织环境的匹配、员工与其工作伙伴的匹配对员工工作行为的影响已经受到越来越多学者的关注。例如，Kim等（2013）从匹配性的观点出发，指出个人—组织匹配程度越高则越容易促使员工产生更多的积极行为，而这些行为却又通常不在工作要求的范围之内，比如知识共享行为。因此，学者们可以从整合性的视角，尝试着结合多个层面因素，对知识共享行为的驱动机制进行深入的探索。

第九章　员工沉默行为：内涵、测量、影响因素和影响效应

第一节　引言

在组织变革和激烈的竞争环境下，组织对员工提出了更高的要求，如采取主动、勇于发言和接受责任（Vakola and Bouradas，2005）。组织需要那些能迅速应对环境挑战的员工，他们愿意共享信息和知识，具有捍卫自己和团队的信念。为此，如何让员工"发声"一直以来都是组织管理者关注的重要议题。然而，在现实的组织环境中却普遍存在员工了解事实真相、知道解决问题的关键所在以及有正确方法却不愿表达的现象（Khalid and Ahmed，2016）。员工的这一行为表现被称为员工沉默行为。员工沉默行为是员工在可以改进组织绩效的情况下，选择对有关问题视而不见或者持保留态度不说的行为（Pinder and Harlos，2001）。组织中的强大规范和防御惯例，经常在不知不觉中阻止员工说出他们的真实感受或知道的东西。Morrison 和 Milliken（2000）认为，当一种沉默的文化存在时，组织成员就会陷入一种明显的矛盾之中，一方面，大多数员工都知道组织内存在的某些问题和问题的真相；另一方面，又不愿或不敢向他们的主管说出真相。虽然沉默行为在某些时候有助于维护人际关系（Nyberg，1993）和帮助组织进行快速有效的决策（Knoll and van Dick，2013），但沉默行为对组织和个人的消极影响已经得到了大量研究的证实。例如，研究表明员工沉默行为与组织决策（Morrison and Milliken，2000）、组织变革（Nemeth，1985；Morrison and Milliken，2000）呈显著负相关，同时与员工的不被重视感（Lind and Tyler，1988）、认知

失调以及离职倾向（Beheshtifar，2012；王颖、刘莎莎，2017）等呈显著正相关。因此，了解员工沉默背后的原因，探讨员工沉默的影响效应和发生机制，对于组织和员工个人都具有重要的理论和现实意义。

目前员工沉默行为的研究已经取得了一定的研究成果。早前的研究通常认为已有关于建言行为的理解同样可适用于沉默行为（Tangirala and Ramanujam, 2008；Van Dyne et al.，2003），且研究多集中在对沉默行为的概念性或定性研究上。然而近几年来员工沉默行为领域的研究在沉默行为的内涵、测量、驱动因素和影响效应上都有了新的突破，关于沉默行为的实证研究有了进一步的发展。鉴于此，本书将聚焦于组织中的员工沉默行为这一主题，首先对员工沉默行为的内涵及员工沉默行为的测量进行论述；其次进一步深入剖析员工沉默行为的影响因素和影响效应；最后基于上述相关研究发现提出员工沉默行为研究的管理启示和未来的研究展望，期望借以对员工沉默行为的理论研究有所启迪，同时对组织中的员工沉默行为管理实践也能有所启示。

第二节　员工沉默行为的内涵与测量

一、员工沉默行为的界定与维度

沉默作为一种不显眼的工作场所行为，在管理文献中受到的关注较少。然而这种行为确实普遍存在，并可能产生许多负面影响。在早期的研究中，人们对员工沉默行为的关注始于组织沉默（Organizational Silence）概念的提出。Milliken 和 Morrison（2000）最早将组织沉默定义为一种集体现象，它反映了员工有意识地隐瞒与组织相关问题的行为，它是在组织层面上产生的，受许多组织特征（如决策过程、管理过程或组织文化）的影响。Milliken 和 Morrison（2000）认为，在一个具有系统的沉默文化的组织中，员工不表达自己的想法，也不说出真相，因为他们害怕可能由此引发负面影响，也可能是他们担心自己表达出的意见会不受重视。在这一界定中，沉默可以看作是一种组织内部员工惯性偏好，即个体当前的沉默行为会产生惯性效应，导致其在未来更加倾向于保持沉默。与此同时，沉默还会在组织中形成蔓延趋势，借助人际互动与影响，在成员之间扩散与传播，随着时间的推移，就会形成组织层面的沉默氛围。组织沉默概念提出后，学者们开始关注个人层面的员工沉默行为,并从不同视角对其进行了概念界定和结构剖析。目前,员工沉默行为的界定形成了较为统一的意见,即认为员工沉默行为是员工在可以改进组织绩效的情况下,选择对有关问题和想法持保留意见而不表达出来(Pinder and Harlos, 2001)。Morrison 和 Milliken (2000)、Pinder 等(2001)对沉默的聚焦各有侧重。Pinder 等(2001)侧重于员工个体层面的沉默,将其作为是个体对不公正的回应;Morrison 和 Milliken (2000)侧重于组织层面的沉默,将其作为对恐惧和组织沉默文化的回应。不过,这两种定义都强调隐瞒是沉默的核心要素。Van Dyne 等(2003)将沉默行为定义为故意隐瞒与工作有关的想法、信息和意见。大多数研究将员工沉默定义为有意隐瞒有意义的信息行为,这些有意义的信息包括工作相关的问题和建议(Tangirala and Ramanujam, 2008)。因此,员工沉默是有意识的沉默,并不是指无意中未能沟通,或是由于粗心或无话可说所致的沉默(Van Dyne et al., 2003)。通过对上述沉默行为界定的梳理,可以让我们对工作场所沉默行为的理解和认识更为明晰。

当大多数人把某一个人的行为贴上"沉默"的标签时,往往意味着这个人没有进行积极的沟通。不过,随着对员工沉默行为探索的深入,学者们对员工沉默行为的研究也从概念界定转向内容结构维度的更细化探讨,并从不同的动机视角探究了沉默行为的具体维度(见表9-1)。学者们提出,员工沉默是一种基于不同潜在动机的多维结构(Pinder and Harlos, 2001; Van Dyne et al., 2003)。在早期的研究中,Pinder 等(2001)认为,员工的沉默行为是一个两维度的概念,包括默许沉默(Acquiescent Silence)和无作为沉默(Quiescent Silence)两个维度。其中,默许沉默是消极的被动式沉默,发生于员工对自己的消极信念,他们认为自己没有足够的改变能力,即使发言也不会对现状产生影响,从而消极和被动地保留观点;无作为沉默则是主动式沉默,员工比较积极地保留观点,是员工为了保护自己免受伤害或避免因发言而损害人际关系,积极和主动地保持沉默,即基于恐惧的故意不作为。默许沉默和无作为沉默的差别主要体现在员工是消极被动选择沉默,还是出于自我保护而积极主动地选择沉默。

表9-1 沉默行为的概念界定与维度划分

概念界定	维度划分	具体维度构成	代表学者
员工有意识地隐瞒与组织相关问题的行为,在组织层面上产生的,受组织特征的影响	单维度	组织沉默	Morrison 和 Milliken (2000)

续表

概念界定	维度划分	具体维度构成	代表学者
员工在可以改进组织绩效的情况下，选择对有关组织环境等方面的行为、认知或感情的观点进行保留	两维度	默许性沉默、无作为沉默	Pinder 和 Harlo（2001）
员工故意隐瞒与工作有关的想法、信息和意见	三维度	默许性沉默、防御性沉默、亲社会性沉默	Van Dyne 等（2003）
员工本来可以根据自己的丰富经历以及知识构成，对工作进行反馈，提出意见或建议，从而解决所在部门甚至组织存在的部分问题，但是却因为各种原因，有所保留，删减或者精简改动甚至不提出观点、看法的行为	三维度	默许性沉默、防御性沉默、漠视性沉默	郑晓涛等（2008）
员工有意识的和经过深思熟虑而做出的隐瞒信息或保留意见的决定	四维度	默许性沉默、防御性沉默、漠视性沉默、道德性沉默	杨丰瑞和谢芸潞（2010）
员工对工作中的问题，如违反个人道德、组织规范、法律标准或组织发展的问题不关注、不发表意见和评论	四维度	默许性沉默、无作为沉默、亲社会性沉默、机会主义沉默	Knoll 和 Dick（2013）
员工拒绝提出与工作相关问题的看法	六维度	偏差性沉默、关系性沉默、防御性沉默、缺乏自信性沉默、无效性沉默、脱离性沉默	Brinsfield（2013）

Van Dyne 等（2003）认为，沉默也表现了员工在有相关想法、信息和意见的情况下，选择不表达出来的情况。在此基础之上，Van Dyne 等（2003）提出，员工沉默是一个三维概念，根据员工的动机，以主动或被动为划分依据，员工的沉默行为可划分为三类，即默许性沉默（Acquiescent Silence）、防御性沉默（Defensive Silence）和亲社会性沉默（ProSocial Silence）。第一，默许性沉默。与 Pinder 等（2001）提出的默许沉默相同，默许性沉默是被动式沉默，描述了被动的有意不参与的行为，通常被解释为员工对现状的认可或被动接受（Van Dyne et al.，2003）。表现出默许性沉默的员工听命于目前的情况，不愿意努力发言、参与或试图改变现状。因为他/她相信表达意见是毫无意义的，他们的意见不会对现状产生任何影响。当员工认为他们没有可能发挥作用时，就不太可能主动提出想法或建议。另外，默许性沉默的员工对个人影响力具有较低的自我效能感评

工作情境中的员工行为及其管理研究

估,从而使他们倾向于保留意见和信息。默许性沉默也可能包括故意的被动行为和面临的情况超出个体能力的感觉而保持隐瞒。第二,防御性沉默。防御性沉默的概念与Pinder等(2001)提出的无作为沉默概念相似,两者均描述基于个人对说话后果的恐惧而故意不作为。这与Morrison和Milliken(2000)强调恐惧的个人情绪是组织沉默的关键动机也是一致的。Van Dyne等(2003)认为防御性沉默是基于恐惧的一种自我保护形式,他们提出防御性沉默是一种有意、主动和利己主义的行为,通过拒绝发表和接受相关的想法、信息或意见,达到保护自己免受外部威胁的目的。与默许性沉默相反,防御性沉默更积极主动,包括主动进行自我保护的意识和考虑替代方案,然后有意识地决定将保留想法、信息和意见作为目前最好的个人保护策略。防御性沉默是基于害怕发表意见和害怕提出改变建议而可能产生的后果,它是由积极地回避和自我保护动机引起的,包括担心表达想法本身具有风险而隐瞒信息。另外,防御性沉默还是隐瞒个人错误作为自我保护的一种形式,以及因为害怕承担发言的责任而选择隐瞒信息的个人行为。第三,亲社会性沉默。亲社会性沉默被定义为基于利他主义或合作动机而隐瞒与工作相关的想法、信息或意见,以造福他人或组织的行为(Van Dyne et al.,2003)。类似于组织公民行为,亲社会性沉默是一种有意和主动的行为,并以他人幸福为导向(Korsgaard et al.,1997)。亲社会性沉默也是一种自由选择的行为,它不由组织授权,也不在组织规定的员工职责范围内。Van Dyne等(2003)提出的亲社会性沉默与防御性沉默既有一致的地方,也有不同之处。亲社会性沉默与防御性沉默相似,同是基于对替代方案的认识和考虑,以及有意识地隐瞒想法、信息和意见的行为。然而其与防御性沉默相反,亲社会性沉默的动机是关心他人,而不是担心发言可能会产生负面的个人后果,即亲社会性沉默是以他人为导向的,而防御性沉默是以自我为导向的。例如,为保持团队的团结一致而容忍不可避免的个人不便,强调不抱怨,此时缺乏抱怨(即沉默)代表着从直接的个人利益关注转移到以其他为导向(如团队利益关注)的目标,对他人表现出耐心和礼貌(Kowalski,1996)。员工可以为保护组织的利益而不对外透露组织的专有知识(即保持沉默),包括隐瞒组织的机密信息,不做一般性讨论或发表意见,因为它是保密的。总之,表现出亲社会性沉默的员工基于对组织或者团队的关注和有利于组织或者团队的动机,而会主动和有意识地决定不披露具体的想法、信息或意见。

Knoll和Dick(2013)认为,员工沉默行为应该是一个包含默许性沉默、无作为沉默、亲社会性沉默和机会主义沉默的四维度构念。前三个维度(即默许性沉默、无作为沉默、亲社会性沉默）与 Van Dyne 等（2003）所提的默许性沉默、无作为沉默、亲社会性沉默内涵相同，而机会主义沉默（Opportunistic Silence）是指员工采取一定披露策略，有选择性地保留与工作相关的信息、想法和建言，从而实现自己的优势目标的行为，即通过隐瞒部分信息来实现自己的优势。从机会主义的几种可能表现来看，机会主义沉默的主要形式是隐瞒或提供不完整或扭曲的信息，其目的是误导、伪装或混淆（Knoll and Dick，2013）。

Brinsfield（2013）认为，沉默动机是一种量化不同形式的沉默方式，对沉默动机的研究能显著提高我们对员工保持沉默、"知而不言"情况的理解。Brinsfield（2013）在审查员工沉默动机基础上，将员工沉默细化为偏差性沉默（Deviant Silence）、关系性沉默（Relational Silence）、防御性沉默（Defensive Silence）、缺乏自信性沉默（Diffident Silence）、无效性沉默（Ineffectual Silence）和脱离性沉默（Disengaged Silence）六个维度。其中，偏差性沉默作为一种工作场所偏差行为，得到的关注较少。然而，研究表明这种行为确实存在，而且可能带来组织和员工指向的负面结果，如 Gruys 和 Sackett（2003）在对反生产行为维度的研究中，将不当使用信息（Misuse of Information）作为其中的一个重要维度，如"故意不给主管或同事必要的信息"，这一维度在概念上与偏差性沉默类似。Brinsfield（2013）在前人研究的基础上，将偏差性沉默界定为员工出于伤害组织或他人利益而保持沉默的行为。关系性沉默是员工基于对发表意见会损害人际关系的担忧，为维护融洽的人际关系而选择沉默的行为。在关系导向的组织情境中，员工有更强的保持沉默的倾向，因为他们不想损害和同事或领导的人际关系。例如，Milliken 和 Morrison（2003）发现，在他们所采访的 40 名受访者中，有 27.5% 的人报告说，害怕破坏一段关系是他们在工作中保持沉默的主要原因。Brinsfield（2013）提出的关系性沉默与 Van Dyne 等（2003）所提出的亲社会性沉默有一定联系，两者均强调合作动机和一定的利他主义，但并不完全一致。

关系性沉默的测量题项并不完全反映利他主义。相反，这些测量题项的一般关系取向可能是基于更深层次的自我利益动机，也可以认为，在某种程度上所有的动机都与自我利益（保护自己与他人的关系）相关。这与 Van Dyne 等（2003）强调的亲社会性沉默是基于利他主义或合作动机而隐瞒与工作相关的想法、信息或意见，以造福他人或组织的沉默具有显著差异。防御性沉默是现有沉默研究的焦点议题，指员工基于恐惧而隐瞒相关想法、信息或意见，以此作为自我保护的一种形式，是一种有意的、主动的和利己主义的行为（Van Dyne et al.，

2003）。缺乏自信性沉默与员工的自尊、不安全感、自我怀疑以及所处情境的不确定性有关，其是指员工由于缺乏自信心或对相关信息不能形成有效判断，害怕损害自己的名誉而保持沉默的行为。例如，Noelle – Neumann（1974）提出，个体的自我怀疑知觉可能会阻止他们表达不符合公众舆论的想法，使他们保持沉默，最终陷入永久化的"沉默螺旋"。缺乏自信性沉默与防御性沉默之间存在一些概念重叠，因为这两个维度都与因对负面结果的恐惧而选择保持沉默有关。然而，缺乏自信性沉默更多的是为了避免与自我相关的消极结果（如为了避免让自己难堪），而防御性沉默更多的是为了避免外部相关的消极结果（如害怕失去工作）。

无效性沉默与员工"人微言轻"的信念有关，是员工认为发表观点不会对现状起任何作用而保持沉默的行为（Brinsfield，2013），即员工认为即使开诚布公地提出建议，也无法改变面临的问题、情形或关心的议题，这是一种因无力改变现状而选择消极顺从的行为。例如，Morrison 和 Milliken（2000）对组织沉默氛围的研究中，认为组织沉默氛围出现源于组织成员形成的共同信念，即成员认为谈论组织中的问题是徒劳的、无意义的。Pinder 和 Harlos（2001）认为员工沉默行为是对组织环境的深刻接受、顺从、放弃改进的希望、对情况的认可，以及对潜在替代方案的认识有限。Van Dyne 等（2003）将沉默定义为"基于顺从而隐瞒相关想法、信息或意见"。Morrison 等（2000）则沉默的界定均体现了因"无效"而沉默的标签，即员工持有建言不会对情况产生积极影响甚至是不会产生任何影响的信念，从而选择保持沉默。脱离性沉默体现的是因员工对组织没有归属感而保持沉默的行为，如"事不关己高高挂起"（Brinsfield，2013）。在一定程度上，脱离性沉默和无效性沉默均可以看作是对默许性沉默的进一步细分。然而，与无效性沉默相比，脱离性沉默缺乏对组织的归属感，对组织的心理所有权和情感依附较低，但脱离性沉默对改变现状有着更高的自我效能感，具有脱离性沉默行为的员工相信自己的意见、建言和掌握的信息可以改变组织，但却因脱离组织而不屑发声。

员工沉默行为在我国企业中更为常见，"沉默是金""三缄其口"是员工明哲保身普遍奉行的信条。国外学者对沉默行为的内涵与结构研究已经取得极具价值的研究成果。然而，我国高权力距离、集体主义和人际导向的文化背景赋予了员工沉默行为的独特内涵，国外学者构建的沉默行为相关理论或许并不完全适用于对我国员工沉默行为的研究，我国文化背景下的员工沉默行为内涵与结构探讨亟待丰富。在此背景下，郑晓涛等（2008）首先开展了我国本土化的员工沉默行为研究，将员工沉默行为界定为员工本来可以根据自己的丰富经历以及知识构成，对工作进行反馈，提出意见或建议，从而解决所在部门甚至组织存在的部分问题，但是却因为各种原因，有所保留，删减或者精简改动甚至不提出观点和看法的行为。在此基础上，郑晓涛等（2008）进一步提出了我国组织情境下员工沉默行为的三个维度：默许性沉默、防御性沉默和漠视性沉默。默许性沉默和防御性沉默与Van Dyne（2003）等的研究相同，即员工认为无法改变现状，而选择听命于目前的情况，不愿意努力发言，也不愿意参与或试图改变现状。防御性沉默是一种自我保护行为，通过拒绝发表相关的想法、信息或意见，达到保护自己身心安全，免受外部威胁的目的。漠视性沉默有别于西方提出的员工沉默概念，是指员工由于较低的组织承诺，而不愿意向组织反馈工作问题，拒绝提出可以改善组织的信息、观点和建议，漠视组织利益的行为。在郑晓涛等（2008）研究的基础上，杨丰瑞和谢芸潞（2010）提出了员工沉默行为的四维度模型，即默许性沉默、防御性沉默、漠视性沉默和道德性沉默。

学者们对沉默行为的研究已经形成较为清晰的概念界定和维度划分，研究视角逐步趋于整合化和系统化。就沉默行为的内涵而言，内隐性是员工沉默行为的主要特征，沉默背后的心理机制难以被人察觉，旁观者不易判断行为的真实状态。此外，从现存研究成果来看，沉默行为的施行既可能是主动的，也可能是应对环境的被动行为。就沉默行为的维度划分而言，代表性的国外研究成果包括Van Dyne等（2003）划分的默许性沉默、防御性沉默、亲社会性沉默三维度，Brinsfield（2013）划分的偏差性沉默、关系性沉默、防御性沉默、缺乏自信性沉默、无效性沉默、脱离性沉默六维度等。在国内研究中出现了郑晓涛等（2008）细分的默许性沉默、防御性沉默、漠视性沉默三维度。可以说，员工沉默行为的结构维度研究呈现从单维度向多维度的发展态势，在研究范式上也逐渐从验证性研究向本土化的探索性研究转变。这些研究成果为后续员工沉默行为的驱动因素和影响效应实证研究奠定了良好基础。

二、沉默行为与建言行为

近年来，关于员工沉默行为与建言行为（Employee Voice）的关系一直众说纷纭。从表面上看，沉默行为和建言行为似乎是对立的，因为沉默意味着不发表观点和意见，而建言意味着对组织中的重要问题发表意见（Van Dyne et al.，2003）。然而，在具体的组织情境中，沉默并不代表没有声音。相反，沉默有时是另一种形式的发声，如"无声抵抗"。明确沉默和建言的不同才能更好地探讨员工沉默行为对员工和组织结果的影响，进而为组织对员工沉默实施干预和管理政策的制定提供有针对性的参考。

Van Dyne 等（2003）和 Morrison 等（2015）提出，沉默行为并不是建言行为的简单对立面，两者是相互分离的两个独立构念。区别沉默和建言的关键特征不是建言的存在与否，而是员工拒绝或表达关于工作相关想法、信息和意见的动机（Van Dyne et al., 2003）。与建言相比，观察者更有可能错误地描述员工沉默行为的动机，保持沉默的员工更有可能面临与他们的实际动机不一致的结果。首先，没有建言并不意味着存在有意的沉默。具体而言，沉默被概念化为员工有意识地隐瞒信息，而不是无意中的沟通失败或根本无话可说（Tangirala and Ramanujam, 2008）。因此，沉默行为是员工可能采取的一种交际选择，这种选择侧重于故意隐瞒与改进工作和工作组织有关的想法、信息和意见（Van Dyne et al., 2003）。从概念界定上可知，只有当员工有意识地隐瞒自己的观点时才可称为沉默行为，无话可说或没有想法导致沟通失败则不属于沉默行为。可见，不建言不等同于沉默，因为不建言包括知而不言和因为不知所以不言，只有知而不言才是沉默。因此，沉默行为和建言行为不可一概而论，对员工沉默行为的研究也不能直接套用建言行为的研究结论。其次，在测量方法上，沉默行为和建言行为的测量不可直接对应。建言行为测量低分者并不意味着在沉默行为的测量上得分高，因为正如前文所述，员工不发声包括了有想法但故意隐瞒信息或保留意见，以及真的没有意见或建言可以表达两种情况。员工在建言行为测量上得分低既可能是因为前者（即有想法但故意隐瞒），也可能因为后者（即无话可说），因此员工建言行为测量和沉默行为的测量上不可逆向换算。最后，员工沉默行为和建言行为的影响因素不尽相同。例如，段锦云（2012）研究证实，积极情绪对员工建言有正向影响，但对员工沉默行为的影响不显著。可见，沉默行为与建言行为之间并不存在显著的直接关系。在对沉默行为的研究中，不能简单地将沉默视为建言的对立面，沉默不代表完全没有建言，而建言不完全等同于沉默。

三、沉默行为的测量

沉默行为的概念提出后，学者们从多个角度对沉默行为进行了维度划分，并开发了员工沉默行为的测量工具。现存研究中对沉默行为的测量包括自评、他评和现场观察三种方法。目前采用较多的是 Van Dyne 等（2003）、Tangirala 和 Ramanujam（2008）以及郑晓涛等（2008）开发的员工沉默行为测量量表。在多维量表中，Brinsfield（2013）、Knoll 和 Dick（2013）针对沉默行为的不同维度编制的测量量表也得到了一些研究的使用和验证。各量表以及例题如表9-2所示。

表9-2 员工沉默行为测量量表汇总

题目数量	示例题项	量表来源
15	该员工拒绝透露可能损害该组织的信息（亲社会性沉默维度题项）	Van Dyne 等（2003）
5	在组织中你会因为出于安全的担忧而选择保持沉默	Tangirala 和 Ramanujam（2008）
12	因为担心和同事的关系受到影响，我会对他人工作中的欠缺和疏忽保持沉默	郑晓涛等（2008）
29	由于害怕报复或受到不利的后果，我会在工作中保持沉默	Brinsfield（2013）
12	我在工作中保持沉默因为我不想被视为麻烦制造者	Knoll 和 Dick（2013）

第三节 员工沉默行为的影响因素

鉴于员工沉默行为对员工个人以及整个组织可能产生的影响，尤其是其存在的消极影响方面。因此，为更好地预测和管理员工沉默行为，学者们开始向前溯源，关注员工沉默行为的影响前因，探讨其驱动机制。现存的研究探讨了各种前因对员工沉默的影响，如个人因素（个人性格、工作经验、任期、职位等）和组织背景因素（主管的开放性和可信度、组织文化、领导能力、组织结构等）(Milliken et al., 2003; Premeaux and Bedeian, 2003; Walumbwa and Schaubroeck, 2009)。从现有的研究成果来看，员工沉默行为的影响因素主要集中在个体层面因素、组织层面因素和领导相关因素三个方面。其中，个体层面因素包括员工的满意度、心理安全感、责任感年龄、性别和人格特质等。组织层面因素包括组织氛围、组织文化等，领导相关因素则包括领导风格和领导者的内隐信念等。

一、个体层面因素

（一）员工的满意度影响沉默行为

研究表明，员工的沉默行为受其认知因素的影响。基于社会交换理论，Lepine 和 VanDyne（1998）证实，工作满意度是员工沉默行为的重要影响前因，较高工作满意度的员工常常能为组织振臂疾呼；相反，工作满意度低的员工会表现出很多的沉默行为。因为当员工对自己的工作比较满意时，基于社会交换的互惠原则他们会通过各种渠道为组织贡献自己的观点和意见，而当满意度较低时，员工的工作努力程度也会随之下降，并且不愿为组织冒险进言，从而表现出更多沉默行为。又如耿丽嫒（2017）发现，员工的资质过剩感可能影响员工对组织的满意度进而影响其沉默行为。具有较高资质过剩感的员工会认为自己的意见不受领导者重视，产生较低的组织满意度，进而表现出更多沉默行为。可见，员工的满意度可能会直接导致其表现出更多的沉默行为。

（二）员工的心理安全感影响沉默行为

在以往的研究中，大量的研究已经证实心理安全感是员工沉默行为的重要驱动因素。Kish-Gephart 等（2009）认为，员工选择保持沉默的关键原因之一是对建言风险的担忧。因此，心理安全感被认为是员工沉默行为的最直接影响因素。在高心理安全感下，员工可以表现真实的自我，会形成较积极的发声预期，认为发声不会对自我形象、地位和职业生涯造成负面影响，从而减少沉默行为，即心理安全感与员工的沉默行为呈显著负相关，当员工的心理安全感较高时，其在工作中的沉默行为将显著减少（段锦云，2012；赵金金、刘博，2017）。有研究表明，领导风格影响员工的沉默行为也是通过影响员工的心理安全感而实现的，如吕逸婧等（2015）的研究发现，真诚型领导通过提高员工心理安全感的方式，间接减少员工沉默行为。曹习习（2018）的研究也证实，谦卑型领导通过心理安全感的传导机制，对员工沉默行为产生负向影响。这些研究也表明员工的心理安全感确实是影响员工沉默行为的直接因素。

（三）员工的责任感影响沉默行为

员工的责任感也被证实是员工沉默行为的重要影响因素。例如，牛琦丽（2016）的研究发现，具有较高责任感的员工，在工作中选择为工作相关的问题主动发言的频率更高，表现出沉默行为的次数更少，即员工的责任感对员工沉默行为有负向影响。为了减少员工的沉默行为可能对组织及其成员产生的负面结果，让员工对于所发现的问题及时反馈，可以通过提高员工的责任感得以实现。

（四）员工的自尊影响沉默行为

由于提出建议需要面临不确定性风险（如组织是否同意，同事是否服从），因此员工的自尊水平将影响是否提出建议的倾向（Lepine and Van Dyne, 1998）。Pinder 和 Harlos（2001）研究表明，员工的自尊水平与沉默行为呈负相关，自尊水平较低的员工表现出更多沉默行为。因为低自尊的个体自我保护意识更强，他们会避免暴露自身弱点，因此更有可能选择沉默。

（五）员工的人格影响沉默行为

首先，个人的控制点也是影响沉默行为的重要因素。内控点员工影响工作的意愿更强烈，他们更有可能提出工作相关的想法和观点，而外控点员工更被动和消极，对影响工作有较消极预期，沉默的可能性更大。Pinder 和 Harlos（2001）也表明，外控型人格的员工表现出较低的自我效能，认为个人不能改变环境，他们常常把个人成败作为外部环境归因，否认自己的努力，因此在遭受不公平对待时往往也会"忍气吞声"，保持沉默。其次，就大五人格而言，Lepine 和 Van Dyne（2001）研究发现，外向性的员工具有较高的沟通技能，他们更有可能提出观点和建议；情绪稳定性越高，员工选择沉默的可能性越小，而情绪稳定性较低的员工对提出观点更犹豫，选择沉默的可能性越大；随和的员工由于不愿成为"麻烦制造者"，沉默的可能性更高。此外，主动性人格也被证实与沉默行为密切相关。高主动性人格的员工具有更高的环境敏感性，更倾向于表现出组织公民行为，针对组织问题积极提出自己的观点和想法，减少沉默（苏伟琳、林新奇，2018）。

（六）员工的年龄、性别影响沉默行为

一直以来，年龄和性别等人口统计学变量都被认为是影响沉默行为的重要因素。研究表明，年龄会正向促进沉默行为。吴坤津等（2018）研究发现，员工的年龄对沉默行为有直接的促进作用。Gilligan（1982）发现，工作场所中的女性比男性表现出更多的沉默行为。因为女性的行为会表现出更多关系导向，她们在提出观点前常常会考虑发言对人际关系的影响，因此更有可能保持沉默。Buzzanell（1994）表明，男性在工作中会表现出更多控制、竞争、独立和果断的价值观，因此在组织中男性更多处于主导地位，而女性关系导向的价值观在组织中更有可能被边缘化，从而导致更多的沉默行为。

二、组织层面因素

（一）组织氛围影响沉默行为

第一，组织恐惧氛围影响沉默行为。大量的研究对恐惧氛围（Climate of Fear）与沉默行为的关系进行了探索，发现恐惧是员工沉默的关键动力（Brinsfield，2013；Detert and Edmondson，2011；Milliken et al.，2003；Morrison and Milliken，2000；Van Dyne et al.，2003）。恐惧氛围被许多研究证实是员工对不同类型工作问题保持沉默的根本原因（Prouska and Psychogios，2018；Detert and

Treviño, 2010)。一方面,在低强度恐惧氛围下,员工从意识到替代方案或评估成本和收益后会驱动有意识的防御性沉默(Pinder and Harlos, 2001; Van Dyne et al., 2003)。另一方面,在高强度恐惧氛围下,沉默将成为个体的一种自动反应,在长期的高强度恐惧氛围下,员工将自动性地出现习惯性的沉默行为(Habituated Silence)(Morrison and Milliken, 2000; Morrison and Rothman, 2009),这是人们天生倾向于回避恐惧的不愉快特征的自然结果。Prouska 和 Psychogios(2018)调查了希腊 2009 年和 2015 年两次经济危机期间,恐惧氛围与小型企业员工的沉默行为之间的关系,发现在低强度的恐惧氛围下,员工由于害怕被贴上"麻烦制造者"的标签,以及糟糕的绩效评估和损害人际关系等消极后果,会倾向于沉默;而在高强度的恐惧氛围下,提出建议会面临较高的风险,因此员工也会表现出沉默行为,并且随着时间的推移,沉默最后会演变为一种新的组织规范,即社会移情沉默(Silence as The Norm)。

第二,组织伦理氛围影响员工沉默行为。Wang 和 Hsieh(2013)探讨了组织伦理氛围对沉默行为的影响,根据高科技公司的 408 名员工的实证结果,表明工具性伦理氛围与默许性沉默呈显著正相关,而与防御性沉默的关系不显著,关怀性伦理氛围和独立性伦理氛围对默许性沉默和防御性沉默均有显著负向影响。王永跃和叶佳佳(2015)证实,工具主义伦理氛围对员工的沉默行为有正向影响作用,并能通过犬儒主义的中介作用间接影响员工沉默行为。工具主义伦理氛围是员工在决策时寻求自身利益最大化的组织伦理氛围(Victor and Cullen, 1988)。一方面,在工具主义伦理气氛下,组织成员会更多地进行自身利益得失的考量,"自利"成为成员之间主导的思维模式。由于对组织存在的问题发表意见存在收益的不确定性,员工会顾及表达想法可能对自身产生消极的后果而放弃提出观点,选择保持沉默。另一方面,工具主义伦理氛围强调以工具主义和自我为行动标准,因此员工不会为了组织或他人利益冒险提出建议,即不会为了改善组织或"造福他人"而主动发声,而是更倾向于保持沉默。

第三,组织合作劳动关系氛围影响沉默行为。郑晓涛等(2017)发现,合作劳动关系氛围与员工的沉默行为倾向呈倒 U 型关系。合作劳动关系氛围强调互助、互信和互谅的员工与组织关系。合作劳动关系氛围较高时,员工知觉到与组织是互助、互信和互谅的关系,彼此之间愿意相互配合,达成共赢,此时组织愿意相信员工的建言是"合理诉求",员工也愿意针对组织面临的问题建言献策,因此更有可能打破沉默。然而当合作劳动关系氛围水平较低时,员工与组织之间相互对立,甚至彼此厌恶,员工的组织承诺也较低,面对组织难题更有可能出现

"事不关己高高挂起"的态度,选择保持沉默。当合作劳动关系氛围由高向中不断下降时,员工申诉的期望收益不断下降,风险和成本不断上升,员工选择沉默的可能性提高。当合作劳动关系氛围由中向低进一步下降时,员工报复上级、"破罐破摔"的动机加强,此时员工会为了"惩罚性公平"而勇于发声,因此打破沉默的倾向更强。

第四,组织的差序氛围影响沉默行为。朱瑜和谢斌斌(2018)探讨了员工的差序氛围感知对员工沉默的影响,根据247份管理者和下属配对追踪实证结果,表明差序氛围感知对员工的沉默行为有直接正向影响,并且能通过影响领导和下属的互惠关系,降低员工的情感承诺,最终对沉默行为产生间接正向影响。

(二)组织文化影响沉默行为

组织文化与沉默行为的关系也得到了学者们的关注。作为重要的组织情境,组织文化既是组织管理实践的反应(Schein,1990),也是员工对组织文化包容性和一致性的感知,是员工沉默的重要预测因素(Milliken et al.,2003)。樊耘等(2014)发现,组织文化的友好性和一致性对员工沉默行为产生差异性影响。具体而言,组织文化的友好性负向影响员工的漠视性沉默、防御性沉默和默许性沉默,文化友好性可以增强员工之间的沟通交流与合作,促进员工之间的信息共享和经验分享,因此员工保持沉默(包括漠视性沉默、防御性沉默和默许性沉默)的情形较少。与此相反,组织文化的一致性对员工的漠视性沉默、防御性沉默和默许性沉默有正向影响作用。文化一致性强调为快速实现组织目标而排出一切个人障碍。因此在高水平文化一致性下,员工认为组织的一切措施和行为均是为实现组织目标而服务的,认为组织不重视员工的价值和贡献,员工感受不到组织的关心和支持,也无法形成对组织的情感承诺。在此情况下,员工即使持有对组织发展有用的信息和想法也会倾向于保留,从而产生较高的沉默。在随后的研究中,樊耘等(2016)进一步提出组织文化激励性有助于减少员工的漠视性沉默和默许性沉默行为,但对防御性沉默的影响不显著。文化的激励性强调对员工的包容性、开放性和容错性,体现了组织对员工个性和精神追求的尊重(樊耘等,2007)。当员工体验到文化激励性时,根据社会交换理论中的互惠原则,员工会产生更高的工作动机,对组织相关事务付出更多精力和关注,在察觉到符合组织利益或组织相关隐患时,员工便会直接指出,不再沉默。Huang等(2005)也探讨了组织环境对沉默行为的决定性影响,提出具有较大权力距离的组织文化将产生更高水平的员工沉默。

(三)组织人力资源管理实践影响员工沉默行为

吴坤津等(2018)的研究证实,年功导向人力资源实践与员工保持沉默呈正相关,并且相比年龄较小的员工,在年龄大的员工中这一正向关系更为显著。张正堂和丁明智(2018)发现,奖励忽视对非权变惩罚与沉默行为之间关系起着调节作用,只是这一调节效应具有性别差异。具体来说,与男性员工相比,女性员工在遭受奖励忽视时,非权变惩罚与沉默行为之间的正向关系更强。由此来看,组织人力资源管理实践可能会对员工的沉默行为产生影响。组织在人力资源管理实践中需要考虑这一影响,并且还要进一步明确这种影响作用存在的个体差异,从而更能理解不同员工沉默行为的深层原因,并针对性采取措施降低可能会对组织及其成员产生不良影响的员工沉默行为。

(四)压力影响员工沉默行为

员工的工作压力对沉默行为的影响也是学者探讨较多的议题。Schlosser和Zolin(2012)在压力较大的经济时代的建言和沉默的研究提出,经济危机和社会压力对员工和主管造成压力,造成紧张的局势,阻止员工表达自己的意见和不满,促进员工保持沉默。这是因为经济危机导致了失业和工作不安全感增加(Chung and van Oorschot,2011)。Ng和Feldman(2011)探讨了特定的工作、组织和社会压力与沉默行为的关系,发现工作、组织和社会压力对组织中的沉默行为产生正向影响。其中,工作压力因素包括缺乏工作自主权和对工作条件、薪酬和晋升的不满。社会压力因素包括与主管和同事的低质量关系、对主管和同事的不满以及与主管的互动不平等。组织压力因素包括违反承诺、分配和程序不公平、缺乏组织支持、缺乏沟通、对员工建言的开放性较低和害怕建言后受到报复。Ng和Feldman(2011)的研究结果表明,那些在特定的工作、组织和社会环境中经历了高强度压力的员工更有可能保持沉默(Chung and van Oorschot,2011;Russell and McGinnity,2014)。各种工作、组织和社会压力会导致员工产生建言无用,或提出意见会将自己置于危险境地的内隐信念,所以抑制在工作中提出想法、观点或意见,从而提高沉默的可能性(Prouska and Psychogios,2018;Morrison,2014)。

三、领导层面因素

(一)领导者对负面反馈的恐惧影响员工沉默行为

Morrison和Milliken(2000)的研究指出,组织沉默是一种结果,其主要根源之一就是管理者对负面反馈的恐惧。Morrison和Milliken(2000)认为,组织沉默产生的一个重要因素是高层管理者害怕接受负面反馈(Managers' Fear of Negative Feedback),特别是来自下属的负面反馈,因为负面反馈容易让管理者产生权威被挑战的感觉。强有力的证据表明，人们经常感受到负面反馈的威胁，无论这些信息是关于他们个人的，还是关于他们制定的行动方针（Carver et al., 1985）。因此，人们总是试图避免收到负面的反馈，当收到负面反馈时，他们也会尝试忽略负面反馈信息，从主观上将负面反馈定义为不准确的，或质疑反馈来源的可信度。Argyris 和 Schon（1978）认为，管理者对反馈的这种恐惧可能特别强烈。因为在组织中管理者处于主导地位，他们害怕产生尴尬、威胁或无能的感觉，也强烈需要避免产生尴尬、威胁、脆弱或无能的感觉。鉴于此，管理者倾向于避免任何可能暗示或提醒他们弱点或可能引起对当前行动方向质疑的信息。事实上，当负面反馈来自下属而不是上层管理者时，反馈的信息常常被认为是不准确和不合理的，负面反馈也更加威胁到了管理者的权力和信誉。由于害怕受到管理者的质疑和人际关系的损害，员工会顾及管理者对反馈的态度，而管理者对反馈尤其是对负面反馈的恐惧则可能导致员工的沉默行为。

（二）领导者的内隐信念影响员工沉默行为

管理者影响组织沉默的重要因素是管理者持有的一套关于员工和管理的内隐信念（Managers' Implicit Beliefs），即员工都是自私自利，不值得信赖的，只有组织高层才真正关心组织的发展，了解组织中的重要问题和解决方法（Morrison and Milliken，2000）。这一内隐信念起源于 McGregor（1960）的"X 理论"假设，即个人都是自利的，并以最大化个人效用的方式行事。在"X 理论"假设中，员工也被视为努力工作的厌恶者，如果没有某种形式的激励或制裁，他们就不会努力工作，不值得信任。当组织管理者对员工持"X 理论"假设，认为员工是自私和不值得信赖时，他们就会不自觉地采取含蓄和明确的措施阻止员工向上建言或发表意见。此外，管理者可能认为只有组织高层管理者才真正关心组织的发展，了解组织中的重要问题和解决方法，认为管理者必须指挥和控制组织，而下属则应承担绝对的追随者角色（Morrison and Milliken，2000）。Argyris（1991）指出，大多数管理者认为他们必须处于单方面的控制之下，掌控整个组织的运作。这种信念使管理者认为如果员工是自私自利和厌恶努力的，那么他们就不太可能知道（或关心）什么是对组织最好的。在这些内隐信念之下，管理者将不重视甚至阻止员工发声，一方面，员工将失去发表意见的渠道；另一方面，当意识到管理者不重视自己的发言，谈论组织中的问题是徒劳、无意义时，员工会认为对一个反应迟钝、缺少人文关怀的主管和一个助长这种反应和行为的组织建言毫无意义，从而选择保持沉默。他们也认为建言没有意义，因为没有人愿意被定义为"麻烦制造者"（Troublemaker），并因此遭受可能的负面结果，影响他/她的职业生涯。鉴于此，员工会自发性地表现出沉默行为，如无效性沉默行为。管理者影响员工沉默行为的另一种内隐信念是管理者认为团结、一致和共识是健康组织的标志，而分歧和异议则是应该避免的（Morrison and Milliken，2000）。高层管理者坚信协调一致是最好的，尽管研究表明，多个观点的表达与决策质量和随后的组织绩效有着积极的关系（Enz and Schwenk，1991）。管理者对团结、一致的追求，对分歧和异议的排斥将给员工传达这样的一个信号：管理者不欢迎不同意见或观点的提出。管理者对员工建言的开放性与员工沉默程度呈负相关，当管理者对员工表达意见的开放性较低，即不愿员工发表观点时，员工将表现出更多沉默行为，而当管理者对员工建言的开放性较高，即对员工建言是接纳、鼓励的，员工将减少沉默，更多地表达自己的观点（Vakola and Bouradas，2005）。因此，当管理者有意在组织中创造团结、一致和共识的氛围，持有回避分歧和异议的内隐信念时，员工会知觉到组织对发言、提出意见的开放性较低，从而倾向于保持沉默。

（三）领导者的防御性行为反应影响员工沉默行为

主管的行为影响员工工作行为的各个方面，因为主管有权控制员工的工作结果，并且对主管和下属的人际关系起主导作用（Pierce et al.，1984）。虽然主管致力于他们的管理者角色和任务，在竞争激烈的商业环境中他们支持改革，但其同时也可能感受到各方面对于自己的角色、责任和业绩前景的威胁（Vakola and Bouradas，2005）。鉴于此，管理者因为担心自己的表现不被认可，认为组织中的薪酬结构不合理等，会对各方面的工作和人事活动产生防御性的行为反应，如管理者倾向于对下属的行为、模糊的目标或低下的组织效率发表负面评论。管理者此类行为创造了一种"微观"的沉默氛围，在这种氛围下，员工会认为主管会直接或间接地惩罚他们揭露错误或质疑他们行动方针的行为，从而不再向管理者提出异议或质疑。还有研究表明，主管对沉默的态度是沉默行为的最强预测因素（Vakola and Bouradas，2005）。因为主管对沉默的态度、高层管理人员对沉默的态度和沟通机会密切相关，因此能有效预测员工的沉默行为。当管理者不愿意披露他们的错误，排斥向他们的同事或下属寻求帮助，不愿承认他人的解决方案可能会更好时，管理者的这些态度将构成组织沉默的"宏观"氛围。总体而言，这些员工感知的"宏观"和"微观"沉默氛围将对员工的沉默行为产生影响（Vakola and Bouradas，2005）。因为员工会根据上司对员工发言的态度来制定"沉默"或"建言"行为。管理者支持发言的态度有助于促进员工发声，而当管理者对员工发言持负面态度时，员工将害怕发言会受到管理者直接或间接的惩罚，从而选择保持沉默，这也为新员工创造了"沉默"的规范和行为，最终形成整体的组织沉默氛围。

（四）领导风格影响员工沉默行为

还有研究关注不同的领导风格对员工沉默行为的影响。例如，Xu 等（2015）发现，辱虐管理与沉默行为密切相关，具体来说，辱虐管理降低领导—成员交换关系，最终导致员工产生情绪疲惫感和随后的沉默反应。Monzani 等（2016）以及 Duan 等（2018）发现，在威权型领导风格下，员工的发言渠道和机会较少，同时对建言结果持有消极预期，员工倾向于缄默不言，以保护自身利益。基于社会交换理论的互惠原则，毛翠云等（2018）证实，德行领导能有效促进领导与下属建立良好的关系，提高下属对领导的信任，从而减少员工沉默行为。

四、员工沉默行为的驱动模型

从上文对员工沉默行为影响因素的梳理可知，员工沉默行为的发展受到多层面因素的影响，包括个体层面、组织层面和领导层面因素，具体如图 9-1 所示。其中，影响员工沉默行为的个体层面因素更多的是员工作为一个独立个体所拥有的认知因素、人口统计学变量和个体人格特质等，这些因素常常能够直接影响员工沉默行为，而不需经由其他变量的传导作用。例如，牛琦丽（2016）将员工责任感作为自变量，证实员工的责任感能直接减少员工沉默行为。然而影响员工沉默行为的组织层面因素，如组织氛围、组织文化和组织人力资源管理实践等，既表现出了对沉默行为的直接影响作用，又可能对沉默行为产生间接影响。例如，王永跃等（2015）既证实工具主义伦理氛围对员工的沉默行为的直接正向影响，也发现了犬儒主义在工具主义伦理氛围与员工的沉默行为关系间的中介作用。此外，领导层面因素也是一个重要的影响因素，如领导者对负面反馈的恐惧、对员工或组织管理持有的内隐信念、领导者的防御性反应行为以及领导风格等，也会影响员工沉默行为。

此外，个体层面因素、组织层面因素或领导者因素三者之间还可能相互作用进而对沉默行为产生影响，如特定的领导风格通过影响个体的认知因素，进而对沉默行为产生影响。在未来的研究中，可以对上述三大层面因素进一步探讨，如各自独立以及如何相互作用影响员工沉默行为，并且这一作用过程的内在机制和边界条件是什么。再者，还可以对一些已经引起研究者关注而还未获得深入探讨的其他沉默行为影响因素进行研究。例如，Morrison 和 Milliken（2000）指出，组织实践可能导致组织内部的沉默氛围进而影响员工沉默行为，如集中决策、缺

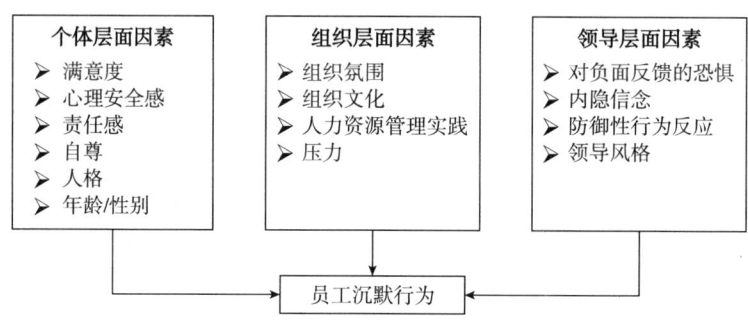

图9-1 员工沉默行为的驱动模型

乏正式的向上反馈机制等的可能影响作用。还有研究提出,员工的沉默有时可能是犬儒主义、不信任的产物,或者只是一种防御性定位。在此情况下,员工的沉默通常被视为一种生存策略,员工对组织的依恋程度较低,他们首先在精神上退缩,以应对工作中令人不快的方面(Delbridge, 1998; Ezzamel et al., 2001)。还有学者提出,沉默的根源在于个体害怕与工作组隔离,特别是当个人认为他们的立场只是少数人的观点时(Bowen and Blackmon, 2003; Milliken et al., 2003)。因此,沉默行为的影响前因分析应该综合多层面影响,包括垂直影响因素(如组织因素和领导因素)、横向影响因素(如同事相关因素)以及个体自身因素(如自我认知)的探讨。其中,横向影响因素在当前还没有受到应有的关注,未来在探讨沉默行为的前因时需要多加关注。因为沉默受到员工对同事想法顾虑的影响,未来的研究应对这些因素进行进一步探究,以深化我们对员工沉默行为因何产生的认识和理解。

第四节 员工沉默行为的影响效应

目前在关于沉默行为的研究中,大多是将员工沉默行为作为结果变量,分析其影响前因,探究其形成机制,虽然对沉默行为的影响后效关注较少,但仍然形成了一些研究成果。总的来说,员工沉默行为的影响后果可以分为消极影响和积极影响两方面。

一、员工沉默行为的消极影响

在员工沉默行为的影响效应研究中,沉默行为的消极后效得到了较多学者的关注。大量研究已经证实,沉默行为对组织和个体存在极大的负面效应,而这一负面效应也将在人际互动和社会交往中不断放大与倍增,所以需要高度重视员工沉默行为的各种消极影响。

(一) 员工沉默行为对组织决策的影响

对群体决策的研究表明,当考虑到多种观点和备选方案时,决策质量就会提高(Shaw, 1981)。同样,对战略制定的研究也表明,在高层管理团队中存在的多重或相互冲突的观点对组织决策的质量和公司绩效都有积极的影响(Enz and Schwenk, 1991)。然而沉默将限制决策者获得重要的信息,从而损害组织决策的质量和效率。Milliken 和 Morrison(2000)指出,员工建言是组织信息的重要来源,员工的沉默行为会导致组织失去来自员工的重要信息,从而缺乏对不同员工观点的分析,这将对组织的决策产生消极影响。Beer 和 Eisenstat(2000)也表明,员工隐瞒信息和想法会破坏组织决策、纠错和发展。可见,沉默行为可能使组织缺乏做出有效决策需要的相关信息,从而影响组织决策的质量和效率。

(二) 员工沉默行为对组织变革和创新的影响

员工的沉默行为也会对组织变革产生影响。首先,员工沉默行为可能损害有效组织变革和发展的一种方式就是阻止负面反馈,从而使组织不能及时发现和纠正错误(Morrison and Milliken, 2000)。如果没有负面反馈,错误往往会持续存在,甚至可能加剧。更糟糕的是,管理者可能无法认识到他们缺乏重要的信息,并可能将沉默解释为共识和成功。即使管理者直接要求员工反馈,员工也可能小心过滤掉负面信息。因此,管理层收到的内部反馈可能是员工反馈了管理者想听到的,而不是准确或可靠、真实的反应。在这样的环境中,管理者几乎不可能得到所需要的信息(Morrison and Milliken, 2000)。Bies 和 Tripp(1999)的研究表明,管理者害怕负面反馈确实会导致员工歪曲他们向老板提供的信息。如果管理者以这种扭曲的反馈作为决定是否采取进一步行动的基础,组织就会冒着偏离目标越来越远的风险(Argyris, 1977)。其次,沉默意味着一个组织将失去对基本政策和目标的质疑和修改的"双环学习"能力,这将对实现组织目标的过程控制和及时纠错形成极大的挑战。员工保留对组织的观点和看法,就难以形成有效决策所需的批判性分析,这将损害组织变革进程,使组织错失变革创新的机会(Nemeth, 1985)。当员工表现出沉默时,组织内部存在的不同观点、意见、偏好和目标将无法得到表达和被人知悉,也不会进入组织制定目标、当行动方针和试图从经验中吸取教训的过程,最终危害组织变革过程。有人认为,创新需要一个环境,员工可以提出新颖的观点或想法,或质疑当前的信念和做法,进而有利于创新。但是员工沉默行为可能导致缺乏这种创新所需要的环境,表面的一致和无冲突可能隐藏了内在的问题,导致无法有效创新。

(三) 员工沉默行为对员工个人的影响

组织阻止员工发表意见和反馈不仅可能损害组织决策和变革,而且也可能引起员工的不良反应,如 Beer 和 Eisenstat (2000) 研究指出,员工沉默会造成员工的压力、愤世嫉俗、不满和脱离接触。不愿意分享信息、拒绝建言和提供反馈可能对员工的信任、士气和动机产生负面影响。员工认为他们是不被重视的、缺乏控制感以及出现认知失调。具体来说,员工沉默行为可能引发的员工不良反应,其主要有以下四个方面:

第一,沉默可能导致员工产生不受重视感。Lind 和 Tyler (1988) 的群体价值模型表明,允许员工提出意见和观点的组织程序有利于组织发展,因为它们表明员工是组织的宝贵财富。群体价值模型还表明,当员工意识到不能公开表达他们的观点时,其就会感到自己不被组织重视。Eisenberger 等 (1990) 的研究表明,员工这种不被重视的感觉将影响组织对他的承诺和信任。换而言之,如果员工觉得组织不重视他们,他们就不太可能重视、认同或信任组织,最终形成较低的组织承诺和组织信任,而较低的组织承诺和组织信任将进一步导致员工工作满意度下降,甚至是离职 (Mathieu and Zajac, 1990)。可见,员工持续的沉默行为可能让其不受重视感增加,进一步导致员工产生不良的工作态度和行为,因此需要予以高度重视。

第二,沉默还会导致员工缺乏控制感。研究表明,个体对控制自己的环境具有极强的需求 (Greenberger and Strasser, 1986)。而员工对自己的环境产生控制感的一个重要途径就是表达自己的意见和偏好 (Lind and Tyler, 1988)。当员工被剥夺发表意见的机会时,他们的控制需求就得不到满足。因此,可以认为当员工在组织中不能发表意见和观点时,他们会觉得自己对工作环境缺乏足够的控制。而员工缺乏控制感时,会表现出较低的工作动机,产生对组织的不满和导致较高的工作压力 (Ashforth and Lee, 1990)。可见,沉默导致的环境控制感缺乏也是后续不良工作态度和工作行为的重要诱因,值得关注。

第三,沉默行为还可能导致员工出现认知失调。当个体的信念和行为之间存在差异时,个体就会产生认知失调 (Festinger, 1957)。在涉及组织发展的建议中，员工具有为组织发展建言献策的意愿，但为了维持组织和谐氛围、与领导保持一致或担心因发表意见而被贴上负面标签等原因而选择闭口不言，保持沉默。这一意愿和行为之间的不一致将容易导致其出现认知失调。

第四，沉默行为影响员工的工作态度。近年来，还有一些研究验证了员工沉默行为对员工工作倦怠和离职倾向的影响。Van Dyne 等（2003）提出，沉默行为是员工对表达欲望压制的结果，对欲望的压制会形成巨大的认知、情感压力，使员工产生情感耗竭，最终导致工作倦怠。另外，沉默会导致员工缺乏对环境的控制感，而控制感的丧失将降低员工的自信，使员工形成低的自我效能感，给员工带来更多的压力等，由此激发员工对工作的不满，产生职业倦怠（郑晓涛等，2008）。员工沉默行为还会诱发员工的离职倾向。Tan（2014）提出，沉默与组织程序存在不公平关联，当沉默发生时，员工在组织决策过程中不愿或不敢表达自己的观点，因此缺乏参与感和存在感，这会让员工产生程序不公平感，最终提高员工的离职倾向。Beheshtifar 等（2012）表明，组织沉默会通过降低员工组织承诺的方式，提高员工的离职倾向。王颖和刘莎莎（2017）认为，沉默行为产生的根源是员工对组织缺乏归属感，对组织的认同度不高，心理契约不牢固，而在缺少组织认同感和归属感时，员工会产生较强的离职倾向。

二、员工沉默行为的积极影响

首先，适时的沉默有助于维护人际关系。部分研究认为，沉默行为在适当的环境中是具有价值的。Strauss（1969）认为，没有虚伪和传统的掩盖或隐瞒思想和感情，社会关系就不可能存在。可见，沉默有时是维护人际关系的重要行为。Nyberg（1993）认为，在任何时候说真话不仅不现实，而且不切实际。相反，他提出适时适当地隐瞒一些信息（沉默）是必不可少的，因为某种程度的隐瞒对于高质量的人际关系是必不可少的。Scott（1993）则把沉默和建言描述为有效沟通的两个辩证组成部分。他提出没有沉默的建言是无法实现有效的沟通的，因为没有倾听者。

其次，Tjosvold 和 Sun（2002）提出，员工出于保护组织机密，促进组织团结合作，基于利他主义的人际关系维护等而表现出沉默行为时，将有助于保持组织竞争优势，提高组织团队协助，维护人际关系和谐和避免组织内部冲突。

综合以上分析可知，沉默行为对组织发展（如组织决策过程和组织变革）和员工个人成长（如员工的认知、工作倦怠和离职倾向等）都有重要意义。但现有有关员工沉默行为影响后效的研究并不多，实证研究更是少见。因此，未来的研究在关注员工沉默行为影响前因的同时,也应聚焦于员工沉默行为的影响效应,以帮助我们对员工沉默行为形成更全面的认识。同时,现有研究更多地将员工的沉默行为视为一种消极行为,对于员工沉默行为积极后果的研究仍相对稀缺。但实际上员工沉默行为也可产生积极作用,因此未来的研究应关注员工沉默行为发生作用的具体情境,构建起员工沉默行为消极和积极影响的综合研究框架。

第五节 员工沉默行为研究的管理启示

当下的组织似乎陷入了一个明显的悖论,即大多数员工知道组织内某些问题和问题的真相,但却不敢向上级说出,我们称之为沉默行为(Van Dyne et al. ,2003)。组织中的沉默行为屡见不鲜,而管理者评估和理解工作场所员工沉默行为还是相当有限的。探讨工作场所员工沉默行为的驱动机制,将为管理者提供关于下属不愿建言原因的重要见解,对更有针对性的管理工作场所沉默行为也能有所启迪。

第一,员工的认知、组织氛围、组织文化和领导者相关因素是员工沉默行为的重要前因变量。尤其是领导者相关因素,如领导者对负面反馈的恐惧以及一些内隐管理信念和态度是员工沉默行为的重要驱动因素(Morrison and Milliken,2000),特别是主管对沉默的态度被认为沉默行为的最强预测因素(Vakola and Bouradas,2005)。对大多数领导者而言,他们希望员工能为组织中的重要事项提供信息,发表意见和见解(Bennis et al. ,2008)。然而减少沉默的重要方法是领导者为员工提供沟通机会,并为信息或想法的转移或交流建立正式沟通渠道。因此,领导者可从日常管理入手,以积极的心态面对来自员工的反馈,为员工表达意见和建议提供渠道和支持。主管应创造一个员工感到可以安全地表达他们观点的组织氛围,鼓励员工提出他们的想法和建议。如果员工认为他们的管理者要么对听到的真相不感兴趣,要么会把发声行为归因于员工的错误理解,员工就可能会选择保持沉默(Vakola and Bouradas,2005)。因此,领导者应尊重和鼓励发言的员工,并重视员工提出的建议和意见,及时做出反馈,采取行动促进员工心理安全感的提高,从而减少员工的沉默行为。例如,Edmondson(2003)认为,管理者敢于承认自己的错误是可以减少下属沉默行为的一种策略。Morrison 等

(2015)发现权力感知与沉默行为呈负相关,具有低权力感知的员工会认为自己在组织中没有话语权,或认为发表意见不会改变结果甚至不会产生任何影响,从而选择保持沉默。管理者可以通过尊重和鼓励员工发表意见来提高员工的权力感知,从而让员工感受到自己拥有话语权,进而减少沉默行为的发生。

第二,员工的沉默行为会对组织和员工个人产生影响。员工沉默行为会给组织带来许多问题,如降低组织决策质量、阻碍组织变革等。因此,组织管理者提升组织中的程序公平,在决策过程中应重视员工的作用,鼓励员工针对决策议题发表观点和意见。同时,考虑到员工沉默行为对组织创新变革的影响,管理者应该改变对负面反馈的态度,勇于接受和反思员工提出的异议和质疑,以获得成功变革所需的可靠、真实和关键信息,并及时发现和纠正偏差和错误。对员工个人而言,长期的沉默行为会使员工感觉自己不被重视、缺乏控制感以及出现认知失调,并进一步导致员工组织信任和组织承诺降低,工作倦怠和离职倾向提高。因此,今天的组织不仅需要招聘优秀的员工,而且还需要留住和激励有才华的员工。沉默行为与员工不被重视感、缺乏控制感和认知失调、组织承诺、离职倾向等之间的关系表明,管理者需要留出"空间"让员工可以公开讨论,甚至为员工提出负面反馈提供渠道,以实现组织和员工的可持续良性发展。

第六节 结论及未来研究展望

一、研究结论

本书系统地探讨了员工沉默行为的内涵、维度、测量、影响因素和影响效应,并在已有研究的基础上提出了研究的管理启示。总体而言,虽然不同学者对员工沉默行为内涵的诠释有所不同,但对员工沉默行为的诠释也达成了三个共识:第一,内隐性是员工沉默行为的主要特征;第二,沉默行为既可能是主动的,也可能是被动的;第三,沉默行为强调员工在可以改进组织绩效的情况下,选择保留观点。

依据主动还是被动以及驱动员工沉默行为的内在动机,员工沉默行为的结构维度研究实现了从单维度转向多维度的发展态势,同时从最初的验证性研究逐渐发展为本土化的探索性研究。就沉默行为的维度划分而言,国内外研究都取得了极具价值的研究成果,国外的代表性研究成果如 Pinder 等(2001)提出的默许沉默和无作为沉默两个维度,Brinsfield(2013)划分的偏差性沉默、关系性沉默、防御性沉默、缺乏自信性沉默、无效性沉默、脱离性沉默六维度等。在国内研究中出现了郑晓涛等(2008)细分的默许性沉默、防御性沉默、漠视性沉默三维度等。对员工沉默行为维度的细分,有助于更好地了解其驱动机制和影响效应。

从已有的研究来看,员工沉默行为的影响前因主要包括个体层面因素、组织层面因素和领导者因素。个体层面因素表现为认知因素、人口统计学变量和个体人格特质;组织层面因素包括组织氛围和组织文化;领导者相关因素则主要是领导者对负面反馈的恐惧、领导者对员工或组织管理持有的内隐信念、领导者对沉默或建言的态度等。员工沉默行为的影响效应主要包括消极影响和积极影响两方面。员工沉默行为对组织的消极影响主要体现在组织决策和组织变革上;员工沉默行为对员工自身的消极影响则主要集中在对员工的控制感、组织承诺和离职倾向的影响上。员工沉默行为的积极影响主要是保护人际关系和避免组织内部冲突。

二、未来研究展望

沉默行为的研究提高了我们对员工沉默的前因和后果的理解。目前员工沉默行为的相关研究已取得了一定的成果,但是仍然存在可以进一步完善的空间。具体而言,未来可以就以下四个方面继续对员工沉默行为进行探究。

第一,员工沉默行为的结构与测量研究。迄今为止,虽然 Van Dyne 等(2003)以及 Tangirala 和 Ramanujam(2008)等提出的三维度模型和开发的测量量表已经得到了学术界的认可,但总的来说,员工的沉默行为维度划分和测量工具开发还存在一定的局限性。在员工沉默行为的维度划分上,多以员工内部动机和目的为划分依据,虽然这样的划分突出了沉默的复杂和多维性质,但仍可能忽视其他的重要因素,如员工沉默时有意保留的信息类型。同时,现有对员工沉默行为维度划分的研究大多建立在组织沉默氛围的基础上(Morrison and Milliken,2000;Vakola and Bouradas,2005),目前尚不清楚现存的沉默行为维度是否适用于团队、单位或组织层面的分析。因此,未来的研究可以根据研究目的,采取更多视角对员工沉默行为进行维度划分。例如,以沉默行为的发生频率为划分依据,将员工沉默行为区分为习惯性沉默、偶发性沉默等。此外,在员工沉默行为的测量工具方面,国内关于员工沉默的研究多采用 Van Dyne 等(2003)开发的员工沉默行为测量量表。但在不同文化背景下,员工沉默行为的结构维度可能存在差异,测量工具的跨文化适用性问题也应引起关注。然而,国内研究仅郑晓涛等（2008）和李良智等（2013）对我国背景下员工沉默行为的测量工具开发进行了探索，员工沉默行为结构的划分和测量工具的开发还有待进一步丰富。因此，未来的研究应在现有研究成果的基础上，结合我国文化背景对员工沉默行为的结构划分和测量工具做进一步优化和发展。

第二，员工沉默行为的影响因素方面，可加强从员工个人、领导和组织层面找寻员工沉默的潜在诱因。现有研究关注了管理者对员工的内隐信念和对沉默的态度等因素对员工沉默行为的影响。然而，就领导者因素而言，还有一些潜在因素可能受到了忽视。例如，已有研究表明，领导风格和行为方式与员工的沉默行为呈显著相关，依此逻辑，领导者的沉默行为也可能与员工的沉默行为显著相关，但具体的影响效应和作用机制还有待进一步探索和论证（许红华等，2019）。未来的研究可对此进行进一步的考察，如基于社会信息理论，领导者沉默是否会向员工传达组织现阶段不欢迎发声的信息？或沉默即组织规范？进而影响员工的沉默行为？此外，仅仅考察单个层次的因素无法充分解释组织中的行为现象（张志学等，2014）。目前对员工沉默行为影响前因的跨层次研究相对匮乏，未来的研究应加强对不同层次的变量对员工沉默行为综合影响的考察，进行跨层次分析，以对员工沉默行为的成因形成更全面的了解。

第三，员工沉默行为的影响效应研究方面，现有研究多关注员工沉默行为的消极后效，在一定程度上忽视了员工沉默潜在的积极作用。在现有的研究中，员工沉默行为更多地被归类为消极行为，但实际上员工沉默行为也可产生积极影响。Stouten 等（2019）在其近期的研究中发现，面对破坏性领导时，员工沉默行为可以帮助员工收集到更多、更全面破坏性领导行为的信息，从而提高对领导行为的判断，为员工结盟集体反抗领导提供机会。然而，类似的研究仍不多见，相关的实证研究更是稀缺。因此，未来的研究可加强对员工沉默行为影响效应的探索，尤其应加强对员工沉默行为积极意义的关注，如员工沉默行为对职场友谊建立与维护的积极作用等。

第四，现有研究关注的是组织中面对面互动中发生的员工沉默行为（Van Dyne et al., 2003）。然而，随着时间的推移和技术的发展，当今的员工沉默行为必然也呈现出了一些新的特点。尤其是在社交媒体蓬勃发展的今天，社交媒体在组织中已经得到广泛应用和发展，员工之间、上下级之间的交际行为可能会受到交流媒介（即电话、电子邮件、视频会议等）的影响。探讨不同交流媒介背景下员工沉默行为的影响因素和作用机制将是未来沉默研究的一个重要且有趣的方向。

第十章 员工的亲组织非伦理行为研究评介

第一节 引言

当前全球化的市场竞争压力日益加剧,企业为了促进组织绩效与竞争优势,必须给予员工足够的信任和心理安全感(宋靖等,2018),以让员工更愿意主动为组织做出贡献。为此,企业也越来越意识到对员工重视、培养和关爱的重要性。当员工感受到组织对自己的厚爱和重视时,就会选择用一系列的亲组织行为(Pro-organizational Behavior, PB)来回报组织对自己的这种"厚爱"。例如,员工会更加主动地工作来促进组织目标实现,也更愿意为组织做宣传,还会做有益于组织声誉扩大的一系列行为(彭小平等,2019)。这种看似和谐有利于组织的亲社会行为越来越受到组织管理者们的追捧,他们想要得到并努力增加更多的员工亲组织行为。

但是,近年来很多学者和组织管理者们忽视了亲组织行为"过头"这一点。同家庭教育管理的观点一样,适度的关爱给孩子带来良好的成长和发展前途,但当家庭给予孩子过多的关爱,成为"溺爱"的时候,带给孩子整个成长过程中的害处是远远弊大于利的(郭湧,2000)。同样,在组织关爱中,若在对员工的多方面关爱和重视中,使员工曲解了组织的意图,有了"被溺爱"的感觉,他们对自己的企业非常认同并尽力守护,包庇组织的错误,甚至他们的某些亲组织行为已经严重超出了道德、法律的"红线",致使企业的道德丑闻屡屡发生。例如:"三鹿奶粉事件""大众尾气门事件""商业篡改数据"等(杜兰英等,

2012),这便产生了过头的亲组织行为——亲组织非伦理行为(Unethical Pro-organizational Behavior, UPB)。亲组织非伦理行为是亲组织行为走过头的表现,这种行为可能会在短期时间上规避组织的错误、继续营造组织的最大利润,但随着时间推移,组织本身运行过程中存在的失误或者欺骗行为,早晚有一天会呈现出来,最终将会使组织遭受更加严重的舆论打击和发展重创(Umphress et al., 2010)。

在生产实践中,企业需要正确把握好高绩效与低亲组织非伦理行为之间的关系,那就需要企业管理者们必须详细了解亲组织非伦理行为的本质、特点以及各种影响机制,以此制定规避亲组织非伦理行为的相关策略(Umphress et al., 2011)。本书将从亲组织非伦理行为的国内外相关文献出发,系统梳理了亲组织非伦理行为的内涵、维度、测量、影响因素和影响效应,最终进行了总结并提出管理启示和研究展望。期望达到丰富和细化组织行为学员工工作行为研究的理论目的,同时给予组织管理实践者们更多有益于组织绩效和组织长期发展的员工管理建议。

第二节 员工亲组织非伦理行为的内涵和维度

一、亲组织非伦理行为的内涵界定

员工亲组织非伦理行为是近几年才从亲组织行为这一构念中衍生出的一个新构念,最早是由国外学者Umphress等在2010年提出来的。当时,Umphress等(2010)从行为伦理学的相关理论工作出发,认为员工们为了组织和自身的利益最大化,可能会积极参与亲组织行为,甚至忽视其亲组织的这种行为是否符合伦理规范,于是他在这个理论基础上总结了亲组织非伦理行为内涵中的两个主要要素。首先,亲组织非伦理行为是一种不道德的行为,或者说它是"要么是非法的、要么是道德上不可接受"的一种员工行为(Jones, 1991)。亲组织非伦理行为包括被社会普遍认为不道德的虚假行为,如伪造数据以提高股票价值,或者隐瞒药品的不良反应信息的行为。其次,亲组织非伦理行为是一种亲组织的行为,这种行为既不是在正式的工作描述中指定的,也不是上级命令的,而是员工为了有利于或帮助组织而自愿进行的(Harrison, 2004)。

Umphress 等（2011）将亲组织非伦理行为明确定义为员工旨在促进组织或其成员（如领导者）的有效运作，并违反核心社会价值观、道德观、法律或适当行为标准的行为。亲组织非伦理行为不同于工作错误或无意识的疏忽等行为，因为员工由于工作错误或无意识所从事的不道德行为，没有特定的对组织有益或有害的目的。只有有意识地为使本组织受益而进行的不道德行为才构成亲组织非伦理行为。不过，他们在对亲组织非伦理行为的概念中，关注的只是该行为亲组织、不道德的性质，而没有考虑其最终结果（Sackett，2002），这也是他们对此定义的缺点所在。

Umphress 等作为亲组织非伦理行为的始发研究人，还为其对亲组织非伦理行为的概念提供了三个边界条件：第一，员工可能会在没有明确利害关系的意图下，而实施非伦理行为（例如，当员工不知道缺陷时，没有向客户报告严重的产品缺陷）。因此，应该将亲组织非伦理行为与涉及错误或无意识疏忽的工作行为区分开来（Asare and Wright，1995），因为这些行为并不是为了使组织受益而进行的，所以它们不会构成亲组织非伦理行为，我们在这里应该关注的是那些有意从中受益的非伦理行为。第二，员工可能会为了自己的利益而做出不道德的行为，以往的实证和理论研究主要集中在自我利益动机的作用上（Trevino and Youngblood，1990）。不道德的行为主要是为了自己的利益，而不是组织或其成员，所以也并不是真正的亲组织非伦理行为。第三，虽然员工的目的可能是帮助组织，但他们的亲组织非伦理行为的最终结果可能与他们的意图不一致。例如，雇员选择销毁可能构成犯罪的文件以保护组织，但实际上，销毁这些文件可能不会带来任何形式的组织利益，并且这种不道德的行为可能会使本组织在外部审计员看来更加可疑，从长远来看会损害本组织。亲组织非伦理行为的最终负向结果是重要的，也是相关主题研究者的关注重点内容（Weaver et al.，1999；Weaver，2004）。

国外学者 Effelsberg 等（2014）就更细致地总结了员工的亲组织非伦理行为的影响对象，把亲组织非伦理行为定义为员工为了组织、成员或者外部利益相关者的有效运作而实施的违法、违纪、违规和不道德的行为。国内学者夏福斌等（2016）通过中国特有的圈内人和圈外人的类别划分，将亲组织非伦理行为定义为员工为了组织或组织成员利益做出的违背法律、习俗、规范以及社会核心价值观的不道德行为。郭亿馨等（2018）也将这种不道德的亲组织行为定义为员工为了维护组织利益而可能会做出的不道德行为。

概括而言，Umphress 等（2011）提出的员工亲组织非伦理行为的定义是最早的,也是认可度最高的。不过,也有部分学者对此定义进行了更细致的总结。Effelsberg 等(2014)就进一步把员工亲组织非伦理行为的影响对象扩大到外部利益相关者。关于国内学者也是普遍采用 Umphress 等(2011)总结的亲组织非伦理行为的定义(银丽萍、张向前,2019;钟熙等,2018),然而他的定义如上述也总结了对应的缺点,关于亲组织非伦理行为的定义还需要更多的国内外学者进一步深入挖掘。

二、亲组织非伦理行为的测量

(一)Umphress 等(2010)的亲组织非伦理行为量表

Umphress 等(2010)根据他的研究所需编制了七维度的亲组织非伦理行为的量表,后来,他删掉了因子载荷为 0.31 的题项,确立了最终的亲组织非伦理行为单维度量表,共六个题项,问卷采用李克特七点评分法("非常不同意"到"非常同意"),分数越高代表员工实施亲组织非伦理行为越多。具体题项如表 10-1 所示。

表 10-1 Umphress 等(2010)的亲组织非伦理行为量表

序号	题项
1	如果这对我的组织有帮助,我会歪曲事实,使我的组织看起来不错
2	如果这对我的公司有帮助,我会夸大我公司为客户提供的产品或服务的真相
3	如果这对我的组织有利,我将对客户隐瞒关于我公司产品或服务的负面信息
4	如果我的公司需要,我会为一个不称职的员工写一封好的推荐信,希望这个员工会成为另一个公司的障碍,而不是我公司的障碍
5	如果我的组织需要,我将拒绝向意外被多收了钱的客户退款
6	如果有必要,我会向公众隐瞒可能对我的组织造成损害的信息

(二)Matherne 和 Litchfield(2012)的亲组织非伦理行为量表

Matherne 和 Litchfield(2012)为其研究情感承诺对亲组织非伦理行为影响的目的而开发了关于亲组织非伦理行为的单维度量表。该量表利用五项指标来反映个人在违反某些总体社会规范的同时,从事服务或保护组织意图的行为频率。需要注意的是,这些行为的潜在受益者针对的是组织,而不是个人。受访者被要求使用李克特七点计分法(1 = 从不,7 = 总是)来表明他们从事所描述的行为频率。具体题项如表 10-2 所示。

表 10-2 Matherne 和 Litchfield（2012）的亲组织非伦理行为量表

序号	题项
1	为了保护我的公司，我会编造或者篡改公司的某些重要信息和文件
2	为了保护我的公司，我没有与投资方形成很好的公平、公开合作
3	为了保护我的公司，我包庇公司的不道德或违法行为
4	为了保护我的公司和提高公司的社会地位，我会向顾客提供虚假的产品或服务
5	我始终把公司利益放在第一位，为了公司的利益我可以放弃其他利益

Matherne 和 Litchfield（2012）的亲组织非伦理行为量表为了针对调查研究的主题，对样本的选择主要在大学城的餐饮业，而不是选择传统的工作环境，这可能会妨碍研究结论的推广性，所以此量表对于与情感承诺无关的研究变量来讲，具有一定的局限性。

通过梳理亲组织非伦理行为的相关文献，发现大多数学者都采取单维度问卷。目前关于员工亲组织非伦理行为的内涵、维度和量表，国内外学者都是普遍采用 Umphress 等在 2010 年和 2011 年的成果，该量表也被国内很多学者证明有良好的信度和效度，国内的实证研究大都采取此量表的题项（钟熙等，2018；徐琳等，2018；银丽萍、张向前，2019）。可以说 Umphress 等是员工亲组织非伦理行为的研究创始人，他们的研究成果值得我们认可和采纳。但是我们应该站在巨人的肩膀上，进一步探索更加精确、更加符合中国劳动力市场现状的新的员工亲组织非伦理行为的内涵、维度和量表。

在实际的实证研究中，学者们也会在自己的研究变量和理论基础上，根据自己的实际情况，在 Umphress 等（2010）制定的员工亲组织非伦理行为量表的基础上删减或修改，最终形成适合自己研究的新量表。例如：国内学者张桂平（2016）在研究职场排斥与员工的亲组织非伦理行为的关系时，就因为中国情境的实际原因，在问卷预测时，发现"如果我的公司需要，我会为一个不称职的员工写一封好的推荐信，希望这个员工会成为另一个公司的障碍，而不是我公司的障碍"。这一题项在中国情境中比较少见，于是他将 Umphress 等（2010）的六个题项的量表删减为五个题项的量表，得到了理想的实证结果。王汉瑛等（2018）在研究基于双重认知视角下的内部审计师的亲组织非伦理行为时，为了把问卷题项的针对对象从普通员工转为内部审计师，就把 Umphress 等（2010）的量表删减、修改问卷内容，编制成了内部审计师亲组织非伦理行为的四题项量表。

第三节 员工亲组织非伦理行为的影响因素

亲组织非伦理行为是违反规则或既定标准的行为,但其目的是为了帮助组织或同事。虽然很多研究已经考察了职业道德和组织承诺在塑造员工行为中的作用,但对员工参与亲组织非伦理行为的原因却知之甚少。于是本书详细总结了从员工个体因素、组织层面因素对员工亲组织非伦理行为的产生与影响作用情况。

一、员工个体因素

(一)组织认同

组织认同是组织情境下影响员工相关自我概念与行为的一种重要社会认同。具有强烈组织认同的个人将组织的成功和失败内化为他们自己的成败(Mael and Ashforth,1992)。随着组织认同的加强,员工更可能为了组织的成功而采取一切行动,甚至违背社会伦理道德。Ashforth 和 Anand(2003)根据社会认同理论指出,强烈认同组织的个人可能会选择无视个人道德标准,从事有利于组织的行为,甚至可能以牺牲组织外部的人为代价,因此那些强烈认同其组织的人更可能参与亲组织非伦理行为。

Umphress 等(2010)通过在美国东南部的一个法院随机挑选了 200 多人作为调查对象,并要求他们担任陪审员,在陪审员出庭的前一天,向他们解释其研究的性质。其中,关于亲组织非伦理行为的量表,用的就是他自己前文开发的七个题项,但最终剔除了一个因子载荷为 0.31 的题项,最终形成的六题项单维度亲组织非伦理行为量表。基于这 200 多份实证数据,通过层次回归分析,得到了组织认同对员工亲组织非伦理行为之间的正向影响作用,其中积极的互惠信念在其中起到正向调节作用。

钟熙等(2018)基于社会认同理论和社会交换理论,提出了组织认同的"双刃剑"作用,认为组织认同在给企业带来积极影响的同时,员工过高的组织认同会产生更多的盲目服从和非伦理行为。于是他通过两个阶段收集到的 421 份问卷数据,在探讨上下级关系与员工亲组织非伦理行为之间的正向影响关系时,就验证了组织认同在其中的中介作用,这也间接验证了组织认同正向促进员工的亲组织非伦理行为。

总之，强烈的组织认同感可能会迫使员工无视道德标准（如个人价值观、规范和认知过程），而选择表面上有利于组织的不道德行为。国内外学者也相继通过实证证实了组织认同作为一种重要因素对亲组织非伦理行为的正向影响作用。

（二）情感承诺

情感性组织承诺是指员工在情感上依恋、认同和归属于组织（Allen，1990），代表一种员工对组织的强烈情感依恋状态。具有较高情感承诺水平的员工通常更强烈地认同他们的组织（Cullinan et al.，2008）。因此，这些员工会设法保持对本组织的这种强烈认同，并希望避免给本组织造成损害。研究也普遍表明，具有较高情感承诺的个体不太可能从事危害其组织的行为（Cullinan et al.，2008）。然而，不太为人所知的是，情感承诺水平较高的个体是否更多或更少地从事那些在道德上有问题，但旨在使组织受益的行为（Cullinan et al.，2008）。具有较高水平的组织情感承诺的员工可能会以不同的方式对组织从不道德行为中获益的问题做出反应。但是，具有较高组织承诺的个人更有可能有意识地错误陈述财务信息以确保组织能够实现其目标。因为情感承诺水平较高的个人对组织有更强的认同感，他们更有可能从事旨在使组织受益的不道德行为，作为一种保持他们对组织目标承诺的方式。

不过，也正如一些文献所指出的，关于情感承诺对亲组织非伦理行为的实证仍处于起步阶段。Wu 等（2016）通过对目标企业的 356 份数据进行研究假设检验发现，情感承诺和道德认同与亲组织非伦理行为均存在显著的关系。此外，道德认同与情感承诺的交互项与亲组织非伦理行为之间存在显著的相关关系。他们的调查结果也支持了他们的假设，即较高的情感承诺水平有助于较高水平的亲组织非伦理行为。反之，较低水平的情感承诺则有助于减少亲组织非伦理行为的发生，并且他们还发现，道德认同对情感承诺和亲组织非伦理行为之间的关系具有调节作用。

国内学者林英晖和程垦（2016）在研究领导—成员交换与亲组织非伦理行为之间的影响关系时，就整合了社会认同理论、社会交换理论和自我一致性理论，在中国文化背景下，通过对中国长三角企业的 352 份问卷数据进行整理分析，运用总效应调节法以及回归分析，验证了员工的情感承诺对亲组织非伦理行为的正向影响作用，以及情感承诺在领导—成员交换与亲组织非伦理行为的正向影响作用之间的中介作用。

（三）道德认同

研究道德行为的学者们认为，个人的道德推理可以预测道德行为，这被理解为道德认同，它是一种自我调节机制，激励着道德行为（Aquino and Reed，2002），可以概念化为一个人定义他或她自己是一个道德的人的程度。道德认同更正式的定义是"对自我意识的承诺，对促进或保护他人福利的行动路线的承诺"（Hart et al.，1998）。之前的研究已经将道德认同与许多结果联系起来，Aquino 等（2003）观察到道德认同与群体间关系呈显著正相关，与说谎呈负相关。Ceranic 等（2007）发现，强烈的道德认同对道德行为有积极的影响，在一项涉及学生的研究中，他们发现强烈的道德认同感与慈善捐赠呈正相关，在第二个涉及管理者的样本中，当道德判断与个人强烈的道德认同感相互作用时，道德行为的报告水平最高。

Colby 和 Damon（1993）认为，道德认同程度会影响个体的道德行为，因为它是个体的人格认同与道德理想的趋同。一个员工会努力保持自己认为是重要的自我身份，因此一个重视自我的某些特征或表征的人会以某种方式保持这种身份。此外，道德认同可能影响道德行为的第二个原因是，当道德认同成为个人认同感和自我意识的核心原则时，它会增强个人的责任感，使其行为方式与自己的道德认同保持一致。

一个人自身重视道德的品质将指导他以后的道德行为。因此，Matherne（2012）提出假设并设计实证验证了道德认同和亲组织非伦理行为之间的关系，发现员工的道德认同与亲组织非伦理行为存在负相关关系，这表明道德认同水平高的个体更不可能从事亲组织非伦理行为。此外，他们还认为员工的道德认同实际上会调节情感承诺和亲组织非伦理行为之间的关系。更具体地说，高情感承诺的个体更有可能从事亲组织非伦理行为，然而强烈的道德认同感会减弱这种关系。

国内学者李志勇等（2018）在研究家长式领导对员工亲组织非伦理行为的关系时，运用从 324 名企业员工中得到的问卷数据，验证了员工的道德认同对亲组织非伦理行为的负向影响作用。另外，赵红丹和周君（2017）在研究企业伪善对亲组织非伦理行为的影响作用时，基于社会认知理论，运用长三角几十家企业中收集到的 263 对员工之间的配对数据进行验证研究发现，道德认同水平负向调节了企业伪善对亲组织非伦理行为的正向作用，即较高的道德认同水平会降低企业伪善给员工带来较多的亲组织非伦理行为这种关系。

二、组织层面因素

（一）组织—员工关系

员工与组织、领导之间良好的关系是员工实现良好自我发展并收获工作绩效与积极情感的重要途径。其中，组织—员工关系代表员工和组织在长期的互动交流中产生的一种相对稳定的关系状态，其会对员工的办公风格和思维想法产生一定的影响（Lynn et al.，2006）。银丽萍和张向前（2019）把组织—员工关系的三个维度即经济性关系、社会性关系和类亲情关系分开，运用实证研究验证了他们与员工亲组织非伦理行为之间的关系，其中在经济性关系下，组织和员工之间的关系趋于公平、互惠互利，当员工与组织之间的经济性关系较强时，员工可能会为了组织以及自己的短期利益，而不顾亲组织非伦理对组织的长期危害，数据也证实了这个假设。类亲情关系体现了员工对组织的高度依赖，把组织当作自己亲情的一部分，不计得失、不图回报地为组织服务。当员工与组织之间有强烈的类亲情关系时，员工就觉得自己有责任和义务为组织的长期发展效力，并及时制止自己的不道德行为来维护组织的长期利益。因此，类亲情的存在使员工的亲组织非伦理行为减少，银丽萍和张向前（2019）的数据也证实了这一点，而且他们也证实了关于社会性关系和亲组织非伦理行为之间存在明显的相关关系。

（二）领导—成员交换关系

领导—成员交换关系作为社会交换理论内容的重要一部分，领导和员工之间的互惠关系建立在双方交换资源的基础之上，如果领导者给员工提供了好处，员工也会为了报答组织和领导者而反馈好处（Elizabeth et al.，2011）。于是有学者就推断高质量的领导—成员交换关系可能带给员工对组织更多的责任感，愿意为组织的发展分担精力，从而做出更多的亲组织行为。Wang（2009）通过企业中关于346名员工数据的分析，用实证证明了领导—成员交换正向影响了员工的组织公民行为。涂乙冬（2013）在社会交换理论的基础上，运用调查中的58家企业员工数据，证实了领导—成员交换关系对组织公民行为细化后的帮助行为和利他行为的正向影响作用等。但是，当员工与领导之间有紧密的交换关系，且员工回报组织和领导者的亲组织动机足够强大的时候，员工可能会把亲组织非伦理行为视为对组织的一种积极报答方式，而不顾这种行为对社会或者他人造成的影响，他只为了组织眼前的利益着想，为了尽可能地报答组织，他认为做出一些违背道德的事情是应该的。于是，林英晖和程垦（2016）基于社会交换理论、自我一致性理论和社会认同理论，设计实证检验了在差序格局下，领导—成员交换和员工的情感承诺都会对员工亲组织非伦理行为产生正向影响，其中道德认同负向调节了情感承诺对员工亲组织非伦理行为之间的正向作用关系。此研究结果也证明了紧密的领导、组织和员工关系给员工更多的回报组织的心理和动机，但同时在道德认同的调节下，又有效地阻止了员工为了组织利益的一些不道德想法的行为。

此外,良好的上下级关系也确保良好的员工工作情感和工作行为。钟熙等(2018)通过两个阶段回收的 400 多份问卷中,运用多元线性回归分析验证了上下级关系与员工亲组织非伦理行为之间的正向影响关系,组织认同在其中起中介作用,自我牺牲型领导在组织认同与员工亲组织非伦理行为之间起正向调节的作用。

(三)组织文化

组织文化在决定道德行为方面起着重要的作用(Trevino,1986)。组织文化能影响组织成员注意的焦点、对事件的态度和行为(Oreilly and Chatman,1996)。组织文化提供了关于道德行为的集体规范,并指导员工决定在组织内哪些行为是适当的,哪些行为是不适当的。当一个组织的文化强烈支持高度模糊的道德规范并灌输不道德观念时,腐败行为和非伦理行为就会滋生(McKenna,1996)。

Hamilton 和 Sanders (1999) 认为,非道德文化是指组织规范不能鼓励道德行为的环境。虽然执行特定不道德行为的明确命令可能不会发生,但不道德行为可能在不道德文化中被含蓄地接受。与关于服从犯罪的社会学研究相一致,如果组织中来自上级的指示、建议或暗示在道德上是模糊的,那么组织或其成员可能会含蓄地宽恕不道德的行为。于是他们就运用实证数据证明了在非道德文化中,具有积极的社会交换关系或高度组织认同的员工,在他们自己的行为可能有益于组织时,会降低对与这些行为相关的道德规范的考虑,从而做出不道德的行为,因此也证实了非道德文化中的员工比道德文化中的员工更有可能从事更高水平的亲组织非伦理行为。

Umphress 等 (2011) 通过考察非道德文化的主要特征来从理论上描述它对亲组织非伦理行为的影响。首先,在非道德文化下的组织目标可能影响员工的不道德行为。不道德的组织不是通过不道德的手段强迫成员推进组织目标,而是间接地鼓励不道德的行为实践。具有高度积极的社会交换关系的员工或那些高度认同组织的员工会在组织内部致力于拥护和推进组织目标(Ashforth and Anand,2003),当对组织目标的强调淡化和混淆了对完成目标过程的关注时,推动组织目标实现的愿望就会压倒伦理思考,对组织目标的习惯性、常规化或想当然的追求就会激励那些对组织有强烈依恋的员工代表组织做出亲组织非伦理的行为(Brief et al.,2001)。其次,他认为在非道德文化中,组织中的不道德行为可能是由那些暗中"授权"不道德行为的领导者助长的。组织领导者通过将追随者的注意力集中在特定的标准上,包括实施亲组织行为的必要性,从而为员工提供道德指导的关键来源(Brown et al., 2005)。领导者在无意中可能传播一种不合理的道德标准来支持不道德的举措,如奖励可疑行为、隐式地纵容腐败行为(Ashforth and Anand, 2003)。但是,关于非道德组织文化对亲组织非伦理行为的实证,目前的学术研究涉及的还很少。理论上的推断还需要进一步得到实践的验证。

(四)领导风格

近年来,员工亲组织非伦理行为逐渐成为国内外学者关注的焦点,并且已有研究也表明了不同的领导风格会对员工的亲组织非伦理行为的实施产生不同的影响。

林英晖和程垦(2017)从中国传统的组织文化背景出发,通过对中国长三角企业的352份问卷数据进行整理分析,基于社会认同理论和社会交换理论,在圈内人和圈外人的视角下,探究了差序式领导对员工亲组织非伦理行为的影响机制以及相应的调节机制,他认为具有偏私领导风格的差序式领导会逐渐根据亲密程度对员工进行分类,分为圈内人和圈外人,而圈内人就更容易得到上级的支持和照顾,获得领导更多的关心和信任(Cheng, 1995)。当领导者和圈内人有了这种高度信任的关系之后,圈内人就会倾向于选择用更多的角色外行为来回报领导者的提携和帮助,从而创造更多的组织绩效(Jiang and Zhang, 2010)。从社会交换理论出发,圈内人和领导者之间频繁的社会交换关系使圈内人更加认同和依附于整个组织,有了圈内人身份认同,而基于社会认同理论,对组织和领导高度认同的圈内人,会将组织成败视为自己的成败,从而实施更多的亲组织行为维护自己的圈内人身份。最终圈内人的这种强烈的报答意识和组织认同感可能会驱使其为了组织的利益而忘记对价值观和社会规范的判断,从而做出一些认为自己有资格去做、自己是为了让组织和领导受益的、自认为是合理的亲组织非伦理行为。反之,差序式领导下的圈外人就不会产生如此多的为保护组织而做出不道德行为的想法。林英晖和程垦(2017)通过分阶段的调查研究,运用结构方程模型验证了差序式领导对圈内人的亲组织非伦理行为产生正向影响作用,且集体主义倾向在差序式领导对圈内人和圈外人的亲组织非伦理行为中起到正向调节的作用。

授权型领导是在组织结构逐渐扁平化、员工工作自主性逐渐加强下的产物,他通过向员工强调工作目标以及工作的重大意义、给员工提供更多的工作自主权,使员工自愿发挥更多职权、为组织效力(Ahearne et al., 2005)。徐琳等

(2018)认为,授权型领导对员工的心理状态和行为都有着深刻影响,授权型领导不仅能激发员工的工作动力,并且能加深员工在工作中的组织承诺和员工工作满意度,由于这种授权的存在,使员工产生了实施角色外行为的想法,因此可能使员工过分认可自己的能力、做出自己认为对组织有益却可能不符合社会伦理的行为(Sharma and Kirkman,2015)。于是,徐琳等(2018)从自我决定理论和社会交换理论出发,基于几家创新企业的300多份样本,运用实证数据验证了授权型领导对员工亲组织非伦理行为的正向影响作用,且领导—成员交换和心理授权在其中起到了链式中介的作用。

伦理型领导通过领导者与下级的日常相处之中树立起合适的、合乎伦理的行为规范,并通过与下属的双向沟通中,使下属也遵循这些行为规范,从而约束自己的行为(Michael et al.,2005)。因为伦理型领导强调办公行为的规范性、道德性,所以干益宸(2019)认为当伦理型领导的水平逐渐升高时,员工的亲组织非伦理行为就会随着行为规范的进一步约束而逐渐减少。他通过对210多家企业员工的调查问卷进行数据分析之后,验证了伦理型领导对员工亲组织非伦理行为的负向抑制作用,并且在这个负向抑制作用过程中,员工的心理资本在其中起部分中介的作用。通过增强领导者与员工的沟通、增强伦理型领导者的管理风格、重视员工的意见和反馈,来加强领导者和员工之间的双向信任并逐步提升员工的心理资本,这有助于员工形成更加符合伦理的办事风格,为组织长期稳定发展奠定良好的基础。

另外,国内学者张婧哲(2019)从理论上阐述了责任型领导对员工亲组织非伦理行为的正向影响作用。他认为责任型领导综合考虑员工各方面的利益和需求,关心组织和员工、利益相关者的利益,能够给组织内的员工树立良好的榜样,而基于社会学习理论,员工会主动学习责任型领导者的做事风格,更加信任组织和为组织着想,所以就更加遵循领导者的步伐,可能会一度地为组织利益办事而忽略了对社会规范的评判,实施更多的亲组织非伦理行为。但是关于责任型领导对员工亲组织非伦理行为的正向影响作用还需要更多的学者进一步设计实证来用数据验证。

综上,领导风格多种多样,关于细化的领导风格对员工亲组织非伦理行为的影响作用机制还需要学者们更多的理论和实证验证,以更明晰不同领导风格对于员工亲组织非伦理行为的影响机制及可能的边界条件。

第四节 员工亲组织非伦理行为的影响效应

虽然员工可能试图通过参与亲组织非伦理行为来帮助组织，但是他们行为的最终结果可能会偏离他们的意图，并最终可能对组织造成伤害。因此，亲组织非伦理行为可能最终产生不利甚至破坏性的结果。不道德行为的结果不论是在实证还是实践中都很重要（Weifo，2004），但是相比亲组织非伦理行为前因变量的探究，目前关于其结果变量的实证探究比较少，于是本书汇集文献进行了员工亲组织非伦理行为影响效应的总结。

一、消极情绪体验

内疚和羞愧是与亲组织非伦理行为联系最紧密的两种情绪（Trevino et al.，2006）。内疚感被定义为因个人预期引起、实际上煽动或与消极事件有关而产生后悔的一种情感（Eisenberg，2000）。内疚感促使个人对违反个人行为标准的行为承担责任。羞耻包括对整个自我的贬低，使一个人害怕别人的嘲笑，并对别人潜在的谴责避而不谈（Eisenberg，2000；Tangney，1991）。虽然内疚和羞愧是相似的，但它们在情感的焦点上是不同的。内疚是对特定行为的消极反应，而羞耻是对整个自我的消极反应。因此，羞耻可能比内疚更具破坏性和痛苦（Tangney，1998）。内疚有可能促使行为的改变，因为它集中在一个特定的活动或行为上，而羞耻被认为会促使自我形象的改变，因为它源于信念和关于自我的理想化观念之间的差异（Eisenberg，2000）。Umphress等（2011）认为内疚和羞愧可能是亲组织非伦理行为的后果。他认为如果个人认为亲组织非伦理行为违反了他们的个人道德标准，他们很可能会感到内疚。感到内疚可能会导致他们试图向不道德行为的潜在受害者提供赔偿，或者至少个人不会再进行不道德行为。此外，如果个人将这种不道德的行为内在化，作为对理想自我的背离，他们可能会感到羞愧。羞愧的经历不太可能导致行为的改变，但羞愧可能影响个人层面的行为协调。经历内疚和羞愧会影响行为的改变，并降低员工未来做出不道德行为的可能性。

综上所述，他们在理论基础上推断内疚和羞愧可能是亲组织非伦理行为的结果，内疚和羞愧也用于抑制随后的亲组织非伦理行为。但是，这仅仅是理论层面的合理推断，关于相关的实证研究还没有，我们也需要进一步设计实证来用数据证明这种理论推断是正确的。

二、认知失调

亲组织非伦理行为的另一个可能后果是认知失调。认知失调理论认为，当人们的行为与态度不一致时，他们会经历一种觉醒或失调状态（Brehm and Cohen, 1962）。为了减少这种失调的状态，个体会有动机去改变态度。根据定义，亲组织非伦理行为既不是由主管下令，也不包括在工作职责中，这意味着员工自愿选择从事不道德的行为。当组织长期绩效受损时，认知失调可能是亲组织非伦理行为对员工产生的重要后果。在做了不道德的行为之后，如果员工发现他们做了不道德的行为，他们可能会感到不协调。也就是说，员工想要对组织好的态度与自己的亲组织不道德的行为不一致时，可能会引起认知觉醒或失调，员工可能会试图解决这种不愉快的失调状态。

然而，员工可能通过两种不同的方式减少认知失调带来的兴奋。首先，员工可以改变他们对亲组织非伦理行为的看法，使这种行为看起来不是那么不道德。这可以通过重新梳理发生过程来实现，在其中与不道德行为相关的伦理性被删除或忽略。一旦不道德行为的道德性被移除，认知觉醒或失调就会减少。其次，员工可以通过加强组织认同或积极的社会交换关系来改变对组织的评价。如果员工在从事了不道德的亲组织行为后意识到自己的行为是不道德的，认知失调理论表明，这些员工会为自己的行为寻找一个合理的解释。当试图解释他们的行为时，员工可能会认为他们的行为是不道德的，因为他们强烈认同组织或与组织有很强的积极社会交换关系，所以才会表现出亲组织非伦理行为，从而降低失调感。

综上来看，认知失调是不道德的亲组织行为的一个可能的后果；当有经验时，认知失调可能有助于增强积极的社会交换关系和组织认同（Umphress et al., 2011）。但这也只是 Umphress 在认知失调理论基础下的理论假设，具体的实证研究还没有相应模型的验证。

三、道德推脱

道德推脱被定义为当员工的认知方式和行为风格不符合社会道德规范时，员工内心会通过加强对这种行为合理化的认识、降低对受害者的怜悯，最终达到减轻自己心理负罪感的一种心理活动机制（Bandura, 1999）。上述关于道德推脱的解释表明，亲组织非伦理行为的参与可以被视为一种明确的道德推脱实践。也就是说，当一个人参与亲组织非伦理行为时，他是在证明他认为实施亲组织非伦理行为的正当性来实现道德推脱（Trevino et al.，2014；Umphress and Bingham，2011）。例如，通过隐瞒药品的副作用并声称这样做会使组织受益，这是在制定道德正当性，即道德推脱的机制之一。更普遍地说，当一个人以追求组织利益的名义做出不道德的行为时，表明这种道德脱离机制的做法可以掩盖不道德行为的道德要求，从而使人摆脱道德制裁（Bandura，1999）。

Lian 等（2016）从社会学习理论的视角，利用实证证实了领导者的亲组织非伦理行为与员工的道德推脱之间的正向作用关系。他认为那些从事亲组织非伦理行为的人，以组织的名义为自己的不道德行为辩护，并在道德上脱离对不道德行为的制裁。社会学习理论的观点表明，员工很可能会向这些人学习，从而也会做出道德上的脱离。从社会学习理论方面，我们通过观察社会环境中的行为榜样来学习如何恰当地实施行为（Bandura，1973）。这种通过行为建模的学习过程是普遍存在的，角色模型的突出程度会影响学习的有效性。特别是，在社会阶层中拥有高权力和高职位的榜样更有可能使旁观者产生学习行为（Bandura，1973）。在一个组织环境中，领导者是那些掌握权力并占据较高地位的人，因此通常被认为是值得效仿的杰出人物。与此推理一致的是，已有研究也表明领导者对员工的角色塑造有一定影响（Lian et al.，2012；Mayer et al.，2009）。因此，Lian 等（2016）提出并验证了当员工观察到他们的领导者有亲组织非伦理行为时，他们更有可能效仿他们的领导者，逐渐加大道德推脱的频率，也逐渐开始实施不道德的行为，其中权利距离也起到了调节作用。

第五节　结语、管理启示及未来研究展望

一、结语

组织中的不道德行为越来越受到管理者们的重视，只有了解了亲组织非伦理行为的含义以及其在什么情况下容易产生，又会对员工以及组织带来什么样的影响，才能正确把握亲组织非伦理行为的产生机制和影响机制，进一步掌控其产生、发展和控制方法，最终使其合理应用于组织，对组织长期绩效和动态发展产生源源不断的正向影响，即使有的学者认为它完完全全是百害而无一利的，深入了解亲组织非伦理行为也能达到预防、控制、遏制这种非伦理行为的作用。

本书从亲组织非伦理行为的内涵、维度和量表、员工层面和组织层面的影响因素以及影响效应出发，梳理相关国内外文献，进行了系统的分析、总结和评价。综合上述分析，本书构建了如图10-1所示的亲组织非伦理行为的综合作用模型，期望能够对员工亲组织非伦理行为的管理与控制、未来研究的方向提供新的借鉴和思考。

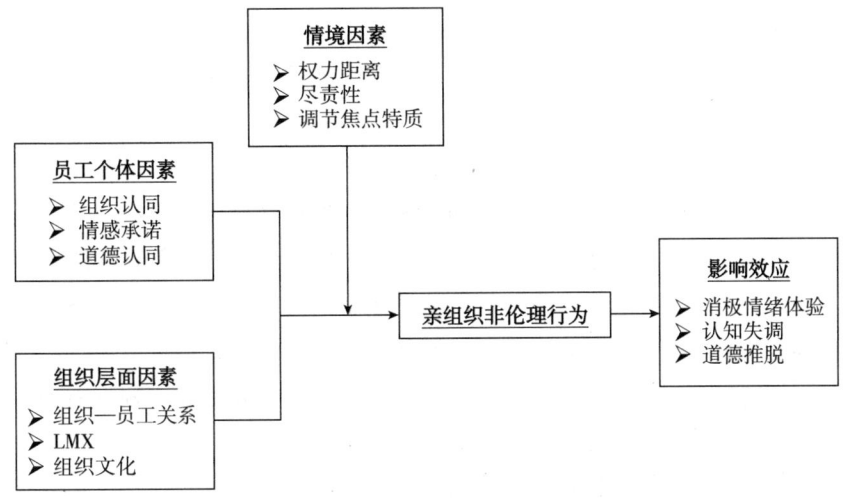

图10-1 亲组织非伦理行为的综合作用模型

首先，员工的亲组织非伦理行为是一个单维度的构念，它具体指员工为了组织、员工以及一些外部相关利益者的暂时益处，铤而走险地跨越社会道德规范或者组织规范，去包庇、掩盖组织的错误，严重的甚至构成违法犯罪行为。对组织长期利益和稳定发展来讲，亲组织非伦理行为是工作场所中的一项消极行为，但从员工角度来讲，这又是员工的一种亲组织行为的表现，员工的初衷是为了保护组织，但最终与目标结果的背离，也会对员工的思想和行为产生一系列的影响。因而，厘清亲组织非伦理行为的影响因素和影响效应，对于正确实施对组织有益的行为和制止对组织有害的行为有着重要的理论意义和实践意义。

其次，本书总结了员工实施亲组织非伦理行为的影响因素，具体来讲，员工自身的组织认同、道德认同、情感承诺等心理状况和情感状况都会对自己的工作行为产生影响；组织层面的组织文化、组织—员工关系以及多种多样的领导风格也会对员工是否实施亲组织非伦理行为产生或多或少的不同程度的影响。从宏观层面来讲，组织可以通过改变领导风格、组织文化和组织—员工关系来增加员工的亲组织行为，遏制员工的不道德行为，组织层面因素调整应该是组织及其管理者高度关注并切实可行的降低员工亲组织非伦理行为的重要策略。

再次，员工亲组织非伦理行为对于员工自身和组织而言有着重要意义。现有的研究表明，员工亲组织非伦理行为可以激发员工的内疚和羞愧心理，而为了弥补对组织犯下的失误，他们会更加积极地为组织工作。当然，员工亲组织非伦理行为的负面影响也不容小觑，员工可能会在自己为组织好的目标下做出不道德的亲组织行为时产生认知失调，从而处理不好组织、自己和行为之间的关系。并且，也有实证表明，在社会学习理论下，领导者实施亲组织非伦理行为会带动员工的道德推脱和实施不道德行为的频率。通过掌握亲组织非伦理行为的影响结果，才能进一步厘清这个行为的好处和坏处，进而提出相应的改进策略。

最后，关注员工亲组织非伦理行为影响因素发挥作用的边界条件。在员工亲组织非伦理行为影响因素的作用机制探究中，情境因素是学者们常用的调节变量，其中权力距离、尽责性、调节焦点特质水平的高低也进一步调节着员工实施亲组织非伦理行为的频率（高欣洁等，2019）。

二、管理启示

不道德的行为在工作组织中既普遍又昂贵（Vardi, 2001）。已有充分的文献证明，各级组织成员都可能出现盗窃公司财产、误导客户、欺骗政府，以及违反心理契约的现象（Vardi and Weiner, 1996），这表明不道德的行为包括一系列从轻微到严重的违反行为。此外，研究也表明了员工可能从事不道德行为的许多原因：为了自己的利益、报复组织、伤害同事（Umphress and Bingham, 2010）。因此，学术研究在一定程度上开始着重关注潜在不道德行为，并努力鼓励针对组织积极的个人行为。这一系列的文献建立在这样一个观点之上：有时候，人们从事不道德的行为是为了帮助或使他们的组织受益。不道德的行为往往与消极的行为相联系，然而组织成员也可以为组织从事积极的非伦理行为（Warren, 2003）。这些亲组织非伦理行为可以被看作是积极的，这样的行为可能有利于组织，即使它可能违反一些总体的社会规范（Cullinan et al., 2008）。这是目前还不成熟的一个研究领域（Cullinan et al., 2008）。综合上文总结的员工亲组织非伦理行为的内涵、影响因素与影响效应，本书从组织角度出发，总结出以下管理启示，希望对企业管理者有所提醒与借鉴。

首先，组织要清楚地了解能够影响员工亲组织非伦理行为实施的前因变量，包括员工个体层面的组织认同、情感承诺和道德认同，以及组织层面的组织—员工关系、领导—成员关系、组织文化和领导风格,而员工对组织的心理和情感状况也多受到组织和管理者的影响。因此,组织和管理者们要时刻洞察员工的心理和情感状况,通过构建良好的领导—成员关系和组织—员工关系促使员工产生更多的对组织认同和情感承诺,多运用伦理型领导方式加强员工对伦理观、是非观的正确认识程度,以及不断塑造更加宣扬道德、遵规守纪的组织文化来增加员工的道德认同感,从而促进员工的亲组织行为、减少员工的亲组织非伦理行为。

其次,亲组织非伦理行为对员工和组织的影响很大,本来一心为组织着想做的亲组织非伦理行为可能会导致员工的内疚和羞愧、认知失调,会大大影响其工作积极性和工作效率。因此,组织及其管理者们要及时安抚员工的情绪,并教导员工关注组织合理的亲组织行为表现,从而进一步降低这种不道德的亲组织行为。另外,组织中的领导者也要进一步降低自己的亲组织非伦理行为,因为员工会学习权高位重的领导者行为、认为领导者做的都是对的,这就会造成组织中亲组织非伦理行为的蔓延,必须从根源防止这种行为。

最后,根据总结的亲组织非伦理行为的定义以及边界条件(Chen et al.,2016),正确认识和区分组织中的亲组织非伦理行为,并学会尽早制止这种行为。运用前文总结的亲组织非伦理行为的边界条件,提倡道德的组织文化、良好的权力距离把控以及培养员工的尽责性,使其从一开始、从日常小事上就减少这种爱护组织但不道德的行为,拒绝为了组织和员工利益而放弃自己的道德底线,不包庇组织错误,从长远角度看,其实就是为了组织更好的未来,让组织踏踏实实、实事求是地走好每一步,就是对组织的爱的最好表现。

三、未来研究展望

亲组织非伦理行为可以被认为是对组织短期有益的,但违反了某些固有的社会准则,对组织的长久立足和发展有着很大的危害,近几年也逐渐成为学者们频繁探究的话题。Umphress(2010)正式给予其定义和判断条件,到现在也仅仅只有不到十年的时间,关于其相关的量表、实证还有很广泛的研究空间,或者说仍有值得细致考虑和深入研究的部分,在此做出以下三个未来研究展望,希望给学者们更多思考和研究的方向。

第一,需要探究更加明晰合理、符合中国情境的概念和量表。以往的文献对这种旨在使组织受益的不道德行为,已经提出了各种方式和使用各种概念,但使用最多的还是 Umphress 给出的概念和量表,这是国外学者研究初期的总结和成果,我们也应该站在巨人的肩膀上,进一步探索更加符合中国情境下的、更清晰明了的亲组织非伦理行为概念,并开发适合中国传统文化情境和符合中国企业发展运作的亲组织非伦理行为量表。

第二,深化亲组织非伦理行为的影响效应实证研究。目前国内外关于亲组织非伦理行为的影响效应研究还是比较少,虽然是员工为了组织利益做出不道德行为,但总的来说,它对组织长远发展是有害的。目前只是有学者在理论上探讨了亲组织非伦理行为对组织内部关系、组织长远发展的害处,未来的研究需要进一步实证检验这些理论层面阐释的影响效应,并探索亲组织非伦理行为对员工层面的其他影响效应。具体来说,如关于亲组织非伦理行为对组织绩效、组织间关系质量的影响,总结理论和相关文献,可以大致看到它们之间的负相关关系。Umphress等(2011)也从理论上叙述了亲组织非伦理行为对组织长期绩效以及组织长期发展的阻碍作用。但也可以看出,对于亲组织非伦理行为影响结果的探究还处于比较浅显的初步阶段,还需要更多的实证证实。

第三,拓宽员工亲组织非伦理行为形成的边界效应研究。除了本书总结的员工层面的权力距离感、尽责性和调节焦点特质,还需要进一步探索组织层面的各种因素,比如上文提到的组织文化等,在影响员工亲组织非伦理行为发生过程中的可能边界作用。

第十一章 高绩效要求与亲组织非伦理行为:道德推脱与道德认同的影响

第一节 引言

近年来,随着市场竞争日益激烈,员工积极工作行为越来越受到国内外学者的关注。因为管理实践及学术研究均发现,员工积极工作行为是促进组织更好更强发展的重要基础。不过,与此同时,组织中存在的一些员工消极负面行为可能给组织带来的不良后果也同样不可忽视。正是从这一视角出发,工作场所中的违背社会公认道德规范的行为以及这些行为的成因分析也逐渐引起学者们的热议(Trevino et al., 2006; Martin et al., 2014)。之前的研究已经验证了导致上述行为的大量原因,包括从认知、情感、人际关系和组织层面等因素来解释员工为何会做出不道德行为。前人所做的这些研究发现大大推进了我们对组织情境中员工不道德行为的理解(Trevino, 2010; Trevino et al., 2014)。然而,有趣的是,大多数已有研究均指出员工这样的不道德行为原因似乎都集中在对自我有益的方面(Moore and Gino, 2013; Thau et al., 2015),这暗示了员工不道德行为主要是由自我利益所驱动的。但是,新近的研究发现,导致员工产生不道德行为的原因并非限于自利,如最近提出的亲组织非伦理行为这一构念就拓展了员工不道德行为的关注点。员工的亲组织非伦理行为作为一种不道德的亲组织行为,它的出发点虽然可能包括了个人利益的考虑,但是不可否认其中还有一个特别值得强调的重要方面就是员工的这种不道德行为是为了组织利益着想的。相信对于这种不符合以往常规的员工不道德行为的理解必将推动组织行为关于道德相关行为的理解,同时也可以更为全面地理解亲组织行为可能存在的不当一面。可以说，员工的亲组织非伦理行为是值得组织管理学者们深入研究的一个有意义主题。

员工的亲组织非伦理行为包庇了组织的缺点，可能短期对组织利益有利，但事实真相经过时间的检验早晚会败露，其对组织声誉和组织的长期发展可能产生的负向作用可想而知。为此，组织学者和管理实践者均要高度重视员工存在的亲组织非伦理行为，并且要尽力避免这种表面看似亲组织行为而实则最终会对组织及其成员产生不利影响的行为。因此，关于员工的亲组织非伦理行为影响因素的挖掘应当受到高度关注。目前，关于组织中的员工亲组织非伦理行为的影响因素研究多数集中在员工个体、组织因素以及领导风格层面（Cullinan et al.，2008）。就组织层面因素来看，关于工作任务和绩效要求对于员工的这种不道德的亲组织行为的影响研究还是较少的。总体来看，组织中较高的绩效要求给予员工的压力使员工开始为自己实施亲组织非伦理行为提供了理由（陈默、梁建，2017）。在组织的高绩效工作要求的压力下，员工的道德认知可能会逐渐弱化，而道德推脱是使个体脱离自我道德约束的一种认知过程，这一认知过程可能会促使个体更多地投入到不道德行为之中（Bandura，1999）。道德推脱建立在社会认知理论的基础上。社会认知理论认为，个体通过社会化将道德标准内在化，并利用这些标准来指导和约束自己的行为（Bandura，1986）。这种自我调节的过程抑制了个体从事不道德的行为，因为不道德行为违反了个体的内在道德标准，从而会导致自我制裁。然而，这种自我调节的过程并不总是能够发挥作用，有时候可能通过道德推脱机制而失效（Bandura，1999）。道德推脱机制解释了当员工的负面行为或者非伦理行为实施之后，自我调节过程是如何失效，从而导致实施这些行为并没有受到自我制裁（Bandura，2002），如当员工认为自己实施的亲组织非伦理行为是为了应对组织对自己的高绩效要求，是为了组织利益时，他便合理化了自己的不道德行为，并将之视为是理所应当的。正是通过合理化这一具体的道德推脱机制，个体将自己的不道德行为合理化，导致不道德行为更多地出现。

另外，道德认同水平作为员工对社会规范、社会道德标准以及社会价值观的一种认识和理解程度，也对员工的各种心理和行为起着重要的影响作用（占小军等，2019）。当员工道德认同水平较高时，即使在面临外界的要求和压力之下，也可能会坚持自己的道德原则，如更可能自觉说服自己放弃实施虽对组织有利但不符合社会道德规范的行为。然而员工的道德认同水平较低时，更可能屈服于外界的压力，从事非道德行为。基于此，个体的道德认同水平有可能在外界压力与个体的非道德相关行为之间起着一定的调节作用。综上，本书在此将重点探讨组织的高绩效要求通过何种机制促使员工更多地投入到亲组织非伦理行为之中,以及员工的个体特征又可能在这一过程机制中发挥什么样的作用。具体来说,本书将基于社会认知理论的视角,探讨组织的高绩效要求对员工亲组织非伦理行为的影响作用及其内在机制,包括员工道德推脱的中介作用和道德认同的调节作用。期望通过本书提出的一个亲组织非伦理行为的发展模型,更清晰地理解究竟是什么因素促进了员工的亲组织非伦理行为。一方面,本书能够丰富员工亲组织非伦理行为影响因素的理论研究,对员工亲组织非伦理行为研究的进一步深入推进提供一些参考方向;另一方面,本书也有助于帮助管理实践者关注到组织的不当绩效管理要求可能导致的员工一些不当行为,并进行相应的管理调整。

第二节 理论基础与研究假设

一、组织的高绩效要求与员工的亲组织非伦理行为

员工的亲组织非伦理行为最早被定义为员工为了组织利益和组织成员利益而做出的违背制度、规则和社会道德规范的一类行为(Umphress et al., 2011)。大多数学者认为,员工的亲组织非伦理行为是一个单维度的构念,是员工的一种消极行为。员工的亲组织非伦理行为代表了员工对组织"爱"的一种错误的行为表达方式。这一看似为了组织着想的不道德行为引起的不论是对企业还是对员工自身的消极后果都很严重且影响深远。员工的亲组织非伦理行为可能可以暂时掩盖组织的一些缺点、失误,甚至会对组织短期利益有一定的益处。但当组织尝到了这种短期利益的甜头,可能会继续支持员工的这种不道德的亲组织行为(Alicke and Sedikides, 2009),从而可能有意无意地促使员工更多地投入到这类亲组织非伦理行为之中,最终导致给组织及其成员带来不良后果。为此,组织需要关注并尽可能避免对员工亲组织非伦理行为的这种驱动影响。因为,总的来说,员工的亲组织非伦理行为虽是员工爱护组织的体现,但它却并不属于道德行为,组织必须在鼓励员工更多的亲组织行为时,还要注意员工行为的合理规范性和道德伦理性。

企业在激烈的市场竞争中,为了赢得更多的竞争优势,就不免会对员工提出较高的绩效要求。但是,较高的绩效要求可能会给员工带来较大的甚至是难以应

对的压力，导致员工产生一些非预期的行为表现，如有研究表明，组织较高的绩效要求与员工的亲组织非伦理行为之间的关系也十分紧密（Lian et al., 2012）。首先，当组织总是为了竞争优势而在工作上对员工提出高绩效要求时，员工就会迫于提高组织绩效的压力，一味寻求能够完成组织高绩效要求的工作行为，而忽视了对这个行为其他特性的判断，如合法性、合规性的判断，从而更可能做出亲组织但不道德的行为。其次，组织的高绩效要求使员工不断强化自我概念积极的一方面，他觉得自己的所作所为是在为组织效力，在给企业带来高绩效的同时也弱化了其中非伦理方面可能带来的自身负面形象，认为自己的工作行为没有不妥之处（陈默、梁建，2017）。另外，也有学者发现，当员工在常规手段无法达到组织的高绩效目标时，可能会倾向于使用不道德的行为去达到目标，（Schweitzer et al., 2004），如国内学者张桂平（2014）对教育领域的研究表明，当教师达不到科研的高水平目标时，可能采取不正当的手段。基于上述理论阐述和文献总结可见，组织的高绩效要求可能会给员工带来较大的压力。为了达成目标，员工可能会采取一些非常规的手段，如亲组织有助于目标实现而违背了道德规范要求的方式，即更多地投入到亲组织非伦理行为之中，而且如果组织只关注员工绩效目标是否实现，不制止员工亲组织非伦理行为，会使员工认为自己实施此行为是在完成组织的高绩效要求，从而会弱化这个行为的不道德性的关注，选择继续实施亲组织非伦理行为为组织效力，以尽力实现绩效目标。为此，关于组织高绩效要求与员工的亲组织非伦理行为之间的关系，本书提出以下假设：

H1：组织的高绩效要求与员工亲组织非伦理行为有显著正相关关系。

二、道德推脱在组织高绩效要求与员工亲组织非伦理行为间的中介作用

随着市场竞争的不断加剧，组织为了提升竞争力，常常也会制定较高水平的组织绩效目标，希望借此更好地挖掘组织的潜力。然而组织的这些高绩效目标最终也会被分解到每一个员工身上，变成员工的高绩效要求。给予员工可能超出其能力和资源支持的高绩效要求，可能会成为员工压力产生的重要来源。当他完成不了目标时，他们会害怕领导的负面评价，也害怕失去工作（Locke and Latham, 2002）。基于社会认知理论的观点，当员工认为自己现有的工作能力达不到领导的高绩效要求时，为了避免未完成工作任务而可能带来的一系列负面效果，员工需要选择其他可能的方式甚至包括消极的方式来说服自己或他人自己未完成工作是有正当的理由的（赵君等，2010），如实施道德推脱。当员工的道德推脱机制打开后，他对自身道德观念的监督和调控机制会渐渐失效，他会在心里重新解释

自己参与不道德行为的理由，是为了组织利益和组织绩效，从而减少自己的负罪感、增强自己做出不当行为的可接受性。

基于上述理论和实证文献分析，在社会认知理论下，本书认为员工在高绩效要求的压力下，会减少对自己行为是否符合道德规范的考虑，而实施道德推脱可以有效地降低自己的负罪感，如认为自己所做的一切行为甚至是不道德的，也是对组织的付出，所以不应该被责怪，即组织的高绩效要求可能激发起个体的道德推脱认知机制，以便于自己对接下来为完成高组织绩效要求而可能采取的一切措施提供心理准备。为此，本书提出以下假设：

H2：组织的高绩效要求与员工的道德推脱有显著正相关关系。

道德推脱被定义为当员工的认知方式和行为风格不符合社会道德规范时，员工内心会通过加强对这种行为合理化的认识、降低对受害者的怜悯，最终达到减轻自己心理负罪感的一种心理活动机制（Bandura，1999）。关于道德推脱的解释表明，亲组织非伦理行为的参与可以被视为一种明确的道德推脱实践。也就是说，当一个人参与亲组织非伦理行为时，他就是在证明自己所实施的亲组织非伦理行为真的是为了组织而非个人私利，即使是非伦理的也是可以接受的。可以说，亲组织非伦理行为是道德推脱的合理结果（Trevino et al.，2014；Umphress and Bingham，2011）。例如，通过隐瞒药品的副作用并声称这样做会使组织受益，强调这种亲组织非伦理行为的组织受益一面而故意忽视其会给消费者带来的危害，就是道德推脱的重要机制之一。总之，当一个人以追求组织利益的名义做出不道德的行为时，其更有理由说服自己做出这种非伦理行为的原因是出于组织考虑而非个人私利。可以说，亲组织非伦理行为更能使这种道德脱离机制的做法可以更好地找到所谓的理由，从而使人在内心上摆脱道德制裁（Bandura，1999），即道德推脱将促使个体更多地投入到亲组织非伦理行为之中。

赵红丹和周君（2017）在研究企业伪善对亲组织非伦理行为的影响机制时，就认为在企业伪善的影响机制下，员工实施亲组织非伦理行为是在给企业和管理者们追寻利益，从而把实施不道德行为的理由推脱给组织。同时他们也通过长三角几十家企业的232对员工之间的配对数据进行验证，也证实了道德推脱对亲组织非伦理行为的正向作用。以及道德推脱在企业伪善对亲组织非伦理行为之间的中介作用。同时，夏福斌（2014）在研究亲组织非伦理行为的前因与后果中，也验证了道德推脱对亲组织非伦理行为的正向影响。基于上述理论和实证文献分析，可知组织高绩效要求的压力使员工更多地实施亲组织非伦理行为，而实施了亲组织非伦理行为的员工会认为自己是在为组织绩效和组织成员利益着想，道德推脱会使员工自身的道德机制失控，从而降低对自身行为道德规范的考虑，而认为亲组织非伦理行为是合乎情理的。于是，本书提出以下假设：

H3：道德推脱与员工亲组织非伦理行为有显著正相关关系。

综上所述，本书认为在社会认知理论下，组织的高绩效要求可能促使员工更多地投入到亲组织非伦理行为之中，这主要是因为组织的高绩效要求使其产生压力，为了避免没有完成组织的高绩效要求而可能对自己的不利影响，员工可能采取一切办法包括不当行为。并且，在这一过程之中，他会归咎于是组织高绩效的要求造成的结果，在组织高绩效要求下，为了完成任务采取亲组织但是非伦理行为也是可取的，即他会为自己的不道德行为进行开脱、寻找理由，表现出道德推脱的内在认知机制，降低自己内心的不安感，减少由于实施了非伦理行为而可能产生的自我道德制裁。正是在这样的道德推脱机制之下，员工更可能因为组织的高绩效要求表现出更多的亲组织非伦理行为。综合而言，组织的高绩效要求可能引发员工的道德推脱，并进而激发员工投入到亲组织非伦理行为之中。于是，本书提出了以下假设：

H4：道德推脱行为在组织高绩效要求与员工亲组织非伦理行为之间起中介作用。

三、道德认同在道德推脱与亲组织非伦理行为间的调节作用

Aquino 和 Reed（2002）最初定义员工的道德认同是员工对一系列的道德特征形成自己相对稳定的概念。道德认同代表了个体对自我的判定，是指员工对社会道德规范以及价值观的接受和认可程度。它主要包括两个方面，一个是内部的概念，就是道德特征在自我概念中的稳定程度；另一个就是外部的概念，指道德特征在工作中道德行为的表现程度，并且具有强烈道德认同的员工认为道德行为对于自己的身份和地位的形象至关重要，因此他们在工作中会更加尽力避免不道德行为，积极实施更多的道德行为（Weaver，2006）。

之前的研究已经将道德认同与许多结果联系起来，如 Aquino 等（2003）观察到道德认同与群体间关系呈显著正相关，与说谎呈负相关。Ceranic 等（2007）发现，强烈的道德认同对道德行为有积极的影响，在一项涉及学生的研究中，他们发现强烈的道德认同感与慈善捐赠呈正相关，在第二个涉及管理者的样本中，当道德判断与个人强烈的道德认同感相互作用时，道德行为水平最高。一个人自身道德品质的重要性将指导他以后的道德行为。因此当员工有较高的道德认同感时，他会自觉减少自己的不道德行为和不道德想法以赢得大家的尊重，并保持自

己的这种正直身份。

而国内学者占小军等（2019）就进行实证研究验证了道德认同在道德推脱与员工助人行为之间负向关系的调节作用。他认为员工心中都有自己的道德标准，并且他会比较自己的工作行为与这个道德标准之间的差距，当自己的工作行为偏离了这个道德标准的时候，他会产生内心谴责和道德惩罚，这些心理的压力使其不断减少自己的不道德行为（Watts and Buckley，2017）。当员工的道德认同水平较高时，由于自身内部对于道德规范的认可程度较高，会努力保持道德规范对自身认知以及外部的行为表现的约束，从而使道德推脱与亲组织非伦理行为之间的正向关系减弱。相反，如果个体的道德认同水平较低，则更可能放松对道德规范的遵守与坚持，致使道德推脱更可能发挥影响力，产生更多的亲组织非伦理行为。针对以上所述，本书提出以下假设：

H5：道德认同负向调节了道德推脱和员工亲组织非伦理行为之间的关系。

综上所述，本书提出了如图11-1所示的理论模型框架：

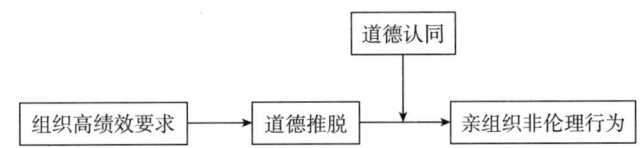

图11-1 组织高绩效要求与员工亲组织非伦理行为的关系机制模型

第三节 研究方法

一、研究样本与问卷收集程序

本书对广西、浙江等地的员工采用电子问卷的调查方式开展调查。研究样本涉及制造业、金融业以及服务业等多种行业。本次调查一共发放了276份调查问卷，通过筛选掉不完全作答、空白作答以及规律性作答的无效问卷后，有效回收240份调查问卷，有效回收率为87.0%。其中，女性占比55.0%，男性占比45.0%。年龄区间主要集中在25~35岁和36~45两个年龄段，分别占比为39.2%和21.3%。受教育程度主要集中在高中/中专和大学本科，分别占比

27.1%和25.4%。单位工作时间主要集中在1~2年和3~4年，分别占比为34.6%和25.8%。样本的人口统计学信息具体如表11-1所示。

表11-1 样本的人口统计学变量描述性统计

人口变量	具体类别	样本数量	占比（%）	累计百分比（%）
性别	男性	108	45.0	45.0
	女性	132	55.0	100
年龄	25岁以下	33	13.8	13.8
	25~35岁	94	39.2	53.0
	36~45岁	51	21.3	74.3
	46~55岁	34	14.1	88.4
	55岁以上	28	11.6	100
受教育程度	高中以下	44	18.3	18.3
	高中/中专	65	27.1	45.4
	大专	53	22.1	67.5
	大学本科	61	25.4	92.9
	硕士及以上	17	7.1	100
工作时间	1年以下	55	22.9	22.9
	1~2年	83	34.6	57.5
	3~4年	62	25.8	83.3
	5年以上	40	16.7	100

本书的调查问卷主要是通过电子问卷方式借助网络系统发放的，不过，为了保证问卷填写的正确性，我们在发放问卷之前，也对每个单位的负责人进行了仔细讲解和严格筛选，选择最负责任且最明确问卷填写规则的人，并负责自己所辖企业的问卷填写过程中的所有疑问，不能准确理解题意的及时联系我们的问卷制作者。

二、测量工具

本书四个变量的测量均采用国内外核心期刊上得到多次验证和普遍使用的量表，英文原量表内容经过专业英语专家的直译和回译，经过预测试之后，再形成最后的正式问卷。本问卷的所有题项都采用的是李克特五点评分法，从1到5分别代表非常不同意、比较不同意、不能确定、比较同意和非常同意。本问卷的所有研究变量均采用员工自评的方式。

（一）高绩效要求

采用 Podsakoff 等（1990）开发的三题项量表。示例题项为："我的领导对我的工作绩效要求很高""我的领导坚持要求我追求我工作的最佳绩效"等。在本书中，高绩效要求量表的 Cronbach'α 内部一致性系数是 0.790。

（二）道德推脱

使用 Moore 等（2012）编制的道德推脱量表，他通过数据验证了 32 个题项、16 个题项以及八题项问卷之间区别，发现差别不大，因此它的八题项道德推脱问卷得到了国内外学者们的认可，并得到广泛使用。该量表的示例题项为："为了给你关心的人辩护，可以散布谣言""人都会美化自己，所以你也无须因此而有负罪感""因为有借有还，所以在拿走别人的物品时无须征求他人同意"等。在本书中，道德推脱量表的 Cronbach'α 内部一致性系数是 0.778。

（三）亲组织非伦理行为

选取 Umphress 等（2010）的亲组织非伦理行为单维度量表，共六个题项，分数越高代表员工实施亲组织非伦理行为的可能性越大。示例题项有："如果这对我的组织有帮助，我会歪曲事实，使我的组织看起来不错""如果这对我的公司有帮助，我会夸大我公司为客户提供的产品或服务的真相""如果我的公司需要，我会为一个不称职的员工写一封好的推荐信，希望这个员工会成为另一个公司的障碍，而不是我公司的障碍"等。在本书中，亲组织非伦理行为量表的 Cronbach'α 内部一致性系数是 0.917。

（四）道德认同

使用 Aquino 和 Reed（2002）开发的自身对道德认同进行评价的五题项量表。首先列出六个关于人品的词汇，六个词汇分别为：诚实公正、工作勤奋、慷慨大方、乐于助人、慈爱友善、亲切友好。这些词汇描述会表现在日常的生活工作之中，让被测试员工根据自己的实际感受对每一个描述进行评分。示例题项为："成为具有这些品质特点的人会让我自我感觉更好""这些品质特征是我个人诸多特点中非常重要的部分和内容""我强烈希望可以具备这些品质"等。在本书中，道德认同量表的 Cronbach'α 内部一致性系数是 0.858。

（五）控制变量

本书选取了性别、年龄、受教育程度、工作时间等作为控制变量，因为已有研究表明，员工的性别、年龄、受教育程度等可能会影响员工的道德观、工作观以及一些工作行为，工作时间等则可能会对自己的一些工作行为产生影响

(Fredrickson, 1998)。所以本书对个体的上述人口学变量进行控制,以更准确地检验组织的高绩效要求对于员工亲组织非伦理行为的影响机制。

第四节 研究结果

一、同源偏差检验

因为本书用的是员工的自我评价形式,所以可能会出现共同方法同源偏差。根据周浩和龙应荣等(2004)对于共同方法同源偏差的程序控制和统计控制两种控制方法。首先,在程序控制上,进行问卷调查时,在电子问卷的开头设定一段文字仔细说明问卷研究目的并保证问卷作答者的匿名性与保密性,以加强问卷作答者真实回答问题的信心,以此减少共同方法同源偏差。其次,在统计控制上,采用 Harman 单因子分析法来检验共同方法同源偏差,在没有旋转时析出六个因子,共同解释总方差的 82.955%,其中第一个因子的解释为 32.891%,这说明了本书的单一因子没有解释大部分的变异量,可以接受此范围内的同源偏差。具体结果如表 11-2 所示。

表 11-2 Harman 单因子检验

成分	解释的总方差					
	初始特征值			提取平方和载入		
	合计	方差百分比(%)	累计百分比(%)	合计	方差百分比(%)	累计百分比(%)
1	7.236	32.891	32.891	7.236	32.891	32.891
2	5.141	23.367	56.259	5.141	23.367	56.259
3	2.010	9.138	65.397	2.010	9.138	65.397
4	1.530	6.955	72.352	1.530	6.955	72.352
5	1.262	5.736	78.088	1.262	5.736	78.088
6	1.071	4.866	82.955	1.071	4.866	82.955
7	0.882	4.010	86.965			
8	0.618	2.809	89.773			
9	0.485	2.204	91.978			

第十一章 高绩效要求与亲组织非伦理行为:道德推脱与道德认同的影响

续表

成分	解释的总方差					
	初始特征值			提取平方和载入		
	合计	方差百分比(%)	累计百分比(%)	合计	方差百分比(%)	累计百分比(%)
10	0.461	2.096	94.073			
11	0.387	1.758	95.831			
12	0.277	1.260	97.091			
13	0.235	1.069	98.159			
14	0.147	0.668	98.827			
15	0.105	0.476	99.303			
16	0.071	0.323	99.625			
17	0.050	0.225	99.851			
18	0.029	0.133	99.983			
19	0.004	0.017	100.000			
20	1.053E−013	1.243E−013	100.000			
21	1.015E−013	1.069E−013	100.000			
22	−1.005E−013	−1.021E−013	100.000			

注:提取方法为主成分分析法。

二、信度与效度分析

首先,本书运用了SPSS21.0来检验测量工具的内部一致性信度。具体分析如表11−3所示,组织高绩效要求的Cronbach's α 内部一致性系数为0.790;道德推脱的Cronbach's α 内部一致性系数为0.778;亲组织非伦理行为的Cronbach's α 内部一致性系数为0.917;道德认同的Cronbach's α 内部一致性系数为0.858。这些结果表明本书的各研究变量量表均拥有良好的信度。

表11−3 各测量量表的信度分析结果

变量	高绩效要求	道德推脱	亲组织非伦理行为	道德认同
Cronbach's α 系数	0.790	0.778	0.917	0.858

本书还运用 Amos20.0 对组织高绩效要求、道德推脱、亲组织非伦理行为以及道德认同进行了验证性因子分析以检验本书变量的区分效度。验证性因子分析结果如表 11-4 所示，并比较了四因子模型、三因子模型、二因子模型以及单因子模型，结果发现四因子模型的拟合度良好（$\chi^2/df = 2.538 < 3$；$RMSEA = 0.031 < 0.08$；$CFI = 0.936 > 0.90$；$TLI = 0.954 > 0.90$）。本书结果表明了本问卷拥有良好的结构效度。

表 11-4 验证性因子分析

测量模型	χ^2	df	χ^2/df	CFI	TLI	$RMSEA$
四因子模型（X、Y、M、Z）	713.328	281	2.538	0.936	0.954	0.031
三因子模型（X+M、Y、Z）	832.643	298	2.794	0.832	0.805	0.076
二因子模型（X+Y+M、Z）	896.235	301	2.976	0.753	0.642	0.107
单因子模型（X+Y+M+Z）	965.763	321	3.009	0.531	0.596	0.131

注：高绩效要求（X）、亲组织非伦理行为（Y）、道德推脱（M）、道德认同（Z）。+表示将因子合并为一个因子。

三、描述性统计分析

本书运用了 SPSS21.0 来统计分析四个变量的均值、标准差以及各变量之间的相关系数，具体分析如表 11-5 所示。自变量组织高绩效要求与因变量员工的亲组织非伦理行为呈显著正相关（$r = 0.085$，$p < 0.01$），自变量组织高绩效要求与中介变量道德推脱呈显著正相关（$r = 0.190$，$p < 0.01$），中介变量道德推脱与因变量亲组织非伦理行为（$r = 0.758$，$p < 0.01$）呈显著正相关，另外调节变量员工道德认同与亲组织非伦理行为（$r = -0.110$，$p < 0.01$）也呈显著负相关，可以看出初步分析结果与本书的假设方向一致，适合进行深入检验。

四、假设检验

本书运用 SPSS21.0 的层级回归方法进行研究假设的验证，具体回归分析结果如表 11-6 所示。首先进行的是组织高绩效要求与员工亲组织非伦理行为的主

第十一章 高绩效要求与亲组织非伦理行为：道德推脱与道德认同的影响

效应检验，其次进行道德推脱的中介效应检验，最后进行的是员工道德认同的调节效应检验。

表 11-5 各变量的均值、标准差和相关系数

变量	M	SD	1	2	3	4	5	6	7	8
性别	1.60	0.49	1							
年龄	2.70	1.27	-0.113	1						
受教育程度	3.00	1.49	-0.069	-0.797**	1					
工作时间	2.45	1.12	-0.128*	0.589**	-0.483**	1				
高绩效要求	4.33	0.66	0.240	-0.080	-0.205**	-0.181**	1			
道德推脱	2.48	0.75	0.389**	-0.026	-0.130*	-0.237**	0.190**	1		
Pro-unethic	2.08	1.15	0.059	0.086	-0.064	-0.212*	0.085**	0.758**	1	
道德认同	4.51	0.47	-0.141*	0.027	-0.179*	-0.488	0.376**	0.138**	-0.110**	1

注：N=240；*表示 p<0.05，**表示 p<0.01，***表示 p<0.001（双尾检验）；Pro-unethic 表示亲组织非伦理行为。

表 11-6 主效应和中介效应的层级回归分析结果

变量		亲组织非伦理行为					道德推脱	
		模型1	模型2	模型3	模型4	模型5	模型6	模型7
控制变量	性别	0.113	0.134	0.165	-0.790**	-0.697**	0.498**	0.521**
	年龄	0.308**	0.340**	0.315**	0.081	0.152*	-0.016	0.019
	受教育程度	0.015	0.052	0.186	0.100*	0.104*	-0.142**	-0.101
	工作时间	-0.407**	-0.393**	-0.135**	0.167**	0.128*	-0.211**	-0.195**
自变量	高绩效要求		0.203***	0.146***				0.113***
中介变量	道德推脱			0.132***	0.524***	0.370***		
调节变量	道德认同				-0.642***	-0.402***		
交互项	道德推脱×道德认同					-0.225***		
	R^2	0.115	0.118	0.381	0.738	0.760	0.238	0.246
	ΔR^2	0.115	0.003	0.263	0.623	0.022	0.246	0.007

注：N=240；*表示 p<0.05，**表示 p<0.01，***表示 p<0.001。

(一) 主效应检验

H1 提出组织高绩效要求会对员工亲组织非伦理行为产生显著正向影响。为了验证 H1，本书将员工的亲组织非伦理行为作为因变量进行层级回归分析，依次将控制变量（性别、年龄、受教育程度和工作时间）、自变量（高绩效要求）加入到回归方程中。在表 11-6 中，由模型 2 可知，组织的高绩效要求与员工的亲组织非伦理行为显著正相关（$\beta = 0.203$，$p < 0.001$）。由此，H1 得到了支持。

(二) 中介效应检验

本研究采用验证中介效应的 4 个经典步骤检验道德推脱对组织高绩效要求与员工亲组织非伦理行为影响的中介作用。表 11-6 中，由模型 7 可知，组织高绩效要求与道德推脱显著正相关（$\beta = 0.113$，$p < 0.001$）。因此，H2 得到验证。模型 3 中，道德推脱与亲组织非伦理行为显著正相关（$\beta = 0.132$，$p < 0.001$）。由此，H3 得到了支持。当在模型 2 的基础上，引入道德推脱后，组织高绩效要求对员工亲组织非伦理行为的影响减弱（β 值从 0.203 下降为 0.146，$p < 0.001$），即道德推脱对组织高绩效要求与亲组织非伦理行为之间起部分中介作用。由此，H4 得到了部分支持。

(三) 调节效应检验

H5 提出员工道德认同负向调节了员工道德推脱与亲组织非伦理行为之间的正向关系。员工道德认同水平越高，道德推脱与亲组织非伦理行为之间的关系越弱；反之则越强。为了验证此假设，将员工的亲组织非伦理行为作为因变量，依次引入控制变量（如性别、年龄、受教育程度和工作时间）、道德推脱、道德认同、道德推脱和道德认同的交互项。并且，为了避免可能存在的多重共线性问题，在构建道德推脱和道德认同的交互项之前，对两个变量分别进行了标准化处理。如表 11-6 所示，由模型 5 可知，道德推脱和道德认同的交互项显著负向影响亲组织非伦理行为（$\beta = -0.225$，$p < 0.001$）。另外，本书以高于均值一个标准差和低于一个标准差的基准，绘制了员工道德认同的调节作用图 11-2，以更清楚地看出道德认同对于道德推脱和亲组织非伦理行为关系间的调节作用方向。如图 11-2 所示，道德认同水平越低，则道德推脱对于员工亲组织非伦理行为的正向影响作用越强；相反，员工道德认同水平越高，道德推脱和亲组织非伦理行为之间的正向关系越弱。据此，H5 也得到了验证。

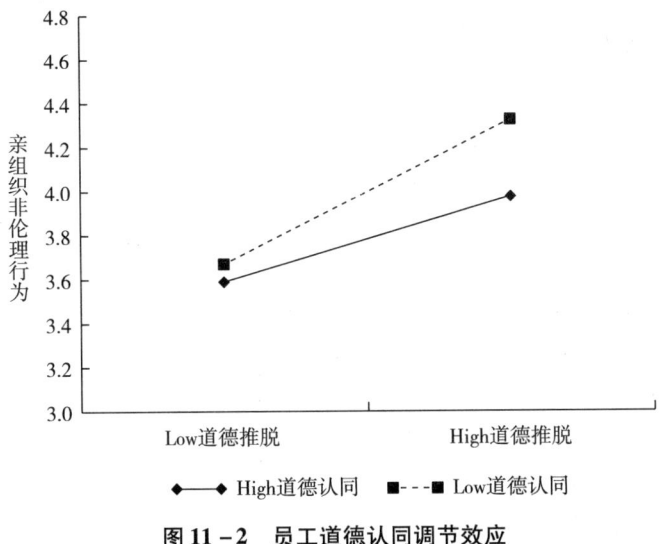

图 11-2 员工道德认同调节效应

第五节 讨论与分析

根据数据分析得到的实证结果,组织给予员工的高绩效要求有可能促使员工较多地实施道德推脱和亲组织非伦理行为。另外,员工的道德认同调节道德推脱与亲组织非伦理行为之间的关系,表现为自身较高的道德认同水平会降低道德推脱对亲组织非伦理行为关系的正向影响。鉴于亲组织非伦理行为对组织长期发展的危害性,我们有必要高度重视亲组织非伦理行为的可能诱发因素,进而减少组织中不合理的亲组织行为,做到真正使组织受益。

一、理论贡献

总体来说,亲组织非伦理行为是近几年才开始逐渐受到关注的一种非伦理行为,它与以往的对组织完全有害的非伦理行为不同,它是员工爱组织却做错事的表现,员工实施这一行为的出发点是好的,但实际表现出的却是不道德的行为。鉴于亲组织非伦理行为的这种特殊性,本书从亲组织非伦理行为出发,探究其产生原因,并基于实证研究为未来的管理实践提出合理建议。本书的理论贡献主要有以下三点:

首先,扩大了亲组织非伦理行为的前因变量研究范围。关于亲组织非伦理行为的影响因素，近几年的国内外学者已经有了丰富的研究。例如：组织层面的上下级关系（钟熙等，2018）、非道德文化（Umphress et al.，2011）以及多种多样的领导风格（张婧哲，2019）员工层面的员工情感承诺（Wu et al.，2016）、组织认同（钟熙等，2018）等，都已经被证明是促进亲组织非伦理行为的重要前因变量。在众多的影响因素研究中，很少有学者从工作任务和工作绩效要求等工作特征方面研究员工之所以实施亲组织非伦理行为的原因。本书就抓住工作特征这个切入点，研究组织的高绩效要求对于员工心理和员工不道德行为的影响机制，丰富了亲组织非伦理行为前因变量的研究。

其次，选择道德推脱作为组织的高绩效要求与员工亲组织非伦理行为关系的中介变量，在社会认知理论的基础上，深入探讨了员工在组织高绩效要求的压力下实施亲组织非伦理行为的心理状态变化。从为了完成组织绩效任务、为组织利益着想，到不惜实施不道德的行为，但在这个过程中又把原因推脱给组织，认为这一切都是为了组织，因此淡化了对于自己行为是否符合社会道德规范的辨别和自我调控，进而光明正大地做出不道德的亲组织行为。

最后，引入道德认同这一描述个体差异的调节变量，丰富了组织高绩效要求对员工亲组织非伦理行为影响的边界效应的研究。道德认同反映了个体在道德层面的自我认识，反映了员工们心中对道德规范的重视程度，将这种带有自我认识感的变量代入研究中，使其更加客观，符合企业实际状况，为以后亲组织非伦理行为的边界研究提供了新的思路。

二、实践意义

针对上述实证研究验证的假设结论，我们知道组织高绩效要求对于员工的道德推脱以及亲组织非伦理行为的正向影响作用，以及员工的道德认同水平对于员工的道德推脱与亲组织非伦理行为的负向调节作用。因此我们对企业管理者们提出以下建议，希望进一步增强员工的道德认同感，减少亲组织非伦理行为的发生和恶性循环。

第一，给员工们制定合理的绩效工作量。很多管理者认为较高的工作绩效要求能促进员工的创造力、工作积极性以及组织公民行为（Grant et al.，2012），却忽视了员工面对高绩效要求的压力，可能表现出负向的心理状态和工作行为。通过本书的研究结论，可以认识到组织高绩效要求下，员工可能会采取道德解脱和亲组织非伦理行为来提高自己的工作绩效，而亲组织非伦理行为是不道德的，其对组织的长远利益是有害的。因此，企业管理者们要给员工们制定合理的绩效工作量，防止这些不道德且对组织有害行为的发生，让员工做出真正有利于组织长期发展的行为，而不是针对目前高绩效要求的短视行为。

第二，企业管理者要注重加强培养员工的责任感，以减少员工的道德推脱。道德推脱的一种重要方式就是模糊不道德行为的负责者，减少行为人在造成伤害中的责任，包括责任扩散和责任转移两种机制（Moore et al.，2012）。责任的分散是将个人不道德行为的责任分散给其他成员，而责任的转移是相似的，只是将责任归给权威。因此，企业管理者们应该在日常的培训和组织气氛的营造中，增强员工的责任感，使其为自己的行为负责，而不总是把责任推给他人，从而进一步降低不道德行为的发生。

第三，多增加对员工遵守国家法制法规以及社会道德规范的相关培训和座谈会。鉴于实证中证实的道德认同的调节作用，员工自身较高的道德认同水平使其能仔细度量自己工作行为的道德性、合理性，从而控制自己不道德的亲组织行为。较多的相关培训与座谈会能进一步提高员工的道德认同水平，使员工更加准确地判断自己的工作行为，相应地调整自我情绪与工作状态。

第六节　研究局限和未来研究展望

首先，在本书中介变量道德推脱的测量中，选取的是 Moore 等（2012）编制的道德推脱八题项问卷，而在实际的应用中，有学者曾根据自己研究的情境和研究对象，对此量表进行了删减（陈默、梁建，2017），使其更符合他们自己的研究情境。在未来的研究中也可以针对特定研究情境来修订此量表，使得到的实证结果更符合实际。

其次，由于道德推脱、道德认同和亲组织非伦理行为之间的关系非常密切和复杂，他们之间各种各样的研究结果比比皆是，本书只是就道德认同对于道德推脱与亲组织非伦理行为之间关系的调节作用进行了验证。关于三个变量之间，某一变量对其他变量是否具有促进作用或者抑制作用，本书没有进行论证，希望以后的研究能做更进一步、更深层次的分析，探究它们之间的彼此影响和交互作用机制。

最后，本书只关注了道德认同水平在员工道德推脱与亲组织非伦理行为关系间的调节作用。未来的研究可以探讨组织层面调节变量的可能影响作用，进行跨层次的实证研究设计。

第十二章 职场排斥研究述评与展望

第一节 引言

2009年一项有关中国员工的网络调查显示,工作场所排斥已经是一种习以为常的现象,有高达71%的员工表示曾经遭受不同程度的排斥(吴隆增等,2010)。职场排斥通常会导致负面后果,因为它通常会使人产生一种痛苦的感觉。工作场所作为一个重要的社会环境,人们在这里花费大量的时间与他人互动。一项对5000多名员工的调查显示,13%的受访者在过去6个月被排除在工作之外(Hitlan et al., 2006)。另一项调查显示,在5年的时间里,66%的员工被给予了沉默对待这种形式的排斥;在接受调查的人中,29%的人表明当自己进入一个房间,其他人就离开;18%的人表示他们已经搬到了一个孤立的地方(Fox and Stalworth, 2005)。排斥是一种普遍存在的现象,可以发生在国家、社会、阶层和个体之间。排斥可以以多种形式出现,比如流放、沉默对待或避免眼神接触。排斥不一定是有意的,也不一定是惩罚性的,因为当人们忙于自己的工作时,有时会忽视他人。这种不作为可能导致无意识地忽视旁人,无意识的排斥可能发生在个体不知情的情况下,如当发送群组电子邮件时,个人可能会忘记添加某一个人的电子邮箱,而误以为这个人已经包含在其中。相反,当个体意识到自己故意不与他人交往,并有意伤害目标对象或协助排斥过程时,排斥是有目的的。排斥可能是隐蔽的方式,但也可能带来负面的结果,如用沉默来故意惩罚、报复或伤害目标人,使其产生社交尴尬或不愉快的情绪。

员工保持积极的工作关系是很重要的,因为关系的质量会极大地影响个人的工作态度和行为。由于组织经常实施团队合作，员工会因工作而变得相互依赖；为了实现组织绩效目标，工作关系必须具有支持性和合作性的特征。因此，保持良好的工作关系对一个人的绩效表现至关重要。但是，员工的工作关系可能因为诸多的原因，关系质量并不高。其中一个可能的原因就是职场排斥的发生。Fox 和 Stallworth（2005）提到，工作场所是发生排斥最重要的社会环境之一。因此，随着研究发现职场排斥会对工作态度和行为产生负面影响，职场排斥也得到了广泛的关注。职场排斥作为一种工作场所中的普遍现象存在于所有类型的组织中（Ferris et al.，2008）。在过去的十几年中，职场排斥已经得到了学术界的关注，且关于排斥、被他人忽视或被排斥的研究激增（Williams，2001）。到目前为止，众多研究表明，排斥可能发生在不同的年龄组、性别和受教育程度等，并定期发生在组织内（Ferris et al.，2008；Fox and Stalworth，2005；Williams，2007）。

从职场排斥的影响效应来看，职场排斥可能加速员工的工作倦怠感（Qian，2017）。例如，Leiter（2013）提出，职场排斥会导致员工产生消极情感状态，压力感增加，个体可用资源减少，从而增加了员工精疲力竭的可能性。周星等（2018）认为，职场排斥使员工的顾客服务主动性行为减少。赵秀清（2017）发现职场排斥导致员工的创造力下降。张宏如等（2015）也发现，职场排斥使员工的离职倾向激增。然而，也有较少的观点认为，职场排斥对员工的主动性行为产生正向影响（Joireman et al.，2006）。从社会困境的角度来看，虽然受到职场排斥，但是那些关注未来行为后果的人较可能从事组织公民行为。实际上，这可能是一种主动改善不良工作关系的措施，且通过聚焦于未来，产生积极的工作相关行为，包括组织公民行为，其可能会提高自我在周围人心目中的形象，从而减少未来可能存在的不良同事对待。但不可否认的是，关于职场排斥影响效应的研究，主流的观点还是认为职场排斥会带来很多的负面结果。

鉴于职场排斥在工作中对员工带来的重要影响，正确认识职场排斥的发生原因并尽力降低职场排斥问题，对于实现良好的工作氛围和组织进步具有深刻意义。闫燕燕（2012）对大五人格与职场排斥间关系的研究表明，神经质的个体更容易遭遇到职场排斥。Scott 和 Duffy（2015）发现，容易违反公司章程并对他人自我概念产生威胁的人更易受到职场排斥。Robinson（2013）等提出当组织中的排斥成本较低时，排斥行为更容易发生；组织中的规章制度不成熟时，也容易发生职场排斥；组织中员工的工作空间相分离也较易产生职场排斥；不同的价值观使员工之间更易发生职场排斥。可见，诱发职场排斥的因素是多层面的，如个体层面、组织层面等，需要综合考虑职场排斥的可能驱动因素才能更好地理解职场排斥为何会发生，以更有针对性地降低甚至避免职场排斥问题。

综上，职场排斥作为一种消极的行为，在工作场所中往往会负面影响员工的工作态度及绩效，极少会对员工的工作行为产生促进作用。组织应该充分认识职场排斥的影响因素及影响效应，正视工作场所中的排斥行为，以便让管理者能更有效地应对员工的职场排斥问题，促进员工的积极行为。基于此，本书对职场排斥的内涵、维度、影响因素以及影响效应进行梳理，构建员工职场排斥的综合影响模型，最后对未来研究进行展望，以期对未来的职场排斥行为理论研究提供一些参考，也希望员工和管理者都可以正确地对待职场排斥行为，以提高组织效益并促进员工个人职业生涯发展。

第二节 职场排斥的内涵、维度和测量

一、职场排斥的内涵

Ferris 等（2008）将职场排斥定义为个体在工作场所中感知到的他人对自己的忽略、排挤和拒绝等。Hitlal 等（2009）将职场排斥定义为一个人（或一个小组）感觉到他们在工作场所被另一个人（或一个小组）拒绝、忽视或排斥。李锐（2010）将职场排斥定义为个体被冷落、被有意忽视、被刻意躲避或者自身需求及感受不被他人所重视等现象。蒋奖等（2011）认为，职场排斥是发生在工作场所中的，个体感受到的被他人忽视、拒绝及排挤的状态。乐嘉昂等（2012）将职场排斥定义为员工在组织环境内遭受的人际忽视，以及他人通过私权对某一员工职场发展设置障碍，致使该员工处于边缘化状态的行为。

Robinson（2013）等认为，职场排斥是指当一个人或一个团体在社交时，忽略了与他人或另一个团体进行互动的行为。这个定义包含了社会性拒绝、社会排斥、忽视和回避，以及其他一些类似行为，比如一个人或群体没有承认、选择或邀请另一个人或群体。贾波（2014）提出，职场排斥即个体与他人（包括同事或领导）在工作交流及共事中所感受到的无意识或有意识的被他人忽视、冷漠或排挤性行为。沙石磊（2015）将职场排斥定义为个体在工作环境中感受到的他人发出的冷淡、孤立、忽视、排挤等信号，其强调个体的主观感受。王亚男（2016）进行的一项针对企事业单位普通员工职场排斥行为的调查研究，主要依

照了贾波（2014）对职场排斥的定义，即在工作中有意或无意地被他人排斥的行为，对职场排斥行为进行探讨。Zhu 等（2017）将职场排斥定义为在工作场所中同事间的排斥现象，特点为忽视、排挤及拒绝。职场排斥作为组织内的一种黑暗现象，包括同事间社会交往时把一部分人排除在外，如其他人一进入房间，他们就离开，并且避免眼神交流，甚至拒绝与他们交谈等，这些排斥行为对于工作场所中的个体会产生显著影响。

由上述介绍可见，不同学者对于职场排斥提出了不同的观点。不过，综合来看，关于职场排斥的定义也体现出了一些共同性。正如蒋奖等（2011）指出，职场排斥的特点是主观感知。乐嘉昂等（2012）认为，职场排斥包括三个特点：排斥地点为职场、对象可能为所有组织成员、非语言或肢体冲突。职场排斥可看作为职场的冷暴力，其包括人际忽视等多种形式。结合前人文献，本书发现职场排斥具有以下一些共同特点：第一，指的是工作场所中发生的一种负面行为；第二，个体主观感受到的被忽视、被排挤、被拒绝等现象；第三，有意识或无意识地忽略或排斥他人。综合以上特点，本书将职场排斥定义为在工作场所中个体主观感受到的被他人有意识或无意识所忽视、排挤或者拒绝等现象。并且，职场排斥普遍存在于工作场所中，甚至有时候难以被他人发现，但却会严重影响员工的身心健康、工作相关态度及行为表现。因此，对于职场排斥需要予以高度的重视。

二、职场排斥的分类

Ferris 等（2008）对职场排斥的研究主要聚焦于单维度的同事排斥，即在工作中受到同事的忽视，如当处于一个空间时，其他同事立马离开这一空间，或者周围的同事刻意避免交流，忽视被排斥者的需要等。

Hitlan 对职场排斥的维度进行了两次划分。第一次分类是于 2006 对工作场所排斥按照一般行为方面和语言方面进行的划分；第二次分类在 Ferris（2008）等研究的基础上，Hitlan 和 Noel（2009）将职场排斥维度划分为同事排斥、领导排斥以及语言排斥。同事排斥即在需要工作方面的合作时，他人不给予配合，并在进行多种活动或任务时将被排斥者排除在外；主管排斥即忽视下级需求、阻碍下级晋升等；语言排斥即语言的多样性导致个体间的排斥，如在美国，语言使用是最为重要的政治和社会问题之一，移民进入美国的人群有一大部分人说不好英语，由此产生沟通问题并产生被排斥，Zarate（2005）也发现语言排斥与看待移民者的偏见也有关。

蒋奖等（2011）基于中国情境，从中国人上下级关系分明、性格含蓄及注重和谐人际关系等方面提出了二维职场排斥的概念，即将职场排斥分为上司排斥和同事排斥。其中，上司排斥较多出现于和工作有关的活动中，如上级在出席重要活动时不带被排斥者或被排斥者提出的合理建议及思路得不到采纳；同事排斥更多指的是工作外的娱乐活动，如同事聚餐、郊游等不带被排斥者。上司位于权威位置，而下级位于从属位置，个体与上司和同事的交互中存在模式的不同，其发生排斥的形式也有所差异。因此有必要区分来自于不同对象的排斥，即纵向关系中的上司排斥以及平行的同事排斥。

皮垚卉（2012）从中国人权力距离较高及差序化的人际格局出发，提出了人际排斥、互动排斥、工作排斥三维度的职场排斥。其中，人际排斥即他人忽视被排斥者的需求，参与活动时忽视被排斥者的存在及向上级打小报告等。互动排斥即同事间交流时，被排斥者总是参与不进去，并被刻意回避，导致被排斥者总是一个人孤独地待着。工作排斥即询问他人工作相关事宜时得不到耐心的解答及配合，且晋升时被上司阻碍。

乐嘉昂等（2012）基于扎根理论，将中国组织情境下的职场排斥分为五个维度，分别为人际忽视、资源隔绝、蓄意抵触、价值诋毁、差序格局偏见。人际忽视指忽视共同工作者的能力、魅力、效率、影响力等方面，致使他人缺乏与之在工作场所或其他场所的交往动机，因此产生的漠视、沉默等行为，阻断了与他人的人际交往。资源隔绝指不信任共同工作者的能力、效率及心理归属等，致使他人不愿意将在工作场所生存和发展的相关信息、权利等资源告诉共同工作者。蓄意抵触指因为缺乏资源以及情感或成长过程中的支持而产生的抵制共同工作者的情绪，并通过阻碍、推诿等操作手段，将共同工作者陷于不利于执行工作的境地。价值诋毁指对共同工作者的排挤而进行的价值诋毁，以维护其心中所想的团体利益。差序格局偏见指由于所处地域或所属部门的不同造成的组织里的差序格局，并借此以不公平的待遇对待差序格局内较弱势的员工。

沙石磊（2015）总结已有的职场排斥量表，以问卷调查和统计分析的方法进行研究，开发出职场排斥的四维度量表，四个维度分别为归属排斥、诽谤排斥、互动排斥、尊重排斥。归属排斥指员工主观感受到来自组织的不重视及团队的排斥；诽谤排斥指在工作场所中员工感知到被他人冠以不实的名号，被他人进行虚假的诽谤；互动排斥即其字面意思，当与他人交流互动时感受到的排斥；尊重排斥指员工在工作场所中感受到他人不尊重及不认可自己的排斥。

王亚男（2016）将职场排斥分为两个维度，分别为领导排斥和同事排斥。在工作场所中排斥的类型有很多种，普遍发生的排斥主要集中于经常接触的对象上，其包括同事、领导以及顾客。但由于不同组织的性质不同，顾客间也存在着较大的差异，顾客不固定性、复杂性以及多样性使其较难分析，因此王亚男并没有将顾客划分为职场排斥的来源对象，只将同事以及领导两个排斥源作为研究对象，将同事排斥和领导排斥作为职场排斥的两个维度进行测量。

此后，Qian（2017）等在进行职场排斥导致员工倦怠的研究中采用了单维度的同事排斥，采用Ferris（2008）开发的职场排斥测量量表。李应军（2018）在进行职场排斥正向影响员工离职的验证研究中运用了Ferris开发的单维度的职场排斥测量量表。王海波等（2019）在进行一项有关新员工角色社会化程度对职场排斥的影响时，运用Ferris（2008）开发的单维度十条目职场排斥测量量表。Ferris的量表是以被排斥者的角度进行测量的，而王海波的研究则是以他人角度来对新员工的职场排斥行为进行测量的，因此其将题目改成以他人角度的问答方式进行，如这个新员工在工作中对某些同事视而不见，并采用Likert 7点评分法，1表示"绝对没有"，7表示"一直都有"。

从已有文献来看，学者们对职场排斥维度的划分各有不同，从Ferris（2008）作为起点的单维度同事排斥，逐步发展到Hitlan（2009）的三维度职场排斥划分。紧接着中国学者蒋奖（2011）根据中国人的上下级关系，将职场排斥分为上司排斥和同事排斥。皮垚卉（2012）根据国内权力距离较高及差序化的人际格局的情形为背景对职场排斥进行三维度划分，即人际排斥、互动排斥、工作排斥。乐嘉昂等（2012）基于扎根理论，在中国情境下将职场排斥进行了五维度划分，分别为：人际忽视、资源隔绝、蓄意抵触、价值诋毁、差序格局偏见。王亚男（2016）根据排斥源的不同将职场排斥划分为领导排斥和同事排斥。近年来国内较多学者沿用Ferris（2008）对职场排斥的单维度划分进行问题研究，如李应军（2018）对职场排斥的研究以及王海波（2019）对职场排斥的研究都沿用了Ferris（2008）的单维度划分，缺乏对中国国情的紧密结合。未来进行职场排斥研究时还需要考虑中国的国情。

三、职场排斥的测量

Ferris等于2008年开发了职场排斥测量量表，此量表包括10个题项，运用Likert 7点评分法，1表示"强烈不同意"，7表示"强烈同意"。题项包括"别人在工作时忽略了你""当你进入时，其他人离开了这个区域""你的问候在工作中没有得到回应""工作时，你不由自主地独自坐在拥挤的餐厅里""其他人

工作情境中的员工行为及其管理研究

在工作时避开你""你注意到别人在工作时不会看着你""工作中的其他人让你无法参与谈话""其他人在工作时拒绝和你说话""工作中的其他人对待你就像你不在一样""同事们出去喝咖啡休息时，不会邀请你，也不会问你是否需要什么"。得分越高，表示个体具有相应表述体验的水平越高，即职场排斥水平越高。

Hitlan 和 Noel 于 2009 年开发的职场排斥测量量表采用 Likert 5 点评分法，1 表示"非常不符合"，5 表示"非常符合"。此测量量表包括 17 个题项，题项包括"同事对你不理不睬""同事们把你挡在谈话之外""只有在需要的时候，同事才会和你互动""同事让你觉得你不是公司的一分子""感到被同事排斥""有被上司排斥的感觉"等，该量表的 Cronbach Alpha 值为 0.89。作答分数越高，表明受到职场排斥水平越高。

蒋奖等（2011）根据中国文化特点，开发了职场排斥的测量量表，此量表共 20 个题项，分为上司排斥维度的量表及同事排斥维度的量表，各 10 个题项。"我遇到困难向上司求助时，上司不予理睬或借故推脱""即使工作表现突出，上司也不推荐我加薪、评优、晋升等""上司忽略我的存在"等；同事排斥维度量表的代表题项为"开会或讨论时，同事忽视我的看法和建议""同事在工作中回避我""同事选择集体活动或聚餐点菜时，不考虑我的喜好"等。答题者的分数越高，代表其经历职场排斥程度越高。

皮垚卉（2012）将中国文化环境作为背景，通过文献分析、访谈、问卷调查等开发了适用于中国情景下的职场排斥量表，共 17 个题项，采用 Likert 5 点评分法，1 表示"非常不符合"，5 表示"非常符合"。题项包括"别的同事聊得高兴时自己总是没话说""闲聊时其他人总是用我听不懂的方言进行交谈""我说话或做某些事时，其他人会给以眼神或者行动上的抵制""工作圈子的同事聚会经常不带上我"等。得分越高，表示个体具有相应表述体验的水平越高，即职场排斥水平越高。

总的来说，国内外较多学者都沿用了 Ferris（2008）开发的职场排斥 10 题项量表，如 Wang（2018）研究 LMX 关系对职场排斥的影响时引用 Ferris 的职场排斥测量量表；周星（2018）研究职场排斥对顾客服务主动性行为的影响时也沿用了 Ferris 的职场排斥测量量表。继 Ferris（2008）开发职场排斥单维度量表之后，Hitlan（2009）对职场排斥维度进一步划分，开发了三维度的 17 题项测量量表。国内学者蒋奖（2011）与皮垚卉（2012）以中国文化为背景，开发了适合中国职场情景下的职场排斥测量量表。但从目前国内研究采用的量表来看，多采用 Ferris（2008）开发的单维度职场排斥量表，而这一量表是以国外文化为背景编制的，缺乏与中国国情的结合，未来还需开发更多适合中国国情的优秀量表，提高研究的本土化。

第三节 职场排斥的影响因素

一、个体层面因素

（一）大五人格

闫燕燕（2012）基于受害者推动理论（Victim Drive Theory），探讨了大五人格对职场排斥行为的影响。受害者推动理论认为，个体不会随机选择被排斥人；相反，具有某些特征的人比其他人更容易成为排斥目标（Curtis, 1974; Olweus, 1978; Wu, 2011）。闫燕燕认为，特别容易被排斥的人往往具有两种性格特点：一种是高度焦虑、缺乏安全感和安静，这表明目标很脆弱，不愿意或不能保护自身免受伤害；另一种不仅是高度焦虑，而且非常好斗，因此很可能激起他人的敌对行为。两者分别可以描述为顺从的受害者和挑衅的受害者。在工作环境中，外倾性低的人对与他人交往不感兴趣，导致此行为被他人不理解甚至引起偏见，因此他们受到排斥的可能性高，并且由于外倾性低的人内向被动，使作恶者认为排斥这一类人群会比较安全，致使此类人更容易成为职场排斥的顺从型受害者。高宜人性的人群灵活、脾气好、宽容、信赖他人，在遇到问题时愿意做出让步，很难与他人产生冲突；低宜人性的人群通常不那么友好，遇到厌恶刺激会表现出敌对状态，易招致他人的厌恶，并受到排斥。高神经质的人内心非常敏感，尤其是他人的拒绝。他们有时会将普通的互动理解为威胁，并将无意识的遗忘当作有目的的拒绝，在遇到威胁时，做出的反应更加强烈，将敌对情绪直接发泄于他人，引发他人的敌对反应，包括职场排斥。高尽责性的人自律、负责，将工作结果视作一切，并将组织目标放在自身目标之前，给人一种合作共赢的形象。在同事遇到困难时也会主动伸手帮助，易受到同事的尊重；低尽责性的人群通常行为随意，缺乏明确目标，并时常在工作中成为团队的绊脚石，因此容易受到周围人的排斥。经验开放性高的人理解能力强，创意多，通常会成为团队中的关键构成，而经验开放性低的员工，懒于思考，面对难题不思进取，保持原样不愿改变，容易造成其他人的反感与排斥。由此，他们提出假设：外倾性、宜人性、尽责性、经验开放性分别与职场排斥呈负相关，神经质性与职场排斥呈正相关。为验证这一假设，闫燕燕通过随机抽样的方法对多个城市多种行业的从业人员进行问卷调查，共搜集 276 份有效问卷。通过层级回归分析及相关分析验证大五人格与职场排斥之间的关系，结果表明：外倾性与职场排斥呈负相关这一假设不成立，其余假设均成立。这一假设不成立的原因在闫燕燕的论文中并没有明确指出，只是写到与已有国外文献的假设验证结果相冲突，这与国内外文化差异密切相关。同时，假设的验证失败可能与在中国情景下，运用国外测量量表，没有很好地结合中国国情有关，在接下来的研究中可以重点结合中国国情对职场排斥做进一步的研究。

（二）主动性行为

杨依含（2018）基于社会认知理论探讨了员工的主动性行为对职场排斥的影响，其针对新生代知识型员工进行问卷调查，将主动性行为分为三个维度（问题推销行为、建言行为、反馈寻求行为）进行测量。问题推销行为表现为一种积极向上的状态，但当这一主动性行为出现了预期之外的效果，对组织或他人产生负面影响，从而导致"出力不讨好"，容易受到他人的压制。通过回收 287 份有效问卷，进行回归分析，证实了新入职的员工急于求成、渴望变革及分享新问题的心态给员工排斥创造环境的假设，即新入职员工主动性行为正向影响职场排斥。类似的情况，当员工在不恰当的时间发表了不恰当的建议，很有可能遭受他人的排斥。Parker（2006）通过对某生产电线公司的 282 名员工进行主动性行为研究时发现，员工的领导普遍会认为员工的主动性行为带有威胁性。Chan 对某公司 139 名员工进行面谈发现，部分员工不分时段地将领导的问题指出，使领导处于尴尬之中，这一情景加剧了职场排斥现象的发生。基于上述分析，员工如果表现出不被他人接受的主动性行为可能导致他人的不满而成为被排斥的对象。

（三）政治技能

刘蒙等（2014）根据社会认同理论，探讨了政治技能对职场排斥行为的影响。政治技能由 Pfeffer 于 1981 首次提出，Pfeffer 提出具备政治技能是个体在组织中生存发展的重要因素之一。Ferris 等（2007）在此基础上提出政治技能作为个体的一般能力，可以使个体在工作环境中更易理解他人，并按照正确的理解影响他人，使组织向着有利于目标达成的方向迈进。政治技能作为一种理解环境并利用这些知识来实现个人或组织目标的能力，本身就是一种个人资源。当存在外部威胁和挑战时，政治技能将被激活，并作为一种内部资源，帮助组织获得其他资源。这种由政治技能赋予的获取宝贵资源的能力，有助于政治技能娴熟的个人发展对这些资源和人际关系的控制感。由于具有政治技能的员工更容易获得有价值的组织资源，对自己的社交能力也更有信心，他们可能会做出更具战略性的决定，通过抑制消极反应来获得包容地位。为此，政治技能高的员工更容易在职场中被同事和领导接纳及认同，与他人的联系更加紧密，易被他人视为同一群体的人，从而减少了职场排斥行为。刘蒙等（2014）对华北地区的22家公司的262名员工进行调查的实证结果证实了这一观点。

二、关系层面因素

职场间关系利益的驱使会诱发员工的积极情绪，并让其为建立良好的职场关系而努力控制了消极情绪造成的职场排斥（高源等，2016）。不过，基于焦点调节理论，不同于防御型调节焦点个体远离不利自身的情况，促进型调节焦点个体表现为追逐利益。具体来说，高源等提出促进型调节焦点有强烈的理想并被成长的需求所驱使，并基于此做出行动。由于关系利益的原因，个体赢得他人的信任利益、特殊待遇利益等，会促进员工间更为主动地建立关系，从某种程度上说有利于人际关系的形成，降低职场排斥的可能性。可见，职场中关系利益的追逐使个体较少投入到职场排斥行为中，但是调节焦点不同的人表现有所差异，如表现为促进型调节焦点的个体更可能会为了追逐职场中的关系利益而尽力减少职场排斥。

三、群体和组织层面因素

（一）异质性

高源等（2016）研究了职场排斥的影响因素，认为认知异质性对职场排斥行为具有显著影响。认知异质性反映了个体在工作形式的选择和决策等方面与他人存在不同。当在一个群体中存在较高水平的认知异质性时，个体会感觉到自己的想法或价值观等受到质疑和威胁，从而体验不好。为了消除高认知异质性的状态，个体会通过排斥认知异质源，来减轻差异化的信息，以此来维持平衡。基于此，认知异质性较高的群体或者组织可能导致个体对与自己具有不同认知的个体产生排斥。

另外，Robinson（2012）也提出组织成员间价值观差异较大的容易导致职场排斥。人与人之间的相互吸引以某点的共通性为交点，价值观的较大差异阻碍员工对同一行为的理解与参与。在群体或者组织中成员的价值观异质性较大，可能导致对问题或者行为的理解不同甚至产生冲突，由此产生对不同于己见者的排斥。

(二) LMX 差异化

基于社会比较理论,Wang 和 Li (2018) 提出,与团队领导者有高质量领导—成员交换 (Leader – Member Exchange,LMX) 关系的成员可能会被同一团队的其他成员嫉妒,面临职场排斥。高质量的 LMX 通常被认为是有益于员工的,然而在同一团队的其他成员看来,情况并非总是如此。组织或群体中的 LMX 关系的差异性很可能触发员工的社会比较过程。社会比较可能会引发某些情绪反应,如团队成员的嫉妒情绪,并将之作为一种中介传递机制,使具备高质量 LMX 关系的员工被低质量 LMX 关系的员工排斥。

领导—成员交换理论认为,领导者与追随者建立并保持某种程度的交换关系 (Dienesch and Liden,1986)。由于领导者的时间、精力和资源是有限的,因此他们不太可能与每个追随者形成高质量的交换关系。领导者与"内群体"成员建立一种由承诺、支持和信任组成的社会情感交流关系,而与"外群体"成员建立了基于工作合同的交易关系。正是由于领导者可能会与不同的群体成员发展起不同的交换关系,从而形成了群体内的领导—成员交换关系差异化结构。在某种程度上来说,差异化的 LMX 关系对于群体成员行为的态度和行为产生的影响作用要比 LMX 本身更大。具体来说,差异化的 LMX 导致成员之间的不公平知觉结果,形成了群体成员内部的区分。其中的一个结果就是,高水平的 LMX 成员可能成为他人的排斥对象。当然这一关系可能也会因人而异,如有人指出如果高水平的 LMX 对象是基于该个体的能力形成的,那么引发其他成员不公平或者羡慕嫉妒的状况会有所缓解,从而存在较小的可能让其成为排斥对象。

(三) 组织环境

第一,成员工作互依性程度。Robinson (2012) 提出,当组织中排斥成本低时易产生职场排斥,如组织中成员间的工作相互依赖程度低可能导致职场排斥现象更常发生。当任务相互依存度较低时,成员交互作用较少,完成任务需要员工之间的协调也较少 (Guzzo and Shea,1992)。具体来说,当任务相互依存度较低时,存在的社会接触点就会较少,因此对某人进行"沉默对待"或其他类型的排斥行为,在精神上就不那么费力。在这种情形下,个体更可能表现出排斥行为。

第二,组织层级结构。当组织层级较多,而不是平坦的时候,更多的组织成员可以依靠他们更高层次的正式权力或权威来控制或支配其他组织成员的行为。然而,在扁平的组织结构中,更多的组织成员共享相同级别的正式权力,因此必须依赖更多的非正式手段来管理彼此。因此，他们可能依靠排斥来控制或改变他人的行为。

第三，成员工作地理位置的分散也可能引发职场排斥。Robinson（2012）提出，地理上的分散可能导致无目的的职场排斥，因为空间上的隔离使组织成员更易忽视同事。当员工在不同的地点或地区工作时，就会出现分离和缺乏互动的情况，如虚拟工作者或远程工作者常可能发生这种情况。无目的的排斥可以说是在组织成员很容易忽略彼此的工作环境中更为常见。

第四，高压力的组织环境也可能引发职场排斥。Spector 和 Jex（1998）提出，有内在压力的组织环境可能会耗尽个人资源，使员工几乎没有剩余的时间投入到社交活动中。组织压力可以来自任务相关的压力源，如高工作量、紧迫的截止日期，或员工工作能力的限制，或社会相关的压力源，如人际冲突。Hobfoll（1989）发现，处理这些压力源需要心理和个人资源，如时间、精力。因此，在这样的环境中，员工更有可能不小心忽视他人，导致无目的的排斥。

第五，弱组织文化。弱组织文化是指一个组织的价值观、目标和信念没有被所有成员强烈共享或理解（Deal and Kennedy, 1982）。由于对规范社会参与的理解不同，一个人可能会感到被另一个人轻视，而另一个人只是在按照不同的社会脚本行事。基于此，在弱组织文化中，成员对于互动可能产生更多的误解与冲突，引发排斥行为。

第四节 职场排斥的影响效应

一、职场排斥对工作态度的影响

（一）工作倦怠

Qian（2017）等基于情感事件理论，进行职场排斥与员工工作倦怠之间关系的研究，认为被排斥的个体更容易产生情绪衰竭，进而导致员工工作倦怠。工作倦怠是指一个人对自己的职业价值持怀疑态度，对自己的工作能力持怀疑态度的一种疲惫状态（Maslach et al., 1996）。然而根据情感事件理论（Emotional Events Theory），员工对特定工作事件的反应带有情绪，而这种情绪反应是员工态度和行为的重要决定因素（Lim et al., 2008；Weiss and Cropanzano, 1996）。Leiter（2013）提出，职场排斥会产生消极的情感状态，增加压力体验，减少个体的资源，这加深了工作需求和资源之间的不平衡，增加了精疲力竭的可能性。

Demerout（2001）也提出职业倦怠的工作要求——资源模型（Job Demand - Resource, JD - R Model）强调了社会支持作为一种资源的作用，可以减少倦怠的可能性（Halbesleben and Buckley, 2004）。Cohen 和 Wills（1985）提出，社会支持可以保护员工免受压力经历的负面影响。职场排斥是一种缺乏社会支持的表现，这意味着经历过排斥的人不太可能应对有压力的工作（Bakker and Demerouti, 2006; Demerouti et al., 2001），从而更易产生工作倦怠。

（二）组织认同

Heaphy 和 Dutton（2008）研究表明，工作场所的排斥减少了社会交往的机会，并可能导致人际压力源，这可能导致身体和心理上的伤害。排斥威胁着人类对自尊、归属感控制力和有意义存在的需求，而这些被认为是员工的宝贵资源（Williams, 1997, 2001, 2007）。当员工被他人忽视或排斥时，其可能会将自己视为局外人，归属感降低，对群体的认同感降低（Abrams and Hogg, 1988; Tajfel and Turner, 1986; Williams et al., 2000）。

另外，郑馨怡和李燕萍（2018）也提出，曾经有职场排斥经历的个体，会对组织有更多的负面内心感受，对组织的认同感及归属感都比较低，因为他们曾经感受过被孤立，感受过作为不被组织欢迎的"边缘人"所带来的沮丧及不被重视，使员工自尊心受损，与团队成员关系变差，导致员工在这一圈子中的生涯接近结束，给员工的身心带来严重的影响。此外，排斥也代表了一种"社会死亡"的形式（Sommer et al., 2001），这意味着有意义的存在感受到了威胁。在这种情况下，排斥构成了资源损失的一种形式。基于此，职场排斥可能导致员工重要心理资源的损失，降低归属感，从而导致较低的组织认同。

（三）离职倾向

张宏如等（2015）以我国职场情况为基准对职场排斥如何影响新生代农民工离职倾向进行了研究，其通过调查问卷的方式以新生代农民工为调查对象进行研究。离职倾向定义为有意识和故意的离开组织的意愿（Tett and Meyer, 1993），在工作场所文献中有着悠久的历史。离职意愿被广泛认为是实际离职的有力预测因素（Steel and Oalle, 1984），了解影响离职意愿的因素对于理解离职及其影响至关重要。在工作场所，随着一个人对同事的责任感对公司的满意度和忠诚度开始下降，社会脱节和排斥感可能会增加这种离职欲望（Harkins and Petty, 1982; Hitlan et al., 2006）。离职倾向是防御性撤退机制的一部分，它保护个体免受与被排斥相关的心理痛苦（Feris et al.，2008）。

Renn 等（2013）提出排斥与高职意愿和实际离职都有直接关系。被排斥的员工更愿意放弃自己的职位（Oreily et al.，2015）。不过，排斥者的地位和被排斥者的外部支持可能会影响具体的离职倾向。地位较低的人（如下属）被地位较高的人（如主管）排斥会导致更大的资源损失，这使离职的可能性更大。另外，被排斥的个体有动机与外部来源建立联系（Maner et al.，2007）。外部社会支持是影响被排斥者离职意愿的另一个重要因素。强大的社会关系将使选择离开的威胁更小，并减少对目前的工作依赖，从而更可能出现离职倾向。不过，虽然依靠外部的社会支持网络可以扩大其他工作前景的可能性，但当被排斥者的地位较低时，这种支持可能无法诱使一个人辞职，即离职倾向相对较低。

二、职场排斥对工作行为的影响

（一）沉默行为

赵秀清（2019）在社会交换理论及期望理论的基础上，提出了职场排斥对员工沉默行为具有正向影响。职场排斥又称职场冷暴力，对员工的身心影响不一定低于肢体上的工作场所暴力。从社会认同的角度看，员工在团体中存在的意义来自于归属感和与他人情感上的密切关系。员工会自动将自己划分到某一群体中，对这一群体表现出较强的归属感，并且具有高认同感的员工会将行为方式与这一群体保持高度一致。遇到职场排斥的员工会产生一种强烈的被排斥的感知，认为自己被组织边缘化，对自己的内部成员身份表示怀疑，从而使内部认同感下降。这些个体会觉得自己不是组织内的成员，强烈缺乏社会认同感，而遭受排斥的个体通常又会被给予较少的资源以及较多的负面评估，使这些个体遭受负面的心理影响，如沮丧、痛苦。按照社会交换理论来看，遭受排斥的个体对组织表现出漠不关心的态度，不会主动为组织利益着想，通常以消极的工作方式对待组织安排的工作，有时可能还会因为组织的失误而暗自窃喜，对组织存在的问题通常采取沉默对待或避免正面应对。

员工作为一个社会人，需要与其他个体进行正常交流，这不仅可以保证自身的心理需求，更为个体的进步打下坚实的基础。然而遭受职场排斥的员工由于缺少与组织其他成员的正常交流，从心理方面来看缺乏满足感，从个体在组织的发展来看缺少了发展的机会，这使员工无法很好地融入组织，产生"边缘人"的感觉，员工挫败感骤增。在这一情景下，员工会将自己的目标与组织的目标相分离来看，认为指出组织中存在的问题不是自身义务，产生"事不关己高高挂起"

的态度，对组织的归属感及依附感都大大降低，更可能表现出沉默的行为。

从期望理论的视角来看，个体对未来结果的预测很大程度上影响了个体的行为表现，在职场中被排斥的员工在对待问题时会有较强的"人微言轻"的想法，认为即便将问题提出也较少被组织采纳，因此在考虑保持沉默还是积极建言时，就会偏重于保持沉默。这类个体在组织中的人际关系通常质量较低，他们担心提出问题会被认为是出风头，这会加重其在组织中的遭遇，对建言行为保持负面预期，由此选择沉默。因此，职场排斥会致使员工知而不言，选择沉默。Pinder 和 Harlos（2001）提出，虽然职场规范要求员工分享信息，但是当员工发现自己陷入了困境，出于安全考虑，他们还是会保持沉默。职场排斥有可能会让排斥对象陷入困境，出于自保，排斥对象更可能倾向于保持沉默。

(二) 顾客服务主动性行为

周星等（2018）基于资源保存理论（Conservation of Resource），提出职场排斥与顾客服务主动性行为呈负相关。Lau 等（2017）提出顾客服务主动性行为指的是在一线服务的员工积极主动、耐心持续地对服务流程进行改善的行为，并未雨绸缪，对可能发生的事件提早做好准备。Liao（2007）提出前线员工的积极主动行为对顾客满意度等非常重要。Parker 等（2006）也提出一线员工对顾客需求的准确预测、积极改善以及及时向领导反馈顾客意见，对企业提高服务质量至关重要，并显著影响企业绩效。

不过，基于资源保存理论，个体倾向于获取并保护其认为重要的资源，其中情感资源是非常重要的，个体会尽可能减少这些资源的损失（Hobfoll，2002）。当个体面对压力时，其努力保持现有资源的同时也要避免进一步的损失。Ferris 等（2008）研究发现，存在职场排斥的组织环境下，不信任、打压等消极因素耗费员工多余的精力去应对及适应职场排斥，员工也就难以分出更多的精力进行顾客服务主动性行为。Lyu 等（2016）提出顾客服务主动性行为是规定员工职责之外的积极行为，其超越了组织规定的服务流程，注重员工的主动性、提前性及保持性，这需要员工为此付出额外的精力及努力，投入大量的个人资源。Hobfoll（2001）发现，遇到职场排斥的一线服务业员工，在对客户进行服务时，会先评估自身资源拥有状况以及各种可能涉及的问题，再对是否实施顾客服务主动性行为进行判断，确保自身资源不受重大损失。综上，当员工受到职场排斥时，会导致情感上的压力而带来资源的损耗，而顾客服务主动性行为又是职场规定之外并需要花费额外资源的行为，故而受到职场排斥的员工会较少投入到这样的行为之中。

（三）创新行为

赵秀清（2017）根据社会交换理论提出，职场排斥与员工创新行为之间呈负相关关系。赵秀清将六个高技术公司的237位员工作为研究样本，通过配对的形式进行问卷调查，运用层级回归的分析方法对职场排斥和员工创新行为的关系进行研究，结果表明职场排斥显著负向影响员工创新行为。排斥是一种消极的经历，会导致不适应反应，影响个体的认知状态，从而使自我意识最小化，更多地关注当前状态，减少对长期目标的关注（Twenge et al., 2003）。此外，排斥影响个体在群体中适应行为和遵守社会规范的能力（Baumiester et al., 2005）。因此，排斥削弱逻辑推理，导致不适应行为（Baumeister et al., 2002）。当个体被排斥时，他们会经历一种社会痛苦（Lieberman and Williams, 2003），这种社会痛苦会显著负面影响个体（Williams et al., 2002）。被排除在外的个体极有可能感知到其他个体的负面认知评价（Twenge et al., 2001）。由于这些负面影响，职场排斥会对工作满意度产生负面影响（Ferris et al., 2008）。基于此，被排斥的个体在从事积极的组织行为时往往会失去积极性，创新能力下降（Pinder, 2005）。

另外，创新行为的发生有一定的风险性和不确定性，其产生通常要经过人员创意、领导促进以及准确实施等步骤。由于职场排斥会对员工产生排挤、打压等消极影响，使被排斥的个体产生不满心理，在人际交往中也表现出回避与他人互动，人际交往质量较差，并且其抵触风险行为，担心创新可能会给自身带来麻烦，动摇目前所处地位。由此，这类员工的创新动机被压制，创新行为随之减少。以社会交换理论来讲，个体与他人或组织存在着互惠关系，感受到组织关爱的员工会以同样的态度对待组织、对待工作。然而那些遭受到职场排斥的员工对组织的更好发展表现为毫不在乎，对自己应该履行的职责草草了事，不会积极寻求改变，更不会做工作职责之外的创新行为。可见，经历职场排斥的个体较少会投入到创新行为之中。

（四）组织公民行为

目前学术界有关职场排斥对组织公民行为的影响产生了不同的研究观点，共包括三种：职场排斥负向影响组织公民行为；职场排斥对组织公民行为没有影响；职场排斥正向影响组织公民行为。其通过不同的理论来进行阐述。

第一，基于社会交换理论（Gould, 1979）和互惠规范（Gouldner, 1960），拥有积极工作经历的人倾向于回报并参与积极的组织行为，而被排斥的个体则不太可能从事积极的组织公民行为。遵循互惠原则，当一个人受到不好的对待时，他们会被激励以同样的方式回报这种行为，这样做的一个方法是最小化组织公民行为。因为组织没有正式要求个体要投入到组织公民行为之中,为此减少组织公民行为代表了被排斥的个人就可以在不冒组织制裁风险的情况下进行最小化的任意行为。很多学者也提出,被排斥会导致个体不太可能做出各种各样的帮助行为(Hitlan et al. , 2006; Thau et al. , 2007; Twenge et al. , 2007)。Twenge 等(2007)研究发现社会排斥与亲社会行为减少相关。同样,Jex 等(2003)研究表明,感知到组织支持和来自上司和同事支持的个体更有可能参与组织公民行为,遭受排斥的个体更易产生消极工作行为。

第二,与消极结果不同的另一种研究结果表明,职场排斥与组织公民行为之间没有关系,排斥对男性的亲社会行为没有影响(Willians, 1997)。根据这一类研究发现,职场排斥与个体的组织公民行为之间并没有直接的显著联系。

第三,职场排斥可能正向影响组织公民行为。从社会困境的角度来看待职场排斥行为对组织公民行为的影响,就会有不同的观点。社会困境是一种利益发生冲突的情况(Komorita and Parks, 1994)。更具体地说,组织公民行为可以被描述为一种特定类型的社会困境,在这里,个体必须承担短期的个人成本才能获得长期的利益(Joireman et al, 2006; Messick and McCelland, 1983)。员工的未来取向,即对未来行为结果的关注,作为一个边界条件,决定个体是否减少组织公民行为。相对于短期结果导向,以长期结果为导向的个体降低组织公民行为的可能性更小。Joireman 等(2006)也发现,人们确实认为组织公民行为是一种自我短期成本与自我长期利益之间的权衡。未来取向会产生有助于实现长期利益的行为(Joireman et al. , 2006)。具体来说,相对于那些不太关心未来的人,那些关注未来行为后果的人更有可能从事组织公民行为(Joireman et al. , 2004, 2006; Strathman et al. , 1994)。另外,基于目标相互依赖理论,团队和组织中的人相互依赖,这意味着每个团队成员的行为会影响其他团队成员。被排斥员工在意识到与团队成员还要继续相互依赖后,更可能增加组织公民行为来抑制排斥的持续发生。再者,根据权力的超近抑制理论(Keltner et al. , 2003),权力被削弱的个体会对潜在的社会威胁变得敏感,并对他人的行为和需求变得越来越关注。Williams(2001)提出被排斥的个体获得各种社会和物质资源的能力会受到限制,因此他们感知到的权力和群体内地位也会下降。Fiske(1993)研究发现重新获得权力和获得群体资源的一个方法是提高对其他人的警惕和帮助他人的意愿。高权力的人通过利己主义来看待他人,而被排斥的人更可能通过他人的需求来看待自己。在工作中,被排斥者通过制定亲社会行为来增强他们的影响力和重新融人的可能性,其中一个例子就是组织公民行为。具体来说,当被排斥者失去权力以及想要重获失去的东西的欲望会使他们更加关注他人的需求,从而更有可能参与组织公民行为。

综上来看,职场排斥与组织公民行为的关系并不明确,是否存在职场排斥可能导致组织公民行为下降或者增加还需要考虑具体情境,即进一步探讨职场排斥与组织公民行为关系的边界条件。

(五)反生产工作行为

Yan 等(2014)对职场排斥与反生产工作行为展开研究,将反生产工作行为分为员工的组织反生产行为和员工的人际反生产行为。以华中地区 26 家企业的 356 对上下级配对调查数据,使用结构方程模型来验证职场排斥与反生产工作行为之间的关系,研究结果表明,职场排斥正向影响反生产工作行为。Zhao 等(2012)也曾根据消极互惠的信念提出,被排斥的个体将直接报复,可能导致他们从事更多的人际形式的反生产工作行为。

第五节 结语、管理启示及未来研究展望

一、结语

职场排斥在工作场所中是非常常见的,包括有意的排斥和无意的排斥,其研究结果通常以负面作用为主,对员工和组织的发展都有一定的阻碍。本书从职场排斥的内涵、维度、测量量表、影响因素以及影响效应这几方面对相关文献进行梳理。结合上文所述本书构建了职场排斥的综合模型,如图 12-1 所示。其旨在帮助员工及组织正确认识职场排斥,以恰当的方式对待职场排斥,以期引导职场排斥的管理实践。

首先,职场排斥可能受多层面的因素影响,包括个体层面、关系层面、群体/组织层面。就个体层面来讲,职场排斥可能受到关系利益、主动性行为和政治技能的影响。这些因素可能以直接或间接的方式影响着职场排斥行为。就关系层面来看,职场中的关系利益也可能会影响职场排斥行为是否以及如何发生。从群体/组织层面来看,群体或者组织的认知异质性等异质性水平、LMX 差异化以及组织环境等均直接影响着职场排斥发生的可能性。有效的组织管理可以缓解 LMX 差异化及外在环境等因素引发的职场排斥行为。

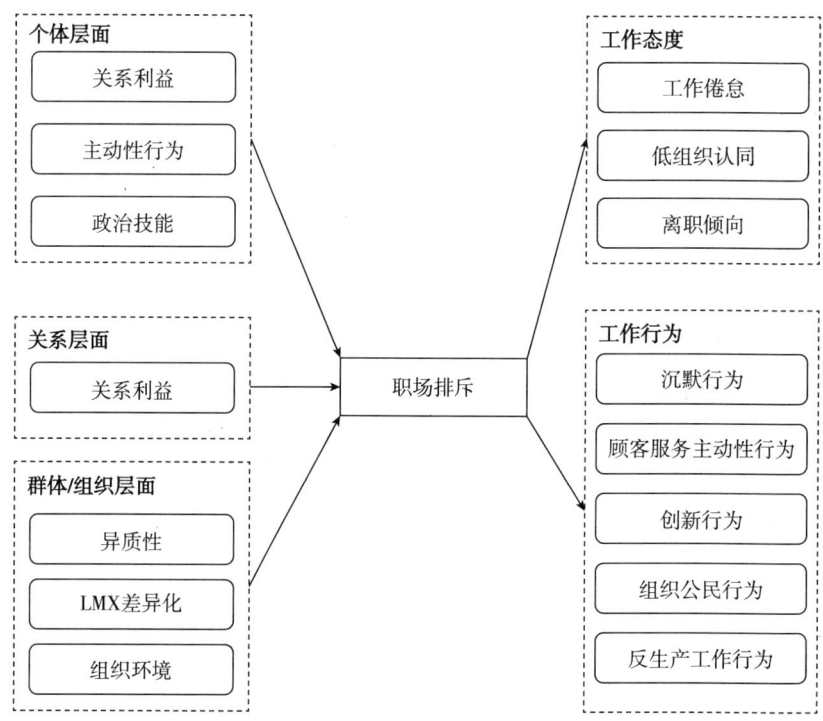

图 12 - 1 职场排斥的综合模型

其次,职场排斥可能会给员工或组织带来严重的影响,需要组织的高度关注。从工作态度来讲,遭受排斥的员工由于得不到组织关怀,对组织感情不深,并害怕因为不当的建言影响当下地位,由此更可能表现出工作倦怠、低组织认同及高离职倾向。就个体行为来讲,由于在职场中受到不公平对待,其顾客服务主动性行为会降低;因为对组织的发展还不感兴趣,由此创新行为不在此类员工的考虑之内;因为受到排斥,员工较少可能表现出主动工作的行为,但也有特例,员工为了改变自己的待遇而更加努力,增加组织公民行为。另外,遭受排斥的员工也可能做出相应的不良反应,即可能会表现出反生产工作行为。

综上所述,职场排斥受多方面的因素影响,并作用于多种结果。正确认识职场排斥的产生及影响机制,可以为员工及组织的更好发展打下基础。由于职场排斥通常作为一种负面行为出现,经常造成不良后果,因此组织需要正确对待,对其及时处理,尽力避免可能引发的消极结果。

二、管理启示

第一，由于社会环境对员工和组织的显著影响，组织和管理者必须认识到组织成员之间积极人际关系的重要性。被排斥会对员工造成心理伤害，进而影响工作行为。为了管理组织成员的心理健康，组织需要从入职实践开始，通过培训提高员工对职场排斥的意识，让员工了解如何预防、报告和应对职场排斥。此外，组织和管理者应该考虑实施高效的管理实践。研究表明，高绩效实践被认为对授权有积极的影响，可以影响心理授权的认知状态（Thomas and Velthouse，1990），从而减轻工作场所排斥对工作场所行为的影响。

第二，虽然之前关于LMX关系的研究鼓励追随者与他们的领导者建立并保持高质量的交换关系，为自己赢得额外的利益（Gerstner and Day，1997），但这些利益可能是以与其他团队成员的关系危机为代价的。所以团队成员需要高度关注LMX关系问题。尽管职场排斥作为一种普遍存在的社会现象已经吸引了越来越多的学者关注，但大多数研究的目的是检验其后果，因此很少有研究探究其成因（Robinson et al.，2013）。实际上，团队内部的人际关系比较可以引起团队成员的情绪反应。拥有高质量LMX关系的员工很可能面临被嫉妒的风险，使他们在工作中更可能被排斥。因此，一方面，领导者需要首先意识到与追随者建立公开平衡的良好关系的意义。另一方面，领导者应该采取相应的行动，将LMX关系差异化保持在可接受的范围内，避免由于差异化过大引发下属间的嫉妒从而产生排斥行为。

第三，表现为沉默的员工通常将自己的想法埋在心中，保留个人意见不对组织说出，对于组织存在的问题也是闭口不言。这与中国传统文化有关，中国传统文化向来主张"祸从口出""沉默是金""君子三缄其口"等。但是沉默行为并不利于组织的发展，反而会对员工与组织都带来很多消极影响。对员工自身来说，其表现出事不关己、工作懒散的状态，对工作的投入也大大降低，不利于个人发展。就组织来说，员工的沉默会导致组织竞争力下降，组织内的沟通及互动存在障碍，对组织的进步具有消极影响。因此，对员工沉默行为的发生机制进行研究极具理论意义和实践意义。在众多影响沉默行为发生的因素中，有一种就是职场排斥，被排斥的个体会与群体或者组织脱离，降低群体认同，从而更可能形成"事不关己"的心态。因此，组织需要关注职场排斥或者群体成员间关系不良而产生的沉默行为，从源头入手，提高群体成员关系水平，尽力规避职场排斥现象，将有助于提高个体对群体的归属感与认同感，从而更愿意发表意见。

第四,职场排斥包括了有目的的排斥和无目的的排斥两种类型,其中最容易被忽视但又同样产生严重负面影响的无目的的排斥更需要重视。Sommer 等(2001)提出当行动者没有意识到他们所从事的行为是为了在社会上排斥他人时,就会发生无目的的排斥,这种形式的排斥可能是最常见的。在某些情况下,那些被排斥的人可能只是对他们的不作为视而不见。行动者可能全神贯注,陷入沉思,或忘记他人,或可能会做出一系列意想不到的行为,导致排斥。例如,一个团队可能会反复忘记在午餐计划中包括一位同事,因为被排除在外的同事在偏僻的地方工作,或者一个团队可能会忘记在重要的工作备忘录中包括另一位同事,因为这个人是新来的。提高组织成员对于无目的的排斥意识,从而避免不必要或者无意识中发生的排斥现象。

总之,和谐的工作氛围有利于员工积极的工作,从而促进组织的进一步发展。职场排斥普遍存在,只要妥善处理好员工与员工之间,员工与组织之间的关系,就能降低职场排斥发生的可能性,将职场排斥的危害降到最低,从而使个人与组织的发展都更上一层楼。

三、未来研究展望

第一,拓展职场排斥的影响因素研究。由于职场中普遍存在排斥现象,研究需要解决组织和管理者如何防止或者减少职场排斥。已有研究发现职场排斥发生可能受到多层面因素的影响,如个体层面的人格和政治技能,组织层面的异质性等。未来研究可以在此基础上进一步拓展,包括探讨不同层面因素对职场排斥影响的跨层面作用机制。例如,研究应该检查积极的组织实践,如组织社会化和员工入职计划,是否能够帮助员工适应社会环境,帮助个人感知与其他组织成员的凝聚力和更好地进行组织社会化,从而降低被排斥的可能性。

第二,探讨职场排斥影响效应的边界条件和内在机制。现有关于职场排斥影响效应边界条件的研究非常有限(Wu et al., 2012),未来研究应该调查在什么情况下可以帮助抵消工作场所排斥的负面影响。例如,公正观念、组织支持、基于工作的社会网络服务和高任务相互依赖可能有助于减轻这些影响。未来研究还应继续探索工作场所排斥与工作场所行为之间的其他潜在机制,如基于组织的自尊、团队承诺和团队成员交换关系等中介机制。

第十三章 职场排斥对员工组织公民行为的影响机制研究

第一节 引言

工作场所是一个重要的社会环境,在这里人们花费大量的时间与他人互动,但据吴隆增等(2009)对中国员工进行的一项网络调查,结果显示有高达71%的员工表示曾经遭受不同程度的排斥,工作场所排斥在组织情境中已习以为常。员工保持积极的工作关系是很重要的,因为关系的质量会极大地影响个人的工作态度和行为。由于组织经常实施团队合作,工作变得高度相互依赖;为了实现组织绩效,工作关系必须具有支持性和合作性。因此,保持良好的工作关系对一个人的组织表现至关重要。职场排斥的存在表明良好工作关系的维护可能并不是一件容易的事。Fox 和 Stallworth(2005)提到,工作场所是发生排斥的最重要的社会环境之一。随着研究发现职场排斥会对工作态度和行为产生显著负面影响,职场排斥开始逐渐得到广大学者和实践者的关注。职场排斥又称职场冷暴力,其研究在管理学界慢慢深入。目前,职场排斥的研究不再局限于对其概念的表层探讨,而是进一步具体化、典型化。从工作环境看,职场排斥是导致人际间冲突的重要因素之一。Williams(2001)提出,被排斥的个体获得各种社会和物质资源的能力会受到限制。

在职场中,团队协作占据着越来越重要的地位,而人际间的互动对团队协作的成败起着关键性的作用。组织公民行为和员工间互动的质量有着密切的关系,组织公民行为是非正式强制规定的行为,其促进员工角色外行为、促进员工积极工作，与公司规定奖励无关，而是员工的一种主动性行为，并最终能提高组织绩效。从社会交换的角度来看，当自身感到可以获得相应的收获时，会表现出更有利于公司的行为，如组织公民行为。从社会心理学中的一致性理论（Consistency Theory）角度来看，员工的努力和所处的环境以及人际关系相一致，当员工感到他人态度和自身的行为不相匹配时，就会产生心理上的障碍，不利于组织公民行为的产生（Osgood and Tennenboum，1955）。据此，职场排斥可能会降低员工的组织公民行为。

目前有关职场排斥作用机制的研究主要基于认知路径进行探讨，如吴隆增等（2010）将组织认同作为中介变量，刘小禹等（2015）将基于组织的自尊作为中介变量，闫艳玲等（2014）将心理资本作为中介变量，叶仁荪等（2015）将工作安全感作为中介变量等。已有的这些研究未从工作场所焦虑这一角度出发，探讨职场排斥通过工作场所焦虑影响员工组织公民行为。Robinson（2013）提出，职场排斥与消极情感有关，包括悲伤、愤怒、耻辱等。O'Reilly 和 Robinson（2009）认为职场排斥与焦虑、抑郁和情绪困扰之间存在关系。工作场所焦虑是个体对工作场所未来可能发生的事件产生心理紧张、忧虑、焦灼不安等情绪反应，可能会表现出工作效率下降、精神萎靡不振等。Green 和 Medlin（2010）通过结构方程模型方法对304名在职员工调查数据进行分析表明，表现为工作场所焦虑的员工，对工作的责任感较低，组织公民行为也减少。Hershcovis 等（2012）提出，职场排斥限制了社会交往的机会，阻碍了员工在组织中建立持久而有意义的关系意愿。由于职场排斥涉及孤立和忽视员工，被排斥的员工会产生严重的焦虑、抑郁和不适应行为，从而产生负面结果。当员工在职场中感到了排斥，那么对员工的情绪不可避免地产生影响，造成员工的焦虑情绪，进而影响员工的组织公民行为。为此，本书将基于情感路径视角，探讨工作场所焦虑在职场排斥与员工组织公民行为之间的中介作用机制。

另外，尽管被排斥的个体容易产生情感焦虑并会降低员工投入积极工作相关行为的意愿，但是其产生的焦虑程度可能受某些个体特质的影响，如依赖型自我构念。依赖型自我构念在最近几年受到了组织行为学、心理学等领域的关注，它反映了个体在自我概念中关注自己与他人关系的程度（Cross，2000）。依赖型自我构念水平高的员工注重组织成员间的和谐关系，对消极的人际关系异常敏感，当感受到职场排斥时，会产生非常强烈的反抗心理及行为（Markus and Kitayama，1991），较容易产生工作场所焦虑，进而降低组织公民行为。为此，本书将依赖型自我构念作为职场排斥与工作场所焦虑关系间的调节变量进行探讨。

综上所述，本书基于资源保存理论，提出在工作环境中职场排斥可以通过工作场所焦虑的作用机制影响员工组织公民行为。本书首先分析职场排斥对组织公民行为的直接影响；其次分析工作场所焦虑在职场排斥与组织公民行为两者之间的中介作用；最后分析依赖型自我构念在职场排斥和工作场所焦虑之间的调节作用。本书期望通过以下模型深入分析职场排斥与组织公民行为之间的关系机制（见图 13 - 1）。

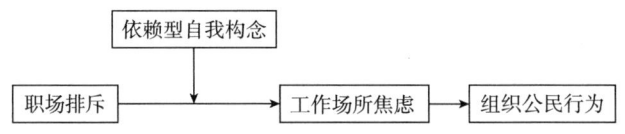

图 13 - 1　职场排斥与组织公民行为

第二节　理论基础与研究假设

一、职场排斥与组织公民行为

Fox 和 Stallworth（2005）曾提出，工作场所是发生排斥的重要社会环境之一。职场排斥是个体在工作中主观感知到的被他人忽视或排斥的对待（Ferris et al.，2008）。职场排斥通常会导致负面后果，如沉默对待或避免眼神接触。Ferris 等（2008）也提出，被排斥的个体缺乏与其他组织成员的社会互动，导致他们的社会和情感资源被剥夺，进而做出不利于组织的行为。

组织公民行为（Organizational Citizenship Behavior，OCB）是一种自发的员工行为，其虽然不是组织规定的员工职责分内的事，但却有利于组织运作（Organ，1988）。员工间的互动对工作任务正常运行起着至关重要的作用，相当一部分的任务间存在依赖关系，需要员工间的互相支持和知识共享。正常的员工间交流是组织公民行为发生的条件，因此保证员工间的无障碍交流对提高组织公民行为具有重要意义。

在工作场所中，被排斥的员工失去了平衡的员工交流，可能进一步影响员工的行为表现。Twenge 等（2007）曾提出，当个体被排斥时，他们将无法获得适当数量的与工作相关和非工作相关的资源，从而对工作满意度产生负面影响，如影响员工情绪，减少员工的自发行为。此外，Jex等（2003）提出，排斥将组织成员与他们的组织和其他组织成员分离开来，使个人的情感依恋程度降低，不利于员工间的正常交流。Ferris等（2008）也曾提到，职场排斥与工作满意度呈负相关，排斥导致负面体验，让个体感知到更多的负面认知评价。然而当一个人对自己的工作感到满意时，便很可能会专注于对组织有益的行为，比如提供更多的想法和精力，增加组织公民行为。可见，积极的影响使员工更愿意为工作产生新的想法并做出有利于公司的行为，但是消极的体验则可能导致员工自发行为减少，包括更少的组织公民行为。

Gould（1979）曾提出感受到积极工作经历的人倾向于回报并参与积极的组织行为，而被排斥的个体则不太可能从事积极的组织公民行为。Gould根据互惠原则认为，当一个人受到不好的对待时，他们被激励以同样的方式回报这种行为，这样做的一个方法是最小化组织公民行为。因为组织没有正式要求员工投入到组织公民行为之中，为此减少组织公民行为代表了被排斥的个人可以在不冒组织制裁风险的情况下进行最小化的任意行为。与之相比，很多学者也提出，被排斥会导致个体不太可能做出各种各样的帮助行为（Hitlan et al.，2006；Thau et al.，2007；Van Beest and Wlliams，2006，2011）。Twenge等（2007）研究发现，社会排斥与亲社会行为减少相关，而社会接受与亲社会行为呈正相关。同样，Jex等（2003）研究表明，感知到组织支持和来自上司和同事的支持的个体更有可能参与组织公民行为。依此逻辑，基于社会交换理论，员工会对自己所受待遇作出相应的回报，具体表现为积极对待的积极回报和消极对待的消极回报。当职场中员工间交流受阻，发生职场排斥行为，被排斥员工产生消极工作情绪，促使员工减少自发实施有利于组织的行为，导致组织公民行为减少。因此，提出以下假设：

H1：职场排斥与组织公民行为呈显著负相关。

二、工作场所焦虑在职场排斥与组织公民行为关系间的中介作用

工作场所焦虑是一种与工作相关的压力源反应，表现为紧张、不安、忧虑、烦恼等情绪（Jex，1998）。Mannor（2016）指出，工作场所焦虑是一种刺激性的焦虑，与工作或思考工作有关并且发生在工作中。工作场所焦虑使员工在面对可能发生的危险或需要付出巨大努力的情况下产生不安、恐惧等反应，从而使员工实行规范外行为的精力减少。

基于资源保存理论，职场排斥会产生消极的情感状态，增加压力体验，减少个体的可用资源（Leiter，2013），这加深了工作需求和资源之间的不平衡，增加了精疲力竭的可能性。排斥威胁着人类对自尊、归属感和有意义存在的需求，而这些被认为是员工的宝贵资源（Williams，1997，2001，2007）。当员工被他人忽视或排斥时，其可能会将自己视为局外人，归属感降低，对群体的认同感降低（Williams et al.，2000）。此外，排斥也代表了一种"社会死亡"的形式（Sommer et al.，2001），这意味着有意义的存在感受到了威胁。在这种情况下，排斥构成了资源损失的一种形式。Heaphy 和 Dutton（2008）研究表明，工作场所的排斥减少了社会交往的机会，并可能导致人际压力源，这可能导致身体和心理上的伤害。Lin（2015）提出，在员工面临压力时，将会对其危害性进行评估，由此产生不良情绪。Cohen 和 Wills（1985）也提出，社会支持可以保护员工免受压力经历的负面影响。职场排斥是一种缺乏社会支持的表现，这意味着经历被排斥的人不太可能应对有压力的工作经历（Bakker and Demerouti，2006；Demerouti et al.，2001）。同时，Ferris 等（2008）验证了职场排斥对焦虑及抑郁具有正向影响。因此可以推断，职场排斥作为压力源及威胁可能导致员工的工作场所焦虑。由此，提出以下假设：

H2a：职场排斥正向影响工作场所焦虑。

李志成等（2018）提出，员工的情绪体验会影响其随后的行为表现。因此，员工的工作场所焦虑情绪可能在职场排斥和组织公民行为之间发挥重要作用。焦虑通常来讲是一种负面情绪，促使员工做出减缓焦虑情绪的行为（Grupe and Nitschke，2013）。黄迎春（2016）提出，具有工作场所焦虑情绪的员工经历的焦虑会耗费员工的精力与实践，以致可能限制员工参与组织公民行为的精力并限制了员工进行组织公民行为的动机。根据资源保存理论，个体的资源是有限的（如注意力、能量等），随着时间的推移不断消耗，如果资源得不到及时恢复将逐渐演变为情绪耗竭（Cheng et al.，2018）。如果个体长期焦虑会导致资源消耗过多而无法及时补充，表现出情绪耗竭，情绪耗竭同时会影响员工工作动机，从而降低员工绩效表现。就组织公民行为而言，是员工自愿投入的一种行为，虽然没有组织的明确报酬与奖励也并不是组织规定的明确职责，但对组织却有着积极的作用。只是从事这种工作任务之外的自愿行为需要耗费额外的精力，而工作场所焦虑使员工的有限资源被过度消耗。出于自身保护的目的，员工更可能减少组织公民行为这种自愿行为。因此，可以推测员工工作场所焦虑可能减少员工的组织公民行为。为此，本书提出以下假设：

H2b：工作场所焦虑负向影响组织公民行为。

综上，本书认为，职场排斥会导致员工产生工作场所焦虑情绪，而员工会为了缓解职场排斥对其的消极影响和摆脱焦虑的状态而降低对工作的努力程度，减少组织公民行为。由此，提出以下假设：

H2：工作场所焦虑在职场排斥与组织公民行为之间起中介作用。

三、依赖型自我构念在职场排斥与工作场所焦虑间的调节作用

自我构念（Self – Construal）分为两种类型：一种是依赖型自我构念，另一种是独立型自我构念（Yeh and Hwang, 2014）。Thurner 和 Machunsky（2014）提出，依赖型自我构念即个体通过与之关系重要的人来感知和认识自我。Cross（2000）认为，依赖型自我构念强调了个体对他人的关注，个体看中与他人的良好关系，主要体现在个体对自己与他人关系的理解和重视程度上。

Markus 和 Kitayama（1991）提出，高依赖型自我构念的员工注重组织成员间的和谐关系，对消极的人际关系异常敏感，当感受到职场排斥时，易产生非常强烈的反抗心理及行为。根据依赖型自我构念的特点，个体在遭遇职场排斥时可能产生更强的工作场所焦虑情绪。然而低依赖型自我构念的个体由于对人际关系的关注较低，因此受到职场排斥的影响较小，即职场排斥引发的工作场所焦虑相对较少。Ferris（2008）曾验证了高依赖型自我构念的个体比低依赖型自我构念的个体受职场排斥的影响更显著。Mak 等（2011）也曾提出，高依赖型自我构念的个体对社会依赖性较高，对于高依赖型自我构念的人来说，保持良好的人际关系对于自身的稳定与自尊的满足极其重要。当高依赖型自我构念的员工遇到同事间的冲突或不能把握环境发展时，会产生强烈的应激反应，包括体验到强烈的焦虑感（Cecilia et al., 2012）。丁倩等（2016）认为，高依赖型自我构念的个体对他人的想法更加在意，喜欢与朋友沟通，关注与他人的人际关系。为此，当个体遭受职场排斥时，高依赖型自我构念的个体更容易产生工作场所焦虑。由此推断，职场排斥带来的负面人际关系体验在高依赖型自我构念个体的调节下更易产生高水平的工作场所焦虑反应。基于此，提出以下假设：

H3：依赖型自我构念在职场排斥与工作场所焦虑之间起调节作用，具体来说，高依赖型自我构念的个体在经历职场排斥时会产生更高水平的工作场所焦虑，而低依赖型自我构念的个体在经历同样的职场排斥时产生的工作场所焦虑水平相对较低。

第三节 研究方法

一、研究样本与问卷收集程序

本书的调查数据主要来自北京和河南的一线全职员工。本书发放问卷351份，将信息缺失等无效问卷删除后，回收得到有效问卷329份，有效问卷回收率为93.7%。在有效样本中，从性别看，男性占48.9%，女性占51.1%；从年龄看，25~35岁的人群占50.2%，超过半数；从受教育程度来看，大学本科人数占比最多，占38.0%；从工作年限看，1~2年的占比最多，占30.4%（见表13-1）。

表13-1 样本的人口统计学描述性统计

人口变量	具体类别	样本数量	占比（%）	累计百分比（%）
性别	男性	161	48.9	48.9
	女性	168	51.1	100
年龄	25岁以下	68	20.7	20.7
	25~35岁	97	29.5	50.2
	36~45岁	80	24.3	74.5
	46~55岁	63	19.1	93.6
	55岁以上	21	6.4	100.0
受教育程度	高中以下	44	13.4	13.4
	高中/中专	62	18.8	32.2
	大专	61	18.5	50.8
	大学本科	125	38.0	88.8
	硕士及以上	37	11.2	100.0
工作时间	1年以下	90	27.4	27.4
	1~2年	100	30.4	57.8
	3~4年	82	24.9	82.7
	5年以上	57	17.3	100.0

二、测量工具

本书使用国外核心期刊上通过多次使用及验证的成熟量表,通过专业英语人士严谨翻译和预测试,对问卷进行调整后再开始正式调查,以更好地确保测量工具的信效度。本问卷采用员工自评的方式进行。

(一) 职场排斥

本书采用Ferris等于2008年开发的职场排斥测量量表,此量表包括10个题项,运用Likert 5点评分法,1表示"强烈不同意",5表示"强烈同意"。题项包括"别人在工作时忽略了你""当你进入时,其他人离开了这个区域""你的问候在工作中没有得到回应""工作时,你不由自主地独自坐在拥挤的餐厅里""其他人在工作时避开你""你注意到别人在工作时不会看着你""工作中的其他人让你无法参与谈话""其他人在工作时拒绝和你说话""工作中的其他人对待你就像你不在一样""同事们出去喝咖啡休息时,不会邀请你,也不会问你是否需要什么"。得分越高,表示个体具有相应表述体验的水平越高,即职场排斥水平越高。在本书中,该量表的Cronbach's α 值为0.941。

(二) 组织公民行为

本书采用Aryee等(2002)开发的9个题项的组织公民行为量表,项目包括"若有新同事加入组织,我会主动帮助他们适应环境""若同事在工作中遇到困难,我会主动提供帮助""若需要,我会主动替周围员工分担任务"等。问卷采用Likert 5点评分法,1表示"非常不符合",5表示"非常符合"。在本书中,该量表的Cronbach's α 值为0.932。

(三) 工作场所焦虑

本书采用Amsterdam(2008)在McCarthy和Goffin(2004)编制的焦虑量表的基础上修订的8个项目量表对工作场所焦虑进行了评估。项目包括"一想到工作做得不好,我就不知所措""我担心我的工作表现会比其他同事差""我对不能达到业绩目标感到紧张和忧虑""我担心没有得到积极的工作表现评估"等。问卷采用Likert 5点评分法,1表示"非常不符合",5表示"非常符合"。在本书中,该量表的Cronbach's α 值为0.919。

(四) 自我构念

本书采用Singelis(1994)开发的自我构念问卷(Self - Construal Scale, SCS)。Singelis将自我构念分为两个维度进行题目设置,分别为独立自我构念12题及依赖型自我构念12题,分别对自我构念中的独立自我和依赖型自我进行测量。本书运用其中的依赖型自我构念分量表的 12 个题项,采用 Likert 5 点评分法,1 表示"非常不符合",5 表示"非常符合"。代表题项有"我尊重与我交往的权威人士""对我来说,保持团队的和谐是很重要的""我的幸福取决于我周围人的幸福"。在本书中,该量表的 Cronbach's α 值为 0.949。

三、统计方法

本书运用 SPSS21.0 和 AMOS22.0 对收集数据进行统计分析。第一,运用 SPSS21.0 进行同源偏差检验;第二,对主要变量运用 AMOS22.0 进行验证性因子分析;第三,运用 SPSS21.0 进行变量的描述性统计检验和相关性分析;第四,通过从层次回归分析考察职场排斥、工作场所焦虑与组织公民行为之间的关系以及依赖型自我构念在职场排斥和工作场所焦虑中的调节作用。

第四节 研究结果

一、同源偏差检验

本书变量均采用员工自评的方式进行,因此可能会出现共同方法偏差。本书为了控制因共同方法偏差而产生的虚假关系,在进行问卷发放时采取不记名方式,并对研究目的进行讲解,让受调查者消除隐私泄露等顾虑。同时,在问卷的设计时对每个变量的题项都进行区分,以不同的指导语使受调查者区分不同变量。以此来尽可能减少共同方法偏差问题。然后,仿照 Podsakoff 等(2003)对这一问题的建议,本书通过未旋转的 Harman 单因子检验法进行了分析,以此来检验共同方法偏差的同源偏差带来的影响。结果表明,未经旋转的第一因子方差解释率为 24.11%,显著小于 50%,这说明本书没有严重的同源偏差问题。

二、验证性因子分析

本书利用 AMOS22.0 对职场排斥、工作场所焦虑、组织公民行为、依赖型自我构念四个变量进行验证性因子分析。由表 13-2 可知,四因子模型拟合度最优 (χ^2/df = 2.92 < 3; $RMSEA$ = 0.07 < 0.08; CFI = 0.91 > 0.90; TLI = 0.923 > 0.90),表明四个研究变量具有较好的区分效度,此问卷具有较好的结构效度,同时再次验证了本书没有受到严重的共同方法偏差影响。

表13-2 验证性因子分析

测量模型	χ^2	df	χ^2/df	CFI	TLI	RMSEA
四因子模型 (X、Y、M、Z)	148.76	51	2.92	0.91	0.923	0.07
三因子模型 (X+M、Y、Z)	277.05	52	5.33	0.85	0.76	0.17
二因子模型 (X+Y+M、Z)	483.43	53	9.12	0.67	0.64	0.19
单因子模型 (X+Y+M+Z)	751.23	55	13.66	0.50	0.42	0.25

注：职场排斥（X）、组织公民行为（Y）、工作场所焦虑（M）、依赖型自我构念（Z）；+表示将因子合并。

三、描述性统计分析

本书通过SPSS21.0对四个变量的均值、标准差及各变量间的相关系数进行统计（见表13-3）。职场排斥与组织公民行为呈显著负相关（r=-0.25，p<0.01），职场排斥与工作场所焦虑呈显著正相关（r=0.47，p<0.01）；工作场所焦虑与组织公民行为呈显著负相关（r=-0.09，p<0.01）。这为本书的理论模型提供了初步支持。

表13-3 各变量的均值、标准差和相关系数

变量	M	SD	1	2	3	4
职场排斥	2.78	0.75				
工作场所焦虑	2.51	0.71	0.47**			
依赖型自我构念	3.63	0.68	0.43**	0.25**		
组织公民行为	3.81	0.85	-0.25**	-0.09**	0.02	

注：N=329；*表示p<0.05，**表示p<0.01，***表示p<0.001（双尾检验）。

四、假设检验

本书采用SPSS21.0对假设进行层级回归方法检验，结果具体如表13-4所示。

第十三章 职场排斥对员工组织公民行为的影响机制研究

表13-4 层级回归分析结果

变量		工作场所焦虑				组织公民行为			
		模型1	模型2	模型7	模型8	模型3	模型4	模型5	模型6
控制变量	性别	0.04	0.04	0.04	0.004	-0.04	-0.04	-0.03	-0.03
	年龄	-0.09	-0.05	-0.06	-0.06	0.02	-0.03	-0.02	-0.04
	受教育程度	0.25**	0.25**	0.25**	0.27**	0.02	0.02	0.09	0.08
	工作时间	-0.07	-0.04	-0.04	-0.04	-0.04	-0.06	-0.07	-0.07
自变量	职场排斥		0.34**	0.33**	0.42**		-0.21**		-0.18**
中介变量	工作场所焦虑							-0.27**	-0.22**
调节变量	依赖型自我构念			0.07	0.1				
交互项	职场排斥×依赖型自我构念				0.25**				
	R^2	0.07	0.18	0.18	0.19	0.004	0.06	0.08	0.09
	ΔR^2	0.07**	0.10**	0.004	0.01*	0.004	0.06**	0.08**	0.04**

注：N=329；*表示 $p<0.05$，**表示 $p<0.01$，***表示 $p<0.001$。

（一）主效应检验

假设1提出职场排斥会对员工组织公民行为产生负向影响，本书通过将组织公民行为作为因变量，将四个控制变量及自变量职场排斥放入回归方程对其进行验证。由表13-4中的模型4得出职场排斥与组织公民行为呈显著负相关（β=-0.21，$p<0.01$）。因此假设1得到了支持。

（二）中介效应检验

从表13-4中的模型2可以看出，职场排斥显著正向影响工作场所焦虑（β=0.34，$p<0.01$）；由模型5可以看出，工作场所焦虑负向影响员工的组织公民行为（β=-0.27，$p<0.01$）；由模型6可知，在加入工作场所焦虑后，工作场所焦虑对组织公民行为呈现显著负向影响（β=-0.22，$p<0.01$），并且可以看出职场排斥对组织公民行为的负向影响有所降低（β=-0.18，$p<0.01$），因此工作场所焦虑在职场排斥与组织公民行为之间起到部分中介作用，H2得到支持。

（三）调节效应检验

H3提出依赖型自我构念正向调节了职场排斥与工作场所焦虑之间的正向关系。高依赖型自我构念的员工，职场排斥与工作场所焦虑的关系越强；低依赖型自我构念的员工，职场排斥与工作场所焦虑间的关系就相对较弱。本书通过将控制变量、职场排斥、依赖型自我构念、职场排斥和依赖型自我构念的交互项放入层级回归模型进行分析，并在构建交互项之前就对职场排斥和依赖型自我构念变量分别进行标准化处理，以避免可能出现的多重共线性问题。由模型8可知，职场排斥与依赖型自我构念的交互项正向影响工作场所焦虑（$\beta = 0.25$，$p < 0.01$）。结合Cohen等（2003）的建议，本书将调节变量依赖型自我构念在平均分基础上加减一个标准差进行调节作用图的绘制（见图13-2），可以看到高依赖型自我构念的个体使职场排斥更易产生工作场所焦虑，而低自我依赖型构念的个体使职场排斥导致工作场所焦虑的可能性较小，H3得到验证。

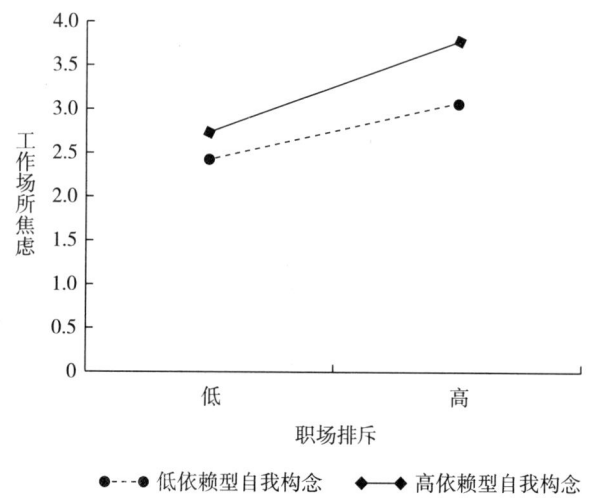

图13-2　依赖型自我构念在职场排斥与工作场所焦虑关系间的调节效应

第五节　讨论、启示与未来研究展望

一、讨论与分析

本书旨在职场环境下，探讨职场排斥对组织公民行为的影响机制，通过总结现有文献构建并实证检验了职场排斥对组织公民行为影响机制模型，包括工作场

所焦虑的中介作用以及依赖型自我构念的调节作用,最后得到以下结论:

首先,本书在中国情境下假设并验证了职场排斥会使员工组织公民行为明显下降。和谐的工作氛围,保证了员工的良好精神状态、情绪,调动员工积极性,增强员工归属感(高宇,2009),有助于提高员工组织公民行为,而人际关系紧张的工作环境,如在较多的员间存在职场排斥问题的情况下,员工的心理体验会有所下降,从而可能降低组织公民行为等自愿行为的投入意愿。Ferris 等(2008)曾研究证实了职场排斥对员工的主动性行为会造成负面影响。他们的研究逻辑与本书结果相吻合,即职场排斥可能引发员工的积极行为下降。本书在此基础上实证检验了职场排斥对员工组织公民行为具有显著负向影响,从而进一步验证了职场排斥在工作场所中的负面效应。

其次,本书验证了工作场所焦虑在职场排斥与组织公民行为关系之间的中介作用。Twenge 等(2003)认为,当个体被排除在外时,会对他们的认知状态产生负面影响,导致员工产生工作场所焦虑,而工作场所焦虑的员工投入到组织公民行为的精力及意向就会相对减少。Ferris(2015)曾提出,职场排斥作为一种消极的人际体验,会造成员工情绪耗竭,削弱个体自我资源调节能力,影响员工的组织公民行为。由此,本书结合已有研究进一步证实了工作场所焦虑在职场排斥的环境下会减少员工组织公民行为的进行,在职场排斥与组织公民行为之间起中介作用。

最后,本书还验证了依赖型自我构念在职场排斥与工作场所焦虑之间起调节作用。对于注重人际关系的员工来说,职场排斥对员工工作场所焦虑的促进作用更为显著,Mak(2011)提出并验证了高人际依赖的个体对于职场排斥行为伤及个人心理及自尊更为严重。结合本书研究结果可以得出,依赖型自我构念的个体影响职场排斥环境下的员工工作场所焦虑情绪。由于依赖型自我构念的个体对于工作场所中与他人的关系更为看重,而职场排斥经历意味着自己与他人的关系并不乐观,从而更可能引发其工作场所焦虑情绪。由此可见,职场排斥对于员工情绪反应的影响还存在一些边界条件,可能会进一步强化或者缓和职场排斥与员工情绪反应之间的关系。

二、实践意义

首先,职场中的排斥现象非常普遍,正确把控组织内的人际关系,对受"圈子文化"等观念影响的中国人更好地融入工作具有重要意义。职场排斥限制了社会交往的机会,阻碍了员工在组织中建立持久而有意义的关系。由于职场排斥涉及孤立和忽视员工,被排斥的员工会产生严重的焦虑、抑郁和不适应行为,从而产生负面结果(Hershcovis et al.,2012)。职场排斥容易造成个体孤独,人际关系冷漠,组织公民行为减少,组织中的管理人员应对其进行充分关注,包括有目的的职场排斥以及无目的的职场排斥现象,尽力规避由于职场排斥带来的不良后果。

其次,工作场所焦虑可能引发员工进一步的消极情绪体验,进而带来不良后果。有研究指出,长期的工作场所焦虑可能导致员工的情绪耗竭。然而已有的众多研究表明,情绪耗竭会引发一系列不利结果。为此,需要特别注意避免工作场所焦虑持续时间过久而引发的员工情绪耗竭现象,从而进一步避免可能的消极员工态度与行为。

再次,由于社会环境对员工和组织的显著影响,组织和管理者必须认识到组织成员之间积极人际关系的重要性。排斥感会对员工造成心理伤害,进而影响工作行为。为了管理组织成员的心理健康,组织需要从入职实践开始,通过培训提高员工对职场排斥的意识,让员工了解如何预防、报告和应对职场排斥。此外,组织和管理者应该考虑实施高效的管理实践,如参与决策、分权和广泛的培训,让员工可以通过多种方式做出积极的反应。例如,工作场所的灵活性,使员工能够更好地满足工作内外的需求(Galinsky et al.,2004)。又如为员工建立方便的沟通渠道,使组织内形成开放、透明、有凝聚力、以人为本的组织环境等。

最后,应多关注员工的心理特质可能对于职场排斥影响效应的调节影响,缓解职场排斥可能带来的负面结果,如可以着重关注依赖型自我构念个体的内心想法及意见。高依赖型自我构念的个体对人际间关系异常敏感,更容易由于被排斥而受到伤害。对受到职场排斥伤害以及可能受到职场排斥伤害的员工给予心理疏导,对其进行心理援助,使其保持较好的心理状态,防止员工进入"社会死亡"的状态,也是组织管理者需要关注的一个重点。

三、未来研究展望

第一,目前学术界有关职场排斥对组织公民行为的影响结果也有不一致的观点。虽然本书证实了职场排斥负向影响组织公民行为。但是,有学者指出,被排斥员工在意识到与团队成员还要继续相互合作后,可能增加组织公民行为来抑制排斥的持续发生,即关注未来的员工在经历职场排斥后可能会投入更多的组织公民行为中,以改善他人对自己的看法,减少排斥可能。未来可以对这一不同意见进一步在实证上检验其发生的可能边界条件。

第二，本书主要对自我构念的一个维度进行研究，自我构念分为依赖型自我构念和独立型自我构念，在未来的研究中可以考虑两个维度在职场排斥和工作场所焦虑之间的调节作用，对相关研究进一步拓展。

第三，本书采用的是经过众多学者验证的国外的成熟量表，但因为其毕竟是国外量表，是根据国外国情进行编制的，缺乏具体结合中国国情的考虑，因此未来的研究可以对国内职场排斥测量量表进行开发，从中国文化背景出发做更深入的职场排斥相关问题的研究。

第四，本书进行的是横截面设计，与纵向研究相比，横截面的研究在变量间因果关系的验证方面略显不足。在未来的研究中可以通过纵向研究设计，进一步检验本书变量间的关系。

第十四章 员工越轨行为研究进展及未来研究展望

第一节 引言

长期以来，工作场所越轨行为通常以偷窃、怠工、早退、蓄意破坏、辱骂他人等形式在组织中出现，是组织成员为实现一己私欲而违反组织规则的行为（李红、刘洪，2014）。这类行为给组织带来了极大的困扰。由于越轨行为在组织中的普遍性，并对组织及其成员可能造成的有害影响，工作场所越轨行为的管理在全球范围内越来越受到组织的关注。据统计，越轨行为每年对组织造成的经济损失高达2000亿美元，考虑到这种破坏性行为在组织情境中带来巨大的成本，工作场所的越轨行为已成为学术界和管理实践中一个日益受到重视的问题（Stewart et al., 2009）。然而员工作为组织的重要组成部分，一直是组织行为学中关于工作场所越轨行为研究的重点关注对象（Robinson and Bennett, 1995; Aquino et al., 1999; Wang et al., 2012）。如今，中国作为世界上人口最多的国家，其组织成员也拥有庞大的体量，2017年，仅国有企业的在岗人数就达到了6064万人①。因此，预防和抑制越轨行为在中国组织成员中的产生，并探讨这一行为将对组织及其成员造成何种影响，将具有十分重要的理论价值和实践意义。

组织中的员工越轨行为（Employee Deviant Behavior）是指组织成员自愿参与的违反组织规范并危害组织及其成员的一种行为。员工越轨行为作为一种对组织

---

① 摘自2018年《中国统计年鉴》，网址http://www.stats.gov.cn/tjsj/ndsj/2018/indexch.htm。

有害的行为，自实施开始就具有巨大的破坏力，不仅会造成组织财产的毁坏（Bennett and Robinson，2000；Berry et al.，2007），降低组织绩效（Çelik et al.，2011），导致员工之间的相互报复（Mitchell and Ambrose，2007；黄洁，2016），同时也会遭到上级实施辱虐管理对员工进行惩罚（Aquino and Thau，2009；Lian et al.，2014）。

如今，国内外学者主要通过不同理论以及不同视角试图去剖析员工越轨行为的影响前因，即探讨员工越轨行为是"如何"形成的问题，也有学者关注员工越轨行为对组织或其成员产生的影响。但现有研究较为分散，在测量量表、理论基础、作用过程等方面均存在差异，未有学者对这些研究进行系统整合。对此，本书对相关文献进行梳理，首先阐述组织中员工越轨行为的内涵、分类及其测量；其次对员工越轨行为的前因后果进行归类总结，并形成员工越轨行为的综合模型图；最后基于现有研究提出管理启示和未来研究展望。

第二节 员工越轨行为的内涵、维度划分以及测量

一、员工越轨行为的内涵

员工越轨行为也称为员工偏离行为、偏差行为。早期就有学者提出，员工越轨行为是对组织或组织员工的利益造成危害的一种主观行为（Kaplan，1975）。Hollinger（1986）回顾了社会学领域关于越轨行为研究中的大量文献发现，员工越轨行为具有偏离组织管理规范、组织目标和期望的特点。比如，员工偷盗、毁坏组织财物等。然而 Robinson 和 Bennett（1995）认为，员工越轨行为是违反重要的组织规范从而威胁到了组织及其内部成员的一种行为。Spector 和 Fox（2005）认为越轨行为是违背组织规范，对组织或员工造成伤害的一种个人意志行为。Spector 和 Fox（2005）还指出虽然越轨行为与反生产行为间有许多共同点，但前者不包括遵守组织规范最终却造成伤害的行为。Appelbaum（2007）则提到，当"个人违反组织文化、政策或内部规定，可能危害组织或其公民的福祉"时，其行为就被视为"越轨"。Haider 等（2018）认为员工越轨行为是经过深思熟虑后做出的，它扰乱了重要的组织规则，破坏组织及其成员的利益。不过，在国外所有的研究中，Robinson 和 Bennett（1995）对员工越轨行为的界定

得到了众多学者的认可，国外许多学者对其定义进行直接引用（Crawford et al.，2019；Pletzer et al.，2019；Erkutlu and Chafra，2018；Gils et al.，2015）。

就国内学者而言，也对员工越轨行为提出了一些自己的看法。例如，刘善仕（2002）认为，员工越轨行为指员工在各种情况下对组织成员、组织生存及其规则有着明显危害的主观行为。于静静等（2014）认为，员工越轨行为是指员工有意违反组织规范并且影响到组织及其他成员发展的行为。丁志慧和刘文兴（2018）指出，员工越轨行为是一种蓄意违反组织规范、侵害组织或其他成员利益的个体负面行为。

综合上述观点，我们发现，尽管国内外学者对员工越轨行为的定义持不同观点，但这些观点之间存在着许多共同点，具体包括以下四个方面：第一，越轨行为的实施者是组织成员；第二，该行为是员工有意而为之的；第三，该行为违反了组织管理规范和准则；第四，该行为对组织及其内部成员是有害的。因此，我们认为，员工越轨行为是组织成员个体自愿参与的违反组织规范并危害组织及其成员的一种负面行为。

二、员工越轨行为的维度划分

（一）财产型越轨行为和生产型越轨行为

Hollinger和Clark（1982）通过回顾文献发现，社会学中关于越轨行为的研究主要集中在两类不同的员工行为上，即财产型越轨行为和生产型越轨行为。首先，他们将偷盗、贪污和破坏工作组织的财产和资产的行为归为财产型越轨行为（Property Deviance），这类行为关注的是某些员工在未经授权的情况下获取或破坏组织中的有形财产或资产。其次，他们将迟到、工作缓慢或草率，或在工作时使用酒精或药物等行为分类为生产型越轨行为（Production Deviance），这类行为关注的是某些员工没有达到组织要求的工作数量和质量而导致工作上的不好结果。

（二）组织越轨行为和人际越轨行为及进一步细化发展

Bennett和Robinson（2000）指出，大多数关于员工越轨行为的概念方法都明确承认，越轨行为可能针对组织本身或其成员，也可能同时针对两者。他们假定越轨行为的维度之间具有一个本质区别：倾向于针对组织越轨行为的员工很可能与倾向于针对组织中其他个体越轨行为的员工不同，尽管它们之间有相似之处，但这两种越轨行为形成的动机存在差异。因此，他们根据员工实施越轨行为对象的不同，将以组织为目标的越轨行为称之为组织越轨行为，包括未经允许上班迟到或不服从上级指示;将针对其他组织成员的越轨行为称为人际越轨行为,包括工作中诅咒他人或粗鲁对待他人。同时,Bennett 和 Robinson(2000)指出,这两种越轨行为虽然都包含着对组织或成员不同程度的危害(如轻微或严重),但越轨行为的轻微或严重程度本身并不能从本质上反映两种不同类型的越轨行为。

Mitchell 和 Ambrose(2007)在研究辱虐管理对员工的破坏性影响时,将辱虐管理定义为一种侵犯行为(即员工认为是领导故意侵犯他人的行为),并试图调查它与员工实施针对组织、其他个人以及上级主管越轨行为之间的关系。Mitchell 等(2007)指出,上级对员工实施人际虐待(Interpersonal Mistreatment)是辱虐管理的重要组成部分。然而根据攻击性研究表明,当员工受到虐待时,对上级进行"以牙还牙"式报复是员工深思熟虑后做出的反应。考虑到上司是职场欺凌行为的最主要来源,在一定程度上会招致员工实施越轨行为进行报复。因此,Mitchell 和 Ambrose(2007)单独将辱虐管理与针对上级的越轨行为(Supervisor-Directed Deviance)之间的关系进行考察。虽然他们在研究中未明确指出,但无形中将人际越轨行为进行了更细致的划分,将其分为针对上级和针对同事的越轨行为。

(三)Robinson 和 Bennett(1995)的四分法及进一步发展

Robinson 和 Bennett(1995)指出,上述的分类方法关注的都是针对组织的行为,但它们似乎无法解释针对个人的越轨行为,如人身攻击和性骚扰。因此,他们使用多维量表法(Multidimensional Scaling Method,MDS)来比较不同越轨行为间的相似性和差异性,挖掘越轨行为的潜在维度,并进行更全面的分类。Robinson 等(1995)通过数据收集和分析等,根据越轨行为的"人际—组织"维度以及"轻微—严重"维度,将越轨行为分为四种类型:财产型越轨行为、生产型越轨行为、政治型越轨行为(Political Deviance)和人身攻击型越轨行为(Personal Aggression)。其中,财产型越轨行为和生产型越轨行为与 Hollinger 和 Clark(1982)的分类相同,而政治型越轨行为指的是在社会交往中使他人处于个人或政治不利地位的行为,包括散布谣言、开展不当竞争等行为;人身攻击型越轨行为指的是对他人实施的具有攻击性或敌意的行为,包括性骚扰、辱骂等行为。

Lim 等(2002)对越轨行为进行了更细致化的研究。结果发现,随着互联网的发展以及电脑办公的普及,组织中存在大量的利用互联网和计算机从事与工作无关活动的现象,这些现象会导致组织生产率的损失,并最终影响企业的利润。

Lim 等（2002）将员工利用公司的互联网在办公时间浏览与工作无关的个人网站，并检查（包括收发）个人电子邮件等自愿行为称为网络闲逛行为（Cyberloafing），后来被学者称为网络偏差行为（Cyberdeviancy）（Weatherbee，2010；朱凌玲、张文勤，2016）。由于网络越轨行为是对组织危害相对较小的不当行为，Lim 等（2002）将其归入 Robinson 和 Bennett（1995）的四维分类中生产型越轨行为的范畴。

此外，有中国学者在探讨中国情境的越轨行为时却阐述了不同的观点。例如，刘善仕（2004）认为，Robinson 和 Bennett（1995）关于越轨行为的四分类法中关于人身攻击型越轨行为与政治型越轨行为的区分在中国文化背景下可能并不适用，并提出越轨行为应分为三类：财产型越轨、生产型越轨和人际型越轨。具体来说，刘善仕（2004）指出人身攻击型越轨行为与政治型越轨行为在中国情境下难以依据行为后果的轻重程度予以区分：首先，在中国情境下人际冲突往往是利益冲突所导致的，很少以不友好、带有攻击性等暴力方式发生；其次，政治型越轨行为也与员工间利益纠纷有关，因此很难对其进行有效地识别。因此，刘善仕（2004）将人际攻击性越轨行为与政治型越轨行为归为一类，称之为人际型越轨。

黄蝶君等（2018）认为，Robinson 和 Bennett（1995）对于越轨行为的划分只是针对组织及其内部成员，然而公务员群体实施的越轨行为有其特殊性。这是因为公务员承担公共责任的同时，也拥有公共权力。他们不仅可能对组织及其成员实施越轨行为，还可能对组织外部的办事人员实施违反组织规范的行为。因此，黄蝶君等（2018）结合基层公务员的岗位特点，将越轨行为划分为四类：针对同事的人际越轨行为、针对组织的越轨行为、针对工作的越轨行为，以及利用公权力针对办事人员的越轨行为。

综上，通过文献梳理发现，国内外学者主要参照 Bennett 和 Robinson（2000）对员工越轨行为的二维分类方法（Yam et al.，2017；刘冰，2017；姚亚男等，2019；Wang et al.，2012），也有学者选择不对员工越轨行为进行分类，直接将其作为一个整体进行研究（章发旺、廖建桥，2016；石磊，2016），还有学者单独对网络越轨行为、针对上级的越轨行为进行专门研究（Weatherbee，2010；Liu et al.，2010）。众多学者对员工越轨行为的分类为员工越轨行为量表的开发提供了理论支持，推动了员工越轨行为实证研究的发展。然而，在中国组织情境中关于员工越轨行为的分类研究还是较少，需要进一步进行实证检验。

三、员工越轨行为的测量

(一) 员工越轨行为单维度的测量

Mitchell 和 Ambrose (2007) 为了探究当上级对员工进行辱虐管理后,员工是否会通过对上级做出越轨行为达到报复的目的,借鉴 Aquino 等 (1999) 与 Bennett 和 Robinson (2000) 的测量员工越轨行为的量表内容,开发了考察员工对上级实施越轨行为的单维度测量量表。该量表共 10 项题目,采用李克特七点评分法测量,代表题项如"对我的上级发表种族、宗教或种族歧视的言论""当众让我的上级难堪"。

Thau 等 (2007) 基于不确定性管理理论探讨员工的公正感知是否对员工越轨行为产生影响的过程中,开发了一个单维度量表,由上级对员工的越轨行为进行评价。该量表的测量项目共八项,采用的是李克特七点评分法。代表项目如"没有听从我的指示""在本组织中额外休息或休息时间过长"。

(二) 员工越轨行为的二维度测量

Aquino 等 (1999) 利用自我报告 (Self - Report) 的方法参照以往关于越轨行为的研究编写了 35 个行为项目来研究越轨行为,并以问卷调查的方式收集数据,通过对数据进行方差和相关性分析,将 35 项目筛选至 14 项,进行主成分分析将剩下的项目分为两类。他参照 Robinson 和 Bennett (1995) 的二维度分类,将越轨行为分为组织越轨行为和人际越轨行为两个维度,第一类为组织越轨行为(八项),代表项目如"故意上班迟到""在工作中处理私人事情而不是为组织工作";第二类为人际型越轨行为(六项),代表项目如"说上司的闲话""拒绝与同事交谈"。量表采用李克特五点评分法。

为了制定工作场所越轨行为的测量量表,Bennett 和 Robinson (2000) 进行了三项全面的研究。在第一项研究中,他们收集了 314 种工作场所越轨行为,并由一组专家对这些行为进行了评估。在第二项研究中,通过分析每个项目之间的相关性、方差和因子负荷,将 58 个越轨行为项目进一步简化为 24 个项目。在第三项研究中,通过验证性因子分析对剩余 24 个项目的维度进行验证。在验证过程中,Bennett 和 Robinson (2000) 通过修改指标、标准化残差和因子负荷的检验表明,去除五个有问题的指标可以获得更好的拟合效果。他们确定了最终的 19 个测量项目。其中,组织越轨行为共 12 项,代表项目如"未经允许擅自拿走公司财产""伪造收据,让客户在业务上花费更多的钱";人际越轨行为共七项,代表项目如"对同事粗鲁无礼""在工作中对同事开了个卑鄙的玩笑"。量表采用李克特七点评分法。

(三) 员工越轨行为的三维度测量

刘善仕 (2004) 通过资料整理和个案访谈收集问卷条目, 以问卷调查收集数据, 并运用探索性因子分析方法, 抽取三个因子, 各因子具有相当高的内部一致性。据此, 刘善仕 (2004) 开发了在中国文化背景下员工越轨行为的三维量表。第一类为财产型越轨 (四项), 代表项目如 "出卖单位商业情报" "侵吞业务款" 等; 第二类为生产型越轨 (三项), 代表项目如 "上班干私活" "无故请病假甚至旷工" 等; 第三类为关系型越轨 (五项), 代表项目如 "工作中拉帮结派" "找替罪羊" 等。量表采用李克特五点评分法测量。

因为自我报告的方法很难从员工处直接收集到关于越轨行为的某些信息, Stewart 等 (2009) 认为采用非自我报告测量方法可能会捕捉到由于员工的不情愿而在自我报告中遗漏的越轨行为。在这项研究中, Stewart 等 (2009) 借鉴 Bennett 和 Robinson (2000) 的量表, 开发了一个基于非自我报告的越轨行为三维度量表, 量表采用李克特五点评分法测量。Stewart 等 (2009) 进行探索性因子分析表明, 生产型越轨行为、财产型越轨行为和人身攻击型越轨行为的三维结构是最适宜的。研究数据显示, 政治型越轨行为鲜有人提及。Stewart 等 (2009) 认为这是因为员工即使实施了政治型越轨行为, 由于该种行为的隐蔽性, 同事也很难意识到。其中, 生产型越轨行为共七项, 代表项目如 "把他们的工作留给别人去完成" "为私事而不是为公司工作" 等; 财产型越轨行为共四项, 代表项目如 "伪造收据以获得比他们在业务上花费更多的钱" "在工作中使用非法药物或饮酒" 等; 人际攻击型越轨行为共四项, 代表项目如 "在工作中对某人恶作剧" "说了一些伤害同事的话" 等。

(四) 员工越轨行为的四维度测量

如表 14-1 所示, 黄蝶君等 (2018) 为考察基层公务员的越轨行为, 结合公务员岗位特点, 对 Robinson 和 Bennett (2000) 的量表内容进行修订, 同时将越轨行为分为四个维度: 第一个维度是组织导向越轨 (七项), 代表项目如 "会有意破坏单位的工作秩序和规定" 等; 第二个维度是工作导向越轨 (八项), 代表项目如 "可以按时完成的工作却有意拖延" 等; 第三个维度是人际导向越轨 (七项), 代表项目如 "拒绝和同事沟通和说话" 等; 第四个维度是权力导向越轨 (七项), 代表项目如 "有时会接受办事人的小礼物" 等。

表14-1 员工越轨行为的维度和量表汇总

学者	量表内容及维度	编制背景
Aquino 等（1999）	组织、人际越轨；二维度	借鉴 Robinson 和 Bennett（1995）对越轨行为类型的分类，用自我报告方法开发了14个题项
Bennett 和 Robinson（2000）	组织、人际越轨；二维度	根据越轨行为作用对象不同，开发了19个题项
刘善仕（2004）	财产型、生产型、关系型越轨；三维度	根据中国情境将越轨行为划分为三个维度，并开发了12个题项
Mitchell 和 Ambrose（2007）	针对上级的越轨；单维度	根据员工对上级做出的越轨行为，开发了10个题项
Thau 等（2007）	上级评价下级的越轨行为；单维度	根据上级对员工行为的评价，开发了8个题项
Stewart 等（2009）	生产型、财产型、人际攻击型越轨；三维度	使用非自我报告测量方法开发了15个题项
黄蝶君等（2018）	组织导向、工作导向、人导向、权力导向越轨；四维度	针对同事、组织、工作、组织外部（办事人员）的不同，开发了29个题项

通过文献梳理我们发现，Bennett 和 Robinson（2000）的二维度量表被广泛应用于国内和国外的组织情境中（晁罡等，2013；章发旺、廖建桥，2016；Huang et al.，2017；Erkutlu and Chafra，2018），并且量表的内部一致性信度和效度良好。员工越轨行为的单维、二维、三维以及四维测量量表，在一定程度上均根据 Robinson 和 Bennett 两位学者在员工越轨行为的内涵、分类以及量表内容上的研究为参考，再依据自身研究目的、对象等的不同，对量表进行修订或者进一步开发。其中，当研究关注的是整体的越轨行为，而不是特定的目标（组织或个人），一些研究会将二维量表当成是一维量表进行使用（Zhang et al.，2018）。并且，尽管考虑到不同文化背景下员工越轨行为的差异，刘善仕（2004）和黄蝶君等（2018）分别开发了中国情境下关于员工越轨行为的量表，并具有良好的信度，但是上述量表均未得到广泛使用。此外，在实际的测量中，众多研究采用员工自评方式进行评价，但使员工准确地报告其越轨行为可能并不容易。因此，有研究开始通过同事评价、领导评价以及员工自评与同事或领导评价相结合的方式进行测量（Thomas and Yam，2019；Thau et al.，2007；Gils et al.，2015；Kluemper et al.，2015），使其能够更准确地报告员工出现的越轨行为。

第三节 员工越轨行为的影响因素

对员工越轨行为的前因开展研究,有助于进一步理解员工越轨行为是如何产生的,有利于完善和深化学界对员工越轨行为的认识。近年来关于员工越轨行为影响因素的研究呈蓬勃发展之势,国内外不少学者已针对这些影响因素是否、如何或何时导致员工越轨行为的产生展开了一些实证研究。本书主要从个体因素、组织因素和领导因素三个方面对员工越轨行为的前因进行区分,现归纳如下:

一、个体因素

(一) 人格特质

Colbert 等(2004)基于组织支持理论,试图研究人格特质与工作情境感知和越轨行为之间的交互效应。研究过程中,他们加入了宜人性、责任心和情绪稳定性这些人格特质变量,并认为人格特质不仅会影响越轨行为,还会对工作情境感知与越轨行为之间的关系造成影响。Colbert 等(2004)通过四个样本得到的数据证实,宜人性与人际越轨行为呈负相关,并且工作情境感知与越轨行为之间的关系受到人格特质的调节。具体来说,责任心或情绪稳定性较低的员工,与责任心或情绪稳定性较高的员工相比,积极的发展环境知觉与组织越轨行为的负向关系更强,而宜人性较低的员工中,与宜人性较高的员工相比,组织支持感与人际越轨行为之间的负向关系更强。

由于人际越轨行为和组织越轨行为具有高度相关性,Berry 等(2007)通过对收集到的文献资料进行元分析,并将大五人格作为越轨行为的影响前因,用来检验人际越轨行为和组织越轨行为之间的区别。研究结果表明,宜人性与人际越轨行为的关系要强于其与组织越轨行为的关系,责任心与组织越轨行为的关系强于其与人际越轨行为的关系(Berry et al., 2007)。他们还发现,大五人格中的责任心、宜人性和情绪稳定性均能负向影响工作场所越轨行为,而经验开放性和外倾性则没有这种影响作用。

由于 Berry 等(2007)的研究文献来源多数采用自我报告方式收集数据,被调查者会基于自身声誉、身份等因素的考虑,隐瞒或美化对自身不利的越轨行为,从而影响自我报告内容的真实性。因此,Kluemper 等(2015)基于社会分析人格理论（Socioanalytic Personality Theory，SPT），采用熟人报告（Acquaintance-Rated）与自我报告相结合的方式来增强评估结果的准确性。具体地说，SPT理论认为，当自我和熟人报告的评价结果一致时，这种特质或者行为出现在员工身上的可能性就会大大提高（Kluemper et al.，2015）。在进行的两项研究中，研究人员首先要求熟人（在校大学生）找到一位他所了解的在职员工以及员工的上级主管，再通过对上述调查对象进行问卷调查。Kluemper 等（2015）的两项研究中自我和熟人报告结果均证实了责任心、宜人性和情绪稳定性对员工越轨行为的负向影响，但他们指出，与自我报告相比，熟人报告中的责任心和宜人性，更能预测其与员工越轨行为之间的负相关关系。

另外，Pletzer 等（2019）首次对大五人格和 HEXACO 人格与工作场所越轨行为之间的关系通过收集多个外文数据库的 749 篇文献进行元分析对比。其中，HEXACO 是六个人格因素的缩写，H 表示诚实谦卑，E 表示感性，X 表示外倾性，A 表示宜人性，C 表示责任心，O 表示经验开放性。HEXACO 人格与大五人格中的外倾性、责任心和经验开放性非常相似，而 HEXACO 人格中的诚实谦卑、感性和宜人性三个维度，在某些方面不同于大五人格的情绪稳定性和宜人性。例如，大五人格中的情绪稳定性包含易怒和愤怒内容，是 HEXACO 模型中宜人性的一部分。Pletzer 等（2019）的研究发现，在预测工作场所越轨行为时，HEXACO 模型的表现优于大五人格模型（方差解释度是 31%∶19%）。在所有的 HEXACO 人格和大五人格因素中，HEXACO 人格的诚实谦卑维度表现出与工作场所越轨行为最强的（负向）关系。两种人格中的责任心、宜人性，HEXACO 人格中的感性、情绪稳定性与工作场所越轨行为负相关，大五人格中的情绪稳定性与工作场所越轨行为呈正相关，外倾性和经验开放性与工作场所越轨行为均不相关。

（二）地位

Bowles（2010）通过对有工作经历群体的三个不同样本进行调研发现，在工作场所越轨行为的评估中，人们会给予地位较高的越轨行为者更多的宽容，这与经典社会学理论相一致。Bowles（2010）认为，与高地位群体成员相比，社会地位较低的群体成员更需要遵守群体规范，也更容易被贴上"越轨"的标签，这是高地位群体成员保持其统治地位的一种方式。相反，相比于与自身地位相差不大的个体，地位高的群体成员更愿意惩罚地位低的员工实施的越轨行为（Bowles，2010）。

（三）性别

此外，Chernyak 等（2018）则通过多维尺度分析（Multidimensional Scaling）

比较男性和女性在这些越轨行为指标中的异同。研究表明，男性更倾向于实施具有直接攻击性的越轨行为，如包含种族/宗教言论和咒骂等人际越轨行为，以及涉及工作留给别人、拿走财产等组织越轨行为。相比之下，女性更倾向于实施具有间接攻击性的越轨行为，包括当众使人难堪的人际越轨行为和涉及伪造收据，办事拖沓的组织越轨行为（Chernyak et al.，2018）。

（四）睡眠剥夺

Christian和Ellis（2011）利用自我调节资源理论（Self-Regulatory Resource Theories），整合了心理学和神经认知视角的观点来研究睡眠剥夺（Sleep Deprivation）对工作场所越轨行为的影响。他们进行两项研究得到的数据，均表明睡眠剥夺会降低员工的自我控制能力和增加敌意，从而增加工作场所越轨行为的可能性。具体来说，基于SRRT理论，睡眠剥夺会降低大脑的执行功能，耗尽自我调节资源。随着自我控制能力的降低，最终会增加越轨行为的发生率。同时，因为睡眠剥夺而缺乏自我调节资源的个人，由于资源消耗殆尽导致情绪调节失效，负面情绪（如敌意等）更容易被表达和体验，从而促进越轨行为的产生。

（五）组织政治知觉

Crawford等（2019）基于社会交换理论，试图探讨组织政治知觉与员工绩效及人际交往能力之间的关系。在这个过程中，组织越轨行为很可能受到组织政治知觉的影响，因而Crawford等（2019）将组织越轨行为作为组织政治知觉与员工绩效及人际交往能力之间的中介变量进一步进行探究。他们通过上下级配对方式对政府部门员工进行了问卷调查，得到的数据显示，组织政治知觉与组织越轨行为呈正相关。具体来说，根据社会交换理论的负互惠原则，员工由于他们所感知到的组织政治知觉而对他们的组织产生负面的看法，他们会做出对组织不利的越轨行为。

（六）角色压力

由于工作要求，资源模型不能很好地解释角色压力与后继结果是如何产生的，姚亚男等（2019）采用归因理论，将员工越轨行为作为角色冲突的结果变量进行研究。具体来说，由于员工无法达到外界和组织内部的要求和期望所形成的角色冲突，会给员工带来强烈的工作压力，引发员工不满。员工因此将自身所感受到的压力和不公归咎于外部环境、上级、规章制度和组织，其会通过越轨行为发泄心中的不满。研究通过调查一家服务企业在北京、天津的300名一线服务员工发现，角色冲突不仅对组织越轨行为和人际越轨行为均产生正向影响，还会造成员工的情绪衰竭来正向影响越轨行为。

(七) 工作不安全感

Probst 等（2007）在公司缩减规模以建立精简而高效的组织来快速和灵活应对不断变化的环境背景下，试图探究裁员给员工带来的工作不安全感将会给生产力和创新力带来怎样的影响。他们通过对五家近期面临裁员机构的 144 名员工发起问卷调查发现，工作不安全感与越轨行为呈负相关。他们认为，当员工认为他们的工作不安全，试图保住自己的工作时，他们参与的越轨行为可能会更少。Probst 等（2007）还根据效率理论（Efficiency Theory）进行解释，工作不安全感可能通过唤醒员工认知，成为导致工作表现改善的动力来源，从而减少越轨行为。

当前的组织面临越来越大的压力，它们不得不通过削减人力资本来提高效率，而 Reisel 等（2010）认为组织必须权衡裁员给员工带来工作不安全感对工作态度、工作行为以及负面情绪造成的影响。因此，Reisel 等（2010）开始考察工作不安全感对组织公民行为和越轨行为以及工作满意度分别造成的影响。Reisel 等（2010）通过对 320 名研究生进行问卷调查发现，工作不安全感不仅与越轨行为呈正相关，还会通过降低工作满意度来激发员工的越轨行为。

对于上述两项研究结果出现的相互矛盾现象，Huang 等（2016）认为这两项研究均存在这样一个问题，即对工作不安全感影响越轨行为的社会和心理途径提供的了解有限。因此，Huang 等（2016）提出要结合社会交换理论和道德推脱理论，更全面地解决了为什么以及在什么情况下，工作不安全感会增加员工越轨行为的问题。Huang 等（2016）结合上述理论认为，工作不安全感使个体更有可能对构成道德推脱的有害行为进行认知重新定义，使之不再显得不道德。拥有工作不安全感的人不把越轨行为视为不道德的行为，反而更可能把越轨行为视为一种正当的手段，以"报复"组织及其成员对他们造成的工作不安全感。最终，Huang 等（2016）分别对中国国有企业和私营企业进行调研得到的两项数据显示，工作不安全感不仅与员工越轨行为呈正相关，还发现了工作不安全感通过鼓励员工道德推脱，增加了人际越轨行为和组织越轨行为。

(八) 创造力

Thomas 和 Yam（2019）认为，要想有创造力，员工有时必须"跳出框框思考问题"，但同时有可能违反工作规范。他们基于自我提升理论（Self-Enhancement Theory），试图研究员工创造力与越轨行为之间的复杂关系。自我提升就是指用积极的眼光看待自己和自身行为，并能够选择性地感知或解释模糊的信息，以使自己显得更有成就、更成功和更有能力。Thomas 和 Yam（2019）认为，从事创造力工作会增加员工对他们的创造性信用的感知，或者因为他们的创造性贡献而认为自己是有价值的组织成员。因此，他们可能会觉得自己有资格违反规范，以进一步提高自己的创造力（创造性驱动来打破常规动机），同时他们更应该获得组织资源（权力动机），这些心理动机可能会增加越轨行为，但员工还有可能从个人增加的创造性信用来提升个人对自身社会形象的关注（形象保护动机），从而减少他们的越轨倾向。他们采用了个体内设计（Within – Person Design）方法，连续10个工作日对258对员工和同事进行了问卷调查，对所提出的假设进行了实证检验（Thomas and Yam, 2019）。研究表明，员工的创造力，使感知到创造性信用的增加，这增强了他们随后的创造性驱动打破常规、权利和形象保护动机。然而创造性驱动打破常规动机增加了越轨行为，形象保护动机减少了越轨行为，权利动机与越轨行为无关。

二、组织因素

（一）组织伦理氛围

Peterson（2003）认为，一个组织的伦理氛围不仅可以预测伦理行为，还可以预测工作场所越轨行为的发生。他预测特定维度组织伦理氛围可能与Robinson和Bennett（1995）发现的四种类型的工作场所越轨行为有关。因此，Peterson（2003）通过伦理氛围调查问卷考察了组织伦理氛围的不同维度对不同类型的越轨行为的影响。他们借鉴Treviño等将组织伦理氛围分为的七个维度（规则、法治、员工关注、组织关注、个人道德、自我利益和效率）来考察其与越轨行为之间的联系。通过对美国某所大学的700名毕业生发放问卷得到的数据发现，政治型越轨行为与员工关注维度的关系最为明显，并认为当组织氛围是注重员工，关心他们的需求和福利时，那么员工不太可能从事政治型越轨行为；财产型越轨行为与规则和法治维度的关系最为密切，在这种情况下，坚持高度遵守规章制度和组织外部规范的组织发生财产型越轨行为的风险最低；生产型越轨行为与个人道德、自我利益和员工关注维度密切相关。注重自身利益的组织最有可能产生生产型越轨行为；但当组织重视员工，关注个人道德时，生产型越轨行为不太可能在组织中出现。有趣的是，人身攻击型越轨行为与任何维度都不相关，这可能是因为实施人身攻击型越轨行为与人格特质的关系更为相关。

晁罡等（2013）认为Victor和Cullen（1987）定义的组织伦理氛围的五个实证维度对员工越轨行为具有显著影响，但他们并不确定各个维度之间对员工越轨行为的正负关系。晁罡等（2013）通过对国企、民企以及私企员工发放问卷得到的数据进行分析发现，关怀维度的组织伦理氛围与员工越轨行为呈负相关，自利维度的组织伦理氛围与员工越轨行为呈正相关。然而，法规维度、独立维度以及规则维度与员工越轨行为不相关，但晁罡等（2013）并没有对为何产生这样的结果做出进一步的解释。

此外，石磊（2016）通过引入组织伦理氛围这一组织层面因素作为中介变量，探讨了组织层面下道德型领导对员工越轨行为的影响。石磊（2016）发现，自利维度的组织伦理氛围与员工越轨行为呈正相关，关怀和规则维度的组织伦理氛围与员工越轨行为呈负相关。具体来说，在自利维度的组织伦理氛围下，员工在遇到道德伦理问题时更关注自身利益，从而具有实施越轨行为的倾向；在关怀维度的组织伦理氛围下，组织成员之间相互关心，积极合作，会抑制越轨行为的出现；在规则维度的组织伦理氛围下，员工遵纪守法，面对道德问题依旧照章办事，从而抑制越轨行为的产生。

（二）工作压力源

Zhang等（2014）在考察挑战性—阻碍性压力源如何通过影响组织公平感和紧张感来对员工工作表现产生影响的研究中，将越轨行为作为衡量员工工作表现的一个维度。他们通过对多家汽车制造和制药企业的员工进行上下级配对方式收集问卷得到的数据显示，挑战性压力源和阻碍性压力源均会使员工产生紧张感，从而增加越轨行为的发生率。并且，阻碍性压力源会降低组织公平感来增加员工越轨行为。然而，研究发现工作中的挑战性要求似乎不会影响员工对公平的看法，从而表明挑战性压力源不会通过降低组织公平感来增加员工越轨行为。

Zhang等（2018）认为，鉴于工作压力源的普遍存在，以及工作压力源与工作越轨行为之间的不良关系，组织和个人究竟如何来缓冲工作压力源与越轨行为的关系应该受到重视。他们利用资源保存理论来研究员工可能从事的两种类型的工作——资源建设活动（Resource - Building Activity）和需求屏蔽活动（Demand - Shielding Activity）。具体来说，Zhang等（2018）将在工作中学习作为一种资源建设活动，同时将在工作中放松作为一种需求屏蔽活动，并把两项活动作为工作压力源和越轨行为之间关系的调节变量。因为工作压力源还会引发负面情绪，他们还根据情感事件理论，引入消极情绪作为工作压力源与员工越轨行为之间的中介变量。研究使用互补设计（Complementary Designs）方法对企业员工进行了两项调查，结果均表明在工作中学习能够有效缓解阻碍压力源与负面情绪之间的关系，进而减少了越轨行为的发生，但在工作中放松则没有这一调节作用。Zhang等（2018）认为这可能是因为在工作中放松本身并不能作为一项有用的工具来对抗压力。当一个人结束在工作中的放松活动，并意识到尽管花了很长时间，但仍无法改变压力状况时，可能会产生紧张和沮丧，稀释了放松带来的恢复功能，从而无法有效缓解越轨行为的发生。

（三）组织中的不公平

Ferris 等（2012）将正义群体价值模型（Group Value Model of Justice）与自尊威胁框架（Esteem Threat Framework）整合在一起，提出人际关系不公平（Interpersonal Injustice）可能导致自尊水平下降，从而造成越轨行为的发生。然而，自尊水平的降低在多大程度上会导致工作场所越轨行为的发生还可能受到个体特质性自尊（Trait Self–Esteem）水平的调节。Ferris 等（2012）通过对 100 名研究对象连续两周的每日问卷调查得到的数据表明，人际关系不公平能够正向预测工作场所越轨行为的发生，并且自尊水平与工作场所越轨行为呈负相关，高特质性自尊使自尊水平与工作场所越轨行为负向关系更强。具体来说，自尊威胁（Esteem Threats）代表任何"威胁到一个人的自尊或降低其自尊"的事件。人际关系不公平是指在人际交往中未受到公正的对待，没有得到应有的尊重，构成了一种自尊威胁，会降低自尊水平。自尊水平的降低以及自尊威胁的交互影响会增加一个人参与工作场所越轨行为的欲望，同时降低一个人抑制这种行为的自我调节能力，从而引发越轨行为。根据资源保存理论，自尊水平的降低会提醒个体应该重新评估他们的自我认知，从而导致资源的净损失。然而，对于低特质性自尊的个体来说，降低自尊水平的影响更小，因为他们没有资源的净损失或只有较少的净损失。从某种意义上说，他们不能失去他们从未有过的东西。因此，高特质性自尊的个体更容易受到与自尊威胁相关的自尊水平下降的影响，从而更容易实施越轨行为。

另外，Omotayo 等（2015）发现，在员工察觉到组织内部的不公平待遇和不平等时，通常会发生越轨行为。这是因为员工会根据结果、流程、个人互动以及他们认为在其他地方做得更好等方面来评估组织公平性。当员工认为他们的工作环境不公平时，他们可能会产生消极的态度和情绪，如对工作的不满、愤怒、沮丧和不信任，造成他们对组织和同事的越轨行为（Omotayo et al.，2015）。

三、领导因素

（一）领导的惩罚与员工越轨行为

为了探讨领导者惩罚员工的不当行为是否能减少越轨行为的发生，张浩等（2017）运用中和技术理论，来考察领导者非权变惩罚对员工越轨行为的影响机制。其中，非权变惩罚是指过失与惩罚不相称的行为。张浩等（2017）通过对上下级配对收集的实证数据分析发现，领导者非权变惩罚非但没有限制员工越轨行为，甚至带来了完全相反的效果。从中和技术理论的角度解释就是，员工内心深处有一个"总账本"，如果工作投入与回报不平衡，员工感受到组织的不公，就会倾向于实施越轨行为实现"功过相抵"的效果以维持"账本"的平衡。同时，道德推脱倾向高的员工更喜欢为自己的越轨行为进行道德辩护，扭曲和掩盖越轨行为的危害后果和责任。当个体通过这些认知重构的形式在道德上进行推脱自我时，他们就会从实施或思考越轨行为的自我评估中解放出来，因此更容易实施越轨行为。

（二）领导幽默与员工越轨行为

Yam 等（2018）通过检验来自中国和美国的两项调研数据发现，领导者的幽默感可能是一件"好坏参半"的事情，并会引发员工越轨行为。具体来说，良性冲突理论（Benign Violation Theory，BVT）认为，幽默感暗示着违反规范行为的可接受性，而社会信息处理理论则认为，当领导人与下属互动时显示出幽默感，能够促进上下级的交流并调动下属的工作积极性。Yam 等（2018）将 BVT 理论与社会信息处理理论整合在一起，提出领导者的幽默感虽然能够促进领导成员之间的交流和最终的工作投入，但它无形中向员工暗示着组织中违反规范行为的可接受性，从而导致员工参与更多的工作场所越轨行为。他还发现领导的攻击型幽默越强，领导者的幽默感越能体现出对违反规范行为的接受程度，从而促进员工越轨行为。

（三）辱虐管理与员工越轨行为

Thau 等（2009）基于不确定性管理理论（Uncertainty Management Theory，UMT），整合了目标视角（社会交换理论）的观点，并测试员工感知到的不确定性对辱虐管理和不同形式的越轨行为之间关系调节作用的强弱。UMT 理论认为，当员工经历不确定性时，对公平的担忧就会变得更加突出。当员工感到不公平时，他们更有可能从事越轨行为。由于不确定性的来源可以是环境因素，Thau 等（2009）将管理风格的不确定性作为衡量环境不确定性的因素，以此来探究辱虐管理对越轨行为的影响过程。他们通过两项研究中对不同行业共 1956 名下属的调查数据发现，辱虐管理对人际和组织越轨行为均具有正向影响，并且发现不确定性越高，辱虐管理对组织越轨行为的正向关系就越强。然而，第一项研究中并没有发现不确定性调节辱虐管理对人际越轨行为的正向关系。这可能是由于社会交换的目标视角是不完整的，需要考虑额外的边界条件来解释员工在什么时候会选择以上级而不是组织为目标实施越轨行为来报复上级的辱虐行为。

Tepper等（2009）认为Thau等（2009）的研究无法很好地解释为何上级的辱虐管理还会使员工在组织中公然实施越轨行为的现象。他从权力与依赖理论的角度，通过对三个组织的两项调查得到的数据证明，当员工离职意愿越高时，上级的辱虐管理更容易招致员工以针对上级的越轨行为实施报复。他们借鉴权力与依赖理论，认为当员工拥有更高的离职意愿时，那么他们的权力劣势就会减弱，并且他们对上级和组织提供奖励的依赖程度会降低，从而遭受上级的辱虐行为时更容易实施越轨行为。研究还发现，无论员工离职意愿高还是低，与组织越轨行为相比，辱虐管理都更容易导致员工实施针对上级的越轨行为。Tepper等（2009）认为拥有更强离职意愿的员工不再畏惧权力，从而激发他们自由选择如何报复上级的辱虐行为。有趣的是，即使当员工的离职意愿较低，权力也较低，他们也可能会做出针对上级的越轨行为，因为员工认为这样做是公正的。

国外的研究已经证明了辱虐管理对员工越轨行为的正向关系，Wang等（2012）试图将研究发现扩展到中国组织背景下的辱虐管理对员工越轨行为的研究，并引入人际公平（Interactional Justice）作为它们之间的中介变量。他们对中国制造业企业进行两项不同的研究来提升研究的准确性。第一项采用纵向调研法，两次调研时间间隔九个月；第二项研究采用上下级配对方式收集问卷。两项研究的数据分析结果发现辱虐管理通过降低人际公平来促进员工越轨行为的发生。具体来说，Wang等（2012）根据社会交换理论的负互惠原则，认为员工可能会通过做出越轨行为来报复对他们实施辱虐行为的上级，以保全他们的面子和维护他们的个人荣誉。但如果他们报复上级的代价高昂，那么他们就会将实施越轨行为的目标转向同事或组织。

此外，由于基层员工实施的越轨行为会直接对组织外部的顾客造成恶劣的影响，因而黄洁（2016）基于社会认知理论，以服务业一线员工为研究对象，探讨了辱虐管理如何使一线人员实施越轨行为。黄洁（2016）发现，辱虐管理不仅造成服务人员的道德推脱从而鼓励员工实施人际越轨行为，还可能造成员工的情绪耗竭，进而正向影响员工道德推脱，最终导致人际越轨行为的产生。黄蝶君等（2017）则根据归因理论，利用压力—情绪模型，试图证明辱虐管理将如何增加员工越轨行为。他们以乡镇的基层公务员群体为调查对象，通过上下级配对的方式收集数据，最终的数据显示，辱虐管理会通过造成员工心理契约的违背来增加越轨行为的发生。具体来说，由于公务员岗位竞争激烈，缺乏合理的激励机制，严重影响了公务员的工作活力和热情，容易在工作中采取消极怠工的行为。然而上级的辱虐管理作为一项压力源,员工会将这项压力源归因为组织或制度的问题,从而使基层公务员产生对领导或组织负面情绪的过程中,形成了心理契约的违背,最终增加了越轨行为的产生。综合以上论点我们发现,辱虐管理会助长员工越轨行为的产生,但不同学者从不同理论和角度去阐述他们之间的关系,期望对上级的辱虐管理进行严格监管来避免越轨行为的发生。

(四)专制型领导与员工越轨行为

Erkutlu 和 Chafra(2018)根据社会交换理论,试图填补关于专制型领导和工作场所越轨行为之间的联系,并试图探讨专制型领导和价值一致性(Value Congruence)对越轨行为的交互影响。价值一致性是指领导者和追随者在个人价值观上的契合程度。Erkutlu 和 Chafra(2018)通过在土耳其的 15 所大学中随机选择 1219 名教员及其系主任进行问卷调查,采用跨层次研究方法分析,发现专制型领导与对组织越轨行为呈正相关,以及专制型领导通过降低员工的组织认同来促进组织越轨行为的产生。但是,当价值一致性较高时,专制型领导与对组织越轨行为的正向影响将会减弱。具体来说,Erkutlu 和 Chafra(2018)认为专制型领导以专横、傲慢、剥削、缺乏同理心的态度对待员工,并且缺乏道德和价值规范。根据社会交换理论的观点,专制型领导迫害、威胁员工,或边缘化员工的组织资源,会使员工缺乏组织认同感,影响他们的工作态度,并提高实施越轨行为的倾向。并且,当员工体验到他们自己的目标和他们上司的目标高度相似时,他们会对自己的工作环境更加积极,也更不容易违反组织规范。因此,当价值一致性较高时,专制型领导对组织越轨行为的正向影响将会减弱。

(五)破坏型领导与员工越轨行为

由于破坏型领导和越轨行为都会给组织带来破坏性影响,那么两者之间的关系究竟如何呢?高日光和孙健敏(2009)对这一关系问题进行了探讨。他们通过问卷调查发现,破坏型领导与对组织和人际越轨行为均呈显著正相关,并且发现级别越高的员工越有可能实施组织越轨行为。这是因为员工级别越高,接触到组织资源的机会更多的同时,所受到监控却很少,因而导致他们更容易实施组织越轨行为。Haider 等(2018)为了探究破坏型领导给员工造成的工作压力多大程度上对越轨行为产生影响,采用简单随机抽样的方法,选择了 15 家制药企业的 450 名员工进行间隔四个月的两次问卷调查。研究数据均显示,破坏型领导不仅会正向影响越轨行为,还会通过造成员工的工作压力来增加员工越轨行为(Haider et al.,2018)。

(六)伦理型领导与员工越轨行为

石磊(2016)基于社会学习理论,考察伦理型领导这一积极领导风格与员工越轨行为之间的关系,并认为在不同道德认同水平下,伦理型领导对员工越轨行为的作用可能会有所不同。具体来说,伦理型领导通过关怀下属、关注下属的利益和价值实现,并约束自身遵守道德规范起到的道德模范作用能够引起下属学习和模仿,形成一种公平的氛围,从而抑制员工越轨行为。他通过预调研和正式调研两轮调查,以纸质和电子问卷相结合的方式收集数据。最终的数据结果显示,伦理型领导与对员工越轨行为呈显著负相关,同时道德认同在两者之间起到调节作用。

Gils 等(2015)尝试从道德关注(Moral Attentiveness)的角度研究伦理型领导与员工越轨行为之间的关系。其中,道德关注是指一个人感知和考虑道德因素的程度。他们在第一项研究中采用员工自评与同事他评相结合的方式进行问卷调查,第二项研究采用情景实验方法去获取数据。两项研究的数据均表明,高道德关注度的追随者与低道德关注度的追随者相比,低水平伦理型领导更有可能鼓励员工越轨行为,从而也证明了伦理型领导对员工越轨行为具有负向作用。具体来说,高道德关注的追随者会自动地从道德的角度来感知和解释领导者的行为,从而对领导者的行为或其结果是否合乎道德更加敏感。因此,高道德关注度的追随者比低道德关注度的追随者更有可能质疑领导者的道德,并认为违反道德规范就是破坏了追随者与领导者之间的关系。相比之下,低道德关注度的追随者会用其他标准来评估他们与领导者的关系,因此违反道德规范的经历较少会被认为是对关系的破坏,也不太可能实施组织越轨行为。

章发旺和廖建桥(2016)认为,虽然有研究表明伦理型领导能够抑制员工越轨行为,但很少关注两者关系的权变性。他们通过领导替代理论,选择伦理文化(组织层面)以及道德认同(个体层面)来探讨伦理型领导影响员工越轨行为的边界条件因素。其中,领导替代理论认为在某些情境下能够发挥效果的领导者行为也许会在另一些情境中失去原有的效果甚至产生反向影响。章发旺和廖建桥(2016)预测,道德认同以及伦理文化两个因素对伦理型领导影响员工越轨行为的效果具有一定影响。在这一过程中,伦理文化就是伦理型领导对员工越轨行为发挥监管作用的替代因素,而高道德认同的员工则通过自觉做符合道德规范的事情,规避与道德身份相违背的违规行为,从而在伦理领导抑制工作场所越轨行为方面具有替代性。研究通过上下级配对方式对武汉和深圳的多家企业进行问卷调查,数据分析结果表明,伦理型领导与员工越轨行为呈显著负相关,并且伦理文化和道德认同对两者之间的关系起到了调节作用。

Mo 和 Shi(2017)根据资源保存理论,从心理机制的角度预测员工从伦理型领导的管理下获得更多的心理资源，从而增加员工对领导的信任或减少表层扮演进而减少越轨行为的发生。研究通过上下级配对方式对中国华南地区一家药品零售连锁公司的员工进行两次调研，时间间隔三个月。研究结果表明，伦理型领导可以通过提升下属对他们的信任来减少越轨行为的发生。然而，伦理型领导虽然能减少表层扮演的发生，但通过表层扮演对越轨行为的影响并不显著。Mo 和 Shi（2017）认为原因可能是表层扮演主要反映了员工对恐惧和从众的消极态度，从而激发了员工保持人际交往的个人动机。因此，员工不愿通过越轨行为破坏与他人之间的人际关系。

第四节 员工越轨行为的影响效应

目前，相比于员工越轨行为前因变量的研究而言，关于员工越轨行为影响效果的研究显得非常有限。本书通过系统地回顾和总结，将相关研究涉及的员工越轨行为的影响效应归为以下三类：

一、员工越轨行为影响组织绩效

Dunlop 和 Lee（2004）以西澳快餐连锁店 36 家分店的员工为研究对象，研究了工作场所越轨行为、组织公民行为对企业单位绩效的影响。研究结果表明，工作场所越轨行为与主管提供的绩效评分和客观的绩效测量值均呈显著负相关，并且发现在决定个人的总体工作绩效时，管理者给予员工越轨行为的权重大于组织公民行为，这说明员工越轨行为比组织公民行为在业务部门中的影响更为广泛：员工可以通过骚扰同事、散布谣言等方式破坏单位环境，甚至实施蓄意破坏、忽视上级命令、破坏组织财产等方式破坏业务单位绩效。另外，Çelik 等（2011）为探讨人际越轨行为对员工工作效率和绩效、工作质量和组织效能的影响。他们选择组织绩效作为结果变量，采用整群抽样的方法，随机抽取 1000 名食品行业从业人员进行问卷调查。研究的数据分析结果表明，人际越轨行为对组织绩效有显著的负向影响。

二、员工越轨行为影响同事行为

杨杰和卢福财（2010）调查员工察觉到工作场所越轨行为的反应时发现，当中国员工发现同事的越轨行为时，他们最有可能选择沉默或者"视情况而定"。这可能是由于在关系本位的中国社会中，员工发现同事进行越轨行为时，由于员工之间无法断绝，或者未来期间双方仍须保持某种接触，所以对于员工的最好选择可能是沉默和看情况应变。

在 Mitchell 和 Ambrose（2007）的研究中发现，辱虐管理与员工针对上级的报复行为有关，同时也可能产生替代效应，即发生员工针对其他个人（同事）和组织的越轨行为。其中，员工对同事实施越轨行为后，同事又反过来对员工实施越轨行为以达到报复的目的，并且这一过程可能会循环往复进行下去。黄洁（2016）也印证了员工实施针对同事的越轨行为，会引发员工之间相互报复的一系列恶果。

三、员工越轨行为影响辱虐管理

现有的多数研究认为辱虐管理是员工越轨行为的前因。由于这些研究多数采用横截面数据，无法推断变量间的因果关系。因此，这些研究通常也会在文章的结尾加上一个简短的说明，即也可能两者间的关系刚好相反（Mitchell and Ambrose，2007；Tepper et al.，2008；Lian et al.，2012）。因此，有学者开始相信员工越轨行为可能会导致上级的辱虐管理。Lian 等（2014）基于攻击和受害视角下的社会互动理论，使用交叉滞后面板设计（Cross - Lagged Panel Designs）方法，试图探究到底是辱虐管理导致的越轨行为，还是相反，甚至两者兼有的问题。研究通过对同一调查对象分别测量了两次数据，间隔时间 20 个月，得到的数据证明了组织内的员工越轨行为会导致辱虐管理。具体来说，从社会互动理论下的攻击视角来看，上级可能会故意施虐来影响下属对上级的服从，通过树立强硬形象来"挽回面子"、重塑权力，通过对下属的辱虐管理来纠正下属的越轨行为。然而受害者理论认为，受害者可能会通过攻击性的行为和违反规范的行为来扮演挑事者的角色，而他人通过对受害者进行报复或强制控制来扮演作恶者（Perpetrator）的角色。从受害者视角来看，实施越轨行为的下属可能是充满挑衅的挑事者，而管理者则是通过辱虐行为纠正越轨行为的作恶者。因此，上级通过辱虐管理来纠正下属的越轨行为也是符合常理的。

Mawritz 等（2017）认为自我调节理论比社会交换理论更能解释员工越轨行为对辱虐管理的影响，并且，他们通过引入自我调节障碍（Self - Regulation Impairment）和社会交换这两个中介变量来比较它们之间的中介效应差异，并认为下属绩效表现和上级底线心态（Supervisor Bottom - Line Mentality）能够调节越轨行为对辱虐管理的关系。Mawritz 等（2017）根据四个时间段的纵向实地调研结果验证了这些观点。具体来说，根据自我调节理论，上级在应对下属的越轨行为时，由于越轨行为耗尽了上级的自我调节资源，削弱了上级的思考、计算能力并形成自我调节障碍，从而导致上级无法抑制对员工实施辱虐管理的冲动。此外，Mawritz 等（2017）认为社会交换理论没有充分解释为什么员工实施越轨行为可能会遭到上级的惩罚，他们仍然会选择这么做。自我调节理论则认为当管理者由于员工的不服从行为而出现自我调节障碍时，他们就没有必要用自我调节的资源来充分考虑他们可能采取的行动。因此，疲惫不堪的管理者无法有效地确定是否应该对员工进行辱骂，也没有考虑以辱虐管理来惩罚员工越轨行为的适当性和后果。并且，高底线心态的上级对员工的工作努力有显著的高期望，并监控下属的行为，以确保他们促进而不是阻碍组织目标的实现。因此，高底线心态会放大上级当前状态和期望状态之间的差异，从而加剧自我调节障碍，进而限制了克服对实施越轨行为的下属实施辱虐管理冲动的能力。

第五节　组织中员工越轨行为综合模型构建

组织内的员工越轨行为是指组织成员自愿投入的违反组织规范并会造成危害的一种负面行为。员工越轨行为可以分为不同的维度，最常用的分类是将员工越轨行为分为人际越轨行为和组织越轨行为，分别指针对不同对象的越轨行为。本书根据相关文献的梳理，构建了如图 14-1 所示的员工越轨行为影响因素及影响效应综合模型。

首先，员工越轨行为受到多种因素的影响，主要包括个体因素、组织因素以及领导因素。其中影响员工越轨行为的个体因素主要有人格特质、地位、性别、睡眠剥夺、组织政治知觉、角色压力、工作不安全感和创造力等；影响员工越轨行为的组织因素主要有组织伦理氛围、工作压力源、组织中的不公平等；影响员工越轨行为的领导因素包括领导惩罚、领导幽默、辱虐管理等领导行为以及专制型领导、破坏型领导等领导风格。

其次，员工越轨行为作为一种典型的负面工作场所行为，可能会对组织绩效、同事行为、辱虐管理等产生影响。为此，组织管理者需要高度重视员工越轨行为可以导致的负面结果。通过对员工越轨行为为何产生的理解，尽力控制和降

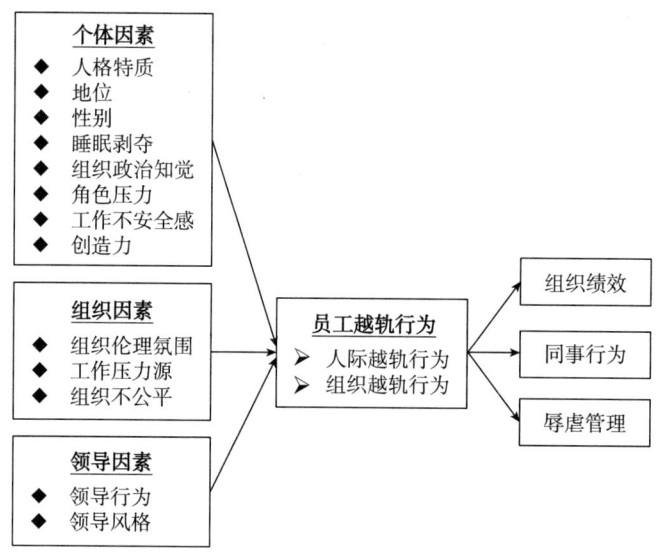

图 14-1 员工越轨行为的影响因素和影响效应模型

低员工越轨行为的发生。

第六节 结论、管理启示及未来研究展望

一、结论

通过对员工越轨行为相关文献的系统梳理可以发现：第一，影响员工越轨行为的因素是多方面的，如人格特质、人口统计学特征、领导风格和行为等，然而探讨员工越轨行为的影响效果的研究相对不足。这可能是由于多数研究的主要出发点在于关注员工越轨行为究竟是如何产生的，从而在根源上做好防范和控制措施。第二，目前对于员工越轨行为的测量方法多数采用员工自评或者领导/同事评价的方式进行，这种测量方法均存在不足之处，尚未出现更好的测量手段以保证越轨行为得到更准确识别。第三，越轨行为的研究在中西方存在文化差异，国外研究主要考虑员工越轨行为对组织及其内部成员的有害影响，但有中国学者指出员工越轨行为还有可能对组织外部人员造成伤害。总的来看，本书有助于加深

对组织中员工越轨行为的理解，为未来的理论和实证研究提供启发，有利于构建预防员工越轨行为的管理机制，为管理实践提供理论指导。

二、管理启示

本书从员工越轨行为的内涵、分类与测量，员工越轨行为的影响因素和影响效应三个方面对相关文献进行了梳理，有助于从多个理论视角审视员工越轨行为的共同点以及差异，推动员工越轨行为本土化理论与实践的融合。根据以上的研究，本书得到的管理启示如下：

第一，组织中各种不公平的现象是导致员工越轨行为发生的主要来源，如辱虐管理、非权变惩罚、人际关系不公平等。因此，管理者要在组织中塑造公平融洽的工作环境。合理的薪酬、良好的工作氛围、完备的工作保障、对员工工作的认可、给予员工充分成长的机会、积极和支持性的组织文化都会影响员工的满意度（Omotayo et al., 2015），并进而影响员工的行为。因此，管理者必须尽可能地调动员工的积极性，以赢得他们的承诺和支持，这将作为减少工作场所中越轨行为的一个重要策略。

第二，关注员工性别不同导致的在越轨行为表现中的差异，以更全面地理解组织中员工的越轨行为。组织中的直接越轨行为（如辱骂、发表歧视言论）的实施者更多是男性，女性更倾向于从事间接性质的越轨行为，如伪造收据、拖延工作等。因为女性可能意识到自己最初的地位比男性低，也意识到社会刻板印象使男性比女性更容易表现出攻击性，可能预测直接攻击的代价很高，而选择间接行为（Chernyak et al., 2018）。

第三，人格特质作为员工越轨行为的有效预测因素，也有可能影响越轨行为的发生。例如，通过评估面试人员的责任心、宜人性和情绪稳定性，可以为人力资源主管提供有用的信息，帮助他们判断应聘者是否可能对公司或同事造成潜在危害。另外，对于组织中员工的人格特质的充分了解，也可以帮助管理者更好地预见和防止可能发生的员工越轨行为。

三、未来研究展望

虽然近年来员工越轨行为吸引了不少学者的目光，国内外学者对这一员工行为也开展了一系列实证研究，但我们通过文献梳理发现，员工越轨行为仍存在许多问题尚未解决，当把上述研究放在一起考虑时，我们可以看到许多尚未探索的新方向。

第一，完善员工越轨行为的测量。以往研究通常采取自评或领导评价员工越轨行为的方式收集数据。一方面，员工可能为了避免不必要的麻烦不愿提及自身的越轨行为；另一方面，Kluemper等（2019）基于归因和感知理论发现，那些受欢迎的下属（如高领导—成员交换关系或高工作绩效）即使在组织中表现粗鲁，也不太可能被领导者视为离经叛道者，而那些不受欢迎的员工（如低领导—成员交换关系或低工作绩效）表现出粗鲁行为时，更可能被领导者视为离经叛道者。所以，领导者对员工越轨行为的评价很可能受到领导—成员交换关系和员工绩效等因素的影响。因此，上述评价方式均存在一定的局限性，未来需要构建更权威的评价方式，客观准确地反映员工越轨行为，以便未来对越轨行为进行更准确和细致化的实证研究。

第二，未来有必要探讨积极方式的越轨行为。例如，Douglas和Waksler（1982）指出，虽然某些越轨行为违反了社会规范，但行为仍然可以是积极的或可接受的。这是因为虽然越轨行为通常具有消极的内涵，但违反组织规范并不总是消极的行为；积极的越轨行为在某些情况下是存在的。Appelbaum等（2007）提到，虽然行为偏离组织规范，行为是自愿的，但意图是积极的越轨行为，也可能会产生积极的效果。

第三，未来研究可以进一步探讨中国情境下新型越轨行为及其影响。例如，Guo等（2018）在中国文化背景下，认为中国组织内某些人会从事一种独特的消极组织行为，即关系越轨行为（Guanxi Deviant Behavior，GDB）。Guo等（2018）认为关系越轨行为是指利用关系为个人或组织谋取利益、违反规范、政策、原则甚至国家法律的行为。关系越轨行为最重要的基础是关系；违反规范、政策、原则甚至国家法律；它的手段是权力或资源的交换，其目的是为个人或组织谋取利益。Guo等（2018）从关系的角度定义了这一类越轨行为，有助于对消极的越轨行为进行重新分类，为进一步研究和理解越轨行为提供了新的思路。

第四，关于心理许可（Psychological Licensing）的研究表明，在从事值得称赞的行为之后，可能会出现令人谴责的行为，即个体认为他们之前的积极行为是为越轨行为提供了许可（Thomas and Yam，2019）。道德许可理论也认为，个人当前的道德行为是在过去的道德行为的背景下展开的，因此过去的好行为可以许可未来的坏行为（Yam et al.，2016）。例如，Mazar和Zhong（2010）发现，做好事之后，个人更容易撒谎或偷窃。上述理论均暗示着许多好行为（如组织公民行为、主动行为）可能为越轨行为的出现提供了"许可证"，未来可以对此进行进一步探讨。

第十五章 真实型领导对员工越轨行为的影响机制研究

第一节 引言

以偷盗、怠工等行为著称的工作场所越轨行为普遍存在于组织中,它们可以直接或者间接阻碍、破坏和伤害组织及其成员(Robinsont et al.,2014)。2018年普华永道全球经济犯罪和欺诈调查显示,在来自123个国家和地区的7200多名受访者样本中,有49%的受访者表示,他们曾是欺诈和经济犯罪的受害者。其中,挪用资产是最为常见的经济犯罪方式,并且内部人员作案的比例从2016年的46%增加到了2018年的52%。可见,员工作为组织中的重要组成部分,是工作场所越轨行为的罪魁祸首。员工越轨行为(Employee Deviant Behavior,EDB)在组织中具有普遍性,表现为与组织规范和领导的意愿背道而驰,给组织带来了巨大的代价(Huang et al.,2017),严重影响了组织绩效和组织可持续发展(石磊,2016),其已成为学术界和管理实践中一个日益关注的问题。因此,研究组织情境中如何抑制或避免员工越轨行为的发生和破坏性影响,将是管理实践者必须面临和重视的实践课题。

在中国情境中,不同于"恩威并施,以德服人"的家长式领导,真实型领导(Authentic Leadership,AL)更具柔性,致力于展现真实自我,表现为对自己诚实,对他人真诚,并以反映个人价值观的方式行事(Avolio and Gardner,2005)。真实型领导"自我意识、平衡加工"等维度,也与中国传统文化中提倡的"三省吾身,兼听则明"等领导原型不谋而合,因而在中国情境下具有一定的现实基础。以往研究主要关注真实型领导如何对员工产生积极影响，例如，积极影响员工的态度和行为，以及工作结果（Leroy et al.，2012），包括工作满意度和绩效表现（Leroy et al.，2015）、组织承诺（Leroy et al.，2012）、对领导的信任和支持（Wong and Cummings，2009），以及建言和帮助等自愿行为（杨建春等，2018）。但这些研究却忽略了真实型领导将如何抑制和防范员工越轨行为等消极行为的发生。因此，本书将良性领导和员工破坏性行为联系在一起，试图探究真实型领导是否以及如何能够有效抑制员工越轨行为的发生。

在研究真实型领导与员工越轨行为的关系时，我们借鉴社会认同理论，提出以领导认同（Leadership Identification，LI）作为两者间的中介变量。根据社会认同理论，真实型领导的言行举止会影响员工对其的态度和看法，特别是真实型领导始终以自身价值观和道德标准行事，对员工更具吸引力和感染力。当员工认可领导的行为举止时，便会形成高水平的领导认同，愿意跟领导者行为保持一致，从而使员工不愿去从事对组织有害的行为，如员工越轨行为。因此，本书提出真实型领导通过领导认同对员工越轨行为产生影响。

此外，当前研究真实型领导发挥影响效应的边界条件也探讨不足，特别是真实型领导与员工消极行为的边界条件尚存在理论空白。Walumbwa 等（2010）指出，关于真实型领导对于员工态度和行为的具体影响过程，很可能受到权力距离等文化价值观的影响。并且，真实型领导能否在组织中发挥应有的效果还受下级的影响，这意味着在考察真实型领导与员工反应的关系时必须要考虑员工的个人差异。综合以上考虑，本书在探讨真实型领导影响领导认同的基础上，选择员工个体权力距离导向作为员工个体层面的文化价值观差异变量，来进一步考察其在两者关系之间的调节作用。并且，本书构建了一个有调节的中介模型，以便更好地诠释真实型领导对员工越轨行为的影响机制。

基于以上分析，本书试图达到以下三个目的：首先，在中国文化背景下探索真实型领导对员工越轨行为的影响；其次，检验领导认同在真实型领导与员工越轨行为之间的中介作用；最后，验证权力距离在真实型领导与领导认同之间的调节作用。本书旨在揭示真实型领导是如何影响员工越轨行为的过程，期望对指导真实型领导如何激发组织成员的活力、抑制消极的员工行为提供新思路。

第二节 理论基础与假设提出

一、真实型领导

在瞬息万变、动荡和充满挑战的外部环境下,特别是在众多引人注目的丑闻（如安然事件）和其他令人深省的行为（如次贷危机）发生之后,人们对现代领导行为规范的怀疑越来越多（Brown and Trevino, 2006）。在此背景下,越来越多的学者和实践者意识到,塑造真实型领导这一新型领导方式,使组织成员在各种挑战中重新集中精力,重拾信心、希望和乐观,能够迅速从灾难性事件中恢复过来,帮助员工寻找新的目标和价值,真诚地与所有利益相关者建立联系至关重要（Avolio and Gardner, 2005）。然而真实型领导中的"真实"是指个人拥有的经历,意味着个人行为与真实自我相吻合,表达方式符合内心想法和感受（Harter, 2002）。Walumbwa等（2008）指出,真实型领导是指利用并促进组织成员的积极心理资本的同时,塑造积极的道德氛围的一种领导方式,主要包括四个组成部分：①自我意识,即对自我、他人的优劣势和特质具有准确的认识；②关系透明,即向他人展现真实自我；③平衡加工信息,即收集和使用相关的、客观的信息,包括那些挑战领导权威的信息；④内化道德,指的是依据内在价值观和道德标准进行自我调节和自我决定,而不是仅仅根据情境需求行事。越来越多的学者赞同,行为必须具备这四个要素才能被称为真实型领导,这是因为这四个行为要素使追随者倾向于把管理者视为真正的领导。

二、真实型领导与员工越轨行为

员工越轨行为是组织成员参与违反组织规范并危害组织及其成员的一种自愿行为,包括工作早退、破坏财产、取笑和辱骂他人等（Robinson and Bennett, 1995）。从定义中可以看出,越轨行为的主体是员工,该行为是员工有意而为之的,可能针对的是组织或者其他个人,甚至两者兼有,从而对组织造成破坏性的影响。先前的研究表明,员工越轨行为不仅受工作不安全感（Huang et al., 2016）、大五人格（Kluemper et al., 2015）、睡眠剥夺（Christian and Ellis, 2011）等个体因素的影响,还受到领导风格（如专制型领导、伦理型领导）

(Erkutlu and Chafra, 2018; Gils et al., 2015; Mo and Shi, 2017)、组织伦理氛围（晁罡等, 2013）等情境因素的影响。其中，领导行为和风格在组织中具有榜样作用，对组织及其成员产生的影响广泛而深远，特别是对员工行为发挥举足轻重的作用（Mawritz et al., 2017）。

真实型领导拥有良好的自我意识，在与员工的互动过程中懂得换位思考，善于维护员工自尊，致力于开放、包容的组织环境（Cottrill et al., 2014）。这样的工作环境给员工带来的心理安全感可以帮助他们克服焦虑和自我防御心理，并激发创造力和主动性行为（Liu et al., 2017），因而员工不太可能在组织中实施有害行为。Zhang 等（2014）的研究指出，工作压力源在组织中普遍存在且难以轻易消除，挑战性压力源和阻碍性压力源均会使员工产生紧张感，降低工作满意度，并增加越轨行为的发生率。然而真实型领导通过言行举止表现出乐观自信来展示对员工的关怀和信任，并提供道德和情感方面的帮助以及支持性的工作环境（韩翼、杨百寅, 2011），能够有效缓解职场压力源给员工带来的生理压力和紧张感，并增强员工的自我效能感、乐观、希望和韧性。真实型领导的核心理念在于客观公正地对待下属，通过积极的行为方式鼓励下属展现真实自我，寻找内在的工作意义（刘生敏、廖建桥, 2016），培养员工对组织公正的感知，从而减少越轨行为的出现。此外，真实型领导即使面对群体、组织和社会压力，也会以内化的道德标准和价值观为指引，做出与内在价值观一致的决策和行为（王苗苗、张捷, 2019）。因此，真实型领导将会秉公执法，严格执行组织规范和管理制度，对于违反组织规范的越轨行为势必给予相应的管理和惩罚，从而将员工越轨行为扼杀在萌芽之中。

由上可知，真实型领导不会为员工越轨行为提供"温床"。根据社会交换理论和互惠规范，Mayer 等（2009）发现当他们的领导者公平地对待和关心追随者时，追随者愿意付出行动来回报领导者。真实型领导将上下级关系透明化，公平公正地对待下属，与下属分享真实的想法、价值观和规则，并提升组织中的领导—成员交换关系（Wang et al., 2014），使下属愿意用积极的行动和工作态度去回报领导，这在一定程度上减少了员工实施危害组织的行为意图。综上所述，我们提出以下假设：

H1：真实型领导与员工越轨行为呈负相关。

三、领导认同的中介作用

社会认同理论指出，社会认同是员工对群体"同一性"的感知，包括员工根据群体的信仰、价值观等特征定义自己的程度（Ashforth and Mael，1989）。与组织认同一样，领导认同是社会认同的一部分，是指个体感知到自我与领导之间关系身份的契合程度（Pratt，1998）。社会认同理论认为，个体通过选择组织中某一成员作为自我概念构建的参考对象，对自尊感、归属感和自我价值等方面进行自我定位，评估结果的高低会决定个人的认同程度（Pratt，1998）。领导认同意味着员工将领导作为参照对象，是其后续思想、动机和行动的重要驱动力（Day and Harrison，2007）。同时，领导认同表明员工将自己视为领导者，不仅能增强领导者效能和员工对领导过程的参与，也促进了员工寻找领导责任和发展领导技能的机会（DeRue and Ashford，2010）。因此，对领导的认同感在员工眼中具有重要的意义，这会影响到员工的后续行为（Zhang and Chen，2013）。

员工实施越轨行为很可能是缺乏对组织、团队或者上下级/同事间关系认同的结果（郭晟豪、萧鸣政，2017），而真实型领导能够塑造员工对自己的认同：首先，真实型领导在与下属的沟通中懂得换位思考，维护下属的自尊，并通过体贴和关怀来树立良好的领导形象，从而激发员工对领导的认同感（张燕红等，2017）。其次，真实型领导致力于在组织内部建立透明的工作关系，并努力平衡多样化和差异性的信息来进行公正客观的决策，增强了员工对其的信任感，使员工愿意脱下伪装和面具，公开分享信息，表达真实的想法和感受（Kernis，2003；Walumbwa et al.，2008）。在上下级互动过程中，真实型领导能够接受挑战领导权威的意见和观点，甚至是指出有害工作流程或行为的抑制性建言，鼓励下属倾吐真实之言（刘生敏、廖建桥，2016），同时以他们的价值观和道德标准为指引，促使员工表达不同的观点并与员工建立合作关系而赢得下属的信任和认同。最后，真实型领导作为组织中的榜样，能够提高员工的自我意识和自我调节，其行为受到追随者的积极效仿，从而塑造追随者的真实行为（魏丽萍等，2018）。从社会认同视角来看，真实型领导促进真实型追随，就是使下属行为表现出与真实型领导行为趋同的特征，实质上是追随者对领导产生认同的外在表现。

个体一旦对领导形成认同，便会将领导设定的绩效标准和规范内化为自己目标的一部分，并根据这些标准进行自我评价（Sluss and Ashforth，2007）。从社会认同理论的角度来看，当员工对领导产生高度认同时，会将领导视为组织中的榜样，并以领导的价值观和道德标准来调整自己在组织中的行为和态度，使其行事作风不断地与领导者趋同（Tang and Liu，2012）。员工更愿意维持和发展上下级关系，除了做好岗位职责内的工作，也会投身于领导期望的角色外行为，从而带来更多的组织公民行为和任务绩效（李晔等，2015）。并且，由于领导者注重的是集体利益，并致力于对组织目标的实现（Walumbwa et al.，2010），对领导的认同促使员工愿意维护组织利益，遵守组织规范、文化和价值观，通过积极的工作表现和态度去实现组织目标，实施员工越轨行为的可能性较低。

综上所述，真实型领导对自己的价值观和信仰有深刻的认识，他们真诚自信、可靠，注重塑造追随者的能力，创造一个积极的、有吸引力的工作环境（Llies et al.，2005），激发员工对其产生认同感。根据社会认同理论，真实型领导作为组织的代言人，对领导的认同意味着员工视真实型领导为榜样，从内心深处认可他们的价值观、道德标准和行为表现。因此，对领导的认同促使员工愿意遵守组织的行为规范和道德标准，表现出更多积极行为（张永军，2017；Walumbwa et al.，2010），同时可能有效限制员工越轨行为的发生。基于此，我们提出以下假设：

H2：领导认同在真实型领导与员工越轨行为之间起中介作用。

四、权力距离的调节作用

Walumbwa 等（2010）指出，真实型领导影响效应的研究发现能够多大程度上扩展到其他社会文化中去还需要进一步考虑，因为这一过程可能存在文化差异，特别是权力距离价值观的影响。有学者认为，权力距离与领导层面研究特别相关，并且在调节员工对领导行为的反应方面发挥的作用十分显著（Lian et al.，2012）。近年来，许多研究人员开始在个体水平上界定和测量这一文化差异（仲理峰等，2019；孙健敏等，2013）。其中，在个体层面上，权力距离是指个体所能接受的在社会和组织中权力分配不均的程度（Clugston et al.，2000）。

高权力距离导向的个体接受领导与自己之间的较大权力和地位差异，即使在与领导存在意见分歧时也会对领导安排表现出更多的遵守，不会质疑和挑战领导者的权威（Lian et al.，2012）。然而，真实型领导愿意建立透明的上下级关系，鼓励下属表达自身观点和真实感受，不畏惧下属挑战权威。这种民主型风格的领导方式使高权力距离导向的个体感到无所适从，与自身认知产生矛盾，从而更加慎言慎行，降低对领导的认同感。相反，低权力距离导向的员工认为组织成员人人平等，拥有的权力相同，更重视领导对待他们的态度（Tyler et al.，2000），他们对领导认同与否以及多大程度上产生认同更多地受领导影响，而真实型领导在决策过程中认真听取每一位员工的意见，与员工进行积极互动，鼓励他们各抒己见,给予员工更多的决策参与和工作权限,这与低权力距离导向的员工所追求的理念高度契合,从而对领导产生更高水平的认同。

另外,不同权力距离导向的员工对领导与成员之间关系的理解存在着差异(Tyler et al.,2000)。高权力距离导向的员工只倾向于与领导建立正式的、受约束的关系(如工作关系),而低权力距离导向的员工更关注的是与领导之间建立平等、亲密、相互依赖的个人关系(孙健敏等,2013)。高权力距离导向的员工更愿意与领导者保持正式的工作关系,限制了他们与领导之间进行有意义的互动(Schaubroeck et al.,2007),对于领导的认同度可能相对较低,而低权力距离导向的员工在与领导互动的过程中,感受到真实型领导言行一致,自由开放,不摆架子,平等地对待和接纳每一位员工,同时与他们建立友好的私人关系,这正是低权力距离导向员工所期望和认可的关系模式,从而更多地对真实型领导产生认同感。基于以上分析,我们提出以下假设:

H3:权力距离对真实型领导与领导认同的关系具有调节作用,即真实型领导与领导认同之间的正向关系在低水平权力距离导向的情况下要比在高水平权力距离导向情况下更强。

基于上述假设,本书进一步探究了如图15-1所示的一个有调节的中介模型。换句话说,权力距离导向调节了领导认同在真实型领导对员工越轨行为影响关系中的间接作用。其中,当员工的权力距离导向水平较低时,真实型领导通过领导认同更多地传递着真实型领导对员工越轨行为的间接作用。与此相对应,当员工的权力距离导向水平较高时,真实型领导通过领导认同更少地传递着真实型领导对员工越轨行为的间接作用。因此,本书提出如下假设:

H4:权力距离导向调节了领导认同在真实型领导影响员工越轨行为关系中的中介作用,即真实型领导通过领导认同对员工越轨行为的影响作用在低水平权力距离导向的情况下要比在高水平权力距离导向情况下更强烈。

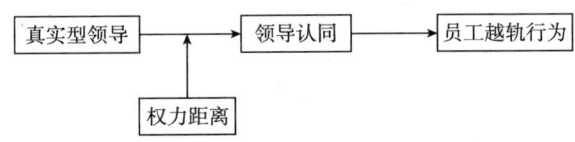

图15-1 真实型领导对员工越轨行为影响机制的理论模型

工作情境中的员工行为及其管理研究

第三节 研究工具及数据分析方法

一、研究样本及取样过程

本书对广西、广东两省份多家企业的基层员工进行问卷调查,涉及行业包括IT、通信、教育、房地产、金融等。问卷数据以两种方式进行收集:一是征得企业部门主管同意,向部门员工发放事先统一编号的纸质问卷,由员工当场作答后由工作人员进行回收;二是向同学和朋友以电子问卷形式进行调查,并委托他们对身边同事发放问卷。本次调查共发放问卷420份,回收问卷402份,剔除填写不完整、具有一致性规律作答的无效问卷后,最终获取有效问卷371份,有效问卷回收率为92.3%。样本的具体特征如表15-1所示。

表15-1 样本的人口统计学描述性统计

人口变量	具体类别	样本数量	占比(%)	累计百分比(%)
性别	男性	214	57.68	57.68
	女性	157	42.32	100
年龄	25岁以下	78	21.02	21.02
	25~35岁	135	36.39	57.41
	36~45岁	100	26.95	84.36
	46~55岁	40	10.78	95.15
	55岁以上	18	4.85	100
学历	大专以下	78	21.02	21.02
	专科	123	33.15	54.18
	大学本科	150	40.43	94.62
	研究生以上	20	5.38	100
公司性质	国有企业	86	23.18	23.18
	民营企业	167	45.01	68.19
	外商独资	64	17.25	85.44
	中外合作	39	10.51	95.96
	其他	15	4.04	100

续表

人口变量	具体类别	样本数量	占比（％）	累计百分比（％）
工作时间	1年以下	57	15.36	15.36
	1~3年	180	48.52	63.88
	4~6年	110	29.65	93.53
	7年及以上	24	6.47	100

注：N=371。

二、研究工具

本书变量的测量均来自国内外核心期刊上经多次验证、反复使用的量表。对于英文量表，我们根据跨文化翻译程序，邀请英语专家对各英文量表进行了翻译、回译。在经过预测试之后，最终确定了本书所采用的正式调查问卷。除控制变量外，本书的测量量表均采取李克特五点计分法，1表示"完全不符合"，5表示"完全符合"。

（一）真实型领导

采用 Walumbwa（2008）编制的真实型领导量表，包含16个条目，如"我的直接领导会坦诚地与下属分享工作所面临的困难""我的直接领导欢迎员工对他的观点提出不同的意见"等。在本书中该量表的 Cronbach's α 内部一致性系数值为0.805。

（二）领导认同

采用改编自 Mael 和 Ashforth（1992）编制的组织认同量表，包含六个条目，如"当有人批评我的上级时，我也会感到不舒服""我对别人怎么看待我的上级很感兴趣"等。在本书中该量表的 Cronbach's α 内部一致性系数值为0.827。

（三）员工越轨行为

使用 Thau 等（2007）在其研究中所编制的量表，包含八个条目，如"未经领导同意就迟到""我在本组织中额外休息或休息时间过长"等。在本书中该量表的 Cronbach's α 内部一致性系数值为0.836。

（四）权力距离

采用 Dorfman 和 Howell（1988）编制的量表测量权力距离导向，包含六个条目，如"直接领导应该避免与员工发生非工作关系的社会交往""直接领导不应将重要的工作分配给员工"等。在本书中该量表的 Cronbach's α 内部一致性系数值为0.887。

(五) 控制变量

以往研究发现，员工的年龄、性别、学历和工作年限等变量都会影响员工越轨行为（唐贵瑶等，2014），因此本书选取员工的年龄、性别、学历和工作年限作为控制变量。

第四节 数据分析结果

一、同源偏差检验

由于研究中所收集的数据为同源数据，难以避免同源偏差问题。为使共同方法偏差的影响降至最低，我们通过在问卷开头说明本问卷仅用于科研目的，并在问卷发放的过程中向被调查对象保证问卷的匿名性和保密性，以此使他们相信填写问卷不会带来任何负面影响，从而加强问卷作答的真实性。本书采用 SPSS22.0 软件中的 Harman 单因素检验的方法，以此来检验同源偏差的严重程度。结果显示经旋转的主成分分析出的第一个因子的方差解释率为 27.517%，如表 15-2 所示。这说明本书的共同方法偏差问题并不显著。

表 15-2 Harman 单因素检验

成分	初始特征值			提取平方和载入		
	合计	方差百分比（%）	累计百分比（%）	合计	方差百分比（%）	累计百分比（%）
1	9.907	27.517	27.517	9.907	27.517	27.517
2	6.288	17.465	44.982	6.288	17.465	44.982
3	1.471	4.085	49.067	1.471	4.085	49.067
4	1.214	3.372	52.443	1.214	3.372	52.443
5	0.949	2.635	55.078			
6	0.919	2.552	57.630			
7	0.881	2.447	60.077			
8	0.853	2.369	62.446			
9	0.807	2.241	64.687			
10	0.774	2.150	66.837			

续表

成分	初始特征值			提取平方和载入		
	合计	方差百分比（%）	累计百分比（%）	合计	方差百分比（%）	累计百分比（%）
11	0.748	2.077	68.914			
12	0.724	2.011	70.925			
13	0.676	1.878	72.803			
14	0.657	1.826	74.629			
15	0.632	1.755	76.384			
16	0.623	1.731	78.115			
17	0.584	1.623	79.738			
18	0.574	1.594	81.332			
19	0.567	1.574	82.906			
20	0.517	1.437	84.343			
21	0.490	1.362	85.705			
22	0.485	1.347	87.052			
23	0.443	1.230	88.282			
24	0.428	1.190	89.472			
25	0.409	1.137	90.609			
26	0.380	1.055	91.664			
27	0.372	1.034	92.698			
28	0.367	1.020	93.718			
29	0.323	0.896	94.614			
30	0.308	0.855	95.469			
31	0.286	0.796	96.265			
32	0.277	0.771	97.036			
33	0.272	0.757	97.793			
34	0.268	0.745	98.538			
35	0.266	0.740	99.278			
36	0.263	0.712	100			

二、验证性因子分析

为了评估各研究变量测量之间的区分效度，本书使用AMOS22.0软件对研究变量进行了验证性因子分析（CFA），结果如表15-3所示。通过比较发现，四因子模型的拟合效果最佳，为 $\chi^2 = 816.068$，$df = 374$，$\chi^2/df = 2.182$，$TLI = 0.913$，$CFI = 0.916$，$RMSEA = 0.069$。结果表明本书的量表具有良好的区分效度。

表 15-3　验证性因子分析结果

模型	χ^2	df	χ^2/df	$RMSEA$	TLI	CFI
单因子模型：AL + LI + EDB + PD	1649.863	376	4.387	0.141	0.821	0.779
二因子模型：AL + EDB，LI + PD	1191.375	375	3.177	0.119	0.846	0.812
三因子模型：AL；LI + PD；EDB	1006.875	375	2.685	0.093	0.864	0.876
四因子模型：AL；LI；EDB；PD	816.068	374	2.182	0.069	0.913	0.916

注：AL 表示真实型领导，LI 表示领导认同，PD 表示权力距离，EDB 表示员工越轨行为，+ 表示合并，样本量为 371。

三、描述性统计

基于 SPSS22.0 的描述性统计分析结果，表 15-4 给出了研究变量的均值、标准差以及相关系数。由表 15-4 可知，真实型领导与领导认同（$r = 0.551$，$p < 0.01$）呈显著正相关；真实型领导与员工越轨行为呈显著负相关（$r = -0.164$，$p < 0.01$）。另外，领导认同与员工越轨行为（$r = -0.250$，$p < 0.01$）呈显著负相关。因此，可以进一步检验研究假设。

表 15-4　各变量的均值、标准差和相关系数

变量	1	2	3	4	5	6	7	8
年龄	1							
性别	-0.068	1						
工作年限	0.254	0.029	1					
学历	-0.110	-0.041	-0.046	1				
真实型领导	-0.304	-0.050	-0.217	0.067	1			
员工越轨行为	0.252	0.111	0.104*	-0.054	-0.164**	1		
领导认同	-0.273	-0.056	-0.205**	0.039	0.551**	-0.250**	1	
权力距离	0.038	-0.057	-0.084	0.025	-0.015	0.525*	0.058	1
M	3.69	1.42	2.27	2.30	3.20	2.71	3.61	3.39
SD	2.47	0.49	0.79	0.86	0.48	0.67	0.39	0.51

注：N = 371；* 表示 $p < 0.05$，** 表示 $p < 0.01$（双尾检验）。

第十五章 真实型领导对员工越轨行为的影响机制研究

四、假设检验

为获取 H1~H3 的验证结果,本书采用逐步层级回归(Stepwise Hierarchical Regression)的方法进行检验。最先进行的是主效应的检验,其次是中介作用检验,再次是调节作用检验,最后检验的是有调节的中介模型。

(一) 主效应检验

表 15-4 给出了真实型领导对员工越轨行为影响机制的层级回归结果。由表 15-4 可知,在控制了研究对象的年龄、性别、工作年限和学历后,真实型领导对员工越轨行为(模型 2,$\beta = -0.164$,$p < 0.01$)具有显著的负向影响。因此,假设 1 得到了数据的支持。

(二) 中介作用检验

本书依据 Baron 和 Kenny (1986) 所提出的中介效应分析步骤,运用逐步层次回归的方法来验证领导认同在真实型领导和员工越轨行为之间的中介作用。由表 15-4 层级回归的分析结果可知,真实型领导与领导认同呈显著正相关(模型 5,$\beta = 0.551$,$p < 0.01$);真实型领导与员工越轨行为(模型 2,$\beta = -0.164$,$p < 0.01$)呈显著负相关;领导认同与员工越轨行为(模型 3,$\beta = -0.250$,$p < 0.01$)呈显著负相关。在模型 3 中,加入中介变量领导认同之后,真实型领导对员工越轨行为(模型 3,$\beta = -0.093$,$p > 0.1$)的影响系数变小,并且不再显著。可见,领导认同在真实型领导与员工越轨行为间起到完全中介作用,H2 得到支持。

(三) 调节作用检验

本书通过层次回归分析来检验 H3。在进行层次回归分析时,我们将领导认同作为因变量,并依次将控制变量、两个主效应(真实型领导和权力距离导向)、真实型领导与权力距离导向的乘积项加入模型 7,分析结果如表 15-5 所示。在模型 7 中,权力距离导向负向调节真实型领导对领导认同的影响作用($\beta = -0.128$,$p < 0.01$)。为了更清晰地判断调节效果,我们绘制了调节效应图(见图 15-2)。真实型领导的影响模式与高权力距离导向相比,低权力距离导向更能增强真实型领导对领导认同的影响作用。综上所述,表 15-5 和图 15-2 所展示的分析结果支持了 H3。

(四) 有调节的中介模型检验

根据 Zhao 等 (2010) 的分析方法,运用 Bootstrap 方法结合 Haye 等提出的 Bootstrapping 方法,并使用 Haye 等开发的 PROCESS 宏程序通过 SPSS22.0 软件来

表 15-5 层级回归结果

变量	员工越轨行为			领导认同			
	模型1	模型2	模型3	模型4	模型5	模型6	模型7
年龄	0.068	0.049	0.047	0.068*	-0.009	-0.010	-0.010
性别	0.173	0.151	0.146	0.173*	-0.020	-0.018	-0.016
工作年限	0.031	-0.001	-0.006	0.031	0.021	0.016	0.018
学历	-0.016	-0.010	-0.012	0.016	0.007	0.008	0.006
自变量							
真实型领导		-0.164**	-0.093		0.551**	0.353**	0.151**
中介变量							
领导认同			-0.250**				
调节变量							
权力距离						-0.253**	-0.132
真实型领导×权力距离							-0.128**
R^2	0.082	0.140	0.151	0.099	0.503	0.507	0.508
ΔR^2	0.072	0.128	0.137	0.089	0.496	0.499	0.498
F	8.124**	11.907**	10.755**	10.032**	23.886**	22.479**	23.469**

注：N=371；* 表示 p<0.05，** 表示 p<0.01。

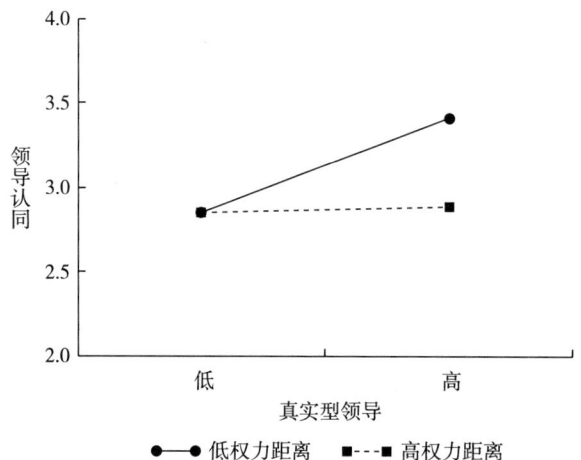

图 15-2 权力距离调节效应

检验有调节的中介模型。设置的 Bootstrap 随机抽样次数为 5000 次,具体分析结果如表 15-6 所示。从表 15-6 可以看到,在低权力距离导向时,真实型领导对员工越轨行为的间接效应较强,间接效应为 -0.175, 95% 置信区间为 [-0.359, -0.021];在高权力距离导向时,真实型领导对员工越轨行为的间接效应较弱,间接效应为 -0.157, 95% 置信区间为 [-0.306, -0.019]。因此,H4 得到支持。

表 15-6 调节的中介效应检验

权力距离	间接效应	SE	95%置信区间	
低	-0.175	0.085	-0.359	-0.021
中	-0.168	0.079	-0.330	-0.017
高	-0.157	0.073	-0.306	-0.019

注:N=371;权力距离的值代表均值加减一个标准差;SE 表示标准误差。

第五节 讨论与分析

一、理论贡献

本书基于社会认同理论以及社会交换理论,分析真实型领导对员工越轨行为的影响机制和边界条件,提出的研究假设都得到数据支持。本书在以下三个方面做出了理论贡献:

第一,本书表明真实型领导与员工越轨行为呈显著负相关。尽管先前的研究表明真实型领导能激发员工积极的行为和态度,但考察真实型领导与员工越轨行为等消极行为之间关系的研究相对较少。通过实证检验,本书表明真实型领导是抑制组织中员工越轨行为的重要因素。

第二,本书发现领导认同在真实型领导与员工越轨行为之间起完全中介作用。已有研究显示,员工对主管认同(Identification with Supervisor)在真实型领导与组织公民行为之间关系中起中介作用(Walumbwa et al., 2010)。Wong 等(2010)则发现真实型领导促进了个人认同,但未发现能够促进社会认同。本书测量了员工对领导的认同感,并直接证实了领导认同在真实型领导与员工越轨行为的关系中起中介作用。在真实型领导的实证文献中,很少对领导认同进行直接考察。然而本书的数据显示,真实型领导不仅有效抑制员工越轨行为的产生,而且有助于建立员工对领导的认同感,而领导认同又能够传递真实型领导对员工越轨行为的间接影响作用。本书从认同视角加深了我们对发生在真实型领导与下属之间的领导认同过程的理解。

第三,本书进一步表明了员工的权力距离导向对真实型领导与领导认同之间的调节作用,同时还能显著增强真实型领导通过领导认同对员工越轨行为的间接影响作用。研究结果从理论上增强了对真实型领导产生影响作用的过程认识,考察员工文化价值观的差异如何影响其对真实型领导做出反应,检验了真实型领导发挥效果过程中的边界条件。本书扩展了 Walumbwa 等(2010)关于"权力距离能够影响真实型领导发挥作用过程"的主张,这在一定程度上可以丰富真实型领导理论。

二、实践意义

除上述理论贡献外,本书对管理实践也有重要的启示。第一,企业可以通过培养真实型领导来抑制员工越轨行为。为了减少对组织及其成员有害的行为发生,考虑到相关管理实践,比如招聘言行一致,真实可靠的领导,鼓励并奖励领导在工作过程中善于听取员工意见的行为。第二,企业可以通过建立员工对领导者的高度认同感来间接抑制员工越轨行为。因此,为了抑制员工越轨行为,企业应该制定和实施相应的计划,将培养真实型领导和促进员工对领导者认同的活动相结合。第三,真实型领导应该注意领导作用过程中存在的个体差异,特别是个体权力距离导向的差异。例如,在中国组织中要建立员工对真实型领导的认同感以及真实型领导限制员工越轨行为时,领导者应该着重关注那些拥有较低水平权力距离导向的下属。这些低权力距离导向的员工认同和欣赏真实型领导的正直和诚实,对领导信任和忠诚,如果可以恰当地相处,就能通过提升员工的领导认同感去激发员工的工作投入并抑制消极行为。

三、局限和未来展望

尽管本书对真实型领导如何抑制员工越轨行为有一定的理论和实践意义,但也存在局限性:第一,本书采用自评式测量方法,可能由于研究样本不愿报告某些越轨行为而导致些许偏差,未来可以采用领导他评与员工自评相结合的测量方法来测量员工越轨行为。第二,本书采用了横截面数据,所以研究结论不能反映模型的动态因果关系，未来可以对同一研究样本进行不同时间段的纵向研究，进一步验证模型的因果关系。第三，本书从个体层面探讨了真实型领导对员工越轨行为的影响，但有研究认为，真实型领导可以通过团队层面对员工行为产生影响（Avolio and Gardner, 2005），未来可以对团队真实型领导与团队越轨行为之间的关系进行研究。

结　语

行为是人类为了维持生存与延续，在适应不断变化的复杂环境时所做出的反应，包括生理行为和社会行为这两个方面。德国心理学家 Lewin 将行为定义为个体与环境交互的结果，认为人的行为是个人内在的心理因素和外在环境影响的函数。从以上论述可知，个人的内在因素和外在环境因素共同塑造和影响着人的行为。在工作情境中，组织内外部环境的变化必然作用于组织中员工的内在心理，最终影响他们的行为。工作场所中员工典型的行为包括创新行为、反馈寻求行为、知识共享行为等，另外还包括沉默行为、越轨行为、职场排斥等体现消极属性的行为。组织中的员工行为具有一般人类行为的特征，但是组织背景下的组织环境与个人的交互作用使员工行为具有一定的独特性。基于工作情境探究员工各类行为的独特内涵、驱动机制以及影响效应机理有着其独特的价值，对员工行为的重塑和管理也具有重要意义。

企业竞争环境的复杂性和动态性使人力资源成为企业发展最重要的元素。员工的行为影响组织生存与发展，员工行为管理成为组织行为学研究者和企业管理者最为关注的热点议题。在现有员工行为研究中，员工创新行为受到了较高关注，并取得了较为丰富的研究成果。因为在面对快速变化的外部环境时，员工创新行为被视为是组织创新的基石（Janssen et al., 2004），并通过将员工的新想法和新建议加以实施、推广，组织能够获得竞争优势（Anderson et al., 2004；West, 2002；Zhou and Shalley, 2003）。员工创新行为已经成为组织绩效、企业成功，甚至组织长期生存与发展的决定因素（Anderson et al., 2014；王雁飞等，2019）。鉴于员工创新行为的积极后果，已有研究从员工、领导者和组织三个层面探讨了员工创新行为的驱动机制和影响后效，推动了对员工创新行为前因和后果的认识。在过去的员工创新行为研究中获得的普遍认识即领导风格（如变革型领导、谦卑型领导、包容性领导等）、关系网络、员工个人层面因素（如人格特质、性别、年龄等)以及组织层面因素(如工作特征、创新氛围等)是员工创新行为的主要影响前因。同时,员工创新行为是促使组织在动态外部竞争环境中获得成功的重要因素且在众多研究中已经达成共识(West and Farr,1990)。因此,许多组织有选择地雇用他们认为可能具有创造力的个人,并试图提供能够培养他们创造力的工作环境(Shalley et al.,2000)。不过,相对于关注员工创新行为的影响前因,其影响后效的系统性研究仍相对较少。并且,相比创新行为带来的组织内发展的重要意义,其可能带来的负面后果并没有得到很好的探讨。实际上,如果员工的气质性创造力(Dispositional Creativity)很高,可能会倾向于以更不道德的方式行事。例如,强调创造力阴暗面的研究认为,意向性创造力是不道德行为的一个重要预测因素,因为那些具有较高这一个人特征的人能够想出多种方法来证明他们的道德违规行为是合理的(Gino and Ariely,2012)。随着组织中创新创造的热度不断升高,需要思考的一个问题就是:鼓励创新行为可能的潜在消极后果是什么?Keem 等(2018)认为,员工的气质性创造力常与不道德行为呈正相关,但道德脱离可以作为一种抑制机制,通过这种机制,气质性创造力可以减少不道德行为。因此,当代组织既需要创造性的员工,但也需要考虑其潜在的负面影响。鼓励创新创造的潜在消极后果是什么?这些可能的消极后果产生的边界条件有哪些?此外,不同层面因素对每个创新行为阶段所产生的作用效果与内在机制究竟如何等问题,都可以在未来进一步深入探讨。相信通过对这些问题的思考与探究,可以更深入地了解员工创新行为的价值,同时也为员工创新行为的管理实践提供更有力的指导。

随着对员工行为研究的发展,工作情境中员工的好行为(Good Behaviors)和坏行为(Bad Behaviors)研究均开始受到关注。但总体而言,已有文献对于如何激发员工好行为的关注要远远多于对如何避免坏行为的关注。大量的研究探讨了组织中员工积极行为的内涵及其影响效应、影响机制和边界条件,包括对创新行为、知识共享行为、主动变革行为、组织公民行为研究以及建言行为研究等。部分研究开始关注组织中员工消极行为的内涵及其影响前因和边界条件,如员工沉默行为、亲组织非伦理行为、职场排斥等,并提出了针对性的管理建议。然而,最近的研究发现,员工的某一类被视为消极效价的行为也能在促进生产力方面发挥积极作用。例如,已有研究既发现了员工沉默行为对组织决策(Beer and Eisenstat,2000)、组织变革与创新(Morrison and Milliken,2000)的消极影响,也发现了员工沉默行为在促进组织团结合作、提高组织团队协助、维护人际关系和谐和避免组织内部冲突方面的作用(Tjosvold and Sun,2002)。但迄今为止仍然缺乏一个令人信服的理论框架来理解这种看似自相矛盾的情况背后的过程。此外，一直以来工作场所中员工行为的研究往往聚焦于某一特定类型的员工工作场所行为，这种关注员工某一特定类型行为的分散化研究也存在着内在弊端，即对于焦点个体在工作场合中的行为缺乏全面的把握。未来的研究或许可以尝试从整合观视角构建员工的行为管理研究框架，探讨其影响前因、发展机制及其影响效应，或者根据行为的效价分析，探讨员工的"好行为"与"坏行为"各自的差异性驱动机制和影响路径。

除了从个体层面、关系层面、群体和组织层面把握职场排斥的影响因素研究趋势之外，在职场排斥前因变量的探讨中也有一些新的切入点或者关注要素。职场排斥通常与负面后果相关联，如导致员工陷入消极情感状态、压力感增加、可用资源减少、产生精疲力竭的感受（Leiter，2013）。由于显著的负面影响，大量的研究开始探寻其产生的根源。在以往的研究发现基础上，涌现出了一些新的研究切入点，如随着移动网络的发展与普及，社交媒体平台如微信、QQ等工具在职场中的使用也变得越来越普遍。社交媒体已成为人际关系及信息交换不可或缺的媒介（Baym，2010；Turkle，2011），工作场所中的人际关系发展也不可避免地受到社交媒体使用的影响。在大多数社交媒体网站上，员工之间的对话以及更新的状态、发表的评论和点赞的内容使组织中任何人都可以看到。因此，有学者提出同事之间通过社交媒体的联系增加了关于与谁联系以及联系内容的透明度，从而提高了员工之间社交的透明度（Leonardi and Vaast，2017）。然而，这种透明度的提高（即员工很容易看出他们的同事正在做什么、说什么、与谁交往以及在做哪些事情）可能让没有参与其中的同事产生被排斥感。例如，个体在QQ、微信或Facebook等社交网站发布社交活动的照片，并对某个同事贴上朋友的标签，这一过程会使其他被排除在外的同事产生职场排斥感知。作为回应，这一部分被排除在外的同事也会联合在一起，引发组织更广泛的分化和派系形成，这一过程反过来将触发更少的自愿互动和知识共享（Pillemer et al.，2018），不同派系之间的排斥感也可能更强烈。

社交媒体的使用对员工知识共享行为的影响也是一个新的关注热点。学者们已经确定了影响员工知识共享行为的广泛因素包括技术、领导、组织和个人因素等。为了减少技术、组织和个人因素对沟通和协作的障碍，从而减少员工不愿分享知识的情况，越来越多的组织开始采用企业社交媒体平台（Rode，2015）。一方面，社交媒体具有信息共享功能，包括发布信息和获取信息（Kwon and Wen，2010），个体既可以在社交网站上发布信息，同时也是其他用户信息的受众。另一方面，社交媒体启用用户创建的内容促进了组织中的信息交流与传播（Pillemer and Rothbard，2018），提高了员工之间披露内容和社交的透明度（Leonardi and Vaast，2017）。已有研究表明，员工不了解组织拥有哪些知识是组织中的知识之所以无法实现转移的主要原因（Szulanski，2000）。社交媒体的一个重要特征是信息的高度可视性（Leonardi and Vaast，2017），这种公开透明的可视性机制保证了完成知识共享的信息需求。通过社交媒体观察同事之间彼此交流的信息以及这些信息的方向性，可以了解"谁拥有什么知识"以及"谁与谁在交往"的源知识信息（Ellison et al.，2015；Leonardi，2014），这既有利于员工直接获取或在观察中学习所需的工作知识，同时也为员工了解组织所需的知识，分享组织所需的知识提供了机会和空间。可见，工作情境中社交媒体平台的使用可能会成为员工知识共享行为的重要影响因素。社交媒体使用如何影响员工知识共享行为，其权变条件又是什么，是值得未来进一步探讨的一个重要主题。

领导者情感对员工行为的影响是员工行为管理研究的一个新趋势。在员工行为的产生与演变过程中，领导者情感可能会成为影响员工特定行为（如建言行为）的关键因素。在许多组织中，员工能够识别组织中新出现的问题和机会，这些问题和机会可以影响工作过程和结果（Edmondson，2003）。在此情境下，员工的建言行为在连接个人知识与组织产出方面发挥了重要作用。已有的研究成果为了解静态的建言行为提供了有价值的见解，但员工的建言行为并非是保持不变的，会随着特定情境的变化而发生变化。例如，以往的研究表明，员工会"察言观色"，根据特定的情况判断是否向领导提出建议或意见（Milliken et al.，2003）。鉴于此，领导者情感作为组织中的动态情境因素对建言行为的影响逐渐成为研究者关注的焦点议题。研究表明，领导者的情感状态会影响员工的态度和行为（Van Kleef et al.，2009）。事实上，低权力的个体更关注他人情感，以便在社会互动中表现得恰如其分（Melwani and Bansade，2011；Van Kleef et al.，2010）。领导者在组织中占据着突出而有权力的位置，从而奠定了组织中的情感基调，在员工的认知、情感和行为过程中扮演着核心角色（Magee and Galinsky，2008）。因此，在与领导的互动中，员工会特别关注领导的情感状态，以判断是否是提出意见或建议的好时机（Gooty et al.，2010）。可见，领导者的情感是影响员工是否建言的一个重要原因。其实基于社会信息理论的研究文献也指出了领导的情感状态会向员工传达重要的社会信息，进而影响员工后续的行为（Gooty et al.，2010；Van Kleef et al.，2009）。从社会信息处理的角度来看，领导者的情感、行为和人际风格可以向员工传达有力的信息和社会暗示。通过处理这些信息，员工了解组织期望、奖励和会受到惩罚的行为，并据此调整自己后续的行为（Hogg，2010）。由此可见，工作情景中领导者情感对员工行为的影响是学者进一步研究可以关注的有趣主题。此外，Koning 等（2015）还指出，尽管领导者的开心情绪对下属角色外行为有一定的促进作用，但也不能忽视领导者表达开心情绪的时机。如果领导者能在下属努力工作的同时表达出这一情绪，那么下属则更容易做出角色外行为。因此，领导者情感影响员工行为的边界条件也应得到进一步关注。

不同反馈来源对员工行为的影响成为一个新的关注热点。个体可以从许多目标对象中寻求反馈，包括同事、主管和直接下属，但是大多数的研究都集中在员工以领导为对象的反馈寻求行为，以及领导是如何影响他们直接下属的反馈寻求行为，但领导之外的目标对象（如同事）对员工反馈寻求行为的影响还不明晰。员工进行反馈寻求并获得反馈之后对员工后续行为的影响还未可知，并且大多数研究都集中在来自管理者的反馈对员工后续行为的影响上，很少有研究考察同事的反馈对员工行为的影响（Donia et al.，2015）。基于不同目标对象的反馈如何影响员工反馈寻求行为之后的行为，是值得未来进一步探讨的一个重要主题。一般来说，工作情境中的反馈是指工作中的其他人，通常是主管针对员工的行为和工作绩效提供建议。反馈可以为员工提供信息补充，并提供具有挑战性的任务解决策略。具体来说，从主管的反馈中，员工可以获得关于绩效、职业进展、任务完成情况的相关信息，以及他们在工作中是否表现出积极或消极行为的有用信息（Battistelli et al.，2013；Sommer and Kulkarni，2012）。来自主管的反馈对员工行为具有重要影响，如 Eva 等（2019）认为，主管提供反馈增加了员工的内在动机（即工作参与），使其超越角色规定的基本要求从事更多的创新行为；当缺乏主管反馈时，员工就会失去动力，即因为缺乏反馈助长员工对主管违背心理契约的知觉，从而减少创新行为。不过，同事的反馈也被认为是有用的或有价值的信息，同样能使员工对工作做出改进（Zhou and George，2001）。不过，相对于关注主管反馈对员工行为带来的影响，来自同事反馈的价值没有得到较好的探讨。考察同事作为反馈的来源，能够促进我们对主管以外的其他人在提供有效反馈过程中影响作用的理解。然而来自同事的反馈是否可以减少员工对主管反馈的依赖？不同的反馈来源（主管 vs 同事）对员工行为的影响如何？未来可以对此做进一步的深入研究。

未来的研究应该用辩证思维看待员工的某类具体行为。在过去三十多年，学者们对员工的组织公民行为的前因和后果进行了大量的研究，并且这样的研究还在继续（Organ et al.，2006）。在这些研究中，研究者使用了较大的篇幅讨论并验证了组织公民行为的好处，如对组织绩效的积极影响。但是，员工经常会受到各种外部力量的影响。组织公民行为可能在工作描述中被提及，也可能被组织文化微妙地强制执行，还有可能被主管非正式地要求，当员工被迫提供组织公民行为时，负面的结果就会出现。换而言之，如果员工经常参与公民行为，组织公民行为就可能不再是自愿的角色外行为，而是因为他们认为必须这样做，因为他们感到来自组织的压力，从而成为工作职责的一部分。此时，员工在完成组织公民行为时可能伴随负面体验，产生消极后果。例如，Yam 等（2017）在其近期的研究中就发现，当员工感受到外部力量强迫他们参与组织公民行为时，他们会觉得自己承担了超越职责要求的行为。这种感知可能会使员工参与更多人际偏差和组织偏差行为。在关于员工创新行为的研究中，Keem 等（2018）也发现员工的气质性创造力常常与不道德行为相关。这些研究发现似乎有悖于多年来我们对员工组织公民行为、创新行为等积极效价行为的常规认识，但它们却实实在在的发生了。因此，未来的研究应突破对员工某类行为的固定思维，探索其作用的边界条件，促进对员工特定行为更为全面和综合的认识。

参考文献

[1] Ahearne M, Mathieu J, Rapp A. To Empower or Not to Empower Your Sales Force? An Empirical Examination of the Influence of Leadership Empowerment Behavior on Customer Satisfaction and Performance [J]. Journal of Applied Psychology, 2005, 90 (5): 945-955.

[2] Allen T D, Shockley K M, Poteat L. Protégé Anxiety Attachment and Feedback in Mentoring Relationships [J]. Journal of Vocational Behavior, 2010, 77 (1): 73-80.

[3] Anseel F, Beatty A S, Shen W, et al. How Are We Doing After 30 Years? A Meta-Analytic Review of the Antecedents and Outcomes of Feedback-Seeking Behavior [J]. Journal of Management, 2015, 41 (1): 318-348.

[4] Anseel F, Lievens F. The Relationship between Uncertainty and Desire for Feedback: A Test of Competing Hypotheses [J]. Journal of Applied Social Psychology, 2007, 37 (5): 1007-1040.

[5] Aquino K, Reed A I. The Self-Importance of Moral Identity [J]. Journal of Personality and Social Psychology, 2002, 83 (6): 1423-1440.

[6] Aquino K, Thau S. Workplace Victimization: Aggression from the Target's Perspective [J]. Annual Review of Psychology, 2009, 60 (1): 717-741.

[7] Aryee C S. Delegation and Employee Work Outcomes: An Examination of the Cultural Context of Mediating Processes in China [J]. Academy of Management Journal, 2007, 50 (1): 226-238.

[8] Aryee S, Chen Z X, Sun L, et al. Antecedents and Outcomes of Abusive Supervision: Test of a Trickle-down Model [J]. Journal of Applied Psychology, 2007, 92 (1): 191-201.

[9] Ashford S J, Blatt R, Vande Walle D. Reflections on the Looking Glass: A Review of Research on Feedback – Seeking Behavior in Organizations [J]. Journal of Management, 2003, 29 (6): 773 – 799.

[10] Ashford S J, De Stobbeleir K, Nujella M. To Seek or Not to Seek: Is that the Only Question? Recent Developments in Feedback – Seeking Literature [J]. Annual Review of Organizational Psychology and Organizational Behavior, 2016, 3 (1): 213 – 239.

[11] Ashforth B E, Sluss D M, Saks A M. Socialization Tactics, Proactive Behavior, and Newcomer Learning: Integrating Socialization Models [J]. Journal of Vocational Behavior, 2007, 70 (3): 447 – 462.

[12] Avolio B J, Gardner W L, Walumbwa F O, et al. Unlocking the Mask: A Look at the Process by Which Authentic Leaders Impact Follower Attitudes and Behaviors [J]. The Leadership Quarterly, 2004, 15 (6): 801 – 823.

[13] Avolio B J, Gardner W L. Authentic Leadership Development: Getting to the Root of Positive Forms of Leadership [J]. The Leadership Quarterly, 2005, 16 (3): 315 – 338.

[14] Barner – Rasmussen W. Determinants of the Feedback – Seeking Behaviour of Subsidiary top Managers in Multinational Corporations [J]. International Business Review, 2003, 12 (1): 41 – 60.

[15] Bavik Y L, Tang P M, Shao R, et al. Ethical Leadership and Employee Knowledge Sharing: Exploring Dual – Mediation Paths [J]. Leadership Quarterly, 2017, 29 (2): 322 – 332.

[16] Beer M, Eisenstat R A. The Silent Killers of Strategy Implementation and Learning [J]. Sloan Management Review, 2000, 41 (4): 29 – 40.

[17] Beheshtifar M, Borhani H, Moghadam M N. Destructive Role of Employee Silence in Organizational Success [J]. International Journal of Academic Research in Business & Socialences, 2012, 2 (11): 65 – 81.

[18] Bettencourt L A. Change – Oriented Organizational Citizenship Behaviors: The Direct and Moderating Influence of Goal Orientation [J]. Journal of Retailing, 2004, 80 (3): 165 – 180.

[19] Bock G, Zmud R, Kim Y, et al. Behavioral Intention Formation in Knowledge Sharing: Examining the Roles of Extrinsic Motivations, Social Psychological

Forces, and Organizational Climate [J]. MIS Quarterly, 2005, 29 (1): 87 -111.

[20] Bock G, Kim Y. Breaking the Myths of Rewards: An Exploratory Study of Attitudes about Knowledge Sharing [J]. Information Resources Management Journal, 2002, 15 (2): 14 -21.

[21] Bowen F, Blackmon K. Spirals of Silence: The Dynamic Effects of Diversity on Organizational Voice [J]. Journal of Management Studies, 2003, 40 (6): 1393 - 1417.

[22] Bowles H R, Gelfand M. Status and the Evaluation of Workplace Deviance [J]. Psychological Science, 2010, 21 (1): 49 -54.

[23] Branzei O, Vertinsky I, Camp II R D. Culture - Contingent Signs of Trust in Emergent Relationships [J]. Organizational Behavior and Human Decision Processes, 2007, 104 (9): 61 -82.

[24] Brinsfield C T. Employee Silence Motives: Investigation of Dimensionality and Development of Measures [J]. Journal of Organizational Behavior, 2013, 34 (5): 671 -697.

[25] Burnett M F, Chiaburu D S, Shapiro D L, et al. Revisiting How and When Perceived Organizational Support Enhances Taking Charge: An Inverted U - shaped Perspective [J]. Journal of Management, 2015, 41 (7): 1805 -1826.

[26] Cabrera A, Collins W C, Salgado J F, et al. Determinants of Individual Engagement in Knowledge Sharing [J]. International Journal of Human Resource Management, 2006, 17 (2): 245 -264.

[27] Callister R R, Kramer M W, Turban D B. Feedback Seeking Following Career Transitions [J]. Academy of Management Journal, 1999, 42 (4): 429 - 438.

[28] Carmeli A, Schaubroeck J. How Leverage Human Resource Capital with Its Competitive Distinctiveness Enhances the Performance of Commercial and Public Organizations [J]. Human Resource Management, 2005, 44 (4): 391 -412.

[29] Çelik M, TURUNÇÖ, BEGENĪRBAŞ M. The Role of Organizational Trust, Burnout and Interpersonal Deviance for Achieving Organizational Performance [J]. International Journal of Business and Management Studies, 2011, 3 (2): 179 -189.

[30] Chang H H, Chuang S. Social Capital and Individual Motivations on Knowl-

edge Sharing: Participant Involvement as a Moderator [J]. Information & Management, 2011, 48 (1): 9-18.

[31] Chen C C, et al. Guanxi Practices and Trust in Management: A Procedural Justice Perspective [J]. Organization Science, 2004, 15 (2): 200-209.

[32] Chen C, Chiu S. The Mediating Role of Job Involvement in the Relationship between Job Characteristics and Organizational Citizenship Behavior [J]. Journal of Social Psychology, 2009, 149 (4): 474-494.

[33] Chen M, Chen C C, Sheldon O J. Relaxing Moral Reasoning to Win: How Organizational Identification Relates to Unethical Pro-Organizational Behavior [J]. Journal of Applied Psychology, 2016, 101 (8): 1082-1096.

[34] Chen X P, Chen C C. On the Intricacies of the Chinese Guanxi: A Process Model of Guanxi Development [J]. Asia Pacific Journal of Management, 2004, 21 (3): 305-324.

[35] Chen Z, Lam W, Zhong J A. Leader-Member Exchange and Member Performance: A New Look at Individual-Level Negative Feedback-Seeking Behavior and Team-Level Empowerment Climate [J]. Journal of Applied Psychology, 2007, 92 (1): 202-212.

[36] Chen X P, Peng S Q. Guanxi Dynamics: Shifts in the Closeness of Ties between Chinese Coworkers [J]. Management and Organization Review, 2008, 4 (1): 63-80.

[37] Chernyak-Hai L, Kim S K, Tziner A. Gender Profiles of Workplace Individual and Organizational Deviance [J]. Revista de Psicología del Trabajo y de las Organizaciones, 2018, 34 (1): 46-55.

[38] Chiou J S. Horizontal and Vertical Individualism and Collectivism Among College Students in the United States, Taiwan, and Argentina [J]. The Journal of Social Psychology, 2001, 14 (5): 667-678.

[39] Choi B K, Moon H K, Nae E Y. Cognition and Affect-Based Trust and Feedback-Seeking Behavior: The Roles of Value, Cost, and Goal Orientations [J]. The Journal of Psychology, 2014, 148 (5): 603-620.

[40] Choi J N. Change-Oriented Organizational Citizenship Behavior: Effects of Work Environment Characteristics and Intervening Psychological Processes [J]. Journal of Organizational Behavior, 2007, 28 (4): 467-485.

[41] Choi Y. The Moderating Effect of Keader Member Exchange on the Relationship between Workplace Ostracism and Psychological Distress [J]. Asia – Pacific Journal of Business Administration, 2019, 11 (2): 146 – 158.

[42] Christian M S, Ellis A P J. Examining the Effects of Sleep Deprivation on Workplace Deviance: A Self – Regulatory Perspective [J]. Academy of Management Journal, 2011, 54 (5): 913 – 934.

[43] Chua R Y J, Ingram P, Morris M W. From the Head and the Heart: Locating Cognition and Affect – based Trust in Managers' Professional Networks [J]. Academy of Management Journal, 2008, 51 (3): 436 – 452.

[44] Chun J U, Choi B K, Moon H K. Subordinates' Feedback – Seeking Behavior in Supervisory Relationships: A Moderated Mediation Model of Supervisor, Subordinate, and Dyadic Characteristics [J]. Journal of Management & Organization, 2014, 20 (4): 463 – 484.

[45] Chung H, Van Oorschot W. Institutions Versus Market Forces: Explaining the Employment Insecurity of European Individuals During (the Beginning of) the Financial Crisis [J]. Journal of European Social Policy, 2011, 21 (4): 287 – 301.

[46] Chung Y W. The Mediating Effects of Organizational Conflict on the Relationships between Workplace Ostracism with in – role Behavior and Organizational Citizenship Behavior. [J]. International Journal of Conflict Management, 2015, 26 (4): 370 – 381.

[47] Chung Y W. Workplace Ostracism and Workplace Behaviors: A Moderated Mediation Model of Perceived Stress and Psychological Empowerment [J]. Anxiety Stress & Coping, 2018, 31 (1): 1 – 14.

[48] Chung Y W, Yang J Y. The Mediating Effects of Organization – Based Self – Esteem for the Relationship between Workplace Ostracism and Workplace Behaviors [J]. Baltic Journal of Management, 2017, 12 (2): 255 – 270.

[49] Clugston M, Howell J P, Dorfman P W. Does Cultural Socialization Predict Multiple Bases and Foci of Commitment? [J]. Journal of Management, 2000, 26 (1): 5 – 30.

[50] Colbert A E, Mount M K, Harter J K, et al. Interactive Effects of Personality and Perceptions of the Work Situation on Workplace Deviance [J]. Journal of Applied Psychology, 2004, 89 (4): 599 – 630.

[51] Connelly B, Crook T R, Combs J G, et al. Competence and Integrity – Based Trust in Interorganizational Relationships: Which Matters More? [J]. Journal of Management, 2018, 44 (3): 919 – 945.

[52] Cottrill K, Denise Lopez P, Hoffman C C. How Authentic Leadership and Inclusion Benefit Organizations [J]. Equality, Diversity and Inclusion: An International Journal, 2014, 33 (3): 275 – 292.

[53] Crant J M. Proactive Behavior in Organizations [J]. Journal of Management, 2000, 26 (3): 435 – 462.

[54] Crawford W S, Lamarre E, Kacmar K M, et al. Organizational Politics and Deviance: Exploring the Role of Political Skill [J]. Human Performance, 2019, 32 (2): 92 – 106.

[55] Cross S E, Morris M L, Gore J S. Thinking About Oneself and Others: The Relational – Interdependent Self – Construal and Social Cognition [J]. Journal of Personality and Social Psychology, 2002, 82 (3): 399 – 418.

[56] Cummings J N. Work Groups, Structural Diversity, and Knowledge Sharing in a Global Organization [J]. Management Science, 2004, 50 (3): 352 – 364.

[57] Dahling J J, Chau S L, O'malley A. Correlates and Consequences of Feedback Orientation in Organizations [J]. Journal of Management, 2012, 38 (2): 531 – 546.

[58] De Jong S B, Van der Vegt G S, Molleman E. The Relationships among Asymmetry in Task Dependence, Perceived Helping Behavior, and Trust [J]. Journal of Applied Psychology, 2007, 92 (6): 1625 – 1637.

[59] De Stobbeleir K E M, Ashford S J, Buyens D. Self – Regulation of Creativity at Work: The Role of Feedback – Seeking Behavior in Creative Performance [J]. Academy of Management Journal, 2011, 54 (4): 811 – 831.

[60] De Stobbeleir K, De Boeck G, Dries N. Feedback – Seeking Behavior: A Person – Environment Fit Perspective [M]. New York: Routledge, 2016: 41 – 66.

[61] Dejan Matic'. Investigating the Impact of Organizational Climate, Motivational Drivers, and Empowering Leadership on Knowledge Sharing [J]. Knowledge Management Research & Practice, 2017, 15 (3): 431 – 446.

[62] Derue D S, Ashford S J. Who Will Lead and Who Will Follow? A Social Process of Leadership of Leadership Identity Construction in Organization [J]. Acade-

my of Management Review, 2010, 35 (4): 627 – 647.

[63] Detert J R, Edmondson A C. Implicit Voice Theories: Taken – for – Granted Rules of Self – Censorship at Work [J]. Academy of Management Journal, 2011, 54 (3): 461 – 488.

[64] Devloo T, Anseel F, De Beuckelaer A. Do Managers use Feedback Seeking as a Strategy to Regulate Demands – Abilities Misfit? The Moderating role of Implicit Person Theory [J]. Journal of Business and Psychology, 2011, 26 (4): 453 – 465.

[65] Douglas S C, Martinko M J. Exploring the Role of Individual Differences in the Prediction of Workplace Aggression [J]. Journal of applied psychology, 2001, 86 (4): 547 – 559.

[66] Duan J, Bao C, Huang C, et al. Authoritarian Leadership and Employee Silence in China [J]. Journal of Management & Organization, 2018, 24 (1): 62 – 80.

[67] Dunlop P D, Lee K. Workplace Deviance, Prganizational Citizenship Behavior, and Business Unit Performance: The Bad Apples do Spoil the Whole Barrel [J]. Journal of Organizational Behavior: The International Journal of Industrial, Occupational and Organizational Psychology and Behavior, 2004, 25 (1): 67 – 80.

[68] Dutton J E, Ashford S J, O'Neill R M, et al. That Matter: Issue Selling and Organizational Change [J]. Academy of Management Journal, 2001, 44 (4): 716 – 736.

[69] Eisenberger R, Fasolo P, Davis – LaMastro V. Perceived Organizational Support and Employee Diligence, Commitment, and Innovation [J]. Journal of Applied Psychology, 1990, 75 (1): 51 – 59.

[70] Elizabeth E. Umphress, John B. Bingham. When Employees do Bad Things for Good Reasons: Examining Unethical Pro – Organizational Behaviors [J]. Organization Science, 2011, 22 (3): 621 – 640.

[71] Erkutlu H, Chafra J. Despotic Leadership and Organizational Deviance: The Mediating Role of Organizational Identification and the Moderating Role of Value Congruence [J]. Journal of Strategy and management, 2018, 11 (2): 150 – 165.

[72] Erkutlu H, Chafra J. Effects of Trust and Psychological Contract Violation on Authentic Leadership and Organizational Deviance [J]. Management Research Re-

view, 2013, 36 (9): 828-848.

[73] Ezzamel M, Willmott H, Worthington F. Power, Control and Resistance in the Factory that Time Forgot [J]. Journal of Management Studies, 2001, 38 (8): 1053-1079.

[74] Farh J L, Cheng B S. A Cultural Analysis of Paternalistic Leadership in Chinese Organizations [M]. Palgrave Macmillan UK: Management and Organizations in the Chinese Context, 2000.

[75] Farh J L, Earley P C, Lin S C. Impetus for Action: A Cultural Analysis of Justice and Organizational Citizenship Behavior in Chinese Society [J]. Administrative Science Quarterly, 1997, 42 (3): 421-444.

[76] Farh J, Zhong C, Organ D W, et al. Organizational Citizenship Behavior in the People's Republic of China [J]. Organization Science, 2004, 15 (2): 241-253.

[77] Ferrin D L, Dirks K T. The Use of Rewards to Increase and Decrease Trust: Mediating Processes and Differential Effects [J]. Organization Science, 2003, 14 (1): 18-31.

[78] Ferris D L, Brown D J, Berry J W, et al. The Development and Validation of the Workplace Ostracism Scale [J]. Journal of Applied Psychology, 2008, 93 (6): 1348-1366.

[79] Ferris D L, Spence J R, Brown D J, et al. Interpersonal Injustice and Workplace Deviance: The Role of Esteem Threat [J]. Journal of Management, 2012, 38 (6): 1788-1811.

[80] Finkelstein L M, Kulas J T, Dages K D. Age Differences in Proactive Newcomer Socialization Strategies in Two Populations [J]. Journal of Business and Psychology, 2003, 17 (4): 473-502.

[81] Frese M, Fay D. Personal Initiative: An Active Performance Concept for Work in the 21st Century [J]. Research in Organizational Behavior, 2001, 23 (2): 133-187.

[82] Fuller J B, Marler L E, Hester K. Bridge Building Within the Province of Proactivity [J]. Journal of Organizational Behavior, 2012, 33 (8): 1053-1070.

[83] Fuller J B, Marler L E. Change Driven by Nature: A Meta-Analytic Review of the Proactive Personality Lliterature [J]. Journal of Vocational Behavior,

2009, 75 (3): 329 - 345.

[84] Fulmer C A, Ostroff C. Trust in Direct Leaders and Top Leaders: A Trickle - up Model [J]. Journal of Applied Psychology, 2017, 102 (4): 648 - 657.

[85] Gardner W L, Avolio B J, Luthans F, et al. "Can you see the real me?" A Self - Based Model of Authentic Leader and Follower Development [J]. The Leadership Quarterly, 2005, 16 (3): 343 - 372.

[86] Gong Y, Wang M, Huang J C, et al. Toward a Goal Orientation - Based Feedback - Seeking Typology: Implications for Employee Performance Outcomes [J]. Journal of Management, 2017, 43 (4): 1234 - 1260.

[87] Good D J, Lyddy C J, Glomb T M, et al. Contemplating Mindfulness at Work: An Integrative Review [J]. Journal of Management, 2016, 42 (1): 877 - 880.

[88] Grant A M, Ashford S J. The Dynamics of Proactivity at Work [J]. Research in Organizational Behavior, 2008, 28 (4): 3 - 34.

[89] Grant A M, Parker S, Collins C. Getting Credit for Proactive Behavior: Supervisor Reactions Depend on What You Value and How You Feel [J]. Personnel Psychology, 2009, 62 (1): 31 - 55.

[90] Grebner S, Semmer N K, Elfering A. Working Conditions and Three Types of Well - Being: A Longitudinal Study with Self - Report and Rating Data [J]. Journal of Occupational Health Psychology, 2005, 10 (1): 31 - 43.

[91] Greenberg J. Employee Theft as a Reaction to Underpayment Inequity: The Hidden Cost of Pay Cuts [J]. Journal of Applied Psychology, 1990, 75 (5): 561 - 568.

[92] Hays J C, Williams J R. Testing Multiple Motives in Feedback Seeking: The Interaction of Instrumentality and Self - Protection Motives [J]. Journal of Vocational Behavior, 2011, 79 (2): 496 - 504.

[93] Hitlan R T, Noel J. The Influence of Workplace Exclusion and Personality on Counterproductive Work Behaviours: An Interactionist Perspective [J]. European Journal of Work and Organizational Psychology, 2009, 18 (4): 477 - 502.

[94] Holste J S, Fields D. Trust and Tacit Knowledge Sharing and Use [J]. Journal of Knowledge Management, 2010, 14 (1): 128 - 140.

[95] Homberg F, Vogel R, Weiherl J. Public Service Motivation and Continu-

ous Organizational Change: Taking Charge Behaviour at Police Services [J]. Public Administration, 2017, 97 (1): 28 – 47.

[96] Hülsheger Ute R, Alberts H J E M, Feinholdt A, et al. Benefits of Mindfulness at Work: The Role of Mindfulness in Emotion Regulation, Emotional Exhaustion, and Job Satisfaction [J]. Journal of Applied Psychology, 2013, 98 (2): 310 – 325.

[97] Ilies R, Morgeson F P, Nahrgang J D. Authentic Leadership and Eudaemonic Well – Being: Understanding Leader – Follower Outcomes [J]. The Leadership Quarterly, 2005, 16 (3): 373 – 394.

[98] Ipe M. Knowledge Sharing in Organizations: A Conceptual Framework [J]. Human Resource Development Review, 2003, 2 (4): 337 – 359.

[99] Jahanzeb S, Fatima T. How Workplace Ostracism Influences Interpersonal Deviance: The Mediating Role of Defensive Silence and Emotional Exhaustion [J]. Journal of Business and Psychology, 2018, 33 (1): 779 – 791.

[100] Jaiswal N K, Dhar R L. Transformational Leadership, Innovation Climate, Creative Self – Efficacy and Employee Creativity: A Multilevel Study [J]. International Journal of Hospitality Management, 2015, 51 (10): 30 – 41.

[101] Janssen O, Lam C K, Huang X. Emotional Exhaustion and Job Performance: The Moderating Roles of Distributive Justice and Positive Affect [J]. Journal of Organizational Behavior, 2010, 31 (6): 787 – 809.

[102] Janssen O, Prins J. Goal Orientations and the Seeking of Different Types of Feedback Information [J]. Journal of Occupational and Organizational Psychology, 2007, 80 (2): 235 – 249.

[103] Janssen O, Van Yperen N W. Employees' Goal Orientations, the Quality of Leader – Member Exchange, and the Outcomes of Job Performance and Job Satisfaction [J]. Academy of Management Journal, 2004, 47 (3): 368 – 384.

[104] Jen – Wei C, Kuo J H, Lin H H, et al. Exvploring the Antecedents and Outcomes of Feedback – Seeking Behaviour [J]. International Journal of Management and Enterprise Development, 2014, 13 (1): 89 – 108.

[105] Jeroen S, Thomas T, Robert B, et al. When Something is not Right: The Value of Silence [J]. The Academy of Management Perspectives, 2019, 33 (3): 323 – 333.

[106] Jiang Z, Hu X. Knowledge Sharing and Life Satisfaction: The Roles of Colleague Relationships and Gender [J]. Social Indicators Research, 2016, 126 (1): 379 - 394.

[107] Jing Q, Bin W, Zhuo H, et al. Ethical Leadership, Leader - Member Exchange and Feedback Seeking: A Double - Moderated Mediation Model of Emotional Intelligence and Work - Unit Structure [J]. Frontiers in Psychology, 2017, 8 (7): 1 - 11.

[108] Kashima Y, Yamaguchi S, Kim U, et al. Culture, Gender and Self: A Perspective from Individualism - Collectivism Research [J]. Journal of Personality and Social Psychology, 1995, 69 (5): 925 - 937.

[109] Khalid J, Ahmed J. Perceived Organizational Politics and Employee Silence: Supervisor Trust as a Moderator [J]. Journal of the Asia Pacific Economy, 2016, 21 (2): 174 - 195.

[110] Kianto A, Vanhala M, Heilmann P, et al. The Impact of Knowledge Management on Job Satisfaction [J]. Journal of Knowledge Management, 2016, 20 (4): 621 - 636.

[111] Kim S L, Lee S, Yun S. Abusive Supervision, Knowledge Sharing and Individual Factors: A Conservation of Resources Perspective [J]. Journal of Managerial Psychology, 2016, 31 (6): 1106 - 1120.

[112] Kim T Y, Cable D M, Kim S P, et al. Emotional Competence and Work Performance: The Mediating Effect of Proactivity and the Moderating Effect of Job Autonomy [J]. Journal of Organizational Behavior, 2009, 30 (7): 983 - 1000.

[113] Kim T Y, Kim M. Leaders' Moral Competence and Employee Outcomes: The Effects of Psychological Empowerment and Person - Supervisor Fit [J]. Journal of Business Ethics, 2013, 112 (1): 155 - 166.

[114] Kim T Y, Liu Z Q, Diefendorff J M. Leader - Member Exchange and Job Performance: The Effects of Taking Charge and Organizational Tenure [J]. Journal of Organizational Behavior, 2015, 36 (2): 216 - 231.

[115] Kim T Y, Liu Z Q. Taking Charge and Employee Outcomes: The Moderating Effect of Emotional Competence [J]. International Journal of Human Resource Management, 2017, 28 (5): 775 - 793.

[116] Kirkman B L, Chen G, Farh J L, et al. Individual Power Distance Ori-

entation and Follower Reactions to Transformational Leaders: A Cross – Level, Cross – Cultural Examination [J]. Academy of Management Journal, 2009, 52 (4): 744 – 764.

[117] Kish – Gephart J J, Detert J R, Treviño L K, et al. Silenced by Fear: The Nature, Sources, and Consequences of Fear at Work [J]. Research in Organizational Behavior, 2009, 29 (7): 163 – 193.

[118] Kluemper D H, Taylor S G, Bowler W M, et al. How Leaders Perceive Employee Deviance: Blaming Victims While Excusing Favorites [J]. Journal of Applied Psychology, 2019, 104 (7): 946 – 964.

[119] Knoll M, Dick R V. Do I Hear the Whistle? A First Attempt to Measure Four Forms of Employee Silence and Their Correlates [J]. Journal of Business Ethics, 2013, 113 (2): 349 – 362.

[120] Kopelman S, Hardin A E, Myers C G. Cooperation in Multicultural Negotiations: How the Cultures of People with Low and High Power Interact [J]. Journal of Applied Psychology, 2016, 101 (5): 721 – 730

[121] Korsgaard M A, Meglino B M, Lester S W. Beyond Helping: Do Other – Oriented Values Have Broader Implications in Organizations? [J]. Journal of Applied Psychology, 1997, 82 (1): 160 – 177.

[122] Kowalski, Robin M. Complaints and Complaining: Functions, Antecedents, and Consequences [J]. Psychological Bulletin, 1996, 119 (2): 179 – 196.

[123] Kramer R M. Trust and Dist Rust in Organizations: Emerging Perspectives, Enduring Questions [J]. Annual Review of Psychology, 1999, 50 (1): 569 – 598.

[124] Kubzansky L D, Martin L T, Buka S L. Early Manifestations of Personality and Adult Health: A Life Course Perspective [J]. Health Psychology, 2009, 28 (3): 364 – 372.

[125] Kwan H K, Zhang X, Liu J, et al. Workplace Ostracism and Employee Creativity: An Integrative Approach Incorporating Pragmatic and Engagement Roles [J]. Journal of Applied Psychology, 2018, 103 (12): 1358 – 1366.

[126] Lam W, Huang X, Snape E D. Feedback – Seeking Behavior and Leader – Member Exchange: Do Supervisor – Attributed Motives Matter? [J]. Academy of Management Journal, 2007, 50 (2): 348 – 363.

[127] Law K S, Wong C S, Wang D, et al. Effect of Supervisor – Subordinate Guanxi on Supervisory Decisions in China: An Empirical Investigation [J]. The International Journal of Human Resource Management, 2000, 11 (4): 751 – 765.

[128] Lee S, Kim S L, Yun S. A Moderated Mediation Model of the Relationship between Abusive Supervision and Knowledge Sharing [J]. The Leadership Quarterly, 2018, 29 (3): 403 – 413.

[129] LePine J A, Van Dyne L. Predicting Voice Behavior in Work Groups [J]. Journal of Applied Psychology, 1998, 83 (6): 853 – 868.

[130] Lepine J A, Van Dyne L. Voice and Cooperative Behavior as Contrasting Forms of Contextual Performance: Evidence of Differential Relationships with Big Five Personality Characteristics and Cognitive Ability [J]. Journal of Applied Psychology, 2001, 86 (2): 326 – 336.

[131] Leung A S M, Wu L Z, Chen Y Y, et al. The Impact of Workplace Ostracism in Service Organizations [J]. International Journal of Hospitality Management, 2011, 30 (4): 836 – 844.

[132] Levy P E, Cober R T, Miller T. The Effect of Transformational and Transactional Leadership Perceptions on Feedback – Seeking Intentions [J]. Journal of Applied Social Psychology, 2002, 32 (8): 18.

[133] Lewicki R J, Tomlinson E C, Gillespie N. Models of Interpersonal Trust Development: Theoretical Approaches, Empirical Evidence and Future Directions [J]. Journal of Management, 2006, 32 (6): 991 – 1022.

[134] Li J, Yuan L, Ning L, et al. Knowledge Sharing and Affective Commitment: The Mediating Role of Psychological Ownership [J]. Journal of Knowledge Management, 2015, 19 (6): 1146 – 1166.

[135] Li N, Chiaburu D S, Kirkman B L. Cross – Level Influences of Empowering Leadership on Citizenship Behavior: Organizational Support Climate as a Double – Edged Sword [J]. Journal of Management, 2017, 43 (4): 1076 – 1102.

[136] Li R, Zhang Z Y, Tian X M. Can Self – Sacrificial Leadership Promote Subordinate Taking Charge? The Mediating Role of Organizational Identification and the Moderating Role of Risk Aversion [J]. Journal of Organizational Behavior, 2016, 37 (5): 758 – 781.

[137] Lian H, Ferris D L, Brown D J. Does Power Distance Exacerbate or Miti-

gate the Effects of Abusive Supervision? It Depends on the Outcome [J]. Journal of Applied Psychology, 2012, 97 (1): 107 – 123.

[138] Lian H, Ferris D L, Brown D J. Does Taking the Good with the Bad Make Things Worse? How Abusive Supervision and Leader – Member Exchange Interact to Impact Need Satisfaction and Organizational Deviance [J]. Organizational Behavior and Human Decision Processes, 2012, 117 (1): 41 – 52.

[139] Liang L H, Lian H, Brown D, et al. Why are Abusive Supervisors Abusive? A Dual – System Self – Control Model [J]. Academy of Management Journal, 2016, 59 (5): 1385 – 1406.

[140] Lin C C, Kao Y T, Chen Y L, et al. Fostering Change – Oriented Behaviors: A Broaden – and – Build Model [J]. Journal of Business and Psychology, 2016, 31 (3): 399 – 414.

[141] Liu J, Kwan H K, Lee C, et al. Work – to – Family Spillover Effects of Workplace Ostracism: The Role of Work – Home Segmentation Preferences [J]. Human Resource Management, 2013, 52 (1): 75 – 93.

[142] Liu X Y, Wang J. Abusive Supervision and Organizational Citizenship Behaviour: Is Supervisor – Subordinate Guanxi a Mediator? [J]. The International Journal of Human Resource Management, 2013, 24 (7): 1471 – 1489.

[143] Lynn M Shore, Lois E Tetrick, Patricia Lynch, et al. Social and Economic Exchange: Construct Development and Validation [J]. Journal of Applied Social Psychology, 2006, 36 (4): 837 – 897.

[144] Lyu Y, Zhu H. The Predictive Effects of Workplace Ostracism on Employee Attitudes: A Job Embeddedness Perspective [J]. Journal of Business Ethics, 2019, 158 (4): 1083 – 1095.

[145] Macdonald H A, Sulsky L M, Spence J R, et al. Cultural Differences in the Motivation to Seek Performance Feedback: A Comparative Policy – Capturing Study [J]. Human Performance, 2013, 26 (3): 211 – 235.

[146] Marler L E, Stanley L J. Commentary: Who Are Your Friends? The Influence of Identification and Family In – Group and Out – Group Friendships on Nonfamily Employee OCB and Deviance [J]. Entrepreneurship Theory and Practice, 2018, 42 (2): 310 – 316.

[147] Mawritz M B, Greenbaum R L, Butts M M, et al. I Just Can't Control

Myself: A Self-Regulation Perspective on the Abuse of Deviant Employees [J]. Academy of Management Journal, 2017, 60 (4): 1482-1503.

[148] Mayer C R, Gavin M B. Trust in Management and Performance: Who Minds the Shop While the Employees Watch the Boss? [J]. Academy of Management Journal, 2005, 48 (5): 874-888.

[149] Mayer D M, Kuenzi M, Greenbaum R, et al. How Low Does Ethical Leadership Flow? Test of a Trickle-Down Model [J]. Organizational Behavior and Human Decision Processes, 2009, 108 (1): 1-13.

[150] McAllister D J, Kamdar D, Morrison E W, et al. Disentangling Role Perceptions: How Perceived Role Breadth, Discretion, Instrumentality, and Efficacy Relate to Helping and Taking Charge [J]. Journal of Applied Psychology, 2007, 92 (5): 1200-1211.

[151] McAllister D J. Affect and Cognition-Based Trust as Foundations for Interpersonal Cooperation in Organizations [J]. Academy of Management Journal, 1995, 38 (1): 24-59.

[152] Michael E Brown, Linda K Treviño, David A Harrison. Ethical Leadership: A Social Learning Perspective for Construct Development and Testing [J]. Organizational Behavior and Human Decision Processes, 2005, 97 (2): 117-134.

[153] Miller V D, Jablin F M. Information Seeking during Organizational Entry: Influences, Tactics, and a Model of the Process [J]. Academy of Management Review, 1991, 16 (1): 92-120.

[154] Milliken F J, Morrison E W, Hewlin P F. An Exploratory Study of Employee Silence: Lssues That Employees Don't Communicate Upward and Why [J]. Journal of Management Studies, 2003, 40 (6): 1453-1476.

[155] Mitchell M S, Ambrose M L. Abusive Supervision and Workplace Deviance and the Moderating Effects of Negative Reciprocity Beliefs [J]. Journal of Applied Psychology, 2007, 92 (4): 1159-1168.

[156] Mo S, Shi J. Linking Ethical Leadership to Employee Burnout, Workplace Deviance and Performance: Testing the Mediating Roles of Trust in Leader and Surface Acting [J]. Journal of Business Ethics, 2017, 144 (2): 293-303.

[157] Molinsky A, Margolis J. Necessary Evils and Interpersonal Sensitivity in Organizations [J]. Academy of Management Review, 2005, 30 (2): 245-268.

[158] Moon H, Kamdar D, Mayer D M, et al. Me or We? The Role of Personality and Justice as Othercentered Antecedents to Innovative Citizenship Behaviors Within Organizations [J]. Journal of Applied Psychology, 2008, 93 (1): 84-94.

[159] Moore C, Detert J R, Klebe Treviño L, et al. Why Employees do Bad Things: Moral Disengagement and Unethical Organizational Behavior [J]. Personnel Psychology, 2012, 65 (7): 1-48.

[160] Morrison E W, Milliken F J. Organizational Silence: A Barrier to Change and Development in a Pluralistic World [J]. Academy of Management Review, 2000, 25 (4): 706-725.

[161] Morrison E W, Phelps C C. Taking Charge at Work: Extrarole Efforts to Initiate Workplace Change [J]. Academy of Management Journal, 1999, 42 (4): 403-419.

[162] Morrison E W, See K E, Pan C. An Approach-Inhibition Model of Employee Silence: The Joint Effects of Personal Sense of Power and Target Openness [J]. Personnel Psychology, 2015, 68 (3): 547-580.

[163] Morrison E W. Employee Voice and Silence [J]. Annual Review of Organizational Psychology and Organizational Behavior, 2014, 7 (1): 173-197.

[164] Moss S E, Song M, Hannah S T, et al. The Duty to Improve Oneself: How Duty Orientation Mediates the Relationship between Ethical Leadership and Followers' Feedback-Seeking and Feedback-Avoiding Behavior [J]. Journal of Business Ethics, 2019, 154 (1): 1-17.

[165] Müceldili B, Erdil O. Finding Fun in Work: The Effect of Workplace Fun on Taking Charge and Job Engagement [J]. Procedia Social & Behavioral Sciences, 2016, 235 (11): 304-312.

[166] Muller D, Judd C M, Yzerbyt V Y. When Moderation is Mediated and Mediation is Moderated [J]. Journal of Personality and Social Psychology, 2005, 89 (6): 852-863.

[167] Nifadkar S, Tsui A S, Ashforth B E. The Way You Make Me Feel and Behave: Supervisor-Triggered Newcomer Affect and Approach-Avoidance Behavior [J]. Academy of Management Journal, 2012, 55 (5): 1146-1168.

[168] Nyberg A J, Moliterno T P, Hale D, et al. Resource-Based Perspectives on Unit-Level Human Capital: A Review and Integration [J]. Journal of Man-

agement, 2014, 40 (1): 316-346.

[169] O'Reilly J, Robinson S L, Berdahl J L, et al. Is Negative Attention Better Than No Attention? The Comparative Effects of Ostracism and Harassment at Work [J]. Organization Science, 2015, 26 (3): 774-793.

[170] Omotayo O A, Olubusayo F H, Olalekan A J, et al. An Assessment of Workplace Deviant Behaviours and its Implication on Organisational Performance in a Growing Economy [J]. Journal of Organizational Psychology, 2015, 15 (1): 90-100.

[171] Oreg S, Bartunek J M, Lee G, et al. An Affect-Based Model of Recipients' Responses to Organizational Change Events [J]. Academy of Management Review, 2018, 43 (1): 65-86.

[172] Ozlati S. The Moderating Effect of Trust on the Relationship between Autonomy and Knowledge Sharing: A National Multi-industry Survey of Knowledge Workers [J]. Knowledge and Process Management, 2015, 22 (3): 191-205.

[173] Parker S K, Collins C G. Taking Stock: Integrating and Differentiating Multiple Proactive Behaviors [J]. Journal of Management, 2010, 36 (3): 633-662.

[174] Parker S K, Williams H M, Turner N. Modeling the Antecedents of Proactive Behavior at Work [J]. Journal of Applied Psychology, 2006, 91 (3): 636-652.

[175] Peng A C, Zeng W. Workplace Ostracism and Deviant and Helping Behaviors: The Moderating Role of 360 Degree Feedback [J]. Journal of Organizational Behavior, 2017, 38 (6): 833-855.

[176] Penhaligon N L, Louis W R, Restubog S L D. Emotional Anguish at Work: The Mediating Role of Perceived Rejection on Workgroup Mistreatment and Affective Outcomes [J]. Journal of Occupational Health Psychology, 2009, 14 (1): 34-45.

[177] Pletzer J L, Bentvelzen M, Oostrom J K, et al. A Meta-Analysis of the Relations between Personality and Workplace Deviance: Big Five Versus HEXACO [J]. Journal of Vocational Behavior, 2019, 112 (6): 369-383.

[178] Podsakoff P M, MacKenzie S B, Lee J. S., et al. Common Method Biases in Behavioral Research: A Critical Review of the Literature and Recommended Rem-

edies [J]. Journal of Applied Psychology, 2003, 88 (5): 879 –903.

[179] Probst T M, Stewart S M, Gruys M L, et al. Productivity, Counterproductivity and Creativity: The Ups and Downs of Job Insecurity [J]. Journal of Occupational and Organizational Psychology, 2007, 80 (3): 479 –497.

[180] Prouska R, Psychogios A. Do Not Say a Word! Conceptualizing Employee Silence in a Long – Term Crisis Context [J]. The International Journal of Human Resource Management, 2018, 29 (5): 885 –914.

[181] Qian J, Yang F, Wang B, et al. When Workplace Ostracism Leads to Burnout: The Roles of Job Self – Determination and Future Time Orientation [J]. The International Journal of Human Resource Management, 2019, 30 (17): 2465 –2481.

[182] Reynolds S J, Ceranic T L. The Effects of Moral Judgment and Moral Identity on Moral Behavior: An Empirical Examination of the Moral Individual [J]. Journal of Applied Psychology, 2007, 92 (6): 1610 –1624.

[183] Roberson L, Deitch E A, Brief A P, et al. Stereotype Threat and Feedback Seeking in the Workplace [J]. Journal of Vocational Behavior, 2003, 62 (1): 176 –188.

[184] Robinson S L, Bennett R J. A Typology of Deviant Workplace Behaviors: A Multidimensional Scaling Study [J]. Academy of Management Journal, 1995, 38 (2): 555 –572.

[185] Rodriguez P, Eden U L. Government Corruption and the Entry Strategies of Multinationals [J]. The Academy of Management Review, 2005, 30 (2): 383 –396.

[186] Russell H, McGinnity F. Under Pressure: The Impact of Recession on Employees in Ireland [J]. British Journal of Industrial Relations, 2014, 52 (2): 286 –307.

[187] Saks A M, Gruman J A, Cooper – Thomas H. The Neglected Role of Proactive Behavior and Outcomes in Newcomer Socialization [J]. Journal of Vocational Behavior, 2011, 79 (1): 36 –46.

[188] Sakurai K, Jex S M. Coworker Incivility and Incivility Targets' Work Effort and Counterproductive Work Behaviors: The Moderating Role of Supervisor Social Support [J]. Journal of Occupational Health Psychology, 2012, 17 (2): 150.

[189] Schaubroeck J M, Peng A C, Hannah S T. Developing Trust with Peers and Leaders: Impacts on Organizational Identification and Performance During Entry [J]. Academy of Management Journal, 2013, 56 (4): 1146–1168.

[190] Schlosser F, Zolin R. Hearing Voice and Silence During Stressful Economic Times [J]. Employee Relations, 2012, 34 (5): 555–573.

[191] Schoorman F D, Mayer R C, Davis J H. An Integrative Model of Organizational Trust : Past , Present and Future [J]. Academy of Management Review, 2007, 32 (2): 344–354.

[192] Scott S G, Bruce R A. Determinants of Innovative Behavior: A Path model of Individual in the Work Place [J]. Academy of Management Journal, 1994, 37 (3): 580–607.

[193] Serva M A, Fuller M A, Mayer R C. The Reciprocal Nature of Trust : A Longitudinal Study of Interacting Teams [J]. Journal of Organizational Behavior , 2005, 26 (6) : 625–648.

[194] Simons T. Behavioral Integrity: The Perceived Alignment between Managers' Words and Deeds as a Research Focus [J]. Organization Science , 2002, 13 (1) : 18–35.

[195] Sluss D M, Ashforth B E. Relational Identity and Identification: Defining Ourselves Through Work Relationships [J]. Academy of Management Review, 2007, 32 (1): 9–32.

[196] Sonnentag S. Recovery, Work Engagement, and Proactive Behavior: A New Look at the Interface between Nonwork and Work [J]. The Journal of Applied Psychology, 2003, 88 (3): 518–528.

[197] Steinbauer R, Renn R, Chen S H , et al. Workplace Ostracism, Self–Regulation, and Job Performance: Moderating Role of Intrinsic Work Motivation [J]. The Journal of Social Psychology, 2018, 158 (6): 767–783.

[198] Stewart S M, Bing M N, Davison H K, et al. In the Eyes of the Beholder: A Non–Self–Report Measure of Workplace Deviance [J]. Journal of Applied Psychology, 2009, 94 (1): 207–215.

[199] Strauss K, Parker S K, O' Shea D. When Does Proactivity Have a Cost? Motivation at Work Moderates the Effects of Proactive Work Behavior on Employee Job Strain [J]. Journal of Vocational Behavior, 2017, 100 (6): 15–26.

[200] Tan C. Organizational Justice as a Predictor of Organizational Silence [J]. Educational Research & Reviews, 2014, 9 (11): 1190 - 1202.

[201] Tangirala S, Ramanujam R. Employee Silence on Critical Work Issues: The Cross Level Effects of Procedural Justice Climate [J]. Personnel Psychology, 2008, 61 (1): 37 - 68.

[202] Tepper B J, Carr J C, Breaux D M, et al. Abusive Supervision, Intentions to Quit, and Employees' Workplace Deviance: A Power/Dependence Analysis [J]. Organizational Behavior and Human Decision Processes, 2009, 109 (2): 156 - 167.

[203] Tepper B J. Abusive Supervision in Work Organizations: Review, Synthesis, and Research Agenda [J]. Journal of Management, 2007, 33 (3): 261 - 289.

[204] Thau S, Bennett R J, Mitchell M S, et al. How Management Style Moderates the Relationship between Abusive Supervision and Workplace Deviance: An Uncertainty Management Theory Perspective [J]. Organizational Behavior and Human Decision Processes, 2009, 108 (1): 79 - 92.

[205] Tong C, Ip W, Wong A. The Impact of Knowledge Sharing on the Relationship between Organizational culture and Job Satisfaction [J]. International Journal of Human Resource Studies, 2013, 5 (1): 9 - 37.

[206] Trevino L K, Den Nieuwenboer N A, Kish-Gephart J J. (Un) Ethical Behavior in Organizations [J]. Annual Review of Psychology, 2014, 65 (1): 635 - 660.

[207] Trevino L K, Youngblood S A. Bad Apples in Bad Barrels: A Causal Analysis of Ethical Decision-Making Behavior [J]. Journal of Applied Psychology, 1990, 75 (4): 378 - 385.

[208] Uhlenbruck K, Rodriguez P, Eden D L. The Impact of Corruption on Entry Strategy: Evidence from Telecommunication Projects in Emerging Economies [J]. Organization Science, 2006, 17 (3): 402 - 414.

[209] Umphress E E, Bingham J B, Mitchell M S. Unethical Behavior in the Name of the Company: The Moderating Effect of Organizational Identification and Positive Reciprocity Beliefs on Unethical Pro-Organizational Behavior [J]. Journal of Applied Psychology, 2010, 95 (4): 769 - 780.

[210] Umphress E E, Bingham J B. When Employees Do Bad Things for Good Reasons: Examining Unethical Pro - Organizational Behaviors [J]. Organization Science, 2011, 22 (3): 621 - 640.

[211] Van Dyne L, Ang S, Botero I C. Conceptualizing Employee Silence and Employee Voice as Multidimensional Constructs [J]. Journal of Management Studies, 2003, 40 (6): 1359 - 1392.

[212] Van Gils S, Van Quaquebeke N, van Knippenberg D, et al. Ethical Leadership and Follower Organizational Deviance: The Moderating Role of Follower Moral Attentiveness [J]. The Leadership Quarterly, 2015, 26 (2): 190 - 203.

[213] Vandewalle D, Ganesan S, Challagalla G N, et al. An Integrated Model of Feedback - Seeking Behavior: Disposition, Context, and Cognition [J]. Journal of Applied Psychology, 2000, 85 (6): 996 - 1003.

[214] Walter F, Lam C K, Van Der Vegt G S, et al. Abusive Supervision and Subordinate Performance: Instrumentality Considerations in the Emergence and Consequences of Abusive Supervision [J]. Journal of Applied Psychology, 2015, 100 (4): 1056.

[215] Walumbwa F O, Schaubroeck J. Leader Personality Traits and Employee Voice Behavior: Mediating Roles of Ethical Leadership and Work Group Psychological Safety [J]. Journal of Applied Psychology, 2009, 94 (5): 1275 - 1286.

[216] Walumbwa F O, Wang P, Wang H, et al. Psychological Processes Linking Authentic Leadership to Follower Behaviors [J]. The Leadership Quarterly, 2010, 21 (5): 901 - 914.

[217] Wang H, Sui Y, Luthans F, et al. Impact of Authentic Leadership on Performance: Role of Followers' Positive Psychological Capital and Relational Processes [J]. Journal of Organizational Behavior, 2014, 35 (1): 5 - 21.

[218] Wang S, Noe R A. Knowledge Sharing: A Review and Directions for Future Research [J]. Human Resource Management Review, 2010, 20 (2): 115 - 131.

[219] Warren D E. Constructive and Destructive Deviance in Organizations [J]. The Academy of Management Review, 2003, 28 (4): 622 - 632.

[220] Weaver G R, Treviño, Linda Klebe, et al. Corporate Ethics Programs as Control Systems: Influences of Executive Commitment and Environmental Factors [J].

The Academy of Management Journal, 1999, 42 (1): 41-57.

[221] Whitaker B G, Dahling J J, Levy P. The Development of a Feedback Environment and Role Clarity Model of Job Performance [J]. Journal of Management, 2007, 33 (4): 570-591.

[222] Williams M. Building Genuine Trust Through Interpersonal Emotion Management: A Threat Regulation Model of Trust and Collaboration Across Boundaries [J]. Academy of Management Review, 2007, 32 (2): 595-621.

[223] Wright T A. Role of Employee Coping and Performance in Voluntary Employee Withdrawal: A Research Refinement and Elaboration [J]. Journal of Management, 1993, 19 (1): 147-161.

[224] Wu C H, Deng H, Li Y. Enhancing a Sense of Competence at Work by Engaging in Proactive Behavior: The Role of Proactive Personality [J]. Journal of Happiness Studies, 2017, 19 (11): 1-16.

[225] Wu L Z, Yim H K, Kwan H K, et al. Coping with Workplace Ostracism: The Roles of Ingratiation and Political Skill in Employee Psychological Distress [J]. Journal of Management Studies, 2012, 49 (1): 178-199.

[226] Wu M, Shen B, Sun X. The Relationship between Organizational Commitment and Unethical Pro-Organizational Behaviors: The Moderating Role of Moral Identity [J]. Journal of Psychological Science, 2016, 39 (2): 392-398.

[227] Xu A J, Loi R, Lam L W. The Bad Boss Takes it All: How Abusive Supervision and Leader-Member Exchange Interact to Influence Employee Silence [J]. Leadership Quarterly, 2015, 26 (5): 763-774.

[228] Yang J, Treadway D C. A Social Influence Interpretation of Workplace Ostracism and Counterproductive Work Behavior [J]. Journal of Business Ethics, 2016, 148 (4): 879-891.

[229] Yanling Y, Erhua Z, Ting L, et al. Workplace Ostracism and Employees' Counterproductive Work Behavior: Effects of State Self-Control and Psychological Capital [J]. Science Research Management, 2014, 42 (6): 881-890.

[230] Zhang C, Mayer D M, Hwang E. More is Less: Learning But Not Relaxing Buffers Deviance Under Job Stressors [J]. Journal of Applied Psychology, 2018, 103 (2): 123-136.

[231] Zhang X A, Li N, Harris T B. Putting Nonwork Ties to Work: The Case

of Guanxi in Supervisor – Subordinate Relationships [J]. The Leadership Quarterly, 2015, 26 (1): 37 – 54.

[232] Zhang Y, LePine J A, Buckman B R, et al. It's Not Fair... or Is It? The Role of Justice and Leadership in Explaining Work Stressor – Job Performance Relationships [J]. Academy of Management Journal, 2014, 57 (3): 675 – 697.

[233] Zhao H, Peng Z, Sheard G. Workplace Ostracism and Hospitality Employees' Counterproductive Work Behaviors: The Joint Moderating Effects of Proactive Personality and Political Skill [J]. International Journal of Hospitality Management, 2013, 33 (1): 219 – 227.

[234] Zheng X, Yang J, Ngo H Y, et al. Workplace Ostracism and Its Negative Outcomes: Psychological Capital as a Moderator [J]. Journal of Personnel Psychology, 2016, 15 (4): 143 – 151.

[235] Zheng X, Zhu W, Zhao H, et al. Employee Well – Being in Organizations: Theoretical Model, Scale Development, and Cross – Cultural Validation [J]. Journal of Organizational Behavior, 2015, 36 (5): 621 – 644.

[236] 常涛, 廖建桥. 团队性绩效考核对知识共享的影响模型研究 [J]. 科研管理, 2011, 32 (1): 111 – 121.

[237] 晁罡, 熊吟竹, 王磊, 等. 组织伦理气氛对工作满足感和员工越轨行为的影响研究 [J]. 管理学报, 2013, 10 (11): 1611 – 1617.

[238] 陈劲, 谢靓红. 原始性创新研究综述 [J]. 科学学与科学技术管理, 2004, 25 (2): 23 – 26.

[239] 陈默, 梁建. 高绩效要求与亲组织不道德行为: 基于社会认知理论的视角 [J]. 心理学报, 2017, 49 (1): 94 – 105.

[240] 陈志霞, 涂红. 领导排斥的概念及其影响因素毒性三角模型 [J]. 管理评论, 2017, 29 (8): 156 – 166.

[241] 崔勋, 瞿皎姣. 组织政治知觉对组织公民行为的影响辨析——基于国有企业员工印象管理动机的考察 [J]. 南开管理评论, 2014, 17 (2): 129 – 141 + 160.

[242] 代同亮, 雷星晖, 苏涛永. 谦卑领导行为对团队绩效作用机制研究——中国传统价值观嵌入 [J]. 科学学与科学技术管理, 2019, 40 (2): 165 – 176.

[243] 丁志慧, 刘文兴. 自恋型领导对员工偏差行为的影响: 道义公平与环

境不确定性的作用 [J]. 暨南大学学报（哲学社会科学版），2018，40（8）：13-27.

[244] 杜旌，姚菊花. 中庸结构内涵及其与集体主义关系的研究 [J]. 管理学报，2015，12（5）：638-646.

[245] 杜兰英，段天格，李铭泽. 不道德亲组织行为研究述评与展望 [J]. 中国人力资源开发，2016，33（7）：50-57.

[246] 杜运周，贾良定. 组态视角与定性比较分析（QCA）：管理学研究的一条新道路 [J]. 管理世界，2017（6）：155-167.

[247] 段锦云. 员工建言和沉默之间的关系研究：诺莫网络视角 [J]. 南开管理评论，2012，15（4）：82-90.

[248] 樊耘，陈倩倩，吕霄. LMX对员工反馈寻求行为的影响机制研究——基于分配公平和权力感知的视角 [J]. 科学学与科学技术管理，2015，36（10）：158-168.

[249] 樊耘，余宝琦，杨照鹏. 基于激励性与公平性特征的企业文化模式研究 [J]. 科研管理，2007，28（1）：110-117.

[250] 樊耘，张克勤，阎亮，等. 基于员工集体主义倾向调节作用的组织文化友好性和一致性对员工沉默的影响研究 [J]. 管理学报，2014，11（7）：981-988.

[251] 付晓蓉，曾常发，谢庆红. 长期关系中渠道冲突对企业创新能力的影响研究 [J]. 科研管理，2016，37（3）：59-67.

[252] 高天茹，贺爱忠. 职场排斥对知识隐藏的影响机理研究：一个被调节的链式中介模型 [J]. 南开管理评论，2019，22（3）：15-27.

[253] 高源，乐嘉昂，彭正龙. 职场排斥影响因素的研究——一个有调节的中介模型 [J]. 科学学与科学技术管理，2016，37（4）：147-157.

[254] 郭晓薇. 中国情境中的上下级关系构念研究述评——兼论领导—成员交换理论的本土贴切性 [J]. 南开管理评论，2011，14（2）：61-68.

[255] 郭亿馨，苏勇，吉祥熙. 员工未来关注与不道德亲组织行为：一个中介—调节模型的构建与检验 [J]. 中国人力资源开发，2018，35（2）：30-40.

[256] 蒿坡，龙立荣. 化被动为主动：共享型领导对员工主动变革行为的影响及作用机制研究 [J]. 管理工程学报，2020，34（2）：11-20.

[257] 胡晓龙，王结. 辱虐管理对员工反馈寻求行为的影响机制研究 [J]. 软科学，2018，32（12）：80-84.

[258] 黄蝶君, 李娟, 李桦. 辱虐管理对乡镇公务员工作场所偏差行为的影响机制——心理契约违背的中介作用 [J]. 软科学, 2017, 31 (3): 87-91.

[259] 黄蝶君, 马秋卓, 李桦, 等. 辱虐管理、心理契约违背及工作场所偏离行为: 基于基层公务员职位特征的分析 [J]. 管理评论, 2018, 30 (7): 183-190.

[260] 黄勇, 彭纪生. 组织内信任对员工负责行为的影响——角色宽度自我效能感的中介作用 [J]. 软科学, 2015, 29 (1): 74-77.

[261] 黄勇, 余江龙. 从主动性人格到主动担责行为: 基于角色定义的视角 [J]. 中国人力资源开发, 2019, 36 (3): 65-77.

[262] 霍伟伟, 于婉贞, 刘钰杭, 等. 员工反馈寻求行为与工作满意度: 导师指导视角的作用机制 [J]. 中国人力资源开发, 2018, 35 (4): 66-77.

[263] 金辉, 李支东, 段光. 集体主义导向、知识属性与知识共享行为研究 [J]. 科研管理, 2019, 40 (11): 236-246.

[264] 孔靓, 李锡元. 职场排斥对主动性行为的影响机制研究——基于不同来源的排斥 [J]. 技术经济与管理研究, 2019, 40 (5): 68-73.

[265] 乐嘉昂, 彭正龙, 高源. 基于扎根理论的职场排斥行为结构分类的探索性研究 [J]. 上海管理科学, 2012, 34 (4): 47-52.

[266] 乐嘉昂, 彭正龙, 高源. 职场排斥与强制性公民行为影响机制研究 [J]. 华东经济管理, 2013, 27 (2): 106-111.

[267] 乐嘉昂, 彭正龙. 跨层次视角下的职场排斥与员工积极组织行为、团队效能影响机制 [J]. 经济管理, 2013, 35 (3): 74-84.

[268] 李丹, 常梦醒. 职场排斥如何影响绩效表现? 情绪耗竭与情绪智力的作用 [J]. 中国人力资源开发, 2018, 35 (8): 64-74.

[269] 李珲, 丁刚, 李新建. 基于家长式领导三元理论的领导方式对员工创新行为的影响 [J]. 管理学报, 2014, 11 (7): 1005-1013.

[270] 李良智, 欧阳叶根. 一线员工服务沉默行为的结构与测量——基于服务接触情景视角 [J]. 经济管理, 2013, 35 (10): 91-99.

[271] 李燃, 王辉, 赵佳卉. 真诚型领导行为对团队创造力的影响 [J]. 管理科学, 2016, 29 (5): 71-82.

[272] 李锐, 田晓明, 孙建群. 自我牺牲型领导对员工知识共享的作用机制 [J]. 南开管理评论, 2014, 17 (5): 24-32.

[273] 李锐, 田晓明, 凌文铨. 管理开放性和上下属关系对员工亲社会性规

则违背的影响机制［J］．系统工程理论与实践，2015，35（2）：342－357．

［274］李锐．职场排斥对员工职外绩效的影响：组织认同和工作投入的中介效应［J］．管理科学，2010，23（3）：23－31．

［275］李绍龙，龙立荣，朱其权．同心求变：参与型领导对员工主动变革行为的影响机制研究［J］．预测，2015，34（3）：1－7．

［276］李应军．职场排斥对酒店员工离职影响的验证研究［J］．哈尔滨商业大学学报（社会科学版），2018，34（4）：121－128．

［277］李宗波，王明辉．威权领导对员工沉默行为的影响：一个有调节的中介效应模型［J］．心理与行为研究，2018，16（5）：713－719．

［278］厉杰，鲁宁宁，韩雪．新员工反馈寻求会促进角色外行为的产生吗？自我效能与正向框架的作用［J］．中国人力资源开发，2019，36（2）：47－62．

［279］梁潇杰，于桂兰，付博．与上级关系好的员工一定会建言吗？基于资源保存理论的双中介模型［J］．管理评论，2019，31（4）：128－137．

［280］林叶，李燕萍．高承诺人力资源管理对员工前瞻性行为的影响机制——基于计划行为理论的研究［J］．南开管理评论，2016，19（2）：114－123．

［281］林英晖，程垦．差序式领导与员工亲组织非伦理行为：圈内人和圈外人视角［J］．管理科学，2017，30（3）：35－50．

［282］林英晖，程垦．领导—部属交换与员工亲组织非伦理行为：差序格局视角［J］．管理科学，2016，29（5）：57－70．

［283］林志扬，杨静．职场排斥与员工沉默——调节—中介模型的构建与检验［J］．厦门大学学报（哲学社会科学版），2015，85（2）：50－59．

［284］林志扬，赵靖宇．真实型领导对员工承担责任行为的影响——员工内化动机和人际敏感特质的作用［J］．经济管理，2016，38（7）：71－81．

［285］凌文辁，李锐，聂婧，等．中国组织情境下上司—下属社会交换的互惠机制研究——基于对价理论的视角［J］．管理世界，2019，35（5）：134－148＋199－200．

［286］刘冰，齐蕾，徐璐．包容型领导对员工反馈寻求行为的跨层次影响研究［J］．管理学报，2017，14（5）：677－685．

［287］刘明霞，徐心吾．真实型领导对员工知识共享行为的影响机制——基于道德认同的中介作用［J］．中国软科学，2019，338（2）：176－185．

［288］刘善仕．企业员工越轨行为的组织控制研究［J］．外国经济与管理，2002，24（7）：19－23．

[289] 刘生敏,信欢欢.领导授权为何能让员工直言进谏?权力依赖与权力距离的调节作用[J].中国人力资源开发,2019,36(4):61-72.

[290] 刘松博,李育辉.员工跨界行为的作用机制:网络中心性和集体主义的作用[J].心理学报,2014,46(6):852-863.

[291] 刘小禹,刘军,许浚,等.职场排斥对员工主动性行为的影响机制——基于自我验证理论的视角[J].心理学报,2015,47(6):826-836.

[292] 刘玉新,张建卫,王成全,等.职场排斥对反生产行为作用机制的实验研究[J].中国软科学,2013,28(10):157-167.

[293] 罗瑾琏,花常花,朱荧.职场排斥与反生产行为:工作倦怠与内外控特质的作用研究[J].华东经济管理,2015,29(11):10-14+185.

[294] 骆元静,李燕萍,杜旌.变革策略对员工主动变革行为的影响研究[J].管理学报,2019,16(2):202-209.

[295] 吕逸婧,苏勇.真诚型领导能否打破员工沉默?一个有调节的中介模型[J].心理科学,2015(5):156-164.

[296] 马可一,王重鸣.创业合作中的信任—承诺—风险[J].经济理论与经济管理,2003,23(4):43-47.

[297] 买热巴·买买提,李野,王辉.谦卑型和自恋型领导:跨文化组织管理的视角[J].心理科学进展,2017,25(8):1375-1386.

[298] 倪清,杜鹏程.基于链式中介效应的谦卑型领导与经理人反馈寻求行为关系研究[J].管理学报,2017,14(6):823-831.

[299] 彭小平,田喜洲,郭小东.组织中的亲社会行为研究述评与展望[J].外国经济与管理,2019,41(5):114-127.

[300] 宋靖,张勇,王明旋.质量型工作不安全感对员工组织公民行为的影响:组织认同的中介效应与互动公平的调节效应[J].中国人力资源开发,2018,35(11):54-64.

[301] 宋锟泰,张正堂,赵李晶.时间压力对员工双元创新行为的影响机制[J].经济管理,2019,41(5):72-87.

[302] 苏伟琳,林新奇.工作特征对知识型员工知识共享的影响研究[J].科技管理研究,2019,39(14):165-171.

[303] 苏伟琳,林新奇.上级发展性反馈能否抑制员工沉默?一个被中介的调节模型[J].科学学与科学技术管理,2018,39(11):158-170.

[304] 孙甫丽,蒋春燕.自我决定视角下创新氛围、和谐型激情与员工持续

创新行为研究[J]. 科技进步与对策, 2019, 36 (10): 138-145.

[305] 唐贵瑶, 胡冬青, 吴隆增, 等. 辱虐管理对员工人际偏差行为的影响及其作用机制研究[J]. 管理学报, 2014, 11 (12): 1782-1789.

[306] 唐于红, 毛江华. 个体感知差异和职场排斥对知识共享行为的影响机制[J]. 科研管理, 2020, 41 (4): 200-208.

[307] 陶厚永, 韩玲玲, 章娟. 何以达到工作旺盛? 工作支持与家庭支持的增益作用[J]. 中国人力资源开发, 2019, 36 (3): 117-132.

[308] 田立法. 高承诺工作系统驱动知识共享: 信任关系的中介作用及性别的调节作用[J]. 管理评论, 2015, 27 (6): 150-161.

[309] 涂乙冬. 领导—部属交换与员工帮助行为: 一项三维交互研究[J]. 管理科学, 2013, 26 (5): 30-38.

[310] 万迪昉, 罗进辉, 赵建锋. 管理者可信行为对员工激励作用的实验研究[J]. 管理科学, 2009, 22 (6): 46-55.

[311] 王海波, 严鸣, 吴海波, 等. 恶意报复还是认同驱动? 新员工的角色社会化程度对其职场排斥行为的作用机制[J]. 心理学报, 2019, 51 (1): 128-140.

[312] 王汉瑛, 田虹, 邢红卫. 内部审计师的亲组织非伦理行为: 基于双重认同视角[J]. 管理科学, 2018, 31 (4): 30-44.

[313] 王丽平, 于志川, 王淑华. 心理距离对知识共享行为的影响研究——基于组织支持感的中介作用[J]. 科学学与科学技术管理, 2013, 34 (9): 39-47.

[314] 王双龙, 周海华. 家长式领导对个人创新行为的影响机理研究[J]. 软科学, 2013, 27 (12): 53-57.

[315] 王桃林, 龙立荣, 张勇, 等. 类亲情交换视角下员工组织关系对情感承诺的影响研究[J]. 管理学报, 2019, 16 (6): 848-856.

[316] 王仙雅, 林盛, 陈立芸, 等. 组织氛围、隐性知识共享行为与员工创新绩效关系的实证研究[J]. 软科学, 2014, 28 (5): 43-47.

[317] 王艳子, 田雅楠. 包容型领导对员工建设性越轨行为的激发机理研究[J]. 外国经济与管理, 2019, 41 (3): 54-69.

[318] 王永跃, 叶佳佳. 工具主义伦理气氛对员工沉默行为的影响——犬儒主义和传统性的作用[J]. 心理科学, 2015, 38 (3): 686-692.

[319] 韦慧民, 龙立荣. 组织内的主动信任与风险控制: 双重视角分析

[J]. 科研管理, 2009, 30 (2): 102-110.

[320] 魏江茹. 中庸思维程度、知识共享与员工创新行为 [J]. 经济管理, 2019, 41 (5): 88-104.

[321] 文鹏, 包玲玲, 陈诚. 基于社会交换理论的绩效评估导向对知识共享影响研究 [J]. 管理评论, 2012, 24 (5): 127-136.

[322] 吴坤津, 冯镜铭, 刘善仕. 年功导向人力资源实践与保持沉默静待好处: 年龄的调节作用 [J]. 中国人力资源开发, 2018, 35 (4): 23-32.

[323] 吴隆增, 刘军, 许浚. 职场排斥与员工组织公民行为: 组织认同与集体主义倾向的作用 [J]. 南开管理评论, 2010, 13 (3): 36-44.

[324] 吴敏, 黄旭, 徐玖平, 等. 交易型领导、变革型领导与家长式领导行为的比较研究 [J]. 科研管理, 2007, 28 (3): 168-176.

[325] 向常春, 龙立荣. 参与型领导与员工建言: 积极印象管理动机的中介作用 [J]. 管理评论, 2013, 25 (7): 156-166.

[326] 肖小虹, 刘文兴, 汪兴东, 等. 辱虐管理对员工知识共享的影响研究 [J]. 科研管理, 2018, 39 (2): 117-124.

[327] 谢俊, 储小平, 汪林. 效忠主管与员工工作绩效的关系: 反馈寻求行为和权力距离的影响 [J]. 南开管理评论, 2012, 15 (2): 31-38+58.

[328] 谢俊, 严鸣. 积极应对还是逃避? 主动性人格对职场排斥与组织公民行为的影响机制 [J]. 心理学报, 2016, 48 (10): 1314-1325.

[329] 谢清伦, 郗涛. 谦逊型领导与员工主动担责: 角色宽度自我效能与目标导向的作用 [J]. 中国软科学, 2018, 33 (11): 131-137.

[330] 徐琳, 王济干, 樊传浩. 授权型领导对员工亲组织非伦理行为的影响: 一个链式中介模型 [J]. 科学学与科学技术管理, 2018, 39 (6): 109-121.

[331] 闫艳玲, 周二华, 刘婷. 职场排斥与反生产行为: 状态自控和心理资本的作用 [J]. 科研管理, 2014, 35 (3): 82-90.

[332] 杨陈, 唐明凤, 景熠. 关系型人力资源管理实践对员工主动变革行为的影响机制研究 [J]. 管理评论, 2019, 31 (12): 207-218.

[333] 杨杰, 卢福财. 工作场所越轨行为的形态、员工反应与组织对策 [J]. 经济管理, 2010, 32 (9): 92-98.

[334] 杨仕元, 卿涛, 岳龙华. 从支持感到员工创造力——二元工作激情的联合调节作用 [J]. 科技进步与对策, 2018, 35 (4): 108-117.

[335] 银丽萍,张向前. 员工—组织关系对亲组织非伦理行为的影响研究[J]. 软科学, 2019, 33 (4): 110-113.

[336] 尹奎,刘永仁. 职场排斥与员工离职倾向:组织认同与职业生涯韧性的作用[J]. 软科学, 2013, 27 (4): 121-124+127.

[337] 于静静,赵曙明,蒋守芬. 不当督导对员工组织承诺、职场偏差行为的作用机制研究——领导—成员交换关系的中介作用[J]. 经济与管理研究, 2014, 35 (3): 120-128.

[338] 张桂平. 职场排斥对员工亲组织性非伦理行为的影响机制研究[J]. 管理科学, 2016, 29 (4): 104-114.

[339] 张浩,丁明智,张正堂. 领导非权变惩罚、员工道德推脱与越轨行为——基于中和技术理论[J]. 当代财经, 2018, 39 (11): 68-77.

[340] 张宏如,李群,卢锐. 职场排斥对新生代农民工离职倾向的影响:心理资本的调节效应[J]. 华东经济管理, 2015, 29 (11): 152-158.

[341] 张婕,樊耘,张旭. 前摄性行为视角下的员工创新——前摄型人格、反馈寻求与员工创新绩效[J]. 南开管理评论, 2014, 17 (5): 13-23.

[342] 张若勇,刘光建,刘新梅. 员工创造力效能感与主动变革行为的权变关系——基于计划行为理论视角[J]. 经济管理, 2018, 40 (8): 194-208.

[343] 张骁,林颖,朱頔. 基于相似吸引理论的逢迎同事策略对职场排斥的作用机制研究[J]. 管理学报, 2018, 15 (9): 1319-1326.

[344] 张永军,张鹏程,赵君. 家长式领导对员工亲组织非伦理行为的影响:基于传统性的调节效应[J]. 南开管理评论, 2017, 20 (2): 169-179.

[345] 张正堂,丁明智. 领导非权变惩罚对员工沉默行为的影响机制研究[J]. 南京大学学报(哲学人文科学社会科学版), 2018, 55 (2): 46-55.

[346] 赵红丹,周君. 企业伪善、道德推脱与亲组织非伦理行为:有调节的中介效应[J]. 外国经济与管理, 2017, 39 (1): 15-28.

[347] 赵书松,赵君,廖建桥. 发展型绩效考核如何影响知识共享:一个有中介的调节作用模型[J]. 管理工程学报, 2016, 30 (4): 45-52.

[348] 郑晓涛,柯江林,石金涛,等. 中国背景下员工沉默的测量以及信任对其的影响[J]. 心理学报, 2008, 40 (2): 219-227.

[349] 郑晓涛,俞明传,孙锐. LMX和合作劳动关系氛围与员工沉默倾向的倒U型关系验证[J]. 软科学, 2017, 31 (9): 88-92.

[350] 钟熙,王甜,罗溟元,等. 上下级关系与亲组织非伦理行为:基于组

织认同与自我牺牲型领导的作用 [J]. 科学学与科学技术管理, 2018, 39 (6): 122 – 135.

[351] 朱瑜, 谢斌斌. 差序氛围感知与沉默行为的关系: 情感承诺的中介作用与个体传统性的调节作用 [J]. 心理学报, 2018, 50 (5): 539 – 548.

后 记

本书探讨了组织中员工的行为,包括创新行为、主动变革行为、反馈寻求行为、知识共享行为、沉默行为、越轨行为、亲组织非伦理行为和职场排斥行为,以期为提高组织的员工行为管理效能提供一个较为全面的理论框架。本书对组织领域内员工行为管理主题研究的新发展进行了详细的梳理与探讨,包括各类行为的内涵、驱动机制、影响效应和对特定行为影响前因的实证研究(如谦卑型领导对员工创新行为的影响机制研究、真实型领导对员工越轨行为的影响机制研究等)。这些组织领域内员工行为的梳理与讨论将是指导工作情境中员工行为管理的一个有益参考,相信可以对改进员工行为管理实践有所裨益。

感谢潘清泉的硕士生赵青、程韶懿、江梦菲、李婉、朱亮名,韦慧民的硕士生农梅兰、张艳冰和黄燕华积极参与了本书部分章节的撰写工作。在此对他们表示衷心的感谢!

作者

2020 年 7 月 30 日